L'ESPAGNE

ET SES POPULATIONS
ANDRE DESSENS

PAYS & POPULATIONS

Collection dirigée par Yves Suaudeau

Dans les ouvrages de la collection *Pays et Populations,* les noms d'ethnies, à moins qu'ils ne soient passés dans la langue française usuelle, ne sont accordés ni en genre, ni en nombre.

Empruntés à la langue d'origine, ils ont tout lieu de rester neutres, soulignant ainsi par l'écrit la spécificité de la population à laquelle ils se rapportent.

© by Editions Complexe

Sprl. Diffusion Promotion Information
8 b, rue du Châtelain, 1050 Bruxelles

ISBN : 2-87027-011-9

D / 1638 / 1977 / 6

L'ESPAGNE
ET SES POPULATIONS
ANDRE DESSENS

EDITIONS
COMPLEXE
Distribution :
Presses Universitaires de France

INTRODUCTION 9

LA CARTE D'ESPAGNE 11

Un pays maritime. Le compartimentage
naturel intérieur. Les contrastes régionaux.
L'Espagne « différente ». Populations et
peuples d'Espagne. Présentation par régions.

QUELQUES NOTES SUR LE PASSÉ 21

L'Espagne jusqu'en 1492 21

L'Hispania romaine et wisigothique.
L'occupation musulmane et la Reconquête
(711-1492). Les Rois Catholiques. Les
hidalgos. La découverte de l'Amérique (1492).

Le Siècle de la grandeur 28

L'Empire castillan d'Amérique. Le génocide
des Indiens. L'or des Indes. Les entreprises
démesurées de Charles-Quint et de
Philippe II. Le Siècle d'Or. La décadence.
Le redressement du XVIIIème siècle,
despotisme éclairé et naissance des deux
Espagnes.

Guerres et luttes civiles 39

La guerre d'Indépendance (1808-1814.
L'indépendance des colonies d'Amérique.
Le retour de Ferdinand VII et la première
guerre carliste (1814-1840). L'ère des
pronunciamentos et la Première
République (1840-1875). La Restauration et le
désastre de 1898 (1875-1902). Alphonse XIII
et la crise de la monarchie (1902-1931).
La Deuxième République (1931-1939).

La Guerre civile de 1936 50

Les origines de la guerre civile. Trente-deux
mois de guerre civile (juillet 1936 -
avril 1939). Les quarante années du général
Franco. Pour survivre. Consolidation
politique et croissance économique. La fin
du Caudillo. Regard sur quarante ans
de franquisme.

LA TERRE ET LES HOMMES 73

L'ESPAGNE INTERIEURE 75

La Castille 75

Le cœur de l'Espagne. Les Maragatos.
L'épée et la croix. Les Juifs en Espagne.
La Castille agricole. L'irrigation. Le
déboisement. Madrid. Courses de taureaux
et matches de football. Le tempérament
espagnol. Les péchés capitaux des
Espagnols. Qualités et vertus. La mutation
des mœurs et des coutumes.

L'Estramadure 100

Une tradition de pauvreté et d'esprit d'aventure. Les Conquistadors. Les promesses :

irrigation et plan Badajoz. L'Estramadure,
pays de tourisme. Les Hurdes, district
de la détresse.

L'Aragon 107

Un pays aride. Le peuple aragonais. La
zone pyrénéenne. Frontière et contrebande.
La plaine de l'Ebre : Saragosse. Irrigation
et trasvases. La zone sud : le bas Aragon.
Le régionalisme aragonais.

L'ANDALOUSIE 115

Présence de l'histoire. Un vieux problème
agraire : latifundo, misère rurale et anarchisme. L'anarchisme rural. Chômage rural et
émigration. La terre qui meurt : la Sierra
Morena. Note sur l'agriculture andalouse.
L'Andalousie au stade pré-industriel. Une
région pour le tourisme. Le peuple andalou.
Le sentiment religieux en Espagne. Le
« flamenco ». L'héritage arabo-berbère.
Présence arabe dans l'Espagne actuelle.
Nationalité andalouse et autonomisme.

L'ESPAGNE ATLANTIQUE 143

La Galice 143

VISIONS D'AMORIQUE ET CHEMIN
DE SAINT-JACQUES 143

Calvaires et rías. La légende de l'apôtre.
Les pèlerins de St-Jacques.

LE PEUPLE GALICIEN 148

Les origines ethniques. Le caractère galicien.
Survivances du passé et culture populaire.
Pêcheurs et paysans. Un début d'indus-
trialisation. La Galice rurale.

CONSCIENCE NATIONALE ET
AUTONOMISME GALLICIENS 156

Une région « castillanisée ». L'éveil de la
conscience nationale. Le combat autonomiste. Des conditions nouvelles.

Les Asturies 161

Les mineurs des Asturies. Les Asturies
noires. Les Asturies vertes. Vaqueiros et
pasiegos. Des peintures rupestres aux plages
d'été. Langue « bable » et autonomie.

Le Pays Vasco-Navarrais 169

LA TERRE BASQUE 169

Les sept provinces (Euskal Herria). La
frontière. Du golfe de Biscaye à l'Ebre.
La Vasconie intérieure. La Ruhr espagnole.
Bilbao.

LA NATION BASQUE ET SON PASSÉ 179

L'énigme de l'ethnie et de la langue.
Le tempérament basque. Les fueros, chartes
de liberté. Les fueros de Navarre... ...et
des provinces vascongades.

LE CARLISME 186

Genèse et nature du carlisme. La guerre de
Sept ans. La guerre carliste de 1872-1876.
L'abolition des fueros. Les Requetés dans la
Guerre civile. Le Parti carliste actuel.

LE NATIONALISME BANQUE ET L'E.T.A. 196

Le Parti Nationaliste Basque (P.N.V.). L'Etat
d'Euzkadi. L'E.T.A. La situation actuelle.
Pour le statut des fueros. « Abertzales » et
« succursalistes ».

LES PAYS CATALANS 209

La Catalogne 209

L'affirmation de la personnalité nationale.

LE PAYS DF CATALOGNE 211

Costa brava et costa dorada. Un sol pauvre
bien cultivé. La Catalogne industrielle.
Un peuple frustré. La langue. Les allogènes.
Barcelone. L'histoire, neuf siècles d'indépendance. L'essor économique.

LA REVENDICATION CATALANE 228

Conscience nationale et mouvement
catalaniste. Naissance du catalanisme. La
Lliga. Le statut d'économie de 1932. La
résistance catalane après 1938. Un dialogue
difficile. La Catalogne, terre d'élection
de l'anarchisme. Les partis politiques en
Catalogne : la situation actuelle.

Le Pays Valencien 249

La côte de lumière. Les « huertas ».
L'industrialisation. Le peuple valencien. Une
histoire agitée. La revendication régionaliste.

Les Baléares 259

Majorque. Minorque. Ibiza. Le dernier pirate.
Le mouvement autonomiste.

L'Andorre, le Val d'Aran, Llivia 266

Llivia. Le Val d'Aran. L'Andorre.

Les Canaries 269

L'archipel aux énigmes : l'Atlantide. Les
Guanches. Les îles fortunées. L'économie
canarienne : tomates et bananes. Le régime
particulier des Canaries. L'autonomisme
canarien.

LA MUTATION POLITIQUE ET SOCIALE 281
LE REGIME CONSTITUTIONNEL
DU FRANQUISME 283

Les institutions. Définition du franquisme.

LA MONARCHIE 294

L'héritage. Les apparences. La démocratisation inéluctable. Les obstacles. Les
facteurs favorables. Le ministère Arias
Navarro. Le ministère Adolfo Suárez. La
question de la législation du P.C.E.
Une analyse socialiste de l'évolution en
1976-1977.

L'EVOLUTION SOCIALE ET ECONOMIQUE — 311

La muation de la société espagnole. Exode rural et nouvelles classes moyennes. Une société de consommation. La situation économique et sociale : les syndicats. Le chômage. Les conflits. Les forces syndicales.

LES FORCES DE PRESSION — 323

L'Eglise. L'Opus Dei. Le bunker. Les forces armées. L'opinion publique et la presse.

LES REGIONS ET LE REGIONALISME — 345

Le problème général — 345

Les causes du régionalisme. Les tendances centrifuges. L'éveil des consciences nationales. Un centralisme abusif. Régions riches et régions pauvres ; régions-nations et régions-territoires.

Les éléments de solution — 353

Les vicissitudes de l'idée de région. L'attitude nouvelle du gouvernement. L'administration face au problème régional. L'opinion publique et les partis.

LES PARTIS POLITIQUES — 363

L'extrême-droite, la phalange et la droite. La phalange. Démocrates-chrétiens, libéraux et sociaux-démocrates. Les socialistes. Le parti communiste espagnol (P.C.E.) extrême-gauche, anarchistes et divers. Coalitions et négociations.

CONCLUSION — 387

L'ESPAGNE VERS SON EQUILIBRE — 388

Cartes : Les régions historiques d'Espagne — 395
L'Espagne de la Reconquête

Tableau n° 1 : Les régions historiques — 396

Division de l'Espagne en deux zones — 398
Itinéraire de Compostelle

Tableau n° 2 : La population des régions — 399
espagnoles en 1970

Tableau n° 3 : Les régions naturelles et — 400
économiques

Tableau n° 4 : Les circonscriptions territo- — 401
riales administratives de l'Espagne

Tableau n° 5 : La population de l'Espagne — 402

Tableau n° 6 : La pratique religieuse — 403
dominicale en Espagne, par région

Tableau n° 7 : Hausse du coût de la vie et — 403
des salaires

Notes — 404

Bibliographie sommaire — 409

Index — 413

INTRODUCTION

L'itinéraire espagnol que présente ce livre n'est pas celui des paysages et des monuments.

Le but de « l'Espagne et ses populations » est de contribuer à la compréhension des terres et des hommes de la Péninsule. On voudrait définir celle-ci, au-delà de ses aspects touristiques, par son passé historique qui explique sa situation présente, par les singularités des régions qui la composent, enfin par la mutation politique et sociale actuelle qui oriente son avenir.

On a été guidé par le souci de mettre en garde contre les idées reçues. Le préjugé que l'on pourrait nommer folklorique est imputable à la coutume de présenter l'Espagne sous les aspects qui plaisent au voyageur étranger, de préférence aux traits authentiques de la vie régionale. Le préjugé de l'Espagne retardataire n'est pas moins répandu. On oublie que ce pays a connu un XIXème siècle anormalement désastreux, à l'heure où le reste de l'Europe effectuait sa mutation industrielle et sa révolution bourgeoise : ses guerres extérieures et ses convulsions internes quasi-permanentes lui ont fait prendre un siècle de retard. De plus, après sa guerre civile 1936-1939, il s'est trouvé, exsangue, dans un monde bouleversé par la Guerre Mondiale, puis a été mis au ban des nations par les vainqueurs. Ce n'est, en somme, que depuis une vingtaine d'années — à peine une génération — qu'il a pu prendre son essor économique et maintenir pendant quelque temps les exubérants taux de croissance des pays dont le point de départ est bas.

Il est un autre élément dont on ne saurait sous-estimer l'importance. Les réactions du tempérament espagnol sont quelquefois mal comprises ; l'esprit, en effet, soumet volontiers les choses de l'étranger aux critères qu'il applique aux questions nationales. Par ailleurs, les conditions sociales et économiques héritées de l'histoire espagnole posent des problèmes dont l'énoncé général nous est familier, mais que nous ne situons pas toujours dans leur contexte humain spécifique. Il est donc prudent de ne pas formuler de jugement sur l'actualité politique et sociale espagnole avant d'avoir apprécié le plus objectivement possible les événements qui l'ont directement influencée, et notamment ceux de notre siècle.

Le présent ouvrage s'efforce de livrer les données de base d'une telle appréciation, afin d'aider à connaître des populations actuellement en mutation rapide, et à comprendre, par-delà les passions, ce pays passionné.

LA CARTE D'ESPAGNE

Il est de tradition de rappeler que la Péninsule ibérique épouse vaguement la forme d'une peau de taureau ou d'un pentagone, que l'Espagne, avec ses 500.000 km², est légèrement moins étendue que la France, et qu'elle n'est séparée de l'Afrique que par les 14 km du Détroit de Gibraltar.

un pays maritime

La première remarque que suggère la carte est l'étendue des côtes : 3.200 km. Les deux tiers des frontières espagnoles sont atlantiques et méditerranéennes. L'Espagne est un pays maritime, non pour cette seule raison, mais aussi parce que la mer a toujours joué un rôle essentiel dans son destin. De la Méditerranée lui sont venus les Grecs, les Phéniciens, les Carthaginois, les Arabo-berbères. Les marins catalans ont fait du bassin occidental de cette mer un lac barcelonais au XIIIème siècle. La façade atlantique a été le point de départ de la conquête du Nouveau-Monde et le terminal de ses communications avec la métropole. L'Espagne fut un temps maîtresse des mers, au début du XVIème siècle. Aujourd'hui encore, ses activités maritimes sont restées importantes :

ses constructions navales occupent le 4ème rang dans le monde et son industrie des pêches maritimes est supérieure à celle de la France.

En outre, l'Espagne occupe une position stratégique privilégiée sur le Détroit de Gibraltar. Le Rocher n'est plus à elle depuis 1704 — elle n'a cependant jamais cessé de le revendiquer — mais elle tient les côtes nord du Détroit, et, sur sa bordure sud, les présides de Ceuta et de Melilla.

le compartimentage naturel intérieur

L'Espagne est l'un des rares pays de l'Occident qui soit dépourvu de voies de pénétration fluviales. A l'exception du Guadalquivir, sur lequel Séville est accessible aux navires de mer, aucun fleuve ne prolonge la voie maritime.

Un autre facteur semble diminuer la perméabilité aux échanges : les 450 km de la frontière pyrénéenne. On a écrit que cette barrière montagneuse isolait l'Espagne du reste de l'Europe. On pourrait affirmer avec autant de raison que les Alpes ont été une muraille étanche entre l'Italie, la France et le monde germanique. Les Pyrénées sont jalonnées aujourd'hui de nombreux points de franchissement ferroviaires et routiers qui canalisent vers la Péninsule plus de 30 millions de touristes par an. Même auparavant, elles n'ont jamais été un obstacle pour personne, d'Annibal aux Barbares, d'Abd-er-Rhaman et de Charlemagne aux pèlerins de Compostelle. Le passage est facile aux deux bouts et même au Somport et en Navarre. Et la Gasgogne française porte dans ses dialectes locaux, dans ses habitudes de vie, dans la tournure d'esprit de sa population, les traces d'une influence espagnole due à une longue osmose.

Plus que les Pyrénées, ce sont les barrières montagneuses intérieures qui jouent le rôle d'isolants. La Suisse mise à part, aucun pays d'Europe n'est plus montagneux que l'Espagne. Les sierras délimitent de grandes régions naturelles. La longue Cordillère Cantabrique est la frontière de la bande atlantique du nord (Galice, Asturies, Santander, Biscaye et Guipúzcoa). L'Andalousie a sa ligne de démarcation dans la Sierra Morena, et elle est elle-même tronçonnée par les systèmes Bétiques, parmi lesquels la Sierra Nevada, qui porte le plus haut sommet d'Espagne, le Mulhacén, couronné de neige, près de Grenade (3.478 m). La dépression de l'Ebre (Navarre, Rioja, Aragon) est encadrée par les Pyrénées, les monts vascongades et catalans et le système Ibérique.

Le Levant méditerranéen (pays valencien, Murcie) est séparé de l'intérieur par les secteurs orientaux de la Sierra Morena et des systèmes Bétique et Ibérique (les Monts Universels, le Maestrazgo).

Cordillère Cantabrique, Sierra Morena, système Ibérique, forment aussi le bourrelet extérieur du plus vaste haut plateau de l'Europe, la Meseta centrale, qui occupe la moitié de la surface de l'Espagne (Castilles, León, Estramadure). Et la Meseta est, à son tour, coupée en deux secteurs par la ligne des Sierras de Guadarrama, de Gredos, de Gata et de Francia. Ainsi s'inscrit sur la carte la division du pays en deux grands blocs, l'Espagne de l'*intérieur* ou castillane, et les Espagnes de la *périphérie*.

Chacune de ces régions naturelles a son axe fluvial propre, qui contribue à son unité intérieure : l'Ebre pour la Navarre et l'Aragon, le Guadalquivir pour l'Andalousie, le Duero pour la Vieille-Castille, le Tage et le Guadiana pour la Nouvelle-Castille et l'Estramadure. Mais ces cours d'eau, non navigables du reste, à l'exception du Guadalquivir, ne sont pas des voies de communication interrégionales. Par ailleurs, les points de franchissement des systèmes montagneux intérieurs ne sont généralement ni nombreux ni faciles. Avant l'époque de la voie ferrée et de l'automobile, les communications intérieures étaient malaisées : en 1830, le coût du transport intérieur représentait en moyenne 35 % de la valeur des marchandises, contre 4 % dans le reste de l'Occident. De nos jours encore, les effets de ces obstacles naturels sont la lenteur relative des trains espagnols et le coût élevé des rectifications du tracé ferroviaire.

A la fois atlantique, méditerranéenne et continentale, l'Espagne est un pays de contrastes géographiques.

les contrastes régionaux

Les différences climatiques sont fortement accusées. La formule de l'Espagne pays chaud n'est qu'un cliché. En regard de la fournaise estivale de la Mancha, du désert des Monegros ou de l'Andalousie orientale, Teruel a des hivers glacés, Avila connaît la neige en hiver. L'écart est énorme : de + 44° à — 20°. Le dicton connu : « *A Madrid, neuf mois d'hiver, trois mois d'enfer* » définit le climat continental de la Meseta. En se heurtant à la Cordillère Cantabrique, les vents atlantiques du nord et de noroît y ont déversé leur humidité et n'apportent plus à la

Castille que de faibles précipitations. Le printemps et l'automne sont brefs, l'été torride, l'hiver rigoureux. Même en été, les écarts de température entre la journée et la nuit peuvent être considérables, à Soria, p. ex. Sur la bande atlantique du nord et la frange pyrénéenne, règne le climat atlantique à forte pluviosité constante, avec brouillards et crachins (le record espagnol de la pluviosité est détenu par le cap Finisterre, en Galice : 2.400 mm), et faibles variations thermiques entre l'été et l'hiver, de l'ordre de 13°. Le Levant a un climat méditerranéen, à étés secs et brûlants, hivers doux, forte luminosité et faibles pluies (record national de la sécheresse : Almería). De telles différences ont conduit à distinguer l'Espagne *humide* et l'Espagne *sèche*. La première, plus de 800 mm de pluie par an, est la bande maritime Galice-Bidassoa, prolongée par les vallées pyrénéennes ; la seconde comprend tout le reste. Comme toutes les simplifications, cette formule n'est exacte qu'à condition de négliger d'importantes exceptions, car les zones hydratées ne manquent pas en Espagne sèche, dans les zones d'altitude ou au voisinage des Cantabres.

Le climat n'est pas le seul facteur de différenciation. D'une région à l'autre, le relief, la couleur de la terre, le régime des cours d'eau, changent comme les hommes eux-mêmes, et, à l'intérieur même de chacune d'elles, on est souvent étonné par la brutalité des contrastes locaux. La verte *Galice* est gaelique : les vents tièdes et le climat doux, les brumes, les *rías,* le sol de granit, la forêt, les calvaires, les binious, les pardons, la pêche maritime, le nom même du cap Finisterre, tout y rappelle l'Armorique. Les *Asturies, Santander, le pays basque,* lui ressemblent par leur humidité, leur verdure, leur polyculture et leur élevage, leurs forêts, le cidre ; elles en diffèrent par leur activité industrielle et leurs ethnies particulières. L'*Aragon* échappe à une définition d'ensemble : région faiblement peuplée au climat rude et sec, il comporte en son centre, le long de l'Ebre, des zones irriguées fertiles, et la moitié de sa population vit à Saragossee, sa capitale. Avec des hivers cléments et des étés chauds tempérés par la brise de mer, la *Catalogne* est méditerranéenne par son climat et sa végétation ; elle est une ethnie et une nation ; elle diffère du reste de l'Espagne par son histoire, sa langue et sa culture ; autour de sa métropole tentaculaire, Barcelone, s'étend une vaste contrée industrielle dont l'intense activité est, avec le tourisme de la Costa Brava, une sorte d'image de marque de toute la région. Le *Levant* est plus méditerranéen encore, quasi-maghrébin par sa sécheresse, sa luminosité, ses oueds que les rares averses transforment en torrents dévastateurs, son irrigation et ses *huertas* à haute fertilité, ses palmeraies du sud. Atlantique et méditerranéenne, l'*Andalousie* n'a pas moins de quatre visages : la Sierra Morena boisée, pauvre et désertée ; le bassin du Guadalquivir aux fertiles *vegas* des *campinas* de Séville, Cordoue et Jaén ; la région de la Sierra Nevada où alternent les exubérantes cultures des terres irriguées et les terres misérables ; et l'Andalousie des steppes orientales, inhospitalière, dépeuplée et extrêmement pauvre. Les seuls traits communs de ces sous-régions sont la beauté du décor naturel, l'originalité du peuple andalou et le sous-développement de ce pays d'émigrants. Dans la *Meseta* centrale, enfin, les *Castilles et l'Estramadure* sont essentiellement continentales, distinctes des régions périphériques ci-dessus par leurs caractéristiques physiques et humaines.

Si dissemblables qu'elles soient, les régions d'Espagne offrent des traits communs. Il ne s'agit pas seulement d'unité historique, « *l'unité de destin dans l'universel* » que proclame la majestueuse déclaration de principe de la Phalange. On se réfère ici à d'autres liens, par exemple à l'unité de la langue castillane, qui est partout comprise et parlée, ainsi qu'à une certaine communauté de caractère entre tous les habitants du monde espagnol, et même à cette synthèse sensorielle d'images et d'odeurs qui se forme à la fin d'un séjour en Espagne. Sans effacer tout à fait les contrastes, ces facteurs communs en font parfois oublier l'importance. On a tendance à ne retenir que la part de vérité du slogan touristique aujourd'hui bien usé : prise en bloc, « *l'Espagne est différente* », différente du monde occidental. Elle l'est dans une certaine mesure seulement, mais cette mesure suffit à faire naître une impression de dépaysement plus puissante qu'au passage de toute autre frontière d'Occident.

l'Espagne « différente »

L'origine de cette impression doit être cherchée, semble-t-il, dans l'*exotisme*, qui transporte dans l'espace, et dans la *présence du passé*, qui reporte dans le temps.

La terre change d'aspect de l'autre côté des Pyrénées. Presque toujours et presque partout, l'Espagne vit dans une lumière souveraine, sous un ciel d'un bleu profond — « *un azur massif* », disait Unamuno — ; la nuit y est plus pure et plus sonore, l'éclat des astres plus oriental qu'ailleurs. La terre s'élance vers ce ciel de lumière, de toutes les cimes de ses sierras. La nature est généralement grandiose, grave, quelquefois torturée et tragique. On est loin de la douceur débonnaire des campagnes françaises. On se rapproche plutôt du Maghreb par la nudité du roc et la rareté de l'eau, la couleur de la terre, l'opposition des cimes neigeuses et des palmeraies, la luminosité du ciel, la similitude de la flore et des cultures. Il va de soi que l'Espagne n'est ni l'Afrique ni le Proche-Orient, elle n'est même que partiellement méditerranéenne. Mais, de même que l'autre marche d'Europe, la Russie, est une transition de l'Asie, de même l'Espagne fait le pont avec l'Afrique. Les deux pays ont curieusement des points communs : un climat continental, le sens de l'hospitalité et celui de la musique, les explosions de mysticisme, de patriotisme et de violence, la peur que l'Europe n'altère leur personnalité (ce sont les deux seuls pays du continent où l'écartement des rails diffère de celui des autres Etats, comme pour rendre une invasion plus difficile).

Le passé s'impose avec force, il est vivant. Forteresses, *alcazares,* palais, cathédrales, édifiés dans des sites d'acropole chaque fois que l'homme a pu le faire, sont les témoins d'une grandeur déchue. Aucun autre pays de la chrétienté n'a vécu aussi longtemps une aventure aussi prodigieuse : huit siècles de reconquête sur l'Islam, un siècle de règne catalan sur la Méditerranée, la découverte et la conquête du Nouveau Monde, plus d'un siècle de lutte pour l'unité catholique et l'hégémonie en Europe. La mort et la gloire, la grandeur et l'effondrement, restent évoqués par des centaines de monuments aux noms sonores. Dépouillé de ses impuretés par la légende, le souvenir de ce passé exceptionnel s'est symbolisé dans le tombeau du Cid. Même s'il a été déformé par l'emphase, il est encore émouvant d'écouter ce chant épique. D'autres témoins sont les innombrables monuments de la foi. Les églises lourdement décorées, aux rétables surchargés d'or et d'argent, dans lesquelles flotte une odeur d'encens et de cierge éteint, restent le théâtre de manifestations d'une foi primitive, par certains côtés superstitieuse, évocatrice d'autres temps. Dans ce pays où l'indifférence religieuse a gagné la masse, des fidèles s'y abîment encore dans un dialogue passionné avec le Christ, telle cette Catalane qui déclarait, en désignant du menton le Christ en croix aux pieds duquel elle venait de prier : « *Ah ! celui-là, si je voulais parler, je pourrais en raconter sur les miracles qu'il a faits !* ».

La force des traditions est une autre originalité de l'Espagne. Non pas seulement les traditions de cohésion familiale, de culte de la mère, de règles morales et de modes de vie, que le reste de l'Occident perd de vue depuis deux générations, mais aussi les traditions régionales, beaucoup plus vivantes qu'ailleurs, comme on le verra au cours de cet exposé.

Une autre note d'archaïsme était, jusqu'à ces dernières années, la misère, une misère que l'Occident ne connaît pratiquement plus. Elle était un attrait malsain pour qui en retirait le sentiment rassurant d'une sécurité matérielle personnelle. L'Espagne vivait avec un siècle de retard. Il subsiste dans ce pays des poches de pauvreté, mais la situation a évolué depuis vingt ans ; si le niveau de vie de l'Espagne n'atteint pas encore celui des autres pays d'Occident, il tend à s'en rapprocher d'année en année.

populations et peuples d'Espagne

En 1977, l'Espagne compte environ 36 millions d'habitants. Sa population a plus que doublé en un siècle (16,5 millions en 1877). D'après les prévisions de l'Institut National de la Statistique, elle atteindrait 44.400.000 à 46.700.000 âmes en l'an 2000.

Quelques chiffres doivent être cités. Très élevé jusqu'en 1965, le taux brut de natalité a commencé à décroître à cette date : 22 ‰ en 1964, 19,37 en 1972, probablement 15 en l'an 2000. Cette diminution est imputable à l'élévation du niveau de vie et au vieillissement de la population (le nombre des personnes de plus de 45 ans s'est accru de 4 % entre 1950 et 1970). Le taux de mortalité est l'un des plus bas du monde (8,4 ‰ en 1970 contre 9,4 aux U.S.A. et 10,6 en France). Celui de la mortalité infantile a énormément décru : de 11 ‰ en 1935 à 1,6 en 1972. Le taux encore relativement élevé de la natalité et le très faible taux de la mortalité font que la croissance végétative espagnole (10,97 ‰ en 1972) reste la plus forte de celles des pays de l'O.C.D.E., après l'Islande et la Turquie.

13 millions d'Espagnols, dont 25 % de femmes, forment la population active du pays. L'agriculture en absorbe une fraction élevée : 25 % en 1975 (2,9 % en Angleterre, 4,4 % aux U.S.A., 19 % en Italie), mais la proportion ne

cesse de décroître : de 41,7 % en 1960, elle tombera, selon les prévisions, à 20 % en 1980 et à 10 % en l'an 2000. Le vieillissement de la population agricole accuse cette tendance (en 1972, plus de la moitié avait dépassé la barre des 45 ans).

La densité moyenne est faible : 70 habitants au km² (plus de 100 en France, 180 en Italie, 230 en Grande-Bretagne). Il est vrai que la population est très inégalement répartie. Elle se concentre naturellement dans les zones minières et industrielles, les grandes villes, les *huertas* fertiles et les zones côtières de grande pêche. Les régions périphériques sont les plus peuplées : Galice, Asturies, Santander, Pays Basque, Andalousie, côtes de Catalogne et du Levant, Baléares, Canaries : la densité y atteint ou dépasse 350 habitants au km², et même 400 dans la province de Barcelone ou la zone de Bilbao. L'Espagne intérieure est beaucoup moins peuplée, à l'exception de Madrid, des *vegas,* des centres miniers et industriels du León, et de vallée de l'Ebre. Certains secteurs des provinces de Huesca, Soria, Cuenca, accusent des densités inférieures à 8 habitants au km².

présentation par régions La réalité bien vivante des communautés régionales conduit à préférer à tout autre un plan de présentation fondé sur les grandes régions classiquement admises, qui sont indiquées sur le tableau ci-contre (les noms entre parenthèses indiquent les provinces qui les composent).

Deux remarques préliminaires sont à faire sur ce tableau. Les provinces sont des unités administratives généralement aussi artificielles que les départements français. Leur nombre a varié plusieurs fois : 38 en 1785, puis 40, puis 52, puis 49 en 1833 ; elles sont aujourd'hui 50, par suite de la création d'une seconde province canarienne. Les régions ci-dessus, dites historiques, n'ont pas d'existence légale, coïncident rarement avec les circonscriptions judiciaires, militaires et universitaires, et ne traduisent pas toujours une unité géographique et économique : Albacete, traditionnellement rattachée à la région de Murcie, appartient en réalité à la Mancha, c'est-à-dire à la Nouvelle-Castille ; Santander, dans la région de Vieille-Castille, fait plutôt partie de l'Espagne atlantique par l'histoire, la géographie et l'économie ; la Rioja, bien que formant une unité, est écartelée entre la Vieille-Castille, la Navarre et l'Alava ;

certaines zones du León ont de grandes similitudes économiques avec les Asturies voisines, etc.

Ces observations étant faites, on s'efforcera de définir les terres et les hommes, l'ensemble espagnol et les régions particulières qui le composent. Il convient, auparavant, pour mieux comprendre les uns et les autres, de rappeler leur passé.

I - Espagne intérieure :

— León (León, Zamora, Salamanque).
— Vieille Castille (Burgos, Santander, Logroño, Soria, Valladolid, Palencia, Ávila, Ségovie).
— Nouvelle Castille (Madrid, Tolède, Guadalajara, Cuenca, Ciudad Real).
— Estramadure (Badajoz, Cáceres).
— Aragon (Saragosse, Huesca, Teruel).

II - Andalousie

(Séville, Cordoue, Grenade, Jaén, Huelva, Cadix, Málaga, Almería).

III - Espagne méditerranéenne :

— Catalogne (Barcelone, Gérone, Tarragone, Lérida).
— Levant : Valence (Valence, Alicante, Castellón de la Plana) et Murcie (Murcie et Albacete).
— Baléares, capitale Palma de Majorque.

IV - Espagne atlantique :

— Galice (La Corogne, Lugo, Orense, Pontevedra).
— Asturies, capitale Oviedo.
— Provinces basques : Biscaye (capitale Bilbao), Guipúzcoa (capitale St Sébastien) et Álava (capitale Vitoria).
— Navarre (capitale Pampelune).

V - Canaries :

(Sta Cruz de Tenerife et Las Palmas).

QUELQUES NOTES SUR LE PASSE

l'espagne jusqu'en 1942

On ne sait pas grand-chose des Ibères et des Celtes, qui pénétrèrent en Espagne à une époque indéterminée, ni de l'origine des Basques, ni de la cité de Tartessos qui aurait été, il y a 70 siècles, un foyer de civilisation avancée près de l'actuelle Cadix. On a plus d'indications sur les Grecs, Phéniciens et Carthaginois, qui occupèrent des ports en Andalousie et sur la côte méditerranéenne (Cadix, Sagonte, Ampurias). Les Romains mirent deux siècles pour venir à bout des tribus locales et des guerilleros de Viriathe. Le siège de Numance, près de la moderne Soria, est resté célèbre par l'atroce suicide des défenseurs. La paix romaine apporta à l'Hispanie quatre siècles de développement et de culture, l'unité de la langue. Martial, Lucain, Sénèque, étaient Espagnols.

l'Hispania romaine et wisigothique

Comme les autres provinces romaines, l'Hispanie subit l'invasion des barbares : les Vandales, les Suèves, les Alains, les Wisigoths. Ces derniers, romanisés et christianisés, ariens puis catholiques, fondèrent un royaume unitaire qui eut Tolède pour capitale et vécut trois siècles. Une minorité germanique appuyée par les conciles de Tolède gouvernait une masse de colons et d'esclaves, ainsi qu'une nombreuse communauté juive, à laquelle la plupart des trente-deux rois wisigoths ne ménagèrent pas les persécutions. Cet Etat corrompu et divisé était une proie facile pour des envahisseurs. L'incident plus ou moins légendaire du viol de la Cava, fille du comte de Tanger, par le roi Rodéric, aurait été à l'origine de l'envoi en Espagne d'une petite armée berbère conduite par Tarik, un lieutenant du vali musulman de l'Ifrikiya.

C'était en 711. Tarik battit Rodéric à Guadalete, près d'Algésiras, et liquida les restes de son armée à Ecija. Sept ans plus tard, les Musulmans étaient les maîtres de l'Espagne.

l'occupation musulmane et la Reconquête (711-1492)

Les Musulmans n'occupèrent jamais l'Espagne en totalité. Leur échec de Covadonga, dans les Asturies, où le chef quasi-légendaire de la résistance locale, Pélage, détruisit une de leurs expéditions, les détourna des sierras du nord. Il se forma ainsi une frange de petites chrétientés montagnardes indépendantes : Galice, Asturies, León, pays vasco-navarrais, les modestes comtés d'Aragon, de Sobrarbe et de Ribagorza. Les querelles intestines des conquérants permirent à ces réduits de survivre et même de pousser leurs frontières jusqu'au rebord sud des Cantabres, puis jusqu'au Duero. Entre ce fleuve et les forteresses musulmanes du Tage, s'étendait une région sans maître, territoire de razzia pour les deux camps. Peu à peu, les petits Etats chrétiens s'affermirent, et Charlemagne créa la marche d'Espagne, en Navarre et en Catalogne. Ce n'est cependant qu'au Xème siècle que furent fondés la Castille et l'Aragon, et que la Navarre atteignit l'Ebre. La fin de ce siècle fut tragique pour les Chrétiens : les Califes de Cordoue conduisirent de grands raids de destruction sur Pampelune, Burgos, León, Compostelle. Il fallut attendre la décadence du califat, qui avait éclaté en une vingtaine de principautés autonomes, les *taifas*, pour avancer vers les sierras centrales de la Meseta, puis s'installer sur le Tage (1085 : occupation de Tolède).

Cette avance menaçante incita l'émir

de Séville à lancer un appel de détresse aux correligionnaires africains qui dominaient alors le Maroc : les Almoravides. C'étaient des Touareg, des nomades sahariens métissés de noirs soudanais, fanatiques et férocement destructeurs. Une armée almoravide débarquée en Espagne en 1086 arrêta l'avance castillane à Zalacca, en Estramadure, et ni le roi de Castille Alphonse VI, ni ses meilleurs lieutenants — le Cid, Alvar Fanez — ne purent l'empêcher de ruiner la Catalogne, de ravager la Castille et d'enlever Valence, la ville du Cid. Lorsque leurs descendants amollis quittèrent la Péninsule, un siècle plus tard, ils furent remplacés par les nouveaux maîtres du Maroc, les Almohades. Ces sédentaires très primitifs de l'Atlas, non moins fanatiques et destructeurs, appelés par les roitelets maures d'Andalousie, infligèrent une sévère défaite aux Castillans à Alarcos, en 1195. Il fallut les forces réunies de la Castille, du León, de l'Aragon et du Portugal, aidées par des volontaires étrangers, pour les battre, en 1212, à Las Navas de Tolosa, journée-clé de la Reconquête. Dès lors, en quarante ans, l'Espagne du sud tomba aux mains des Chrétiens : Badajoz, Cordoue, Séville. L'Aragon, auquel une convention avec la Castille avait réservé la zone est, s'adjugea Valence, les Baléares, Murcie, Alicante. Les Musulmans ne conservaient plus que le petit royaume de Grenade, de Marbella à Carthagène, adossé à la mer d'où leur arrivait l'aide africaine. La Castille, absorbée par ses problèmes intérieurs, se contenta de le contenir dans ses frontières pendant 250 ans. Ferdinand d'Aragon et Isabelle de Castille entreprirent la conquête de ce dernier réduit qui tomba après dix ans de siège : le 2 janvier 1492, ils entrèrent dans l'Alhambra sur les pas de Boabdil, le dernier des Abencérages, parti pour l'exil africain. La croix d'argent et la bannière de Castille étaient hissées sur la tour de la Vela : la Reconquête militaire était achevée.

les Rois Catholiques

Ferdinand d'Aragon et Isabelle de Castille, les Rois Catholiques, eurent pour politique l'unification religieuse, l'unification politique et l'affermissement du pouvoir royal.

L'unité religieuse était conçue comme le facteur essentiel de l'unité politique. Elle était aussi un facteur de sécurité : la présence de communautés religieuses juives organisées, animées du désir de revanche, représentait un danger pour l'Etat. En 1492, le choix fut donné aux Juifs entre le baptême et l'exil : 200.000 préférèrent l'exil. Le même choix fut laissé en 1502 aux Musulmans, malgré les promesses formelles signées à Grenade dix ans plus tôt : la plupart restèrent, après une conversion du bout des lèvres. L'Inquisition, installée en Espagne depuis 1480, eut pour mission d'empêcher les Juifs et les Morisques mal convertis de reconstituer des communautés religieuses clandestines et de pratiquer en secret leur religion d'origine.

L'unification politique était beaucoup plus difficile à réaliser, et les Rois Catholiques n'y parvinrent pas. L'Aragon et la Catalogne avaient été réunis sous le même sceptre en 1137, mais chacun des deux conservait ses institutions propres, ainsi que Valence et les Baléares, qui s'agrégèrent à eux par la suite. De même, le mariage de Ferdinand et d'Isabelle n'avait pas touché à l'autonomie politique de l'Aragon et de la Castille. De même encore, lorsque Ferdinand le Catholique adjoignit la Navarre à la Castille en 1512. En d'autres termes, l'unification fut dynastique, mais non organique, chaque ancien royaume ayant son vice-roi, ses Cortès, ses lois, sa justice, ses fonctionnaires, ses douanes, ses monnaies, ses poids et mesures, et ne versant au roi que les subsides qu'il voulait bien lui consentir. A la fin du XVIIIème siècle, l'Espagne était encore divisée en neuf royaumes (Andalousie, Aragon, Cordoue, Galice, Grenade, Jaén, Murcie, Navarre, Valence), seize provinces castillanes, deux provinces basques dites *exentas* (exemptes) ou *forales* (Álava et Guipúzcoa), et une seigneurie (Biscaye), auxquels s'ajoutaient les Baléares et les Canaries. Le farouche particularisme régional, la très espagnole mentalité de *taifa* s'étaient opposés à l'unification totale.

L'une des conséquences de cet état de choses est que la Castille supporta presque seule l'énorme impôt d'argent et de sang qu'exigeaient les entreprises de Charles-Quint et de Philippe II. Au XVIIème siècle, au temps du ministre Olivares, la Castille payait annuellement 6.200.000 ducats à la Couronne, alors que les autres territoires réunis n'en versaient que 1.600.000.

Pourtant, si l'esprit régionaliste n'avait opposé une si forte résistance, les Rois Catholiques auraient eu une chance de réaliser l'unité. Sous leur règne, en effet, le royaume d'Aragon-Catalogne, qui avait connu ses grandes heures au XIIIème siècle, était en décadence marquée, alors que la Castille dominait la Péninsule. Elle la dominait par la démographie (le rapport Castillepériphérie était au moins de 4 à 2), par les avantages géographiques (elle possédait désormais des façades sur l'Atlantique et sur la Méditerranée), par les immenses perspectives qu'ouvrait le monde américain (la découverte de Colomb s'était faite en son nom et à son profit exclusifs), enfin par sa prospérité économique. La *Mesta*, puissante corporation d'éleveurs de moutons, jouissait de privilèges de transhumance favorables au développement de la production lainière : des millions de moutons transhumaient de l'Estramadure à l'Ebre, sur des parcours de 700 km, jalonnés par les grandes foires commerciales de Medina del Campo, Astorga, Villalón, Valladolid, Medina del Rio Seco. Le commerce d'exportation de la laine avait ses centres à Burgos et Bilbao et l'élevage alimentait les prospères industries du drap à Ségovie, du cuir à Tolède. Malgré les gênes apportées par cet immense élevage, l'agriculture castillane était, elle aussi, florissante.

Les Rois Catholiques trouvèrent, dans la situation créée par la Reconquête, des conditions que leur talent politique et leur prestige personnel surent transformer en facteurs d'affermissement du pouvoir royal. La Reconquête avait été à la fois un combat et une reconstruction. Lorsque l'Espagne du sud fut occupée par les Chrétiens, les grands chefs de bandes y reçurent de vastes domaines, tant en récompense de leurs services que parce que la Couronne n'avait pas les moyens d'entreprendre elle-même la réhabilitation de ces régions dépeuplées : ce fut l'origine des *latifundios* (grands domaines) d'Andalousie et d'Estramadure. Mais ces propriétaires d'immenses territoires représentaient un danger politique : les Rois Catholiques y parèrent en les attirant à la Cour où des charges et des titres flatteurs les asservirent. D'autres puissances étaient les Ordres militaires créés du XIIème au XIVème siècles pour lutter contre le Musulman (Calatrava, Alcántara, Montesa) ou défendre les pèlerins de Compostelle (Santiago) et dont les territoires échappaient à l'autorité royale. La fin de la Reconquête signifiant celle de leur mission, Ferdinand obtint du pape leur rattachement à la Couronne.

les hidalgos

Dans la hiérarchie nobiliaire, au-dessous des *ricos hombres* (hommes riches) possesseurs de titres et titulaires de grands emplois, venaient les *caballeros* : les *infanzones* (tel le Cid) et les écuyers. L'*infanzon* deviendra l'*hidalgo* (*hijo de algo* = fils de quelque chose), produit typique de la Reconquête. Ces petits nobles sans fortune étaient des soldats dont les Rois Catholiques s'assurèrent les services ; ils furent devant Grenade, en Amérique, dans les *tercios* du « grand capitaine » Gonzalve de Cordoue sur les champs de bataille européens des XVIème et XVIIème siècles. Ils représentaient un groupe social considérable (1.500.000 au début du XIXème siècle, sur une population totale de 11 millions d'âmes) [2]. Par la suite, « *ils caractériseront l'Espagne, avec leurs rêves et leur nostalgie d'aventures, avec leur orgueil et leur volonté de ne pas sombrer dans la décadence. Ils seront Don Quichotte ou les héros picaresques ; ils deviendront les gentilshommes anachroniques, admirables ou ridicules des romanciers du siècle dernier. Et même aujourd'hui, sous des aspects parfois très « petit-bourgeois », on trouve chez le propriétaire rural et l'avocat des petites villes, chez l'étudiant ou le militaire utilisé par le Mouvement franquiste, l'attitude de l'hidalgo en tant que classe sociale, son comportement devant le travail et la vie pratique, son idéal, qui n'est que le refus d'abdiquer* » [3].

Les progrès de la Reconquête avaient amené la Couronne, pour attirer les colons dans les territoires fraîchement récupérés, à leur consentir des avantages en compensation des risques et des obligations de défense territoriale. Ce fut l'origine des *fueros* (franchises et privilèges) concédés sous des noms divers, parmi lesquels celui de *carta puebla* (charte de peuplement) est significatif. Du XIème à la fin du XIVème siècle, il y en eut plus de 800. Lorsque la disparition du Maure eût ôté aux Rois de Castille leur source principale de revenus qu'était le butin, ils durent s'adresser à ces communes franches pour obtenir des subsides. Ainsi les Cortès (Parlement), jusqu'alors réservés à la noblesse et au clergé, s'ouvrirent aux représentants des communes. Mais, de même qu'ils avaient domestiqué la grande noblesse et détourné la masse des *hidalgos* vers les entreprises coloniales et guerrières, de même, les Rois Catholiques surent brider ce Tiers-Etat : ils imposèrent aux villes leurs propres représentants, les *corregidores* (coadministrateurs) et la transformation de la Ste Hermandad, police municipale, en police d'Etat. De 1480 à 1497, ils ne réuniront pas une seule fois les Cortès.

la découverte de l'Amérique (1492)

Moins de quatre mois après leur entrée à Grenade, les Rois Catholiques signaient les Capitulations de Santa Fé qui autorisaient Christophe Colomb à organiser une expédition de découverte dans l'Atlantique. Le 3 août 1492, Colomb appareilla de Palos, près de Huelva, avec trois caravelles, fit une longue escale aux Canaries et aborda, le 12 octobre, dans une île de l'archipel des Bahamas. L'Amérique était officiellement découverte.

En dehors de ces faits connus, presque tout le reste de l'entreprise est matière à contro-

---

Le secret de Colomb.

On a dit que Colomb connaissait, avant d'appareiller, la direction à suivre et la distance à parcourir. Il y aurait un secret de Colomb.

Lorsqu'il se trouvait à Porto Santo (Madère) chez son beau-frère Pedro Correa, gouverneur de l'île, Colomb aurait recueilli mourant le pilote de Huelva Alonso Sánchez, dernier survivant d'un navire naufragé ; poussé par la tempête, ce navire aurait précédemment abordé à Antilia, l'île dont rêvaient alors les marins et les cartographes. Avant d'expirer, Sánchez en aurait indiqué les coordonnées à Colomb et celui-ci aurait gardé le secret pour lui. Ce n'est qu'après sept années de refus opposé par les cours du Portugal et d'Espagne à ses projets qu'il se serait décidé à le confier aux Rois Catholiques au cours d'un entretien sans témoins. Autre version : Colomb serait déjà allé lui-même aux Antilles, dans une expédition dont il aurait été l'unique rescapé (il est toujours demeuré muet sur toute une période de sa vie).

A l'appui de ces assertions, on fait observer que les Capitulations de Santa Fé d'avril 1492 mentionnaient les terres que Colomb « a découvertes », à côté de celles qu' « il découvrira ». On ajoute que les révélations de Colomb aux Rois Catholiques ont dû être singulièrement convaincantes pour que ces derniers aient, en quelques jours, réuni les fonds, hâté les préparatifs et, surtout, accepté les conditions exorbitantes de Colomb (la charge de Grand Amiral de la mer océane, une part énorme du butin éventuel, etc.).

Selon d'autres historiens, quelles qu'aient été les assertions du futur découvreur, elles ne suscitèrent pas l'enthousiasme des souverains, puisque Luís de Santángel, grand trésorier d'Aragon et bailleur de fonds de cette aventure, dut recourir, pour les convaincre, à l'argument que, si l'expédition ne donnait pas les résultats espérés, il serait toujours possible de ne pas tenir les promesses signées.

A l'origine de la découverte de l'Amérique, il y a donc des inconnues. Mais, si les hypothèses rappelées ci-dessus sont exactes, il est piquant de penser que Colomb a peut-être été son propre prédécesseur au Nouveau-Monde.

verse. On a affirmé que d'autres avant Colomb avaient mis le pied sur le continent américain. S'ils ont eu lieu, ces voyages tenus secrets n'ont pas eu de conséquences historiques connues. La personnalité de Colomb est une autre énigme. Nul n'a élucidé s'il était gênois ou galicien, Chrétien ou Juif. On ignore tout de sa vie avant son arrivée dans la Péninsule : marchand, pirate ? Pour les uns, il fut un génie décrié par les envieux ; pour d'autres, un imposteur. Le débat peut s'éterniser sans grand intérêt. De même, ce qui a été écrit à la gloire de Colomb sur la médiocrité des moyens matériels dont il disposait fait partie des démonstrations qui veulent trop prouver : les caravelles étaient les meilleurs bâtiments de l'époque, leurs capitaines et leurs pilotes étaient sans rivaux (les frères Pinzon, Juan de la Cosa), leurs équipages se composaient de marins choisis par eux (on concevrait difficilement que des gens de mer de leur expérience se fussent lancés dans une telle aventure avec des truands promis à la potence, comme on l'a dit). On peut penser que le désir de la Castille de ne pas laisser aux Portugais le bénéfice exclusif des découvertes l'aurait conduite tôt ou tard à chercher le passage vers l'Asie par l'ouest. Le dossier de l'Atlantique était devenu volumineux, l'idée était dans l'air.

le siècle de la grandeur

l'empire castillan d'Amérique

Colomb fit trois autres voyages au Nouveau-Monde avant de mourir obscurément à Valladolid en 1506. Entre-temps, une bulle du pape et le traité de Tordesillas de 1494 avaient partagé le globe entre l'Espagne et le Portugal.

L'exploration du Nouveau-Monde fut étonnamment rapide. En une cinquantaine d'années, les Espagnols reconnurent, de l'Arkansas à la Plata, quelque 4 millions de km^2 et en occupèrent environ 2,5 millions. En 1513, Nùñez de Balboa arrivait au Pacifique par l'isthme de Darien. En 1519-21, Cortès se rendait maître de l'empire aztèque de Moctezuma avec moins de 500 hommes ; en 1532-33, l'empire inca d'Atahualpa tombait aux mains de Pizarre et d'Almagro suivis de moins de 200 compagnons ; en 1539, trois expéditions se rencontraient sur le haut plateau de Bogota. Ainsi, les trois zones de peuplement dense étaient occupées : Mexique, Pérou, Colombie. Entre-temps, l'Amazone avait été reconnue par Orellana, et le Mississipi par Hernando de Soto. D'autres expéditions se lancèrent vers la Californie, le Nouveau Mexique et le Chili, tandis qu'en 1519 Magellan pénétrait dans le Pacifique par le Détroit qui porte son nom, commençant ainsi le premier tour du monde, que devait achever son pilote Elcano. Dès le milieu du XVIème siècle, l'essentiel de l'empire espagnol d'Amérique était dessiné.

Cette rapidité s'explique par la ruée vers l'or : celle de quelques conquistadors, non de masses. Aucune expédition n'a dépassé l'effectif de 500 hommes (en 1570, il n'y avait encore dans toute l'Amérique que 120.000 blancs, y compris les fonctionnaires, les prêtres, les moines et les sédentaires). La plupart des explorateurs, des conquêtes, étaient des initiatives privées, simplement autorisées par la Couronne ou les vice-rois. Ces hommes appartenaient à une génération vigoureuse, celle de l'Espagne en pleine gloire, rêvant d'or, d'aventures et de domination. Leurs exploits sont un roman inouï. L'empire s'organisa derrière ces pionniers. Dans les vice-royautés de Nouvelle-Espagne (Mexique), Nouvelle-Castille (Pérou), et Nouvelle-Grenade (Colombie) et dans les capitaineries générales des autres régions, la Couronne transporta les institutions métropolitaines. L'administration était dirigée d'Espagne par le Conseil des Indes, pour les affaires civiles, militaires et religieuses et par la *Casa de contratación* de Séville pour les affaires maritimes et commerciales.

Ce régime centraliste était lourd, pas toujours efficace. Il était nécessaire pour protéger les Indiens contre les colons. Les affirmations du dominicain Bartolomé de Las Casas, au XVIème siècle, sur le génocide des indigènes par les conquérants, ont été contestées, mais c'est un fait que la conquête a tragiquement dépeuplé l'Amérique et que des ethnies entières ont disparu. Vers 1500, il y avait à St-Domingue 1.100.000 Arawaks : il en restait quelques dizaines en 1570. A la même date, dans l'ensemble des Antilles, les 1.500.000 indigènes du début n'étaient plus que 90.000 ; le

le génocide des Indiens

plateau de l'Anahuac (Mexique central) avait 25 millions d'âmes en 1519 et à peine plus d'un million en 1570. Dans la totalité de l'Amérique occupée, les chiffres correspondant à ces deux dates auraient été respectivement de 50 et de 9 millions. Cette catastrophe démographique est imputable en partie aux épidémies de variole (*la viruela*) frappant des populations non immunisées, en partie au travail forcé. Ce sont surtout l'orpaillage dans la boue des rivières (le lavage des sables aurifères à la batée), puis l'extraction de l'argent dans les mines péruviennes du Potosi, qui provoquèrent une énorme consommation de vies humaines.

Les missionnaires tentèrent de mettre fin à ce génocide, et les jésuites du Paraguay de préserver la population guarani de leurs *reducciones*. La Couronne de Castille enjoignit aux colons, par ses codes de 1512 et 1542, de traiter humainement les Indiens et abolit le régime abusif de l'*encomienda*. Ses prescriptions restèrent lettre morte, parce qu'elles étaient incompatibles avec ses propres exigences en métaux précieux pour financer les luttes en Europe : ces besoins imposaient d'exploiter les filons à plein rendement, c'est-à-dire sans ménager l'indigène. D'autre part, l'Amérique espagnole, notamment celle des confins septentrionaux du Mexique, de l'Araucanie et du Pérou, était alors le pays de la peur, c'est-à-dire des réactions de défense les plus cruelles de la part des maîtres blancs perdus dans d'immenses zones d'insécurité.

Le but officiel de la conquête était de sauver des âmes. Les indigènes pratiquèrent avec ferveur un culte que les moines franciscains et dominicains avaient eu la sagesse d'adapter à leur tempérament en leur offrant des cérémonies somptueuses et en transposant des superstitions qui prolongeaient les habitudes anciennes. Par ailleurs, il n'y eut pas de ségrégation du sang : le nombre des métis devint vite considérable sur les trois hauts plateaux, et plus encore au Paraguay.

Un autre trait frappant de l'empire est l'extrême lenteur des communications avec la métropole : 9 mois pour le circuit Séville-St-Domingue-Porto-Rico-Séville, 3 ou 4 ans pour le périple Espagne-plateau péruvien-Espagne. Il s'ensuit qu'à moins de disposer d'une flotte gigantesque, on ne pouvait échanger que des produits de valeur sous un faible volume, à l'exclusion des pondéreux. De plus, l'Espagne ne pouvait maintenir la liberté de ses interminables communications maritimes et le monopole du commerce avec l'Amérique qu'à la condition d'avoir la maîtrise des mers. Elle l'a eue au début du XVIème siècle ; ensuite, elle fut impuissante à défendre ses convois et à empêcher la France et l'Angleterre de s'établir aux petites Antilles, au Honduras, en Guyane.

L'Espagne avait apporté à l'Amérique des nouveautés : la canne à sucre, la vigne, le mûrier, l'olivier, le blé, le riz, le bananier canarien, les chevaux, bœufs et moutons. Elle en avait reçu le tabac, le maïs, le coton, la pomme de terre, et elle en importait du cacao et des bois de teinture. Ce qu'elle lui demandait surtout, c'étaient les métaux précieux et les gemmes. Après les envois d'or provenant du pillage des trésors indigènes, puis de l'orpaillage et des mines colombiennes de Buritica, l'argent représente, à partir de 1560, l'essentiel des chargements : il venait de Zacatecas, Durango, San Luis Potosi (au Mexique), et de la montagne d'argent péruvienne du Potosi, à 4.000 m d'altitude. Ensuite l'exploitation se prolongea grâce au procédé de l'amalgame avec le mercure. L'Espagne ne reçut pas toutes les cargaisons des galions de l'or : les ouragans des Caraïbes, les flibustiers, les escadres ennemies, la privèrent d'une bonne part des chargements, dont beaucoup reposent encore sur le Banc d'argent des Antilles et dans la vase de la baie de Vigo. Les quantités reçues restent néanmoins impressionnantes : de 1503 à 1560, 800 millions de maravedis par an [4] ; de 1591 à 1600, 3 milliards. Pendant le règne de Philippe II, Séville aurait déchargé près de 10.000 tonnes d'argent et 200 tonnes d'or (le rapport or-argent était de 1/10, puis de 1/15). En fait, on estime que les 2/3 de cet or allèrent à l'étranger en paiement des dettes de la Couronne, et que l'autre tiers servit à payer les importations de produits européens en Espagne. L'or des Amériques permit à l'étranger d'accumuler les capitaux nécessaires à l'essor industriel européen, tandis que l'Espagne ne faisait que subir les conséquences négatives de l'afflux monétaire : les prix doublèrent de 1520 à 1550, et doublèrent encore de 1550 à 1590.

l'or des Indes

Dans les premières années de son règne, le roi-empereur Charles-Quint, petit-fils des Rois Catholiques, dut faire face aux révoltes des *germanias* (fraternités) de Valence et de Majorque, et des *comuneros* castillans. Ces derniers s'étaient soulevés, entre autres raisons, pour pro-

les entreprises démesurées de Charles-Quint et de Philippe II

tester contre les charges financières excessives qui leur étaient demandées. Leurs craintes étaient fondées : la politique impériale des deux premiers Habsbourg devait exiger de la Castille un tribut écrasant.

L'idée directrice était grandiose : défendre l'unité de la foi catholique contre l'Infidèle et la Réforme. Mais cette entreprise supranationale était démesurée. Les ambitions politiques qu'elle dissimulait alarmèrent les Etats européens, qui furent presque tous les adversaires de l'Espagne : la France, les Turcs, les pays protestants (princes allemands, Pays-Bas, Angleterre), une partie des principautés italiennes, et même, paradoxalement, le pape lui-même. Bien que n'étant pas empereur d'Allemagne comme son père Charles-Quint, Philippe II suivit la même politique, préférant, disait-il, perdre ses royaumes que régner sur des hérétiques.

Ces deux règnes (1517-1598) furent donc remplis par les guerres — victoires et défaites mêlées —. L'Espagnol concluait hâtivement une trêve avec un adversaire pour aller en combattre un autre qui se faisait pressant, avant de revenir régler ses comptes avec le premier. L'Italie était pour l'Espagne la voie de communication nécessaire avec l'Allemagne et les Pays-Bas, et le Habsbourg s'y heurtait, surtout dans le Milanais et la Valteline, aux prétentions de la France des Valois, toujours fascinée par le mirage italien. Les premières campagnes de Charles-Quint s'y déroulèrent : Pavie (la captivité de François Ier), le sac de la Rome pontificale. Puis il fallut contenir le Turc, qui arrivait sous les murs de Vienne, et ce furent l'expédition de Tunis et la désastreuse tentative contre Alger. Revenu à sa lutte contre la France, Charles eut la satisfaction d'apprendre l'arrivée de ses armées tout près de Paris, à Meaux. Mais les progrès de la Réforme en Allemagne le détournèrent vers un autre théâtre : victorieux à Mühlberg, il dut finalement reconnaître son échec, à la paix d'Augsbourg. Le grand lutteur, l'infatigable voyageur de l'Europe, mourut dans l'austère monastère de Yuste, en Estramadure, où il s'était retiré après son abdication.

Philippe II continua le combat contre la France, mais les Protestants d'Allemagne ne lui laissèrent pas le loisir d'exploiter sa victoire de St-Quentin. Après quoi, il dut faire un immense effort maritime contre le Turc : ses forces navales, jointes à celles de Venise et du pape, sous le commandement de son frère naturel Don Juan d'Autriche, détruisirent la flotte d'Ali Pacha à Lépante (1571). De nouveau, il intervint en France, en faveur de la Ligue catholique, à Paris, et demanda pour sa fille la couronne de France ; la conversion d'Henri IV mit fin à ses espoirs.

Entre-temps, l'Espagne avait eu affaire avec deux autres adversaires : l'Angleterre protestante d'Elizabeth et la Hollande calviniste. Contre la première, fut organisée à grands frais, en 1588, l'expédition de la *très heureuse Armada* (ce n'est que par la suite que lui fut donné le surnom d'« invincible », sous lequel elle est connue dans l'histoire), qui devait embarquer dans les Flandres l'armée d'invasion de l'Angleterre commandée par Alexandre Farnèse, gouverneur des Pays-Bas ; la tempête et l'habileté manœuvrière des amiraux d'Elizabeth transformèrent cette tentative en un échec cuisant qui fit perdre à l'Espagne la moitié de sa flotte.

Philippe II et les Pays-Bas.

Pendant les premières années de son règne, Philippe II toléra l'opposition de la noblesse des Pays-Bas (gouvernés pour son compte par sa demi-sœur Marguertie de Parme) à la politique unitaire et catholique du cardinal Granvelle, conseiller de celle-ci. En 1566, la « révolte des iconoclastes », au cours de laquelle les calvinistes hollandais saccagèrent des églises, le décida à user de la manière forte : le duc d'Albe fut l'exécuteur de cette politique de cruelle répression, qui coûta la vie à huit mille Hollandais, parmi lesquels les comtes de Horn et d'Egmont. La noblesse des Pays-Bas, tant catholique que calviniste, prit les armes contre Philippe II, adoptant par défi le surnom de « gueux » (au sens de démagogues) donné par les Espagnols aux seigneurs hollandais. En 1572, la révolte gagne les provinces du Nord, sous la conduite de Guillaume d'Orange, converti au calvinisme, et, en 1576, l'accord dit « pacification de Gand » réunit contre l'Espagne les dix-sept provinces des Pays-Bas. Don Juan d'Autriche lui-même, le vainqueur de Lépante, est impuissant contre ce mouvement à la fois religieux et autonomiste. Son successeur, Alexandre Farnèse, fils de Marguerite de Parme, arrive avec une armée et réussit, par sa diplomatie, à se concilier les Catholiques du Sud (en gros, les habitants de la Belgique). La rupture est consommée entre l'« Union d'Utrecht » de Guillaume d'Orange (Provinces du Nord, Flandre flamande, Brabant) et l'« Union d'Arras » (Provinces du Sud). Le traité de Vervins (1598) confirme la complète autonomie des Pays-Bas. Jamais l'Espagne ne pourra reprendre les Sept Provinces formant la Hollande du Nord.

Ces déconvenues ne furent même pas compensées par l'annexion du Portugal en 1580 : cette annexion ne fit qu'ajouter aux immenses obligations de l'Espagne celle de défendre l'empire colonial portugais.

L'obsession de l'unité religieuse inspira à Philippe II des persécutions contre les Morisques d'Espagne, dont la révolte des Alpujarras fut matée par Don Juan d'Autriche (5) et contre les dissidents du catholicisme : Erasmites, Réformistes, Protestants. Contre eux et contre les Juifs mal convertis, l'Inquisition déploya son activité : les grands autodafés de Séville, Tolède et Valladolid, qui eurent lieu pendant le règne de Philippe II, sont restés célèbres.

La politique européenne trop ambitieuse des Habsbourg était vouée à l'échec, à l'époque où l'Europe s'ouvrait au nationalisme et à la liberté intellectuelle. Pour lutter avec succès contre ce courant, des moyens gigantesques auraient été nécessaires à l'Espagne occupée sur deux fronts : au sud contre les Turcs et les Barbaresques ; au nord, contre la Réforme et la France. Or, les moyens financiers manquaient et l'Etat fit trois banqueroutes en un demi-siècle. D'autre part, l'Espagne perdit vite la maîtrise des mers, condition de sa politique : un an à peine après Lépante, Don Juan d'Autriche ne parvint pas à battre en Morée la flotte turque reconstituée ; dix ans plus tard, c'était le désastre de l'Armada ; puis vinrent les raids anglais sur Cadix et Lisbonne, et l'échec des tentatives de débarquement en Irlande. C'était la fin de l'hégémonie maritime espagnole.

Seul contre l'Europe, dans son palais-couvent de l'Escorial, Philippe II avait tenté de tenir en mains l'immense empire, si hétérogène et si dispersé. La façade était encore majestueuse, l'Espagne continuait à être redoutée, son armée restait la première du monde. Mais la construction était fragile, malgré la tentaculaire bureaucratie castillane. La Castille était à bout de souffle, sa population en baisse. L'effondrement se produira après Philippe II, vers 1640.

le Siècle d'Or

C'est jusque vers cette dernière date que se prolonge le Siècle d'Or espagnol, qui débute avec le XVIème siècle. Préparée par un développement universitaire antérieur à la fin de la Reconquête, née dans l'exaltation de la grandeur, favorisée par les échanges avec l'Italie et la France, la Renaissance artistique et littéraire espagnole a duré 150 ans.

Dans le domaine artistique, elle a donné le style « plateresque », cette ciselure de la pierre, et une longue série de peintres illustres : le « divin » Morales, peintre de l'ascétisme, Navarrete, Ribera, Zurbaran, le peintre des moines, Murillo, celui des sujets religieux et des jeunes mendiants andalous. Le crétois Domenikos Theotokopoulos, dit le Grec, établi à Tolède, a peint ces étranges visages allongés aux verts cadavériques, qui font songer aux Gitans et expriment une vie intérieure intense ; sur un fond de paysage ténébreux, ses personnages semblent subir une attraction vers la vie céleste, dans un élan qui a fait dire de l'auteur de *L'enterrement du comte d'Orgaz* qu'il était le peintre de l'époque de Ste Thérèse. Velasquez, à la fois peintre de la Cour (*Les Ménines*), du peuple (*Les buveurs, Le marchand d'eau*), de sujets religieux (*L'adoration des mages*) et de scènes militaires (*Les lances*), a laissé l'image géniale d'une Espagne en dégénérescence.

Les grands penseurs, philosophes et théologiens du Siècle d'Or furent presque tous des ecclésiastiques et des soldats, ou les deux à la fois, et la plupart étaient des produits de l'université de Salamanque : Arias Montano, théologien, érudit et savant, Luis Vives, le philosophe humaniste, l'augustin Fray Luis de León, poète et théologien, les dominicains Luis de Grenade et Francisco Vitoria — celui-ci théoricien du droit des gens, comme le jésuite Suarez. Le siècle qui a vu naître la Compagnie de Jésus, fondée par le guipúzcoan Ignace de Loyola et St François-Xavier, l'évangélisateur du Japon, fut celui des grands mystiques espagnols : Alonso de Madrid, Pedro de Alcantara, Ste Thérèse d'Avila, la réformatrice du Carmel, exaltatrice du renoncement et de l'amour extatique de Dieu, comme son contemporain et collaborateur, le carme St Jean de la Croix. Parmi les juristes et théologiens, le jésuite Mariana se signale par ses audaces : un roi, dit-il, mérite la mort s'il ne remplit pas son devoir envers le peuple que Dieu lui a confié.

Dans la littérature, à côté d'Ercilla, auteur du poème épique *La Araucana,* de Gongora, le poète affecté des *Solitudes,* de Herrera, celui de l'amour platonique, figurent les grands noms de Quevedo, le satirique amer et cynique de *Don Pablo de Segovia* et des *Rêves,* de Lope de Vega, l'auteur aux 1.800 pièces de théâtre (*Fuenteovejuna, Peribañez*), de Calderon (*La vie est un songe*), de Tirso de Molina, l'inventeur du personnage de Don Juan, de Cervantes, le créateur de l'immortel

Don Quichotte. En opposant l'exaltation spirituelle, l'idéal héroïque et l'individualisme de l'illustre *hidalgo* de la Mancha au bon sens populaire de Sancho Pança et aux réalités sociales, le manchot de Lépante s'est fait l'analyste magistral d'une époque attardée dans des rêves de grandeur anachroniques, comme Don Quichotte lui-même, à la fois comique et émouvant dans son armure inutile et ses combats illusoires. Du début à la fin du Siècle d'Or, l'évolution des esprits a trouvé sa traduction dans la floraison littéraire. Dans les premières années du XVIème siècle, le rêve héroïque explique la vogue du roman de chevalerie et du roman mauresque. A mesure que l'épée de combat devient une épée de cour, le roman pastoral est à la mode. Enfin, avec la décadence de la moralité, apparaît le héros picaresque, le Lazarillo de Tormes ou le Guzman de Alfarache, parasite de la société, aventurier cynique et amoral.

la décadence

Les trois derniers Habsbourg qui se succédèrent de 1580 à 1700 — Philippe III, Philippe IV et Charles II — furent des souverains plus que médiocres, aux mains de leurs favoris.

Philippe IV choisit pour premier ministre le comte-duc d'Olivares, obstiné à poursuivre une politique impériale fondée sur la conviction que la Contre-Réforme conduite par l'Espagne finirait par l'emporter. Pour faire face aux dépenses militaires, il imagina de soumettre les régions à *fueros* au même régime fiscal que la Castille. Alors la Catalogne se souleva et se donna à Louis XIII. C'était en 1640, année néfaste où le Portugal fit sécession, tandis que le duc de Medina Sidonia cherchait à devenir roi d'Andalousie. La chute du favori n'arrêta pas les malheurs. La défaite de Rocroi (1643) ruina la vieille réputation d'invincibilité des *tercios*, la Catalogne garda ses *fueros*, et il fallut céder à la France une partie de l'Artois et de la Flandre. En 1659, par la paix des Pyrénées conclue dans l'île des Faisans (le mariage de Louis XIV et de l'infante Marie-Thérèse eut lieu à cette occasion à St Jean de Luz), l'Espagne abandonna à sa voisine le Roussillon, la Cerdagne, le reste de l'Artois. La Franche-Comté connut peu après le même sort.

Une cour corrompue et futile, des finances en ruines, une armée réduite à 20.000 hommes, l'Espagne était devenue « l'homme malade » dont les puissances européennes méditaient de se partager les dernières dépouilles. Pour éviter le pire, Charles II se rapprocha de la France, sa vieille ennemie et légua son trône au duc d'Anjou, son arrière-neveu et le petit-fils de Louis XIV, le futur Philippe V. Ce fut la source de nouvelles complications. A la paix d'Utrecht, qui termina cette longue guerre de Succession d'Espagne, celle-ci perdait ses dernières possessions européennes et l'Angleterre l'amputait de Mahon et de Gibraltar.

Les causes de cette décadence étaient d'abord d'ordre démographique : les 10 millions d'habitants de 1598 n'étaient plus que 6 en 1685. Une telle perte de substance était due à l'émigration de jeunes hommes vers l'Amérique, à une série d'épidémies de peste (1529, 1504, 1587, 1599), à l'expulsion des Morisques en 1609 (probablement 500.000 âmes), à l'importance croissante des effectifs militaires en service hors de la métropole et de ceux des communautés religieuses. *« Et comment évaluer le nombre des « étudiants », vagabonds, mendiants et domestiques dont la vie picaresque ne favorisait en rien la production ni le peuplement ? »* [6]. Des causes économiques et sociales jouèrent aussi. L'Espagne partageait l'illusion générale que monnaie égale richesse, donc que l'or des Indes la dispensait de tout effort productif : il suffisait d'acheter à l'étranger. Ce raisonnement s'accordait avec la mentalité créée par l'unification religieuse : l'esprit de lucre est l'apanage des Juifs et des Maures ; le vieux Chrétien ne saurait s'adonner à leurs activités avilissantes. Les fortunes d'Amérique et de la Mesta finançaient des dépenses de prestige ou se thésaurisaient, mais ne s'investissaient pas dans des entreprises productives. L'or ne faisait que transiter en Espagne, et la Couronne n'obtenait qu'à des taux usuraires les avances des banquiers étrangers.

le redressement du XVIIIème siècle, despotisme éclairé et naissance des deux Espagnes

Les rois Bourbons du XVIIIème siècle — Philippe V, Ferdinand VI, Charles III —, bien servis par des collaborateurs du style technocrate, pris en majorité en-dehors de la vieille aristocratie, tels Alberoni, Floridablanca, Patiño, Ensenada, Jovellanos, tentèrent de mettre le pays à l'heure européenne.

Malgré de nouvelles guerres — Minorque fut reprise à l'Angleterre — l'œuvre de rénovation intérieure fut méritoire, surtout sous le règne de Charles III : des réformes administratives et financières, l'abolition du privilège de la *Mesta* pour favoriser l'essor agricole, l'amélioration du réseau routier et du service postal. Fait sans précédent, le budget de 1750 fut en excédent. Le pays connut un renouveau industriel (dans les dix dernières années du siècle, le nombre des industriels, commerçants et artisans s'accrut de 250.000 unités). L'industrie catalane du coton prit naissance. La perte de ses *fueros*, châtiment de son hostilité à Philippe V pendant la guerre de Succession, eut un effet économique bienfaisant pour la Catalogne : le décret de Nueva Planta de 1707, qui les abolissait, lui donnait aussi, pour la première fois, les mêmes droits qu'à la Castille sur tout le territoire. Elle obtint une protection douanière pour ses tissus. En 1778, lorsque le libre commerce fut décrété avec l'Amérique, Barcelone bénéficia largement de cette suppression du privilège de Cadix, qui l'avait hérité de Séville. Le commerce avec l'Amérique s'accrut énormément avec les progrès de la navigation. A la fin du siècle, l'Espagne était en passe de devenir une puissance économique. Le revenu par tête était l'un des plus élevés d'Europe, et la population était passée en cent ans de 6 à 11 millions d'âmes. Une bourgeoisie d'affaires se développait en Catalogne et en pays basque. Cette prospérité, il est vrai, était fragile : elle reposait sur le marché américain — à la veille de se fermer à l'Espagne — et l'accumulation des capitaux restait, dans l'ensemble du pays, insuffisante.

La rénovation était l'œuvre de grands commis nourris des idées de l'époque sur la liberté de conscience, la primauté de la raison et de la science, et plus ou moins liés aux philosophes et à la franc-maçonnerie naissante. Ces *ilustrados* (personnes éclairées) s'attaquèrent au pouvoir temporel de l'Eglise, jugé dangereux pour le pouvoir civil, tout en respectant la religion catholique. Le pieux Charles III osa exiler l'Inquisiteur général, mais ne toucha pas à l'Inquisition ; il expulsa 5.300 jésuites d'Espagne et de l'empire colonial et ferma leurs collèges ; l'abstention de la communion pascale resta cependant un délit

---

 En 1797, la composition de la société espagnole était la suivante : 200.000 gens d'Eglise, 200.000 membres des professions libérales et étudiants, 1 million de militaires, fonctionnaires et employés, 1 million de domestiques, 1.500.000 nobles « titulados » et « hidalgos », 1 million d'industriels, commerçants et artisans, 3 millions de propriétaires ruraux et fermiers, 3 millions d'ouvriers agricoles. ([7])

civil. En Espagne comme ailleurs, les *ilustrados* enseignaient que la Providence avait envoyé aux peuples, pour assurer leur bonheur, des despotes éclairés dont les décisions ne pouvaient être discutées.

Elles le furent cependant une fois par le peuple madrilène, qui fit une émeute sanglante, *le motin de Esquilache,* parce qu'un ministre d'origine italienne, Esquilacci, avait imposé le port du tricorne et de la cape courte à la mode européenne — une manifestation intolérable de l'oppression étrangère. Cet incident révéla l'existence de deux Espagnes, celle du libéralisme, des réformes et de l'européisme, face à celle de la tradition, de l'hostilité aux idées nouvelles et à l'étranger. La première était celle de certains nobles instruits, de certains prélats, d'intellectuels, de membres des professions libérales, des bourgeois industriels et commerçants. La seconde était représentée par la masse du monde provincial et rural, des *hidalgos,* du clergé, des catholiques pratiquants, dont l'opposition entrava la réforme du XVIIIème siècle.

guerres et luttes civiles

L'œuvre de rénovation fut honorable, mais très incomplète. A la fin du siècle, plus de 13.000 cités, villes et villages étaient encore soumis aux droits féodaux, seigneuriaux ou ecclésiastiques. La moitié des terres appartenait à la noblesse et le sixième à l'Eglise, et d'immenses fortunes (en majorité terriennes) contrastaient avec l'extrême misère d'une grande partie de la population (surtout rurale) ; on comptait 150.000 mendiants officiellement déclarés ([8]).

En 1808, l'Espagne avait pour souverain Charles IV, un pauvre homme gouverné par sa femme, elle-même subjuguée par son favori Godoy, prince de la Paix. Après la parenthèse d'une guerre malheureuse contre la République françai-

la guerre d'Indépendance (1808-1814)

se, Godoy avait continué la politique d'alliance avec la France, pour aider l'Espagne à préserver ses colonies des convoitises anglaises. Restaurateur de la religion et de l'ordre, prestigieux vainqueur de l'Europe, l'allié Napoléon n'était pas mal vu en Espagne. La défaite de Trafalgar en 1805 (15 vaisseaux espagnols et 18 français, contre les 27 de Nelson) n'avait pas entamé cette confiance.

Les choses se gâtèrent lorsque la politique du blocus continental eût conduit l'empereur à envisager l'occupation du pays. Il ne rencontra pas de difficultés de la part de Charles IV ni de son fils Ferdinand VII, qui se disputaient platement sa faveur ; attirés à Bayonne, ils abdiquèrent tous les deux à son profit. Mais trois jours plus tôt, le 2 mai, le peuple madrilène s'étant révolté pour empêcher le départ en France de deux infants, les mamelucks de Murat avaient fait voler des têtes à la Puerta del Sol, et ces incidents avaient été suivis, le lendemain, d'exécutions en série dont Goya nous a transmis le souvenir : 500 morts. Ce fut le signal de départ d'une insurrection générale contre les Français. Chaque province, les Asturies en tête, créa sa junte de guerre, et, lorsque le roi Joseph, frère de Napoléon, monta sur le trône des Bourbons, il ne put réunir autour de lui que quelques *afrancesados* (« francisés ») — les « collaborateurs » de l'époque.

Pour le peuple espagnol, le Français était devenu l'athée et l'occupant. Le tuer, prêchaient les moines, était agréable à Dieu. Du même coup, Ferdinand VII, ce prince si médiocre, était « le désiré ». Mais paradoxalement, pendant que les bandes de l'Empecinado de Mina et du curé Merino luttaient à mort contre les Français, c'est de la Constitution française de 1791 que s'inspirèrent les Cortès de Cadix — à vrai dire assez improvisées et peu représentatives — pour élaborer leur Constitution libérale de 1812.

Les bandes d'insurgés excellèrent dans la défense des villes (Gérone, Saragosse) et dans la guerilla. En rase campagne, elles ne connurent que des défaites, sauf une fois, mais cet unique succès eut un retentissement immense : le 8 juillet 1808, le général Castaños battit et captura le corps d'armée du général Dupont à Bailen, dans la Sierra Morena. Napoléon dut intervenir en personne pour rétablir le roi Joseph. Après sa brève apparition, l'armée anglo-portugaise de Wellington infligea une série de défaites à ses lieutenants, et le désastre de Vitoria contraignit le maréchal

Soult à repasser les Pyrénées. Les derniers combats eurent lieu en France en 1814, à Orthez et à Toulouse.

Entre-temps, en 1810, le curé Hidalgo lançait, dans la paroisse mexicaine de Dolores, un appel à l'indépendance de la Nouvelle-Espagne. Ce fut le début d'une guerre de quinze ans entre la métropole et ses colonies : la « guerre civile atlantique ».

l'indépendance des colonies d'Amérique

Des esprits clairvoyants avaient prévu cette déchéance dès le moment que l'Espagne, aux côtés de la France, avait aidé les « insurgents » d'Amérique du nord à arracher leur indépendance à l'Angleterre, précédent dangereux. En 1783, le comte d'Aranda avait suggéré la création de trois royaumes (Mexique, Pérou, Terre Ferme) qui auraient été donnés à des infants, le roi d'Espagne devenant empereur du monde atlantique. Trop en avance, l'idée ne fut pas retenue.

L'occasion du soulèvement fut la disparition de l'autorité centrale en Espagne, en 1808, mais cette circonstance ne fit qu'avancer la date d'un conflit inévitable. Le désir d'indépendance animait, non la masse passive des indigènes, mais les *criollos* nés aux colonies de souche espagnole plus ou moins pure. Méprisés par les fonctionnaires venus de la métropole, ils se sentaient des sujets espagnols de catégorie inférieure, et les mesures prises par les services madrilènes lointains et incompréhensifs les exaspéraient. Les négociants aspiraient à la liberté du commerce. Les idées libérales et franc-maçonnes étaient bien accueillies par les classes dirigeantes locales.

Acéphale et absorbée par sa lutte contre Napoléon, la métropole était hors d'état de fournir un gros effort militaire. Sur place, sa cause ne manqua cependant pas de partisans, surtout au Pérou, qui devait être son dernier bastion. D'autre part, les juntes locales ne purent jamais former un front uni contre l'Espagne. Le Mexique, où le général Irtubide se proclama un moment empereur, devint indépendant en 1823. Il en fut de même de la Colombie (1813), dont le *libertador* fut Simon Bolivar, de l'Uruguay, du Chili, de l'Argentine, qui fut libérée par le général San Martín. Le Paraguay s'était détaché dès 1811. C'est au Pérou que fut livrée la bataille décisive d'Ayacucho (1824), défaite espagnole qui scella le sort de l'empire. L'Espagne se résigna difficilement à reconnaître les nouveaux Etats, d'abord le Mexique, en 1823, en dernier lieu le Paraguay (en 1880 seulement).

**le retour de
Ferdinand VII
et la première
guerre carliste
(1814-1840)**

Ferdinand VII retrouva son trône en 1814, dans l'enthousiasme populaire. Son premier soin fut d'annuler la Constitution de 1812. Puis le colonel Riego s'étant soulevé à Cadix, en 1820, contre le régime absolutiste, il dut prêter serment à cette Constitution. Les libéraux triomphaient, mais les excès des plus radicaux d'entre eux, les *exaltados*, exaspérèrent les absolutistes, qui formèrent un gouvernement provisoire, la « régence d'Urgel », et firent appel à la Sainte Alliance. Répondant à l'appel, le Congrès de Vérone décida d'intervenir et, en 1823, le duc d'Angoulême conduisit jusqu'à Cadix, où les Cortès s'étaient réfugiés, l'expédition dite des « 100.000 fils de St Louis » (en réalité, 50.000 Français, secondée par autant de miliciens « royalistes » espagnols). La seule résistance fut celle du fort du Trocadéro, près de Cadix. La réaction absolutiste fut une fanatique terreur blanche.

Ferdinand VII trouva cependant plus absolutiste encore que lui. Les intransigeants ou « apostoliques » interprétèrent ses quelques mesures de clémence comme des concessions intolérables de son entourage aux ennemis du trône et de l'autel. En Catalogne, les *« malcontents »* prirent les armes et Ferdinand dut aller les mettre lui-même à la raison. Alors, les apostoliques placèrent leurs espoirs en Don Carlos, son frère et héritier (Ferdinand VII n'avait pas de fils). Ces espoirs furent déçus, le roi ayant laissé son trône à sa fille Isabelle et la régence à sa femme Marie-Christine. La mort de Ferdinand, en 1833, fut le signal de l'insurrection carliste *« pour Dieu, la Patrie et le Roi »*, qui s'étendit à la Navarre et aux provinces basques, à la Catalogne rurale de l'ouest, au Maestrazgo et au pays valencien, avec quelques foyers en Castille et en Galice.

Le théâtre principal de cette guerre de sept ans (1833-1840) fut le pays vasco-navarrais. Le grand homme de guerre qui y commandait, le colonel Zumalacárregui, battit les meilleurs généraux de la régente, mais la blessure mortelle qu'il reçut au siège de Bilbao, en 1835, fut un coup fatal pour la cause. La guerre traîna en longueur, aucun des deux camps ne pouvant enlever la décision. Don Carlos (Carlos V) conduisit une petite armée sous les murs de Madrid, en 1837, mais il hésita, se fit battre et regagna la Navarre. Ebranlé par la propagande des agents libéraux, divisé par les querelles des apostoliques et des modérés, le carlisme avait perdu. En 1839, les commandants en chef carliste et libéral (Maroto et Espartero) signèrent la convention de Vergara, qui mettait fin à la guerre sur ce théâtre. Don Carlos se réfugia en France. Dans l'est (Maestrazgo et Catalogne), un prestigieux chef de bandes, Cabrera, continua pendant près d'un an un combat sans espoir.

La régence de Marie-Christine ouvrit une longue période de désordres, pendant laquelle le nombre des constitutions successives traduisit l'instabilité politique ; 7 constitutions en 64 ans (1812, 1834, 1837, 1845, 1856, 1869, 1876). Pour la première fois, l'armée intervint dans la politique, le plus souvent dans un sens libéral, et les pronunciamentos amenèrent los chefs militaires au pouvoir : ce fut le « rigodon des généraux ».

l'ère des pronunciamentos et la Première République (1840-1875)

En 1840, après la série des émeutes populaires, massacres de moines et mutineries de soldats, qui avait marqué le temps de la guerre carliste, le général progressiste Espartero obligea la régente à s'exiler et prit sa place. Ensuite, le général modéré Narvaez prit le pouvoir et fit proclamer reine Isabelle II. Puis Espartero revint, puis céda la place à Narvaez et à O'Donnell, qui, à leur tour, furent remplacés par leurs collègues Serrano, Prim et Topete, tandis qu'Isabelle II partait pour l'exil. Ce fut la révolution libérale et bourgeoise de 1868. Mais l'Espagne n'avait plus de roi. Elle en trouva un, non sans peine : Amédée de Savoie, duc d'Aoste, fils du roi d'Italie (1870). Impopulaire et découragé, il s'en alla au bout de deux ans.

A contre-cœur, les Cortès proclamèrent alors la République (1873). Elle dura un an et usa quatre présidents. La situation était inextricable. Cuba était en insurrection ; les carlistes avaient repris les armes ; Barcelone proclamait l'Etat catalan. Le délire cantonaliste s'emparait du Levant, de l'Andalousie, d'une partie de la Castille. On vit surgir les républiques indépendantes de Séville, Grenade, Cadix, Murcie, Valence, etc... qui se faisaient la guerre. Il fallut employer la force. La résistance la plus dure fut celle de Carthagène, qui se livrait à des actes démentiels, tels que le bombardement d'Alicante par bâtiments de guerre.

L'armée sauva le pays de la désagrégation. Le général Serrano devint « chef du pouvoir exécutif » pendant quelques mois : le temps, pour le jeune Alphonse XII, fils d'Isabelle II, d'arriver d'Angleterre, de se faire proclamer roi à Sagonte par le général Martinez Campos, et de faire son entrée à Madrid.

La Restauration fut bien accueillie par le pays, las de tant de désordres. La guerre carliste fut liquidée en 1876, après plus de trois ans d'hostilités sur les mêmes théâtres qu'en 1833. Elle avait été marquée par de brillants succès carlistes et de furieux combats autour — une fois de plus — de Bilbao. Don Carlos (Carlos VII) aurait eu ses chances, dans l'état chaotique de l'Espagne, si ses généraux avaient eu l'envergure de Zumalacárregui, et si l'habileté de Canovas del Castillo n'avait divisé ses partisans.

Celui-ci, devenu premier ministre, institua le régime du « tournisme » (alternance au pouvoir de son parti conservateur et des libéraux de Sagasta), assorti du système du « caciquisme » (influence électorale des notables locaux) qui donna lieu à des abus fort critiqués. La Constitution de 1876 institua une Chambre, un Sénat, le suffrage censitaire (il deviendra universel en 1890). La liberté d'association donna existence légale au Parti socialiste ouvrier espagnol (P.S.O.E.) qui venait de se créer, et à l'Union générale des travailleurs (U.G.T.), syndicat socialiste né en 1888.

Les choses allèrent ainsi tant bien que mal jusqu'en 1885, date à laquelle mourut Alphonse XII. Sa femme Marie-Christine fut proclamée régente et mit au monde, peu après, le futur Alphonse XIII. La situation extérieure était inquiétante. A Cuba, après une guerre de dix ans, la révolte se ralluma en 1895, avec l'appui officieux des Etats-Unis. Les Philippines étaient insurgées. En 1898, le croiseur américain *Maine* explosa dans le port de La Havane, dans des conditions suspectes, et les U.S.A. saisirent cette occasion pour déclarer la guerre à l'Espagne. A Manille, l'escadre moderne de Dempsey envoya par le fond les antiques coques en bois de l'amiral Montojo, qui avait accepté héroïquement le combat (« *L'Espagne préfère l'honneur sans bateaux à des bateaux sans honneur* »). A Cuba, contre les cuirassés dernier modèle de Sampson, l'amiral Cervera livra, avec ses bâtiments vétustes, la bataille de Santiago, où les Américains perdirent un tué et les Espagnols leur escadre. Le 10 décembre 1898, par le traité de Paris, l'Espagne abandonna Cuba, Porto-Rico et les Philippines. L'année suivante, elle vendit à l'Allemagne les Carolines et les Palaos.

L'Espagne ressentit cruellement ce désastre, qu'elle avait eu l'illusion de croire impossible. Il suscita une génération brillante d'écrivains, poètes, philosophes, romanciers, musiciens (Ganivet, Ortega y Gasset, Azorin, Nuñez de Arce,

Antonio Machado, Pío Baroja, Falla, Albeniz, Granados, et, le plus célèbre, Miguel de Unamuno, le philosophe de Salamanque). Cette « génération de 98 » chercha à régénérer l'Espagne par la conciliation de la tradition et du modernisme, par la renonciation au culte exclusif du passé (« Il faut fermer à double tour le tombeau du Cid »), par le rapprochement avec l'Europe, sans renier toutefois les valeurs traditionnelles. Ces penseurs pleins de bonnes intentions exercèrent une influence majeure, en particulier par leur « Institution libre d'enseignement », sur les intellectuels qui firent la Deuxième République en 1931. Sur la masse, leur action fut à peu près nulle.

Proclamé roi en 1902, à l'âge de 16 ans, Alphonse XIII régna trente ans sur un pays déchiré par des conflits politiques, sociaux et régionalistes.

Alphonse XIII et la crise de la monarchie (1902-1931)

Les ministres conservateurs (Silvela, Antonio Maura, Dato) et libéraux (Sagasta, Canalejas, le comte de Romanones) continuèrent la politique dite « régénérationniste » de Canovas del Castillo, mais leur œuvre constructive fut mince, l'essentiel de leur activité ayant été absorbé par les problèmes de la Catalogne et du Maroc.

La Catalogne était le centre d'une agitation régionaliste menée par la « Lliga » bourgeoise et conservatrice de Francesc Cambó. Le catalanisme obtint une satisfaction partielle en 1912 : les quatre provinces catalanes furent autorisées à former une *Mancomunidad* semi-décentralisée. Parallèlement, l'anarchisme se développait fortement en Catalogne : en 1902, naquit à Barcelone la *Solidaridad Obrera*, qui devint en 1910 la Confédération nationale du travail (C.N.T.), légalement reconnue en 1914. Les attentats anarchistes se multiplièrent, tuant notamment Canalejas et Dato.

Les affaires marocaines furent à l'origine de la *Semaine tragique de Barcelone*, en juillet 1909. Des tribus rifaines s'étant soulevées en zone espagnole, le gouvernement rappela des réservistes, dont l'embarquement à Barcelone donna lieu à de graves incidents. Dans cette ambiance, socialistes et anarchistes lancèrent un ordre de grève générale. Au cours de la semaine du 25 au 30 juillet, des assassinats furent commis, des édifices religieux brûlés, des cadavres de nonnes profanés. L'affaire s'acheva par des condamnations à mort, parmi lesquelles celle du chef anarchiste

Francisco Ferrer. Celui-ci, fondateur de la *Escuela Moderna* (L'Ecole Moderne) de Barcelone et d'autres villes d'Espagne, où la pédagogie était très en avance sur l'époque, fut condamné, moins pour sa participation aux désordres (qui ne fut jamais bien prouvée) que pour les idées politiques et sociales qu'il enseignait.

La Première Guerre mondiale divisa profondément l'Espagne en germanophiles (en gros, la droite) et partisans des Alliés (en gros, la gauche et la Catalogne). Elle amena dans le pays une prospérité économique passagère, mais aussi l'inflation, qui fut l'une des causes de la grave crise de 1917. Au mécontentement des militaires de carrière groupés en « juntes de défense », s'ajoutait celui des travailleurs : la grève générale des chemins de fer fit 50 morts. La confusion en était arrivée au point que, pour arriver à former un gouvernement d'union nationale, Alphonse XIII dut menacer de quitter l'Espagne. La fin du conflit mondial aggrava encore la situation. L'essor industriel prenait fin avec les commandes des belligérants ; l'inflation continuait ; la victoire des bolchéviks en Russie agitait le monde ouvrier ; la doctrine wilsonienne des nationalités ranimait les espoirs des catalanistes et des nationalistes basques. Jusqu'en 1923, se succédèrent des gouvernements impuissants, « pompiers de la monarchie ». L'agitation anarchiste était endémique dans l'Andalousie rurale, et Barcelone connut la « guerre sociale de 1919 ». De 1919 à 1923, la capitale catalane vécut en plein chaos, malgré les procédés énergiques du général Martínez Anido : en 1921, il y eut 228 attentats individuels (en janvier, 21 assassinats en 36 heures) et, dans le seul premier trimestre 1923, à Barcelone, on compta 53 morts et 102 blessés.

A ce triste bilan, s'ajoutèrent des revers militaires au Maroc. A l'armée du général Silvestre, qui tentait d'occuper l'intérieur de la zone, les tribus soulevées par Abd-el-Krim infligèrent en 1921 le désastre d'Anoual. Au milieu des remous provoqués par ces événements, le colonel Macía fonda le mouvement séparatiste « Estat catalá » (il tenta un putsch séparatiste romanesque à Prats de Mollo, en 1926), tandis que le groupe d'action anarchiste Durruti-Ascaso-García Oliver poursuivait ses attentats spectaculaires.

Le roi accepta alors l'idée d'une dictature. En 1923, le général Primo de Rivera, capitaine général de Catalogne, appuyé par l'armée, prit le pouvoir en qualité de président d'un Directoire militaire. Il abolit la Constitution de 1876, supprima la *Mancomunidad* de Catalogne, termina la guerre d'Adb-el-Krim en accord avec la France, et entreprit de grands travaux d'équipement. Mais ses essais d'économie dirigée ne donnèrent pas les résultats espérés, pas plus que la réforme agraire ni les réformes sociales entreprises avec la collaboration de Largo Caballero, leader de l'U.G.T. Abandonné par l'armée et la bourgeoisie d'affaires, il quitta le pouvoir en 1930 et alla mourir à Paris.

La monarchie lui survécut un an. L'opposition antimonarchiste fit front commun contre Alphonse XIII en signant en 1930 le pacte de St-Sébastien. Les élections municipales du 12 avril 1931 furent loin de donner la majorité des voix et des sièges aux Républicains, mais ceux-ci l'emportèrent dans presque toutes les villes, et ce résultat décida le roi à s'exiler sans plus attendre, ne voulant pas, déclara-t-il, être la cause d'une effusion de sang.

Le 9 décembre 1931, la Constitution de la Deuxième République fut votée par les Cortès constituantes, en forte majorité républicaines et socialistes. Elle instituait un président, une chambre unique, un tribunal des garanties constitutionnelles, la responsabilité des ministres devant les Cortès, et étendait le droit de suffrage aux femmes et aux militaires.

la Deuxième République (1931-1939)

Le premier président fut Alcalá Zamora, le premier chef du gouvernement Manuel Azaña. L'équipe au pouvoir était composée en majorité d'intellectuels bourgeois se situant dans la ligne d'une démocratie libérale modérée. Ces hommes étaient plus portés vers les questions politiques qu'evers les problèmes économiques et sociaux, qui exigeaient cependant des solutions urgentes et radicales, en raison de l'immense espoir suscité dans les masses par l'avènement de la République.

Azaña s'attacha, selon son expression, à « triturer » l'armée dont la réforme était unanimement jugée nécessaire, mais ses mesures vexatoires indisposèrent la grande majorité des officiers groupés dans l'Union militaire espagnole (U.M.E.). L'Eglise n'était pas hostile à la République, mais l'ironie maladroite d'Azaña, franc-maçon et anticlérical, la dressa contre le nouveau régime : dans un pays comptant plus d'un tiers de catholiques pratiquants et un clergé de 110.000 membres, il déclara que « *l'Espagne avait cessé*

47

d'être catholique », proclama sans ménagement la liberté des cultes et laissa les émeutiers brûler les édifices religieux. Par ailleurs, sa dure répression des activités anarchistes fit perdre aux anarchistes modérés (les *treintistas* d'Ángel Pestaña) leur influence au sein du mouvement libertaire, au profit de la F.A.I. (Fédération anarchiste ibérique), et les incidents sanglants se multiplièrent à Castilblanco, dans le Llobregat, à Casas Viejas.

Le problème agraire, toujours aussi irritant, ne fut pas résolu. La moitié des 22 millions d'hectares cultivables étaient aux mains de 12.731 propriétaires (0,8 % du total), l'autre moitié se partageant entre 1.774.000 petits et moyens propriétaires (99,2 %). La loi agraire de 1932, applicable aux 14 provinces latifundistes, donnait la possibilité d'exproprier contre indemnité les exploitations excédant un « maximum agrario-social » défini. Mais, fin 1933, on n'avait installé que 8.600 familles et 89.000 hectares seulement avaient été expropriés. Ces mesures mécontentèrent les propriétaires, tout en décevant dangereusement des millions de travailleurs agricoles. Il y eut 27 grèves agricoles en 1930, 448 en 1933.

En 1932, la République accorda à la Catalogne un statut d'autonomie : à défaut d'Etat

---

Manuel Azaña.

Manuel Azaña Díaz fut le personnage central dela Deuxième République espagnole, dont il fut le président.

Né en 1880 à Alcalá de Henares, il fit des études juridiques et commença une carrière de fonctionnaire. Intellectuel de la génération de 98, philosophe, bon écrivain et brillant orateur, il commença sa carrière politique comme monarchiste réformiste et combattit la dictature du général Primo de Rivera. Il fonda le parti de l'Action Républicaine, devint président de l'Ateneo de Madrid, et fit partie de l'équipe qui prit le pouvoir après le départ d'Alphonse XIII. Ministre de la guerre en 1931, il devint président du Conseil, puis succéda à Alcalá Zamora comme président de la République en mai 1936. Cet homme d'une haute intelligence et d'un patriotisme profond fut desservi par son scepticisme, son ironie agressive et blessante, la confiance excessive dans sa propre intuition, et son sectarisme anticlérical. Ses erreurs de jugement, ses mesures maladroites contre l'armée et l'Eglise, ne contribuèrent pas à l'apaisement des esprits dans une période névralgique. Il mourut en exil en France en 1940, après avoir, dit-on, reçu l'extrême-onction des mains de l'évêque de Mantauban.

catalan, la Généralité de Catalogne était fondée. Les Cortès votèrent une série de lois sur le contrat de travail, les accidents du travail, le divorce, les congrégations, l'impôt sur le revenu. Mais la situation des travailleurs était angoissante : 700.000 chômeurs (le double, selon certaines estimations), 4.000.000 d'Espagnols souffrant de la faim.

Cette situation favorisa l'opposition de droite, que l'échec du pronunciamento du général Sanjurjo, le 10 août 1932, ne décourageait pas Cette même années, naquirent la *Renovación Española* (monarchiste) de Calvo Sotelo, et l'*Acción Popular* (catholique) de Gil Robles, d'où sortit, en 1933, la *Confederación Española de Derechas Autónomas* (C.E.D.A.). Le petit groupe syndicaliste chrétien d'Onésimo Redondo, à Valladolid, fusionna avec les fascistes madrilènes de Ledesma Ramos, pour former les *Juntas ofensivas nacional sindicalistas* (J.O.N.S.), qui, l'année suivante, se réunirent à leur tour avec la Phalanga espagnole de José Antonio Primo de Rivera. Les Requetés carlistes s'entraînaient à la guerre dans les monts de Navarre. De leur côté, les Jeunesses socialistes de Santiago Carrillo acclamaient en Largo Caballero le « Lénine espagnol » et glissaient vers un communisme ardemment antifasciste.

Les droites l'emportèrent aux élections législatives de 1933, et le gouvernement passa aux mains des centristes. En octobre 1934, l'entrée de ministres de la C.E.D.A. dans le cabinet radical Lerroux déclencha des révoltes à Barcelone et à Madrid. Elles furent facilement réprimées. Mais celle des mineurs des Asturies dura quinze jours et prit les dimensions d'une révolution sociale sanglante, que réprimèrent sans faiblesse les légionnaires et les Marocains amenés par le général Franco : 200 à 300 morts, ou 5.000 selon certaines sources. Ce fut le *biennio negro,* les années noires 1934-1936. Lerroux s'effondra dans le scandale du *straperlo* (une sordide affaire de jeu de roulette truqué). Finalement, en vue des élections proches, le Front populaire se constitua, fin 1935. Cette alliance électorale de circonstance groupait des partis et organisations profondément divisés : les différents partis républicains, le P.S.O.E., le petit Parti communiste espagnol (P.C.E.), les communistes antistaliniens du P.O.U.M. (Parti ouvrier d'unification marxiste), l'U.G.T., les Jeunesses socialistes, le Parti socialiste unifié de Catalogne (P.S.U.C.), le petit Parti syndicaliste (les anarchistes modérés de Pestaña), etc. C.N.T. et F.A.I. restaient à l'écart.

la guerre civile de 1936 et le franquisme

les origines de
la guerre civile

La guerre civile de 1936 a été, sinon la conclusion, du moins l'un des épisodes les plus sanglants de la série des luttes intestines dont le début remonte, on l'a vu, à la restauration monarchique de 1814. Au combat des absolutistes et des libéraux, se superposait, depuis plus de cinquante ans, celui des nationalismes catalan et basque contre le centralisme. Puis, à la fin du siècle dernier, la lutte sociale avait commencé à s'organiser parmi les travailleurs, auxquels la Confédération nationale du travail et l'Union générale des travailleurs apportaient des doctrines et des structures syndicales. Le monde rural espagnol demeurait soumis à un régime quasi-féodal et vivait misérablement dans les régions de *latifundios* et de *minifundios* ; la condition de l'ouvrier industriel restait des plus précaires en 1936. Les inégalités sociales et régionales étaient criantes. Le retard et la fragilité de l'économie espagnole aggravaient cette situation que les gouvernements successifs se montraient impuissants à dominer. Toutes les combinaisons politiques avaient échoué : la monarchie bourgeoise et parlementaire d'Alphonse XIII, corrompue par le caciquisme, puis la dictature du général Primo de Rivera, enfin les intellectuels libéraux de la Deuxième République. En 1931, ces derniers s'étaient efforcés en vain de bâtir une démocratie forte, capable de réaliser les réformes nécessaires sans se laisser déborder par les tendances révolutionnaires et d'imposer aux deux camps une coexistence pacifique.

Cette impuissance, on l'a vu, favorisa les tentatives de la droite contre le gouvernement en place (pronunciamento avorté du général Sanjurjo en 1932) et celles de la gauche contre la octobre 1934). Tout le monde était mécontent : l'armée, les syndicats, les paysans, les catholiques. Une grande partie de la masse populaire était exaltée par l'espoir de réformes sociales et ne comprenait pas le retard apporté à leur réalisation. De leur côté, les détenteurs de la puissance économique, les classes bourgeoises, les traditionalistes, étaient gagnés par la peur : le climat de violence physique qui s'établissait en Espagne leur donnait à penser que la révolution en marche allait porter des coups terribles à leur idéologie et à leurs intérêts : *« La moitié de l'Espagne ne se résigne pas à mourir »,* déclarait Gil Robles, le principal leader de la droite. Le 16 juin 1936, dans une séance des Cortès restée fameuse, Gil Robles et Calvo Sotelo firent le bilan des quatre mois précédents : 160 églises détruites, 269 assassinats, 1.287 agressions, 341 grèves, etc.

Chacun sentait que cette *primavera tragica* (le printemps tragique) s'achèverait dans les convulsions. Une conspiration militaire était organisée par le général Mola, qui commandait à Pampelune. Des partis politiques se joignirent à elle : les carlistes de la Communion traditionaliste, les monarchistes de la Renovación Española, les partis de droite de la C.E.D.A., et, *in extremis,* la Phalange de José Antonio. Le général Sanjurjo devait prendre la tête du soulèvement. Quant au gé-

---

Le général Mola.

Le nom du général Mola est inséparable de l'histoire du soulèvement militaire de juillet 1936, dont il fut l'organisateur, sous le nom-code « le directeur ». Après de brillants états de services au Maroc, il fut nommé directeur général de la Sûreté par le roi Alphonse XIII. D'abord mis en disgrâce par le gouvernement républicain, il fut réintégré dans l'armée, exerça les fonctions de commandant en chef de l'armée d'Afrique, puis celles de commandant militaire à Pampelune. De cette ville, il prépara la conspiration contre le régime, conduisit les difficiles négociations avec la Communion traditionaliste et la Phalange, et élabora les plans stratégiques du soulèvement. Il forma une Junte de défense nationale composée de généraux et préconisa de nommer le général Franco chef de l'État espagnol, en remplacement du général Sanjurjo, tué dans un accident d'aviation. Commandant l'armée nationaliste du Nord, il occupa le pays basque et barra la route de l'Aragon aux Républicains. Parlant aux journalistes des Madrilènes partisans des Nationalistes, il inventa une expression qui fit fortune : « la cinquième colonne ». Il périt dans un accident d'aviation en juin 1937, à l'âge de cinquante ans.

néral Franco, suspect de tiédeur aux yeux de Manuel Azaña, celui-ci l'avait exilé à Las Palmas, comme capitaine général des Canaries. L'incident qui déclencha le soulèvement fut l'assassinat du chef monarchiste Calvo Sotelo, à Madrid, le 12 juillet. Le 17 juillet, les garnisons du Maroc se soulevèrent : la guerre civile commençait.

Avant d'en rappeler brièvement les pricipaux épisodes, on remarquera qu'elle opposait deux camps qui se réclamaient d'idéologies négatives — contre le communisme, contre le fascisme —, alors qu'à cette époque le communisme n'était représenté en Espagne que par un parti numériquement très faible, et le fascisme par une Phalange à ce point clairsemée qu'elle ne put même pas faire élire un seul député aux élections de février 1936. On en a conclu non sans raison que le conflit dépassait les limites de l'Espagne et prenait un caractère international.

trente-deux mois de guerre civile (juillet 1936-avril 1939)

Du 18 au 20 juillet, tandis que le général Franco se rendait des Canaries à Tétouan pour prendre le commandement de l'armée d'Afrique soulevée, un grand nombre de garnisons métropolitaines « se prononcèrent » avec des fortunes diverses. Le général Queipo de Llano s'empara de Séville par un coup d'audace romanesque, mais la conspiration échoua à Barcelone, Madrid, Valence, St-Sébastien. La carte de guerre se dessina dès le 21 juillet. Les Nationalistes (on ne leur donnait pas encore ce nom) tenaient la zone située à l'ouest d'une ligne passant par Jaca, Saragosse, Teruel, Somosierra, la Guadarrama et le sud de Cáceres (à l'exception des Asturies, de Santander, de la Biscaye et du Guipúzcoa) ; ils contrôlaient aussi la plupart des villes d'Andalousie, ainsi que les Baléares et les Canaries ; à l'intérieur de la zone gouvernementale, ils résistaient dans l'Alcázar de Tolède, à Oviedo, et à la Virgen de la Cabeza (Jaén). Les Républicains conservaient tout le reste, c'est-à-dire la partie la plus riche et la plus peuplée, y compris la Catalogne, la Biscaye et le Guipúzcoa (qui avaient pris leur parti en échange d'une promesse d'autonomie).

Les forces combattantes en présence étaient peu nombreuses. Les Nationalistes avaient pour eux la plupart des militaires de carrière et des gardes civils, l'armée d'Afrique, les *tercios* de Requetés carlistes, les « centuries » de la Phalange [9]. Les Républicains conservaient l'essentiel de la petite et vétuste aviation espagnole, et les quatre cinquièmes de la flotte, dont les équipages mutinés avaient tué la plupart des officiers ; les milices populaires étaient enthousiastes, mais leur indiscipline et l'inexpérience de leurs chefs étaient un lourd handicap en face des *banderas* de légionnaires et des *tabors* de *regulares* marocains [9] ; seul, le Parti communiste eut, de bonne heure, des unités solides. Chez les Nationalistes, l'autorité militaire commandait. Chez les Républicains, l'autorité s'éparpillait entre un pouvoir légal débordé et impuissant (quatre ministères en deux mois) et les multiples pouvoirs révolutionnaires des syndicats et des partis.

L'idée de manœuvre nationaliste consistait à attaquer Madrid par le sud et le nord-ouest. Pour faire passer le Détroit aux 35.000 hom-

---

Buenaventura Durruti et les anarchistes.

En 1936, les figures les plus connues du groupe d'anarchistes de la F.A.I. appelé « groupe terroriste », étaient Buenaventura Durruti, Ascaso, García Oliver, Torres Escartín, Ricardo Sanz.

Durruti, né à León en 1896, était un ouvrier métallurgiste, que son existence aventureuse de militant avait conduit à exercer, entre autres professions, celle de libraire à Paris. Avec ses camarades Ascaso et García Oliver, il avait organisé un attentat contre le roi Alphonse XIII, exécuté le cardinal-archevêque de Saragosse, Mgr Soldevila, en 1923, attaqué des banques. Dans son histoire de la guerre civile, Hugh Thomas définit ainsi Durruti et son groupe : « Ce n'étaient pas des criminels ordinaires. C'étaient des rêveurs, qui remplissaient une mission de violence ; des personnes que Dostoïevsky aurait été fier d'avoir créées ».

Pendant l'été 1936, après avoir contribué à l'échec du soulèvement militaire à Barcelone, il conduisit en Aragon une colonne de 3.000 miliciens anarchistes, mais ne put prendre Saragosse. Accouru à Madrid avec sa troupe, dans le secteur de la Casa de Campo, au moment de l'attaque franquiste sur la capitale (novembre 1936), il fut tué dans des circonstances restées mystérieuses (peut-être abattu dans le dos par l'un des siens). Barcelone lui fit de grandioses funérailles.

En cette même année 1936, le président du Conseil Largo Caballero confia quatre ministères à des anarchistes : deux appartenant à la tendance modérée des « treintistas » de la C.N.T., Juan López et Juan Peiró ; une intellectuelle, Federica Montseny (la première femme d'Espagne ayant reçu un portefeuille ministériel) ; et Juan García Oliver, chargé du ministère de la Justice.

mes du Maroc malgré la flotte, le général Franco obtint de l'Italie des avions de transport. L'appel à l'étranger allait ainsi transformer l'Espagne en un champ de manœuvre grandeur nature pour l'Europe. Le Mexique et le gouvernement français Léon Blum envoyèrent du matériel aux Républicains ; l'Union soviétique leur céda des armes et leur prêta des techniciens en échange de la plus grosse partie de l'or de la Banque d'Espagne. Les Nationalistes reçurent de l'Italie fasciste un important matériel et des divisions entières de « Flèches noires » (50.000 hommes), de l'Allemagne nazie les techniciens de la Légion Condor, et du Portugal de Salazar la symbolique Légion de Viriathe. Ni l'Union soviétique ni la France ne s'engagèrent à fond, la seconde pour des raisons de politique intérieure, la première dans la crainte qu'une victoire du Front populaire espagnol n'inclinât la France et l'Angleterre vers l'axe Rome-Berlin. Ces réticences ne furent pas compensées par l'aide des « Brigades internationales » du Ko-

---

José Antonio Primo de Rivera.

Fils du général dictateur Miguel Primo de Rivera, José Antonio entra très jeune dans l'arène politique. Né en 1903 à Madrid, brillant avocat au barreau de la capitale, il s'attacha d'abord à défendre la mémoire de son père, puis s'intéressa au fascisme européen alors à ses débuts, ainsi qu'à l'expérience tentée en Espagne en 1931 par Ledesma Ramos et Onésimo Redondo sous le nom de J.O.N.S. (Juntes Offensives National-Syndicalistes). Le 29 octobre 1933, avec l'aviateur Ruíz de Alda, au théâtre madrilène de la Comédie, il fonda la Phalange espagnole. L'année suivante, la fusion était réalisée à Valladolid entre son groupe et les J.O.N.S., sous le nom de Phalange espagnole des J.O.N.S., dont il fut proclamé le chef. Jeune, éloquent, José Antonio était écouté des étudiants, des classes moyennes, des très jeunes gens ; il ne parvint cependant pas, de son vivant, à faire de la Phalange un parti de masse. Sa doctrine, encore incomplètement mise au point au moment de sa mort, était celle d'un fascisme espagnol original, nationaliste, catholique, non raciste, hostile au marxisme, à la lutte des classes, aux abus du capitalisme, et au libéralisme (bien qu'on ait dit de lui qu'il était « un fasciste malgré lui et un libéral qui s'ignorait »). Emprisonné à Alicante par le gouvernement issu des élections de février 1936, il fut exécuté le 20 novembre suivant. Son cercueil a été transféré, après la guerre, à l'Escorial, puis au Valle de los Caidos.

minform. En revanche, l'assistance soviétique renforça l'influence des communistes, qui finirent par avoir en mains la majorité de l'armée républicaine et par imposer leur politique au gouvernement, malgré la résistance du premier ministre Negrín, successeur de Largo Caballero en 1938. Quant à la Société des Nations, soucieuse d'empêcher l'internationalisation du conflit, elle avait fait admettre le principe de la non-intervention, que personne ne prenait au sérieux.

Des deux côtés, les exécutions furent nombreuses (le poète García Lorca, à Grenade ; nombreuses (le poète García Lorca, à Grenade ; José Antonio, à Alicante). Les Nationalistes parlaient d'Espagne et de Croisade ; les Républicains, de Peuple et de Lutte contre le fascisme.

Au cours de l'été 1936, les colonnes de l'armée d'Afrique prirent Badajoz d'assaut, bousculèrent les miliciens et firent leur jonction avec les Navarrais de Mola qui, après avoir enlevé Irún et St-Sébastien et arrêté en Aragon les colonnes anarchistes catalanes, occupaient les crêtes de la Guadarrama. Franco choisit alors de délivrer l'Alcázar de Tolède assiégé, dont la défense par le colonel Moscardó était un symbole pour les Nationalistes. Mais l'effet de surprise sur Madrid était manqué. Tandis que le gouvernement se repliait à Valence, la capitale organisa sa défense dans un climat d'exaltation entretenu par le député communiste Dolores Ibarruri, dite « La Pasionaria » (*No pasarán,* ils ne passeront pas). Le général Miaja, renforcé par les premières brigades internationales, résista aux furieux assauts des *regulares* marocains sur la Cité universitaire, dans l'ouest de Madrid. Franco dut renoncer à l'attaque frontale. Jusqu'au printemps de 1937, il chercha à déborder Madrid par le sud et le nord, tandis que les Républicains contre-attaquaient pour dégager la ville. Toutes ces tentatives échouèrent : batailles de la route de La Corogne, du Jarama, de Guadalajara.

Le 1er octobre 1936, Franco avait été nommé chef de l'Etat par une junte de généraux (Sanjurjo avait trouvé la mort dans un accident d'aviation ; Mola eut le même sort quelques mois plus tard). Au printemps 1937, il réunit d'autorité phalangistes et carlistes dans un parti unique, le seul désormais légal : la Phalange espagnole traditionaliste et des J.O.N.S. (F.E.T.). Dans le camp républicain, les communistes, qui cherchaient à enlever aux anarchistes la direction de la Généralité de Catalogne, réussirent à les évincer après une bataille de rues qui fit 500 morts à Barcelone ; le P.O.U.M. fut éliminé à son tour.

C'est aussi au printemps 1937 que les Nationalistes entreprirent la conquête du réduit Biscaye-Santander-Asturies. Au cours de ces opérations, la Mecque du nationalisme basque, Guernica, fut bombardée par l'aviation allemande. Malgré sa fameuse « ceinture de fer » et les offensives républicaines de diversion sur Brunete et Belchite, Bilbao tomba, puis Santander, enfin les Asturies. L'Etat d'Euzkadi, fondé en octobre 1936, n'avait vécu que huit mois.

L'idée obsessionnelle des Républicains était de réduire le saillant nationaliste de Teruel. Ils s'en emparèrent pendant le terrible hiver 1937-1938. Peu après, la contre-offensive nationaliste reprit la ville, enfonça le front de l'Alfambra, atteignit la Méditarranée à Viñaroz, enleva Castellón et menaça Valence. Le territoire républicain était coupé en deux. Devant la gravité du péril, la République fit un ultime effort : l'offensive de l'Ebre (été 1938). Son armée remporta un important succès initial, mais, ayant perdu ses meilleures unités et son matériel, dut repasser le fleuve. Alors, les colonnes franquistes motorisées envahirent la Catalogne ; Barcelone tomba ; 400.000 réfugiés

---

Dolores Ibarruri, dite la Pasionaria.

Née en Biscaye, en 1895, d'une famille de mineurs, mariée à un militant socialiste, Dolores Ibarruri devint, dès 1920, l'un des chefs du jeune Parti communiste espagnol, aux côtés de José Díaz et de Jesus Hernandez. Député des Asturies aux Cortès sous la Deuxième République, elle se signala par la véhémence de ses attaques contre les partis de droite et la Phalange. Aux Cortès comme dans la rue, son éloquence émouvante et son magnétisme lui valurent une popularité qu'accrurent encore ses interventions fameuses à Radio Madrid, le 18 juillet 1936, jour du soulèvement militaire (« No pasarán » : « ils ne passeront pas »), et ses exhortations à la résistance pendant l'attaque de Franco sur la capitale. Après la défaite des Républicains, la Pasionaria se réfugia en France, puis à Moscou. Le couronnement de son long combat fanatique pour le marxisme (qu'elle a raconté dans son livre autobiographique « El único camino ») a été sa nomination, en 1974, aux fonctions de présidente du Parti communiste espagnol. Sa demande de passeport pour revenir en Espagne a été approuvée par le gouvernement espagnol en avril 1977.

passèrent en France. Le gouvernement continua la lutte à Valence, mais c'était la fin. A Madrid, le colonel Casado s'insurgea contre lui avec l'aide des anarchistes de Cipriano Mera, et des batailles de rues sanglantes opposèrent ceux-ci aux communistes, sous l'œil de Franço qui exigeait la capitulation sans conditions.

L'armée nationaliste entra à Madrid sans coup férir ; le gouvernement de Valence avait pris le chemin de l'exil. Le 1er avril 1939, fut publié le dernier communiqué franquiste de cette guerre civile de trois ans, qui avait fait peut-être 600.000 morts ([10]). Quelques semaines plus tôt, Londres et Paris avaient reconnu le gouvernement du général Franco. Dans la zone précédemment républicaine, les camps de prisonniers politiques se remplirent et les tribunaux militaires se livrèrent à une sévère « épuration ».

Il n'entre pas dans le cadre de ce livre d'exposer en détail l'histoire des quarante années (1936-1975) pendant lesquelles Franco a gouverné l'Espagne. On se bornera à rappeler les faits essentiels.

les quarante années du général Franco

Au cours des mois qui suivirent la victoire franquiste du 1er avril 1939, le pays vécut une de ces phases de liquidation de comptes qui marquent la fin des guerres civiles et sur lesquelles les histoires nationales n'aiment pas à s'étendre. 192.684 personnes auraient été exécutées ou seraient mortes en prison entre le 1er avril 1939 et le 30 juin 1944. Sur le plan politique, la situation était confuse : les adversaires vaincus étaient exilés, tués, emprisonnés ou traqués, mais les vieux phalangistes frustrés par Serrano Súñer, beau-frère de Franco, avaient créé une junte clandestine et projeté de tuer le Caudillo. Fin 1939, le secrétaire général des syndicats, Salvador Merino, tenta de créer un vaste syndicat national-syndicaliste, violemment anticapitaliste : Franco dut le destituer sous la pression des milieux capitalistes, dont l'appui lui était indispensable.

Lorsqu'éclate la guerre mondiale, la ligne de conduite de Franco consiste à maintenir à tout prix hors du conflit l'Espagne exsangue. Les pressions qu'il subit sont pourtant fortes : au nom des services rendus pendant la guerre civile, Hitler essaie de l'entraîner dans la lutte armée (Franco a simplement proclamé sa neutralité, puis sa non-belligérance), mais, à l'entrevue d'Hendaye,

pour survivre

le 23 octobre 1940, il se heurte à son tenace refus. L'entrevue Franco-Mussolini à Bordighera, le 12 février 1941, ne donne pas de résultats plus positifs. La seule participation directe de l'Espagne à la guerre est l'envoi sur le front russe, aux côtés de la Wehrmacht, sous les ordres du général Muñoz Grandes, de la division *Azul,* composée en grande partie de phalangistes déçus par le Caudillo ; 50.000 hommes figureront sur les contrôles de cette unité.

 Le général Franco.

Francisco Franco Bahamonde, né au Ferrol le 4 décembre 1892, a connu une carrière militaire exceptionnellement rapide, dont les premières années eurent pour théâtre quasi-exclusif le Maroc espagnol. Il fut, on le sait, le plus jeune des capitaines, puis des commandants et des colonels d'Espagne, avant d'être, à trente-trois ans, le plus jeune général d'Europe. La République lui confia un moment de hauts postes, mais Manuel Azaña, qui se méfiait de lui, bien que ce Galicien prudent n'eût jamais nettement dévoilé ses intentions, l'envoya en semi-disgrâce aux Canaries. C'est de là qu'il s'envola pour prendre le commandement de l'armée d'Afrique soulevée, le 19 juillet 1936. Dans les premiers mois du soulèvement, la chance le servit : ses rivaux possibles au commandement suprême disparurent (les généraux Sanjurjo et Mola, José Antonio). Le 1er octobre 1936, à Burgos, une Junte de généraux le proclama généralissime et chef de l'Etat espagnol. Il avait alors 43 ans ; il devait demeurer 39 années à la tête de l'Espagne.

Franco n'était pas seulement un militaire. Il s'était intéressé de près à l'étude des sciences politiques et économiques. Mais il n'avait jamais appartenu à un parti politique. Le trait caractéristique de Franco homme d'Etat a été son pragmatisme. Il avait une foi absolue dans la nécessité de préserver en Espagne ce qu'il nommait les valeurs chrétiennes, mais ses principes, en général, étaient plutôt négatifs : l'antilibéralisme, l'antiparlementarisme, l'antimarxisme ; il avait horreur de l'Europe démolibérale du XIXème siècle, qu'il rendait responsable de tous les maux de l'Espagne. Pour le reste, il s'en remettait à sa prudence naturelle, à son intuition, à sa subtilité, à son art de ne pas trancher lorsqu'il avait intérêt à ne pas le faire, mais aussi à la rapidité toute militaire de la décision lorsqu'elle s'imposait. La subtilité de dosage de ses combinaisons ministérielles est restée fameuse.

Maîtrise de soi et inflexibilité prenaient parfois l'aspect d'une hautaine bravade, tout à fait dans la ligne du tempérament espagnol. On cite de lui son impassibilité à l'annonce de la mort du général Mola, son vieil ami et compagnon du Maroc ; — son inexorable décision d'exiger des Républicains la capitulation sans condition en mars 1939 ; — son obstination à refuser la grâce de Grimau, puis celle de Puig Antich, que même de puissants chefs d'Etat étrangers lui demandaient. Son extraordinaire résistance physiologique au cours de Conseils des ministres prolongés pendant des nuits entières était redoutée des ministres, dans les premières années. Cette obstination sans faille était mise au service de son ardent patriotisme : il sut tenir tête à Hitler lui-même, qui voulait, pendant la célèbre entrevue d'Hendaye, entraîner dans la guerre l'Espagne épuisée ; il sut marchander âprement les conditions d'octroi de bases aux Etats-Unis, alors que son pays attendait les dollars comme le salut : la dignité et l'honneur de l'Espagne, d'abord. Son autorité personnelle, sa résolution, imprimèrent aux administrations espagnoles l'élan nécessaire pour mettre le pays sur la voie du développement économique et de l'élévation du niveau de vie, en dépit des imperfections de cette immense entreprise. La contrepartie de cette attitude était la suivante : d'une part, une certaine cruauté, qui se manifestait, par exemple, par les inutiles massacres d'oiseaux dans le parc du Pardo ; — d'autre part, une impitoyable sévérité dans la répression des activités qu'il jugeait subversives et nuisibles au développement planifié de l'Espagne.

Ses responsabilités de généralissime, la victoire de 1939, le redressement du pays après 1953, avaient donné à Franco la conviction qu'il était appelé par la Providence à remplir la haute mission de sauver l'Espagne, et ce sentiment avait fait naître en lui une sorte de mysticisme religieux. Un tel état d'esprit le rendait responsable, selon son expression, « devant Dieu et devant l'Histoire », de la transmission à son successeur d'un héritage sacré : d'où son souci constant de régler minutieusement sa succession, afin de préserver son œuvre, qui était, à ses yeux, le rempart indispensable contre les dangers politiques menaçant le pays.

Caudillo autoritaire, orateur médiocre, peu liant, au physique plutôt ingrat, le général Franco a suscité en Espagne autant de fanatisme que de haine. Ses dernières années furent marquées par la maladie qui, en le diminuant physiquement et en accroissant son émotivité, l'obligea à céder de plus en plus la conduite des affaires aux présidents du gouvernement. Il mourut à Madrid le 20 novembre 1975. Son cercueil repose au Valle de los Caidos.

L'un de ses principaux ennemis politiques, Santiago Carrillo, secrétaire général du Parti communiste espagnol, a formulé sur lui l'opinion suivante, rapportée par M. Descola : « Un militaire brillant, un homme tenace, le chef politique le plus cruel que l'Espagne ait jamais connu ».

A l'intérieur, c'est la disette, le marché noir (l'*estraperlo*), la corruption ; les envois de blé du président argentin Peron sauvent l'Espagne de la famine. Franco doit surveiller à la fois les manœuvres politiques de Serrano Súñer, celles des phalangistes et de certains généraux mécontents, et aussi les tentatives des communistes espagnols, dont l'entrée en guerre de l'Union soviétique a ranimé les espoirs. Fin 1941, l'intervention militaire américaine et l'échec allemand devant Moscou décident Franco à prendre le virage atlantique. Il se hâte de signer avec le premier ministre portugais Salazar, le 12 février 1942, à Badajoz, un pacte affirmant la neutralité des deux pays à l'égard des Alliés et de l'Axe. Il laisse les jeunes Français évadés gagner l'Angleterre. Il renvoie Serrano Súñer, trop marqué par sa germanophilie, au moins apparente, et le remplace aux Affaires Etrangères par l'anglophile Jordana. Peu à peu, il supprime la plupart des services nationaux de la Phalange, expurge le Conseil national de ses éléments phalangistes les plus voyants, et abandonne la phraséologie totalitaire. Les Alliés, en échange, lui passent des commandes, l'Angleterre lui fournit une aide économique ; Roosevelt et Churchill lui sont favorables.

La situation se complique en 1943, lorsqu'il devient à peu près certain que les Alliés vont gagner la guerre. En Espagne, les monarchistes s'agitent en faveur de Don Juan, comte de Barcelone, fils d'Alphonse XIII et héritier légitime de la Couronne. Ils rallient à leur cause plusieurs généraux (Aranda, Beigbeder), qui tentent de prendre contact avec des dirigeants de l'ancien Front populaire. En février 1944, de Lausanne, Don Juan envoie à Franco un premier télégramme l'invitant en toute simplicité à lui céder la place, puis, le 19 mars 1945, un second message qui le met en demeure d'abandonner le pouvoir. Une autre menace vient des guerilleros républicains, auxquels les débarquements alliés en Afrique du Nord, puis en Sicile et en Italie, et surtout en Normandie, ont donné la certitude de la revanche. En août 1944, tandis que les Asturies sont en état de siège, 10.000 à 15.000 d'entre eux, venus de France, tentent une opération dans la région de l'Hospitalet et du Val d'Aran, qu'ils occupent pendant une dizaine de jours, avant d'être tués, pris ou dispersés par les troupes accourues de Catalogne.

La troisième menace vient de l'extérieur. Churchill, qui déclarait aux Communes que Franco avait rendu un grand service aux Alliés en maintenant l'Espagne dans la neutralité, s'est retiré de la vie politique après sa défaite électorale, et le président Roosevelt meurt en avril 1945. Après eux, l'influence des exilés espagnols l'emporte à Londres et à Washington ; communistes et libéraux européens se joignent à eux et à l'Union soviétique pour présenter le régime espagnol comme authentiquement fasciste, donc à abattre. Alors commence la mise en quarantaine de l'Espagne. En juin 1945, l'O.N.U., à San Francisco, ferme ses portes à l'Espagne ; en juillet, la conférence de Postdam condamne le régime espagnol ; en février 1946, l'Assemblée générale de l'O.N.U. confirme cette condamnation, comme le fera, en avril, la déclaration de Paris, Londres et Washington. La France ferme la frontière. Pour finir, en décembre 1946, une résolution de l'O.N.U., suivie d'effet, recommande le retrait des ambassadeurs.

Dans cette conjoncture, le général Franco ne dispose que d'une faible marge de manœuvre. En juillet 1945, il promulgue la Charte (*fuero*) des Espagnols, code des libertés individuelles telles que les conçoit le régime, et décrète le pardon (*indulto*) pour certains crimes. Il confie le portefeuille des Affaires Etrangères à M. Martin Artajo, dont la nomination est expressément approuvée par le pape et le primat d'Espagne : l'Eglise, dont plusieurs membres ont été nommés à de hautes fonctions politiques, apporte au régime sa caution morale, précieuse dans ces moments difficiles : on parle de « national-catholicisme ». Cette alliance du régime avec l'Eglise répond au succès de la démocratie-chrétienne en France et en Italie à la même époque. Par ailleurs, Franco mesure l'insignifiance relative de la recommandation de l'O.N.U. suggérant le retrait des ambassadeurs et conseillant aux Espagnols de se donner un gouvernement démocratique. Il sait que cette démarche découragera plutôt les Républicains, qui attendaient des Alliés une intervention militaire ; il pressent aussi que l'ostracisme ne durera pas, car la « guerre froide » va commencer. Il a donc les mains libres pour riposter. Le 9 décembre 1946, sur la place d'Orient, à Madrid, il organise une manifestation monstre de solidarité nationale : tandis que les ambassadeurs quittent la capitale (seuls demeurent ceux du Vatican, du Portugal et de Suisse), une foule compacte l'acclame et conspue l'O.N.U. et l'étranger. En somme, la démarche des Nations Unies a renforcé le régime qu'elle visait à abattre. Quelques mois plus tard, en juillet 1947, Franco proclame que l'Espagne est un royaume et fait approuver par référendum, à une écrasante majorité, la loi de succession.

En cette même année 1947, les Etats-Unis, qui entament la « guerre froide » avec l'Union soviétique, envisagent un rapprochement avec l'Espagne anti-communiste. Don Juan, comte de Barcelone, envoie à Franco des messages de ton moins comminatoire et rencontre le Caudillo en mer, sur le yacht de celui-ci, l'*Azor,* en août 1948. En 1950, l'Espagne est incluse dans le Plan Marshall ; l'O.N.U. annule son anathème, et les ambassadeurs regagnent Madrid en 1951. Désormais, les événements se précipitent : le 27 août 1953, après onze ans de tractations, le Concordat est conclu avec le Saint-Siège. Le 26 septembre de la même année, sont signés à Madrid les accords économiques et militaires hispano-américains, qui stipulent l'occupation de certaines bases aériennes et maritimes espagnoles par les forces américaines, en échange d'une aide économique et militaire (Franco a âprement marchandé, et refusé de céder sur les questions de prestige et de souveraineté nationale). En décembre 1955, l'Espagne est admise à l'O.N.U.

Elle a gagné la bataille de la survie.

consolidation politique et développement économique A partir de ce moment, Franco consolide le régime et achève son institutionnalisation. La loi de 1958 sur les Principes du Mouvement et la loi organique de l'Etat de 1967 (voir plus loin) complètent la série des lois fondamentales dont l'ensemble forme la Constitution de l'Etat franquiste. Ce qui rappelle la Phalange disparaît peu à peu (l'étranger associe trop souvent son image à celle du fascisme) : le salut fasciste ne se pratique plus officiellement, la chemise bleue se porte de moins en moins, on parle de Mouvement au lieu de Phalange. Celle-ci, du reste, est écartelée entre plusieurs tendances, mais les vieux phalangistes, les *camisas viejas,* ont le sentiment que Franco les a joués.

Une autre préoccupation du Caudillo (on l'appelle de moins en moins souvent par ce nom, qui évoque la guerre civile, la Croisade) consiste à empêcher les diverses tendances qui soutiennent le régime d'acquérir l'une sur l'autre une prépondérance trop marquée. Il pratique de savants dosages dans la composition de ses ministères successifs, suivant les exigences de la politique intérieure, ou d'après l'image de marque qu'il entend donner de l'Espagne à l'étranger. Ses

ministères contiennent ainsi, en proportions variables, des officiers généraux, des phalangistes de
toutes nuances, des membres de l'Association
catholique nationale des propagandistes, des traditionalistes, des membres de l'Opus Dei.

A certains moments, sous l'influence
de ministres dits « aperturistes », il a laissé libéraliser le régime dans une mesure limitée : loi sur
la presse du 18 mars 1966, dite loi Fraga Iribarne,
loi organique de l'Etat du 10 janvier 1967, loi sur
la liberté religieuse ; dans les dernières années,
les lois sur les associations politiques, bien que
très mesurées et restrictives, pouvaient passer
pour des portes entrouvertes sur la future liberté
des partis, appelés de ce nom ou d'un autre. Dans
une analyse originale publiée en 1969, une revue
phalangiste indépendante ([11]) a émis l'opinion que
Franco n'aurait pas répugné à faire davantage pour
le peuple si les conditions dans lesquelles il exerçait son pouvoir lui avaient permis de le faire :
son régime ne comportait pas — ne pouvait pas
comporter — de gauche démocratique classique
sur laquelle il aurait pu jouer pour faire pression
sur la droite conservatrice opposée aux réformes ;
et sous la pression de cette même droite, il avait
empêché la gauche phalangiste de réaliser son
programme social. Ce point de vue de la revue
phalangiste méritait d'être rappelé.

L'un des grands soucis du Caudillo a
été le règlement de sa succession. N'étant pas
tenu par les règles dynastiques, puisqu'il s'agissait d'instauration et non de restauration, il pouvait arrêter son choix, soit sur un prince de la
branche alphonsine (Juan Carlos ou son cousin
Alfonso, fils de Don Jaime, par exemple), soit sur
un prince carliste (Charles-Hughes de Bourbon-
Parme, ou même son frère Sixte). Il a préféré
rester le plus près possible de la légitimité dynastique, et a choisi Juan Carlos de Bourbon, que
son père Don Juan l'a autorisé à faire éduquer
en Espagne. Franco l'a longuement préparé au métier de roi, par des stages dans les académies
militaires, l'université, les administrations, par
des voyages à l'étranger, des visites dans les
provinces, des audiences. Le 23 juillet 1969, devant les Cortès dociles, le prince a prêté serment, en qualité de futur successeur à titre de
roi, d'être fidèle aux lois fondamentales. Il a porté
alors le titre de prince d'Espagne.

Vers 1953, les crédits américains favorisèrent une relance, d'abord désordonnée, de l'activité industrielle. Mais la pénurie de devises due

à une situation inflationniste obligea à élaborer en 1959 un plan de stabilisation qui freina brusquement la croissance. Ensuite, commença la série des Plans quadriennaux de développement économique et social. Le premier fut celui de 1964-67 ; nous en sommes aujourd'hui au quatrième (1976-79). Ces Plans, obligatoires pour le secteur public, simplement indicatifs pour le secteur privé, ont pour but à la fois de promouvoir la croissance et de la transformer en un développement économique et social ordonné. Rappelons qu'ils n'ont pas représenté des réussites brillantes dans tous les domaines, mais qu'ils ont contribué à l'essor économique dans un contexte politique et financier pas toujours très favorable. Ce qui a été nommé le « miracle économique espagnol », était dû à un ensemble de facteurs échappant en quasi-totalité au contrôle national : les recettes inespérées d'un tourisme étranger brusquement devenu torrentiel, les envois de fonds des Espagnols travaillant à l'étranger, la disponibilité de capitaux étrangers en quête d'investissements. C'est ici le lieu de mentionner le rôle important qu'a joué — malgré un certain nombre d'erreurs — et que joue encore l'Institut National de l'Industrie (I.N.I.), organisme à financement mixte, qui contrôle un grand nombre d'entreprises dans tous les secteurs ; après avoir pratiqué l'autarcie chère à la Phalange, il s'est largement ouvert au capital étranger.

Les manifestations spectaculaires de l'essor économique coïncident à peu près avec l'année 1964, au cours de laquelle le régime lança son slogan sur les « Vingt-cinq années de paix ». L'économie était alors dirigée par des équipes de technocrates, dont plusieurs membres étaient des associés de l'Opus Dei choisis par le Caudillo, sur proposition de l'amiral Carrero Blanco, président du gouvernement, pour conduire la planification économique. Le slogan sur la paix n'était vrai que dans une certaine mesure. En fait, l'agitation sociale avait repris depuis plusieurs années. Dès le 1er mai 1947, une grève avait éclaté à Bilbao. En mars 1951, Barcelone avait connu la grève générale. En juin 1962, ce furent les grandes grèves des Asturies. L'agitation universitaire et les attentats de l'E.T.A. s'ajoutèrent aux conflits sociaux. Il y eut des tués, des grèves plus ou moins prolongées et massives, des facultés fermées. Les « journées de lutte » organisées par l'opposition clandestine n'étaient pas d'éclatants succès, mais le climat de troubles était entretenu. Il fallut même proclamer l'état d'exception dans tout le pays en février-mars 1969. L'opposition continuait à

Basquaises devant leur maison

Francisco Franco Bahamonde

**Manuel Azaña,
président de la République**

**Dolorès Ibarruri, dite La Pasionaria,
député d'Oviedo, l'un des chefs
du Parti Communiste espagnol en 1936**

**Buenaventura Durruti,
l'une des figures les plus connues de
l'anarchisme catalan en 1936**

**Le général Mola,
« directeur » du soulèvement de 1936**

**José-Antonio Primo de Rivera,
fondateur de la Phalange espagnole**

L'amiral Luis Carrero Blanco

La garde civile,
en grande tenue,
à des funérailles officielles

croire à la prochaine disparition du franquisme : en juin 1962, à Munich, au congrès du Mouvement européen, 118 personnalités espagnoles de l'opposition, venues de l'exil ou d'Espagne, firent voter une résolution définissant les conditions démocratiques à remplir par l'Espagne pour entrer dans la Communauté européenne ; à l'exception des communistes, tous les partis d'opposition étaient représentés à ce congrès. Franco réagit vivement, exila ou emprisonna les participants qu'il put faire appréhender et se fit acclamer par la foule au cours de manifestations organisées.

Des incidents comme l'arrestation et l'exécution, en 1963, du chef communiste Julián Grimau, qui avait eu le courage imprudent d'entrer clandestinement en Espagne, montraient que l'opposition, en dépit d'une persécution policière inexorable, continuait le combat sans faiblir. Mais Franco savait qu'elle était désunie, que la police lui portait des coups très durs, et qu'il tenait le pays en mains.

Amiral Luís Carrero Blanco.

L'amiral Luís Carrero Blanco est né près de Santander en 1903. Après avoir servi dans les forces navales franquistes pendant la guerre civile, il devint sous-secrétaire à la présidence du gouvernement en 1941 ; il n'était encore, à cette époque, que capitaine de frégate, mais le général Franco, auprès duquel il exerçait déjà des fonctions de cabinet, avait apprécié ses qualités de sérieux, d'application, de discrétion, de bon sens et de dévouement. Dès lors, la carrière de Luís Carrero Blanco fut entièrement politique pendant plus de trente-deux ans, jusqu'à sa mort. Il fit partie de tous les ministères formés par le Caudillo, conservant les mêmes fonctions de secrétaire à la présidence, dans lesquelles il fut élevé au rang de ministre, puis de vice-président du gouvernement (1967), avant de recevoir la présidence du gouvernement elle-même (juin 1973). Confident et fidèle inconditionnel du Caudillo, un peu énigmatique, taciturne, il était un franquiste intransigeant, ennemi déclaré du communisme et du libéralisme. C'est sans doute parce que sa désignation comme président du gouvernement engageait l'avenir du pays dans la voie du continuisme, que les adversaires du régime (en l'espèce l'E.T.A.) organisèrent un attentat dans lequel il laissa la vie (20 décembre 1973). Le général Franco lui conféra les titres et dignités de duc et capitaine général de la flotte.

la fin du Caudillo Cependant, affaibli par l'âge et la maladie, le Caudillo voyait monter les périls, avec la jeune génération, et aussi avec l'éloignement de l'Eglise qui, après le concile Vatican II, prenait ses distances à l'égard du régime. Il entendait dire couramment autour de lui que l'on était déjà entré dans le « postfranquisme ». Les trois dernières années de son règne de fait (1973-75) ont été marquées, pour cette raison, par ses efforts pour assurer la continuité du régime.

Dans ce but, il nomme président du gouvernement, pour cinq ans, un homme dont il est sûr : l'amiral Carrero Blanco, collaborateur et confident de trente ans, un personnage dont le prestige et l'autorité s'imposeront. Par lui, le monarque sera guidé sur les voies de l'orthodoxie franquiste. Le calcul est déjoué : le 20 décembre 1973, l'amiral est tué à Madrid, au sortir de la messe, dans un attentat que revendique l'E.T.A. Quelques jours plus tard, Franco lui donne pour successeur M. Carlos Arias Navarro. Celui-ci prononce aux Cortès, le 12 février 1974, un discours dans lequel il annonce une ère de libéralisation. Mais il devient vite évident que le régime se trouve dans une impasse : la moindre concession de M. Arias au libéralisme lui vaut de furieuses attaques de l'extrême-droite de M. Blas Piñar, et l'*establishment* lui fait comprendre qu'il ne le suivra pas dans la voie des réformes, en profondeur. A l'inverse, ses hésitations et ses reculades découragent les ministres libéraux, qui finissent par démissionner (MM. Pío Cabanillas, Barrera de Irimo), en même temps que la violence et l'agitation redoublent dans toute le pays, l'obligeant à adopter, faute d'un plan de réformes démocratiques, la politique de la répression. L'E.T.A., que les condamnations prononcées au retentissant procès de Burgos, en 1970-71, n'ont pas découragée, multiplie destructions, enlèvements et meurtres, de sorte que l'état d'exception est proclamé en avril 1975 en Biscaye et au Guipúzcoa. Déjà, en septembre 1974, un attentat avait fait douze morts près de la Puerta del Sol, à Madrid. La répression frappe dur : en septembre 1975, cinq militants du F.R.A.P. (Front Révolutionnaire d'Action Patriotique) sont condamnés à mort par un conseil de guerre et exécutés.

Ces incidents sanglants indiquent que la continuation du régime ne sera pas chose facile. Ils révèlent aussi le second aspect de cette fin du règne de Franco : le bouillonnement des intérêts et des ambitions autour du vieux chef diminué. Même si l'on néglige les rumeurs qui circulent à Madrid sur les manœuvres de son entourage immédiat, il faut observer que chacun, sentant approcher le changement politique, prend position en vue des combinaisons de demain. Les

---

L'ultime message de Franco au peuple espagnol.

Après sa première attaque cardiaque. le général Franco avait écrit, entre le 17 et le 21 octobre 1975, un message au peuple espagnol qu'il confia à sa fille Carmen avec mission de le remettre après sa mort au président du gouvernement. C'est ce qu'elle fit le 20 novembre 1975. Voici le texte de ce document :

« Espagnols, à l'heure de rendre mon âme au Très Haut et de comparaître devant sa justice suprême, je demande à Dieu qu'il ait la bonté de m'accueillir en sa présence, car j'ai voulu vivre et mourir en catholique. Au nom du Christ, je m'honore d'être, comme ce fut ma volonté constante, un fils fidèle de l'Eglise et je vais mourir dans son sein. Je demande pardon à tous, comme je pardonne de tout cœur à tous ceux qui se sont déclarés mes ennemis sans que je les aie considérés comme tels. Je crois et je souhaite n'en avoir eu d'autres que ceux qui furent les ennemis de l'Espagne, que j'aime jusqu'à mon dernier moment et que j'ai promis de servir jusqu'à mon dernier souffle de vie, qui est déjà proche. Je veux remercier tous ceux qui ont collaboré avec enthousiasme, dévouement et abnégation à la grande entreprise de construction d'une Espagne unie, grande et libre. Au nom de l'amour que je ressens pour notre patrie, je vous demande de persévérer dans l'unité et dans la paix et d'entourer le futur roi d'Espagne, don Juan Carlos de Bourbon, de la même affection et de la même loyauté que vous m'avez offertes et de lui prêter à tout moment le même appui de votre collaboration que j'ai reçu de vous.

N'oubliez pas que les ennemis de l'Espagne et de la civilisation chrétienne sont aux aguets. Vous aussi, soyez sur vos gardes et, dans ce but, faites abstraction de toute considération personnelle devant les intérêts suprêmes de la patrie, du peuple espagnol.

Ne ménagez pas vos efforts pour réaliser la justice sociale et la culture en faveur de tous les Espagnols ; que ce soit là votre objectif primordial. Maintenez l'unité des terres espagnoles, en magnifiant la riche multiplicité des régions, comme source de force pour l'unité de la patrie. Je voudrais, à mon dernier moment, unir les noms de Dieu et de l'Espagne et vous embrasser pour crier ensemble, une dernière fois, au seuil de ma mort : " Arriba España ! Viva España ! " ».

67

ministres libéraux proclament la nécessité des réformes, laissant entendre que la voie de l'avenir est celle du centre (la leur), tandis que le *bunker* s'apprête à résister aux réformistes. L'opposition s'organise dès la première alerte provoquée par la santé de Franco : fin juillet 1974, à Paris, le P.C.E. et M. Calvo Serer, monarchiste libéral, fondent la Junte démocratique, qui voudrait grouper toute l'opposition. Mais c'est sans eux que le P.S.O.E. et d'autres tendances se rassemblent dans la Plate-forme de convergence démocratique.

Le Caudillo meurt le 20 novembre 1975, après une longue et cruelle maladie et des interventions chirurgicales sans fin. Le 22, le prince prête serment à la Constitution devant les Cortès et le Conseil du Royaume réunis. On assiste alors au troisième aspect de cette fin de quasi-règne : la reconnaissance officielle par l'Occident de la fin de l'ère franquiste. En effet, aux obsèques du général Franco, qui ont lieu le 23 novembre à Madrid et au Valle de los Caidos, les seuls chefs d'Etat présents sont les présidents chilien et bolivien et le roi de Jordanie. En revanche, lorsque, le 27 novembre, Juan Carlos Ier est intronisé officiellement, on remarque dans l'assistance le président de la République française et celui de l'Allemagne Fédérale, le vice-président des Etats-Unis, le chef du gouvernement portugais, etc.

regard sur quarante ans de franquisme

Le régime franquiste, qui s'est prolongé contre toute attente pendant près de deux générations d'hommes, ne pouvait, de toute évidence, que laisser une marque sur l'Espagne. Le devenir du pays n'est pas conditionné exclusivement par cette période de quarante ans ; mais, dans la conjoncture des débuts de la monarchie, il reste influencé par elle pendant un laps de temps encore incertain.

Un premier point paraît incontestable : le régime s'est entrouvert, à certains moments de son histoire, à une libéralisation limitée et prudente, notamment en matière de presse et de liberté religieuse ; mais il lui était impossible d'établir un système de libertés démocratiques du type occidental classique, à moins de cesser de se définir comme une démocratie organique, c'est-à-dire de renoncer à être lui-même. Ses adversaires ne s'y trompaient pas, lorsqu'ils accueillaient avec scepticisme ces annonces de libéralisation : le régime, disaient-ils, ne peut qu'involuer, non évoluer. L'une des conséquences de cette situation est que les membres du Club des Neuf les plus intransigeants sur les principes démocratiques se sont toujours fermement opposés à l'entrée de l'Espagne dans la Communauté européenne.

Un second point est la croissance économique de l'Espagne pendant le régime franquiste. Utilisée pendant un temps pour définir la spectaculaire croissance du pays, l'expression « miracle économique » traduisait un phénomène dont les causes échappaient en grande partie, on l'a rappelé plus haut, à l'action des technocrates nationaux (les devises touristiques, les envois de fonds des travailleurs espagnols d'Europe, les investissements étrangers). Il convient d'observer, par ailleurs, que l'œuvre planifiée n'a pas toujours été couronnée de succès, qu'il s'agisse des réalisations de l'I.N.I. ou des grands travaux agricoles. Sur ce point, les Espagnols eux-mêmes ne ménagent pas leurs critiques, en particulier sur l'absence de finalité sociale des Plans de développement, en dépit des déclarations de principe. Il serait cependant injuste de passer sous silence — les adversaires eux-mêmes en conviennent — un ensemble de réalisations qu'aucun des régimes antérieurs n'avait voulu entreprendre ou n'avait pu mener à bien faute de temps ou d'argent : le reboisement, les grands travaux d'irrigation, le réseau routier et ferroviaire, la mécanisation agricole, l'électrification rurale, la construction de logements, etc. De tels progrès ont été remarquables si l'on se réfère au retard économique qu'avait pris l'Espagne depuis cent cinquante ans et à son épuisement au lendemain de la guerre. Ils le sont moins si l'on considère seulement, en-dehors de ce contexte, les lacunes et les imperfections de l'œuvre, parmi lesquelles certaines sont importantes : en particulier la réforme agraire qu'il reste à réaliser, la législation sociale à mettre au niveau de celle des autres pays européens, la structure fragile de l'industrie espagnole.

Le slogan du miracle économique était accompagné d'un autre, qu'on a déjà mentionné : les vingt-cinq années de paix. Il n'y a eu ni convulsions, ni troubles graves. L'ordre matériel a été maintenu ; il a permis la croissance, le relèvement du niveau de vie, la formation de classes moyennes. Toutes ces conséquences sont connues. Mais la contrepartie a été la dure répression des activités anti-régime de l'opposition clandestine politique, syndicale, nationaliste. Les seules organisations légales étaient, sur le plan politique, le Mouvement, et, sur le plan syndical, l'Organisation syndicale espagnole, tous autres partis et syndicats étant interdits et leurs affiliés justiciables de peines sévères. L'opposition clandestine (communistes, anarchistes, groupes divers d'extrême-gauche, socialistes, nationalistes basques et catalans) a mené un combat coûteux : lourdes peines de prison, tracasseries administratives, inscription sur les listes noires patronales, parfois la torture, et, pour plusieurs militants, l'exécution capitale. Ces conditions de lutte n'ont pas été propices au regroupement politique des forces d'opposition démocratique. Elles ont créé aussi, à la base, une mentalité d'indiscipline à l'égard des centrales syndicales clandestines, et cette indiscipline a provoqué dans certains cas des mouvements de grève violents, échappant au contrôle de ces centrales. Dans un autre domaine, le peuple était pratiquement privé de suffrage universel (le pouvoir vient d'en haut, non d'en bas, dans la doctrine du régime) ; il ne disposait pas de l'encadrement politique que représentent les partis, et il ne choisissait pas le personnel politique. On affirmait, pour le déplorer, qu'il se dépolitisait. Ce n'est pas certain : les énormes pourcentages d'abstentions aux élections municipales, dans certaines régions, pouvaient aussi bien manifester une réprobation muette. Du reste, les sondages d'opinion effectués dans les derniers temps de la vie de Franco montraient que la majorité silencieuse, si elle ne souhaitait pas une révolution violente, aspirait à une certaine libéralisation. En somme, à la mort du Caudillo, certains Espagnols étaient exaspérés d'avoir attendu quarante ans l'heure de la revanche et la fin du dernier régime personnel et autoritaire de l'Europe occidentale ; d'autres se réjouissaient de penser, avec des nuances diverses, que les contraintes allaient se desserrer ; une partie, enfin, redoutait la fin d'un ordre politique auquel ils étaient attachés par intérêt ou par idéologie.

On vient d'écrire que la masse ne souhaite pas de révolution. C'est un point sur lequel les observateurs insistent : le souvenir de la guerre civile agit sur les Espagnols à la manière d'un dissuasif. A la mort du Caudillo, fallait-il considérer ce point comme définitivement acquis ? Près des trois quarts de la population ont ignoré la guerre civile. En revanche, ses séquelles affectives demeurent : les haines se transmettent, et le régime franquiste n'a pas apporté l'apaisement. Et puis, on le sait, la tendance à régler les différents politiques par la violence est typiquement espagnole. Ni le printemps de 1976, ni celui de 1977 ne se sont annoncés tragiques, mais qui aurait pu affirmer, à la fin de 1975, que l'Espagne ne connaîtrait plus de déchirements ?

———

La situation qui vient d'être évoquée s'est imposée au roi Juan Carlos Ier comme un élément décisif de sa politique. Elle a déterminé aussi le comportement présent des populations de l'Espagne, renforcé les mouvements nationalistes ou régionalistes. Au moment où le président du gouvernement, M. Adolfo Suárez, proclame le principe de la souveraineté populaire, ce sont ces populations, appelées demain à se prononcer sur l'avenir du pays, qu'il est indispensable de présenter dans leur diversité, avant d'aborder l'analyse de la situation de l'Espagne au début de 1977. La politique intérieure de l'Espagne ne peut se comprendre si l'on passe sous silence les régions et les populations de la Péninsule. Il suffit de rappeler la place que les réactions catalanes ont tenue dans l'histoire espagnole, et celle qu'y ont occupée les provinces vasco-navarraises, de la mort de Ferdinand VII à nos jours. Il a donc paru nécessaire de décrire au préalable, l'une après l'autre, les terres et les populations qui constituent l'Espagne elle-même.

LA TERRE
ET LES
HOMMES

L'ESPAGNE INTERIEURE

la castille

La Castille a été cent fois décrite avec passion. Miguel de Unamuno et beaucoup d'autres ont vu en elle la « *terre absolue, ascétique et grandiose* », sanctuaire et symbole des valeurs traditionnelles de l'Espagne. Sur ses immenses plaines, l'alignement à perte de vue des emblavures blond pâle, des oliviers gris-vert et des vignobles est à peine rompu par un mince affleurement rocheux ou, dans la Mancha ,par un moulin à vent. On n'y rencontre pas de fermes isolées, l'arbre et l'ombre y sont exceptionnels. La présence humaine est celle du paysan qui chemine au pas lent de son mulet ; son salut, lorsqu'il croise le voyageur sur la route, est grave et courtois. *Mancha*, en arabe, signifie le pays sec, où l'eau est rare. Une fontaine est aménagée de loin en loin, au bord de la route, dans un mince bouquet d'arbres. Les cours d'eau se traînent, stagnent,

le cœur de l'Espagne

75

ou, comme le Guadiana, disparaissent sous la terre pendant des kilomètres.

De grandes étendues séparent les villages, établis sur les points d'eau. Dans les *pueblos* des petits propriétaires et des fermiers de la Vieille-Castille, les teintes vieux cuir et mauve foncé des maisons d'adobes se confondent avec la couleur de la terre. Le village sent le blé et l'huile d'olive. Sur un mur, un slogan ancien de la Phalange achève de se décolorer. Une fenêtre ouverte laisse entrevoir un réfrigérateur et un poste de télévision, entre lesquels s'agite une ménagère au regard acéré. Isolé sur une butte dominant un lac artificiel qui a noyé les champs de culture, un village mort tombe en ruines ; l'église désaffectée est devenue un magasin à balle de blé ; dans cette solitude, le vent agite mollement les feuilles pâles de quelques oliviers.

Les *pueblos* sont plus gros dans la Mancha qu'en Vieille-Castille. Des silos à blé modernisent leur silhouette ; leurs demeures sont blanchies à la chaux, à la manière andalouse ; les places sont vastes, bordées d'arcades en bois. La Mancha forme la partie sud-est de la Nouvelle-Castille, une plaine absolument horizontale, sans humidité, aux étés de feu. On commence à rencontrer ici les grands domaines du sud de l'Espagne. Ils couvrent les étendues dénudées d'argile rouge, les *paramos*, parfois plaquées de croûtes de sel, et les zones marécageuses dans lesquelles s'étale le Guadiana. A l'est, le paysage change, sur le plateau raviné de l'Alcarría et dans la pittoresque Serranía de Cuenca, que fertilise le Júcar. Dans la partie occidentale, les Monts de Tolède forment un désert presque inhabité. C'est en Castille, du reste, que se trouvent les districts les moins peuplés, notamment dans la province de Soria.

La Sierra de Guadarrama est le secteur le plus connu de la barrière montagneuse séparant les deux Castilles. Ses forêts, ses torrents, ses champs de neige, proches de la capitale, en ont fait une zone de résidences secondaires et de sports d'hiver pour Madrilènes. La Sierra de Gredos la prolonge vers l'ouest. Falaise interminable lorsqu'on la longe au sud, elle forme un canton forestier de lacs, de torrents et de petites vallées-vergers, que la brise rafraîchit et que la neige recouvre en hiver. Unamuno, qui y fut exilé par le dictateur Primo de Rivera, en avait conservé la nostalgie ; Hemingway en a fait le cadre de son roman *Pour qui sonne le glas.*

Un autre district mérite une brève mention : la Maragatería ou pays des *Maragatos,* dans le Léon. Cette contrée montagneuse couverte de landes est située sur les pentes sud des cols de Manzanal et de Foncebodón, à 15 km au nord-ouest d'Astorga. Quelques milliers de *Maragatos* (ils étaient 12.000 au début du siècle) y vivent dans trente-six villages, groupés en sept *ayuntamientos.* Ils forment une communauté isolée, d'origine ethnique mal connue. Selon les uns, ils descendraient d'un groupe de Berbères battu par un nommé Mauregato ; pour d'autres, ils seraient les fils de Chrétiens *mozarabes* venus du sud musulman. Leur type physique, en tout cas, n'a rien de berbère : visage carré à barbe courte, nez court et large, cheveux lisses et peu abondants. Bien que parlant le vieux dialecte leonais occidental, ils sont probablement d'origine asturienne : leurs mœurs, leurs fêtes agricoles, leurs outils, semblent le prouver. Ils pratiquent depuis des siècles une rigoureuse endogamie. Malgré leur traditionnelle méfiance à leur égard, leurs voisins reconnaissent leur parfaite probité. Pauvres et travailleurs, les hommes ont coutume de quitter temporairement leur canton pour aller faire du commerce dans les villes ou exercer la profession de muletiers, tandis que les femmes restées au pays cultivent la terre. Il y a quelques année, on voyait encore à Madrid des *Maragatos* marchands de poissons.

Il existe d'autres communautés originales, on le verra par la suite, dans la région contiguë des Asturies et de la Montaña de Santander. Ce qui est surtout caractéristique du León, comme de la Castille — qui en tire son nom — est la multiplicité des châteaux.

l'épée et la croix

« *Jamais pauvreté ne fut mieux gardée* », a-t-on écrit de la Castille, où se dressent la plupart des 1.500 châteaux d'Espagne. Il en existe de tous les styles et à tous les usages : forteresses chrétiennes à tours rondes, *alcázares* musulmans à tours carrées ou octogonales, villes-châteaux (Cuenca, Tolède, Ávila), châteaux-palais (Coca, alcázar de Ségovie), châteaux-monastères (Calatrava).

Cette architecture militaire jalonnait les avances successives de la Reconquête. Ce furent d'abord les lignes élevées par les Léonais sur le Duero au Xème siècle (Peñafiel, Peñaranda de Duero, Gormaz, Zamora), puis entre Duero et Tage au siècle suivant (Ségovie, Ávila, Salamanque).

D'autres forteresses commandaient les zones reprises aux Infidèles au XIIIème siècle (Zorita de los Canes, Buitrago) ou gardaient la frontière entre la Castille et l'Aragon (Sigüenza, Molina, Alarcon). Les Ordres de chevalerie fondés entre le XIIème et le XIVème siècles possédaient aussi leurs bases fortifiées. La maison-mère de l'Ordre de Calatrava (1158) était un altier château-fort de la Mancha ; Morella, dans le Maestrazgo, abritait le siège de l'Ordre de Montesa (1316) ; l'Ordre d'Alcantara gardait la ville et le pont stratégique du même nom, en Estramadure.

La Castille guerrière fut aussi le pays des grands mystiques espagnols : Ste Thérèse d'Avila, St Jean de la Croix (d'Ontiveros, en Vieille-Castille), pour ne citer que ces deux noms parmi les moins ignorés. Si la plupart des événements décisifs de l'histoire de l'Espagne se sont passés en Andalousie, en revanche c'est la Castille qui renferme, dans ses sierras centrales, le plus grand nombre de hauts lieux de cette histoire : le monastère de Yuste, dernière demeure de Charles Quint, l'Escorial de Philippe II, le sanctuaire de la Vierge de Guadalupe, simples exemples auxquels on doit ajouter le nom du Valle de los Caidos, la Vallée des morts. Dans ce site isolé de la Guadarrama, à quinze kilomètres de l'Escorial, un monument a été élevé en juillet 1958, « sous l'ombre réconciliatrice de la croix », à la mémoire des combattants des deux camps tués pendant la guerre civile. La croix gigantesque — béton et pierre — se dresse sur un socle de granit à 150 mètres de haut. A ses pieds, face à un monastère bénédictin, a été creusée l'immense basilique qui renferme les ossuaires des combattants. Les cercueils de José Antonio Primo de Rivera et du général Franco y ont été déposés.

La Castille tout entière est un reliquaire d'art et d'histoire. Dans ce livre qui ne veut pas être un guide, on ne pourrait, sans trahir, citer certains noms de villes, de sites et de monuments à l'exclusion des autres, ou prétendre épuiser dans une formule lapidaire la définition de chacun de ces témoins du passé. Une cité, toutefois, doit retenir ici l'attention : Tolède. Cette ville moyenne de 50.000 habitants à peine fut la capitale de l'Espagne wisigothique, puis de l'Espagne des Habsbourg ; elle reste la ville primatiale de l'Espagne ; elle forme tout entière un décor médiéval unique dans un cadre grandiose qui surplombe le cañon du Tage. Si elle est citée à cette place, ce n'est cependant pas à ce titre, mais parce qu'elle a été au Moyen Age la capitale juive de la Péninsule. Au XIIème siècle, elle comptait probablement 12.000 Juifs, qui formaient sa bourgeoisie commerçante, artisanale, intellectuelle, capitaliste. Les trois communautés chrétienne, juive et maure, vivaient en bonne intelligence après la chute du royaume wisigoth, et la culture hébraïque était florissante. Puis vinrent les pogroms de 1355, 1391, 1467, et, en 1492, l'expulsion. Mais l'empreinte juive sur Tolède et sur l'ensemble de l'Espagne est restée profonde.

« Rares sont les Espagnols, a-t-on écrit, qui n'aient pas un peu de sang juif ; très rares sont ceux qui en ont beaucoup » [1].

les Juifs en Espagne

Ce mélange de sang a été paradoxalement provoqué, peut-être à leur insu, par les persécuteurs des Juifs eux-mêmes : lorsque l'autorité royale supprimait les communautés juives organisées, leurs membres contraints de se convertir se fondaient dans la société chrétienne. Ce phénomène n'avait pas échappé à Ferdinand d'Aragon lorsque les Rois Catholiques, en 1492, donnèrent aux Juifs restés fidèles à leur foi un délai de quatre mois pour choisir entre le baptême et l'exil. L'espoir de fructueuses confiscations n'était sans doute pas étranger à cette décision, mais le but lointain était autre. Dans une Espagne encore vulnérable, il s'agissait de démanteler une « cinquième colonne » susceptible d'aider une éventuelle entreprise de revanche des Maures vaincus. On n'avait pas oublié qu'en 711 les Juifs, persécutés par les maîtres wisigoths, avaient ouvert les portes des villes à l'envahisseur berbère, et avaient reçu de lui, en échange, la mission d'en assurer la garde ; l'un des leurs, Samuel Aben Nagetala, avait même été nommé par l'envahisseur gouverneur de Grenade. Mais ce qu'il fallait réaliser avant tout, était l'unité de religion, condition de l'unité politique. Cette considération politico-religieuse était primordiale, la considération ethnique ne l'était pas ; on souhaitait même de voir les Juifs se fondre dans la population chrétienne, parce qu'ils cessaient alors de représenter un danger. Telle était, du moins, l'idée des Rois Catholiques. Dans la masse du peuple, en revanche, la haine religieuse s'accompagnait d'une haine raciale incontestable.

Déjà le grand pogrom de 1391 parti de Séville avait été suivi d'une vague de conversions forcées. La dilution, dans la société chrétienne, des deux couches de *conversos* de 1391 et de 1492 avait été plus complète en Castille qu'en Andalousie et surtout qu'à Majorque, où les Juifs, désignés du nom de *chuetas*, restèrent retranchés du reste de la population jusqu'au début du XXème siècle. Il semble, en tout cas, que l'intégration ait été très avancée après deux générations.

Des listes de familles de *conversos* et de descendants de *conversos* ont été établies. On y rencontre beaucoup de noms célèbres dans l'histoire d'Espagne. Certains sont associés à l'aventure de Christophe Colomb (lui-même d'ascendance juive, probablement) : Juan Cabrera, chambellan et conseiller privé de Ferdinand d'Aragon, Juan de Coloma et Gabriel Sánchez, respectivement secrétaire et trésorier général de ce souverain, et surtout Luís de Santangel, chancelier et contrôleur général d'Aragon, membre du Conseil royal, trésorier de la Sainte Hermandad et bailleur de fonds de l'expédition. On trouve encore, un peu au hasard de la liste, Gil de Siloe, le sculpteur célèbre de la cathédrale de Burgos ; le dominicain fray Tomas de Torquemada, prieur de Santa Cruz de Ségovie, l'impitoyable Inquisiteur général, et Lucero de Córdoba, le plus féroce de tous les inquisiteurs ; fray Luis de León et Ste Thérèse d'Ávila elle-même, qui aurait eu une grand-mère juive ; Pablo de Santa María (de son vrai nom Samuel Ha Levi), grand rabbin de Burgos, converti en 1391 et devenu évêque de la ville, et son fils Alonso de Cartagena, également évêque de Burgos, représentant de l'Eglise espagnole au concile de Bâle, de 1434 à 1439 ; deux généraux des jésuites, Diego Lainez et le P. Polanco. On peut citer encore Bracamonte d'Ávila, dont la famille s'allia aux plus grands noms d'Espagne, et Simon Ruíz, puissant marchand et banquier de Medina del Campo, l'une des très grosses fortunes d'Espagne au Siècle d'Or ; au siècle dernier, Mendizabal, le brillant ministre de la reine régente Marie-Christine ; plus près de nous, le général Franco y Bahamonde lui-même aurait une lointaine ascendance israélite.

Ces mélanges de sang n'ont pas eu lieu dans la population rurale (les Juifs n'étaient pas agriculteurs), mais dans l'aristocratie chrétienne, où les mariages avec des filles de riches *conversos* étaient fréquents, et dans la bourgeoisie urbaine, elle-même juive en grande partie. Il est difficile de connaître l'importance exacte de cet apport ethnique. La population juive a représenté, semble-t-il, 8 à 10 % de la population totale du pays aux XIIIème-XVème siècles — les estimations les plus prudentes disent 5 % —, ce qui donnerait sans doute 600.000 à 800.000 âmes. Après le grand départ de 1492 (800.000, selon certains historiens, 165.000 ou 200.000 selon des estimations plus vraisemblables), il serait resté en Espagne 400.000 à 600.000 *conversos,* pour une population totale de 8 à 9 millions d'habitants. Il est donc certain que leur influence ethnique a été forte, surtout dans le centre et le Sud (leur nombre était infime dans la zone cantabrique).

Les Juifs espagnols étaient des *Sephardim.* Avec les *Azkenazim* de Pologne et Lithuanie, qu'ils méprisaient, ils formaient la plus grande concentration israélite d'Europe. Fait à noter : les *Sephardim* qui quittèrent l'Espagne en 1492 gagnèrent en majorité l'Afrique du nord, Salonique, et d'autres parties de l'Empire Ottoman où ils jouirent d'une relative tolérance. Leurs descendants seraient aujourd'hui au nombre de deux millions, la plupart établis en Israël et en Afrique du nord, où ils continuent à parler l'espagnol du XVème siècle.

On dispute encore de nos jours des conséquences de l'expulsion de 1492. D'un côté, on rappelle les persécutions séculaires contre les Juifs d'Espagne : l'obligation de porter la rouelle rouge et jaune, de vivre à part dans des quartiers particuliers (les *juderîas*), de subir des confiscations et des rançons, et aussi les expulsions, les accusations populaires de crimes rituels et de propagation d'épidémies, les pogroms et les conversions forcées. On dénonce, en particulier, le fanatisme religieux et l'intolérance aveugle dont l'instrument fut la Sainte Inquisition, institution de police des âmes et de viol des consciences, dont l'implacable rigueur s'exerça dès 1483 et qui ne fut définitivement supprimée qu'en 1820. Elle traqua les Morisques, les « illuministes » (*alumbrados*), les Protestants, les vieux Chrétiens eux-mêmes et, avant tout, les Juifs. Ces derniers fournirent à son tribunal le plus fort contingent de victimes : 5.500.000, selon certains polémistes qui ne reculent pas devant l'exagération, dont 35.000 brûlés vifs. L'atmosphère de délation et de suspicion créée par le Saint Office était telle qu'elle contraignait les *conversos* à faire preuve, pour échapper aux poursuites, d'un zèle religieux intransigeant et agressif qui ajoutait encore à l'odieux de l'institution. (En 1492, Ferdinand d'Aragon aurait sans doute renoncé à signer l'édit d'expulsion en échange de la rançon de 32.000 ducats offerte par les Juifs, s'il n'avait eu la main forcée par Torquemada, l'inquisiteur général, un descendant de *conversos*). Cette persécution entretenait un racisme démentiel, l'obsession à la fois tragique et puérile de la pureté du sang, la *limpieza de sangre*. L'accès de la fonction publique, de l'armée, des ordres de chevalerie, du clergé, était interdit aux *conversos,* que le langage courant nommait *marranes* (porcs) ; les enquêtes sur les origines ethniques ne furent supprimées qu'en 1835.

Quant à l'expulsion de 1492, elle entraîna, à la fois l'appauvrissement démographique du pays et un retard de deux siècles dans l'ordre culturel et économique. Les Juifs avaient apporté à la société espagnole la civilisation orientale et la pensée aristotélicienne. Ils étaient des maîtres en algèbre, géométrie, trigonométrie, en médecine, en philosophie, en poésie ; l'histoire a retenu, entre beaucoup d'autres, le nom du grand médecin, théologien et philosophe Maïmonide. Ils étaient aussi administrateurs, notaires, avocats, médecins, négociants, banquiers, et formaient l'élément essentiel de la classe bourgeoise instruite, intelligente, entreprenante, dont l'Espagne en formation avait besoin. Vitoria, Medina, Astorga, bien d'autres villes, leur ont dû leur prospérité au Moyen Age.

Selon une autre école, cette analyse est passionnelle. Les persécutions religieuses et raciales, avec expulsions et massacres, ont été courantes dans toute l'Europe, du haut Moyen Age à nos jours. On ne parle presque jamais de celles que les Juifs et les Chrétiens eurent à subir de la part des Almoravides et des Almohades, et l'on oublie que l'Inquisition a fait plus de victimes cathares en Languedoc au XIIème siècle que l'Inquisition espagnole n'a fait périr de faux chrétiens dans la Péninsule. La légende noire antiespagnole, favorisée par la pratique des *autodafés,* notamment ceux de Séville, Tolède et Valladolid, en 1559-1560, a fait la sinistre réputation de l'Inquisition dans une Europe qui, catholique ou protestante, avait à se reprocher bien d'autres crimes contre la liberté de conscience. Le nombre de ses victimes a été ridiculement exagéré : d'après les registres du Saint-Office, il y aurait eu au total une centaine d'exécutions capitales, dont 56 par le feu. Même si ces chiffres pêchent par défaut, nous sommes loin des 35.000 morts précités. En tout état de cause, la nouvelle Espagne ne pouvait tolérer la survie de communautés juives ou musulmanes : la règle *Cujus regio ejus religio* a dominé l'histoire de tous les Etats européens au XVIème siècle.

Le débat reste ouvert. Mais les événements historiques qui en font l'objet ont trouvé leur dénouement : en décembre 1968, à Madrid, pendant l'inauguration officielle de la synagogue, il a été annoncé que la décision prise par les Rois Catholiques le 31 mars 1492 se trouvait être rapportée par l'Etat espagnol.

Il existe aujourd'hui en Espagne des communautés juives pratiquant leur religion. Elles comptaient 7.000 membres il y a vingt ans, un peu plus de 10.000 en 1975. 8.500 vivent dans la Péninsule et aux Baléares (3.500 à Barcelone, 2.500 à Madrid, 500 dans la province de Málaga, le reste à Valence, Majorque, Séville et Ténérife), 2.000 résident dans les *presidios* du Maroc (1.200 à Melilla, 700 à Ceuta). Les synagogues ouvertes au culte sont celles de Barcelone (une pour le rite *Azkenadze,* une pour le rite *Sephardi*), de Malaga et de Madrid (en cours de remplacement par un temple plus vaste).

Au cours de la Seconde Guerre mondiale, le gouvernement espagnol, sous la pression de Berlin, a d'abord adopté une attitude antijuive. Mais, à partir de 1942, il laissa pénétrer dans la Péninsule 12.000 Juifs, et l'on assure que le général Franco a sauvé de la mort, par son intervention, 60.000 de leurs coréligionnaires. Une dernière remarque : il y a une dizaine d'années, dans l'église Santa Rita de Madrid, a eu lieu (pour la première fois dans un temple chrétien) une cérémonie paraliturgique judéo-chrétienne, au cours de laquelle des psaumes ont été chantés et des paroles de fraternité échangées.

Cette parenthèse historique nous a détournés de l'itinéraire castillan. Il convient de le reprendre pour évoquer les principaux problèmes qui se posent aujourd'hui à cette région restée essentiellement agricole.

la Castille agricole

La Castille et le León ne sont plus des régions exclusivement agricoles. Mais, hormis la zone de Madrid, dont on reparlera, l'industrialisation n'est guère sensible qu'à Valladolid, qui s'est dotée de constructions mécaniques et automobiles, d'une industrie chimique, de fabriques de pneumatiques, d'aluminium, etc... Quelques autres centres connaissent un développement moyen, surtout dans le León, riche en fer et en énergie hydroélectrique, et proche du charbon des Asturies. Deux noms doivent être cités, parce que classiques : Tolède, dont la manufacture d'armes est célèbre depuis des siècles, et Almaden dont les mines de mercure sont toujours en exploitation. Une mention spéciale est nécessairement réservée à Puertollano, dans le sud de la Nouvelle-Castille. Ce centre est, depuis 1943, le siège d'un important complexe : mines de houille et de plomb, centrale thermique, raffinerie de pétrole avec pétrochimie associée (le brut lui vient de Málaga par oléoduc).

La grande activité de la Castille reste donc l'agriculture et l'élevage. Le blé, l'olivier, la vigne, les céréales pour l'alimentation du bétail, représentent les cultures traditionnelles. Viennent ensuite le tabac, le riz de la Mancha, le safran, le coton, les cultures maraîchères des *vegas*. Depuis plusieurs années, la betterave sucrière a pris une grande extension dans la zone irriguée du Duero, l'une des zones de grande production sucrière, avec celle de Saragosse et la vallée du Guadalquivir. L'élevage traditionnel du mouton et du porc, et celui des bovins, qui prend de plus en plus d'extension, complètent ce tableau sommaire. Sauf dans quelques zones de *regadío* (terres irriguées), les cultivateurs pratiquent l'agriculture de *secano* (terres sèches), avec système de *barbecho* (jachère). (La jachère a l'inconvénient d'immobiliser en permanence le cinquième des 22 millions d'hectares de terres cultivables de l'Espagne).

l'irrigation   L'un des grands problèmes de l'agriculture castillane, comme de l'agriculture espagnole en général, est celui de l'irrigation. Sur les 22 millions d'hectares cultivables, près de 4 sont aujourd'hui irrigués et, selon les prévisions du Quatrième Plan de développement (1976-1979), il devrait y en avoir 5 en 1979. L'irrigation est une préoccupation ancienne, mais elle n'avait jamais fait l'objet d'un plan à l'échelle nationale avant la dictature de Primo de Rivera en 1923. Celui-ci avait essayé de mener à bien une politique hydraulique avec le concours de Joaquin Costa et de Macias Picavea : les agriculteurs et les industriels de chaque bassin fluvial devaient se syndiquer pour investir des capitaux, avec le concours de l'Etat, dans des travaux d'irrigation et d'électrification. Seule la Confédération hydraulique de l'Ebre, animée par l'ingénieur Lorenzo Pardo, fit du bon travail en Aragon ; partout ailleurs, le grand projet échoua, en raison du manque de capitaux des agriculteurs et des réticences des industriels. La Deuxième République reprit l'idée : une loi de 1932 lança un vaste programme de barrages et de canaux, en particulier en Andalousie, mais le temps fit défaut pour le réaliser. Le régime franquiste, à son tour, s'attacha à résoudre ce problème majeur : en particulier une loi de 1949 décida que les propriétés de plus de 20 hectares susceptibles d'être transformées en *regadíos* pourraient être expropriées, et une partie de l'aide américaine accordée en 1953 fut consacrée à l'irrigation. Les travaux aujourd'hui achevés représentent incontestablement d'importantes réalisations. Ils répondent à un double besoin : régulariser le cours des rivières par des barrages destinés à étendre l'irrigation et à promouvoir la production d'énergie électrique, et, d'autre part, transvaser l'eau excédentaire de certains bassins dans des bassins déficitaires.

Sur le premier point, le Plan national de travaux hydrauliques de l'ingénieur Lorenzo Pardo précité est en grande partie exécuté, avec des modifications (plusieurs raccordements de canaux restent cependant à effectuer en Aragon). En Castille, de grands barrages ont été construits sur le Pisuerga, l'Alberche, le Júcar, le Cabriel, les hautes vallées de l'Ebre et du Tage, à Mar de Castilla, etc...

Sur le second point, l'Etat était, en 1976, à la veille d'entreprendre le transvasement des eaux de l'Ebre dans celles du Llobregat (voir plus loin : Aragon). Celui du Tage au Segura est déjà réalisé. Dans ce dernier cas, il s'agissait de diriger sur la région de Murcie le débit excédentaire du Tage. La déviation a été opérée presque à la naissance du Tage, dans la zone des grands *pantanos* de la Mar de Castilla ; un canal de près de 400 km apporte au bassin du Segura l'irrigation dont il manque pour ses cultures. Cette entreprise a soulevé de vives protestations. L'envoi d'un milliard de mètres cubes d'eau du Tage au Segura, a-t-on expliqué, met en danger la santé publique ; le Tage n'est plus qu'un cloaque de Madrid, dont les eaux charrient les bacilles amenés par le Manzanares et le Jarama, car les stations d'épuration madrilènes sont insuffisantes pour l'instant. Au XVIIIème siècle, on exportait l'eau du Tage puisée à Tolède, réputée pour sa pureté et son action bienfaisante sur la peau du visage ; aujourd'hui, il est défendu de se baigner dans le fleuve ; demain, celui-ci ne sera plus qu'un égout de la capitale.

L'accroissement substantiel des surfaces irriguées est, on l'a vu, l'un des objectifs du Quatrième Plan. Il entre dans le cadre de la politique de « nationalisme agricole », qui semble se dessiner depuis 1975 et dont le but est d'augmenter l'offre intérieure de certains produits, afin de dépendre le moins possible de l'étranger. Plusieurs moyens sont envisagés : créer de nouveaux *regadios,* réduire la surface des jachères, mettre en culture des surfaces affectées aux pâturages et aux taillis, et, simultanément, pratiquer une politique des encouragements et des prix. L'amélioration des rendements à l'hectare est un autre sujet de préoccupation. Si les prévisions, ou les espoirs, se réalisent, l'Espagne devrait se suffire à elle-même en 1979, en ce qui concerne, notamment, le maïs, le sucre, l'huile, le lait. Le cas du lait montre qu'un effort sérieux est encore à faire : les 1.300.000 vaches laitières espagnoles produisent deux fois moins que dans les autres pays, faute, semble-t-il, d'une politique convenable des pâturages et des fourrages ; en 1975, le lait était plus cher à Madrid que dans les autres capitales européennes, à l'exception de Rome et de Bonn.

le déboisement　　　　La Castille a la réputation d'être un pays sans arbres. A vrai dire, les zones boisées ne manquent pas dans cette région (nord du León, sierras du Nord-Est, sierras de Guadarrama et de Gredos, serranía de Cuenca, pinèdes de Soria), mais le plateau central est chauve. Avant l'occupation musulmane, on pouvait se rendre des Cantabres à l'Andalousie sans quitter le couvert de la forêt ; aujourd'hui, sur le même itinéraire, il arrive de ne pas rencontrer un arbre pendant des kilomètres. Durant douze siècles, divers facteurs se sont conjugués pour ruiner la richesse forestière du pays. Tout au long de la Reconquête, du Duero au Guadalquivir, la terre a été consciencieusement dévastée par les Chrétiens et les Musulmans, qui rasaient les arbres. Ensuite, les millions de moutons merinos de la *Mesta* transhumèrent de l'Estramadure à l'Ebre, au détriment de l'agriculture et de la forêt. Au siècle dernier, on déboisait pour accroître les surfaces cultivables sans avoir à investir, les coupes étant, du reste, pour les acquéreurs de biens « désamortis », le moyen de récupérer le prix d'achat. Il y eut aussi les énormes besoins de la Marine en bois, auxquels s'ajoutèrent les exigences industrielles : le carbonate de soude nécessaire à l'industrie textile fut fabriqué pendant longtemps à partir du bois, puis vint une forte demande de charbon végétal et de pâte à papier. Depuis une trentaine d'années, le Patrimoine forestier de l'Etat reboise sur une vaste échelle, surtout en conifères et en eucalyptus. L'eucalyptus pousse vite, se contente de sols peu fertiles et se reproduit spontanément. Il alimente l'industrie de la cellulose et des agglomérés, l'essence d'eucalyptus sert d'additif aux carburants pour l'aviation et on l'utilise dans la pharmacie et la parfumerie. En Andalousie, il arrive qu'on arrache des chênes-lièges pour les remplacer par cet arbre-providence.

Madrid

« Au printemps, les Madrilènes jouissent d'un air très fin, sentant le pin et le ciste ». Ainsi s'exprime un fascicule espagnol à l'usage des touristes. Si vous citez ce passage à un ami espagnol, il vous priera de répéter, avant d'exprimer avec des ricanements féroces ce qu'il pense de l'auteur. Madrid était déjà titulaire de trois records. Elle est la plus haute des capitales européennes (654 mètres) et la plus centrale du monde (le centre géographique de l'Espagne, le Cerro de los Angeles, que surmonte un monument au Sacré-Cœur de 28 mètres de haut, n'est qu'à 13 km de la Puerta del Sol) ; pendant quelques années, elle a détenu le record d'Europe des gratte-ciel (Edificio España : 24 étages) ; elle s'adjuge aujourd'hui le triste privilège d'être la plus polluée des capitales européennes.

L'accumulation des fumées et des poussières est provoquée moins par l'activité industrielle que par l'intensité de la circulation automobile (un million de voitures, autobus, minibus) et par la médiocrité du combustible utilisé pour le chauffage domestique. L'air qu'on respire sur la place de Cibeles, par exemple, en plein centre, est imprégné d'une proportion oppressante d'anhydride sulfureux lorsque le vent ne souffle pas.

Le madrilène juge sa ville pénible à habiter. Lorsqu'il en a les moyens, il va se loger à plusieurs kilomètres dans le nord, à Mirasierra, à la Puerta de Hierro, à Somosaguas, Aravaca ou au Cortijo. Il peut aussi acquérir une résidence secondaire à Guadarrama-Navacerrada, à l'Escorial ou à San Martin de Valdeiglesias, ou encore se détendre en famille, pendant les fins de semaine, dans les stations de la Sierra, ou à Aranjuez, à Mar de Castilla, etc. Il en revient le dimanche soir, dans sa SEAT, « au péril de sa vie », sur des autoroutes congestionnées.

La pollution n'est pas la seule nuisance. Il y a aussi la cohue aux heures de pointe, l'insuffisance du métro, la difficulté de garer sa voiture, les sinistres quartiers d'immigrants pauvres et de Gitans, les dépôts de détritus trop proches des taudis. Il y a le fameux Manzanares, « la seule rivière navigable à pied et à cheval », source de plaisanteries sans fin, dont le secteur non encore recouvert est un dépotoir. Les espaces verts sont trop rares : les plans avaient prévu 15.000 hectares, il y en a 3.000 peut-être, et le Pardo, cet immense parc de 14.000 hectares, n'est pas ouvert au grand public. La spéculation forcenée sur les terrains — le mètre carré coûte aussi cher qu'à Paris et à Londres — a conduit à démolir des îlots anciens, qui faisaient le charme du vieux Madrid et formaient des zones d'habitations à loyer raisonnable.

Il n'est pas rare d'entendre ces récriminations contre des inconvénients dont les grandes métropoles souffrent à des degrés divers. Un autre motif d'irritation est la suppression des *serenos,* institution typiquement madrilène. Les concierges n'existant pas, ces vigiles surveillaient de nuit l'entrée des immeubles et en ouvraient les portes aux occupants ayant oublié leurs clés. Ils ont été supprimés à partir du 15 mars 1976, en vertu du décret-loi antiterroriste, et 869 d'entre eux sur 1.144 sont devenus des auxiliaires nocturnes de la police, en uniforme.

En 1896, un ancien président de la République espagnole, Emilio Castelar, écrivait que Madrid avait eu deux malheurs dans son histoire architecturale : au Moyen Age, elle était trop petite pour qu'on y construisît de grands palais et, à l'époque de sa grandeur, l'architecture espagnole était déjà tombée en décadence, de sorte que ses monuments sont grands mais peu artistiques (le Palais Royal) et ne sont souvent que des copies (le ministère des Finances). Ce jugement peu indulgent ne manque pas de vérité. Le centre de Madrid a cependant l'aspect imposant d'une métropole, même si le style de ses édifices n'est pas inconditionnellement admirable (il est permis de réserver son opinion sur beaucoup d'*urbanizaciones* de ces dernières années, en particulier sur les immeubles-tours qui ont remplacé sur la Castellana les anciens palais, tel celui des Medinacelli).

L'extension de Madrid est récente. Pendant des siècles, la ville — la ville, non la cité, Madrid n'ayant pas droit à ce titre — a été une capitale de dimensions et de population moyennes. Erigée en capitale par Philippe II en 1561, elle l'est devenue effectivement en 1607. Elle avait 70.000 habitants en 1635. Ce n'est qu'en 1850 qu'elle arriva au chiffre de 250.000 âmes. Son essor date de la seconde moitié du siècle dernier, époque où elle devint le centre de la toile d'araignée ferroviaire espagnole (ligne Madrid-Irun : 1864), en même temps qu'elle commençait à partager avec Barcelone et Bilbao la fonction de capitale financière. En 1900, on y comptait un demi-million d'âmes ; en 1935, le million était atteint. Après avoir été la Plaza Mayor, puis la Puerta del Sol, le centre de Madrid devenait la Gran Vía avant d'être la Castellana : l'extension se faisait de l'ouest vers l'est/nord-est.

Après la guerre civile, l'extension devint tentaculaire. En 1947, la Castellana, Champs-Elysées madrilènes, est prolongée vers le Nord. En 1949, est inauguré l'immense stade olympique Santiago-Barnabeu, puis sont édifiés les nouveaux quartiers de Chamartin et de l'Est, les ensembles de la rive droite du Manzanares. La ville annexe les communes contiguës : Aravaca, Barajas, les deux Carabanchel, Chamartin, Fuencarral, Hortaleza, El Pardo, Vallecas, Vicalvaro, Villaverde, etc. Le grand Madrid couvre plus de 600 km², dix fois plus qu'en 1936. Quant au vieux Madrid arabe, mudejar et Renaissance, il est circonscrit dans un quadrilatère aux rues étroites et sonores, proche de la Puerta del Sol. Sur la Plaza Mayor, sorte de place des Vosges madrilène, un Philippe II de bronze surveille trois côtés de maisons XVIIème siècle toutes pareilles.

La grande immigration a commencé en 1941. En trente ans, elle a amené dans la capitale un million de personnes venues de Nouvelle-Castille, d'Estramadure, d'Andalousie : ouvriers agricoles, petits propriétaires ne survivant plus sur leur lopin trop exigu, Gitans. Au début, ils occupaient les bidonvilles de la ceinture, les *chabolas,* où ils vivaient dans des conditions infrahumaines. Des immeubles dits *poblados de absorción* ont été bâtis, mesure insuffisante, qui n'a pas ôté à certains quartiers, tels Fuencarral, Orcasitas, San Blas, leur aspect peu engageant.

Pour cette main-d'œuvre non qualifiée, la misère urbaine, au début, ne fit que remplacer la misère rurale. Néanmoins, l'arrivée de ces travailleurs a facilité l'implantation dans la capitale d'un grand nombre d'entreprises, qui font aujourd'hui de Madrid un centre industriel important (12,7 % de la production industrielle nationale). Cette industrialisation a été moins la cause que la conséquence de l'immigration massive : la nouvelle mégapole avait besoin d'une industrie locale capable de répondre à ses besoins. L'industrie madrilène n'est pas une industrie lourde, faute de matières premières proches. Il existe de grosses sociétés, mais les petites entreprises à caractère artisanal sont multiples : sur les 24.000 entreprises madrilènes, 90 % ont moins de 26 travailleurs.

Plus du tiers du revenu industriel madrilène est fourni par la métallurgie sous ses formes diverses : constructions mécaniques, moteurs, matériel électrique, camions Barreiros et Pegaso, ateliers de la R.E.N.F.E. (la S.N.C.F. espagnole), constructions aéronautiques de Getafé. L'industrie chimique occupe un rang honorable, ainsi que l'imprimerie et l'industrie du bâtiment bat le record national. Au total, l'industrie madrilène emploie plus de 350.000 travailleurs. En outre, des polygones industriels ont été créés autour de Madrid : Guadalajara, Tolède, et jusqu'à Aranda de Duero, Alcázar de San Juan et Manzanares.

La mutation de Madrid s'est accomplie en moins de trente ans : une génération. Les Madrilènes de vieille souche ne représentent plus qu'une minorité. Ils ont le droit de déplorer l'effacement de certains traits de la vie madrilène d'hier. Les petits métiers de la rue disparaissent : le cireur de chaussures, le vendeur de cigarettes à l'unité, le marchand d'eau à la gargoulette. Le gouvernement, soucieux de bonne tenue, a interdit la mendicité : les *pordioseros* qui vous faisaient l'aumône d'accepter la vôtre se font rares. Le Rastro, le marché aux puces, n'offre plus, généralement, que des rossignols sans intérêt. Il y a toujours, plus que jamais, la délinquance, mais les jeunes voyous ne ressemblent pas aux anciens voleurs à la tire, gens sérieux formés dans des écoles qui leur apprenaient la conscience professionnelle : ils volaient les portefeuilles, mais n'en retiraient que les billets de banque et déposaient honnêtement le reste dans une boîte aux lettres de la poste centrale.

Pour se consoler, le vieux Madrilène peut penser aux habitudes qui subsistent vaille que vaille : les horaires de travail, ceux des repas (à 14 h. 30 et à 23 heures, bien qu'on dîne aujourd'hui un peu plus tôt, vers 22 heures, et que l'on se couche aussi moins tard), les traditions culinaires et l'abondance des poissons et fruits de mer (100.000 tonnes consommées chaque année à Madrid), les fêtes de San Isidro, patron de la capitale (le 15 mai), peut-être encore la tradition de minuit dans la nuit du 31 décembre au 1er janvier (les douze grains de raisin mangés au rythme des douze coups de l'horloge). Les longues discussions au café, entre hommes, le *paseo* du soir sur la Gran Vía, font encore partie de la vie de la capitale. Dans les restaurants, on voit toujours se produire les *tunos*, ces étudiants picaresques joueurs de guitares et chanteurs, vêtus à la mode du XVIIème siècle : pourpoint, chausses et bas noirs, souliers à boucle d'argent, cape à rubans multicolores et, sur la poitrine, la *beca,* la bande de soie des anciens boursiers d'Alcalá de Henares.

Emilio Castelar, déjà cité, déplorait vertueusement trois habitudes madrilènes : la mendicité, les courses de taureaux et la loterie nationale. Le gouvernement a interdit la mendicité, il s'est bien gardé d'abolir la rentable loterie nationale, et aurait provoqué un nouveau *motin de Esquilache* s'il avait supprimé les corridas.

courses de taureaux et matches de football

5.000 taureaux de combat sont mis à mort chaque année, au cours des quelque 250 corridas espagnoles, des 30 françaises, des 10 portugaises, sans compter les 500 *novilladas* pour jeunes taureaux de trois ans.

La corrida a des origines inconnues, remontant peut-être à l'Antiquité crétoise. Ses règles ont été codifiées il y a deux siècles, à Ronda (Andalousie) par la dynastie des Romero, et tout véritable amateur (*aficionado*) se réfère à ce code. La première règle est que le *torero* doit avoir en face de lui un vrai fauve, un *toro bravo* (en langage familier, *el bicho,* la bestiole). La seconde est que le taureau doit être amené, par une suite de savants affrontements, au point où le *matador,* par son estocade, marque la victoire finale de l'homme après une lutte loyale.

On compte chaque année plus de 300 *toreros* blessés, dont le quart grièvement et quelques tués. Les vieux amateurs déplorent certaines pratiques qui ôteraient aux courses leur loyauté ; certains taureaux, d'après eux, seraient « préparés », leur poids réglementaire de 423 kg serait atteint par des procédés artificiels, les bêtes seraient moins combatives et plus vite essoufflées ; tous les *picadors* ne respecteraient pas les règles du jeu (pique enfoncée trop profondément, taureau coincé contre la barrière) ; les *impresarii* (directeurs d'arènes) et les *apoderados* (représentants des *toreros)* s'entendraient souvent pour imposer leurs conditions aux éleveurs.

Devenir un *torero* célèbre, comme Belmonte, Dominguin, Manolete, Bienvenida, el Cordobes, est le rêve de beaucoup de jeunes que l'on voit s'exercer au noble art, sur les places, en faisant des passes devant une paire de cornes montée sur une brouette que manipule un camarade. L'amour de la gloire les anime sans doute plus que l'esprit de lucre, car le métier nourrit fort mal son homme, de nos jours, même dans le cas des *toreros* célèbres.

Il paraît qu'en 1936 les électeurs du Front national fréquentaient les courses de taureaux et ceux du Front populaire les matchs de football. Aujourd'hui, le public fréquente beaucoup ces derniers. Le Real Madrid a une renommée mondiale et le pari mutuel du football (les *quinielas*) est florissant. D'autres équipes sont connues : l'Atlético de Madrid, le Football Club de Barcelone, par exemple. Les rencontres les plus tumultueuses sont celles qui opposent une équipe madrilène à une équipe catalane. Les joueurs représentent deux régions qui ont décidé de ne pas s'aimer. L'invective la plus courante que leur lancent les gradins, de tout cœur, est *chulo* (souteneur).

La corrida.

Une corrida comporte normalement la mise à mort de 6 taureaux par trois épées (trois « matadors »). Elle débute par la présentation au public — gradins côté ombre (« sombra ») et côté soleil (« sol ») — des « matadors » et de leurs équipes (« cuadrillas »), dont chacune comprend les « picadors » à cheval, les « banderilleros » ou poseurs de banderilles, et les « peones » (garçons, asssitants). Ces hommes défilent dans leurs costumes dits traditionnellement « de lumière », précédés par les deux « alguazils » (huissiers, sergents), aux accents d'un paso doble.

Au début, on « tâte » le taureau : travail des « peones » et du « matador » lui-même, qui comporte des passes de cape, « veroniques » et autres figures où la grâce s'allie à l'aisance. Ensuite, le « picador » aux jambes blindées, monté sur un vieux cheval dont le ventre est protégé par une carapace floue d'épais tissus, accueille l'assaut de la bête avec sa pique, qu'il enfonce dans le garrot (six ou sept centimètres au plus, théoriquement). La seconde phase est celle des « banderilles », sortes de petits harpons que les « banderilleros » piquent sur le dos du taureau : trois paires par bête. Elle a pour but de rendre le taureau furieux en vue de la phase suivante, celle de la mise à mort. Après de savantes passes de « muleta » (pièce de drap rouge) qui excitent la bête et révèlent la « classe » du « torero », celui-ci attend de face la charge du fauve et, au moment où les cornes vont l'atteindre, enfonce l'épée dans le garrot : c'est l'estocade mortelle.

Si le « torero » s'est montré brillant, le président de la course lui accorde les honneurs : la ou les oreilles du taureau, ou la queue. S'il a été piteux, le président — affront suprême — fait ramener au toril le taureau vivant.

Il est possible, comme on l'a dit, que le caractère de l'Espagnol soit un produit du milieu naturel et de l'histoire. Il est possible aussi que cette affirmation ne soit que partiellement vraie : Diodore de Sicile, Strabon, avaient déjà défini bien des traits du tempérament national actuel, longtemps avant les apports juifs et berbères. Ce qu'il importe surtout de ne pas perdre de vue, c'est que, lorsqu'on parle du tempérament espagnol, il est question surtout du castillan ; or, beaucoup de traits particuliers séparent le Castillan du Basque, du Catalan, de l'Andalou. Il faut observer aussi que les réactions de l'Espagnol des champs ne sont pas nécessairement les mêmes que celles de l'Espagnol des villes.

le tempérament espagnol

L'Espagnol a été durement caricaturé par l'étranger. Au temps qu'il se battait contre toute l'Europe, il était représenté comme un *hidalgo* bravache et cruel, drapé dans une cape effrangée relevée par la rapière. Il y a eu aussi Carmen, et l'Europe n'a pas été tendre pour l'Espagne humiliée, vaincue et appauvrie. Les Espagnols ont été, par ailleurs, les victimes de leurs propres caricatures : Don Quichotte, Sancho, Don Juan. C'est une autre caricature qui est reproduite ci-dessous, dans quelques paragraphes qui résument un livre : celui que M. Díaz-Plaja a publié en 1973 sous le titre *El Español y los siete pecados capitales.* Cette analyse amusante et parfois caustique — *castigat ridendo mores* — est présentée ici, non dans la prétention de décrire à travers elle les défauts d'un peuple, mais afin de donner un exemple de l'absence d'indulgence avec laquelle les Espagnols se jugent eux-mêmes.

M. Díaz-Plaja énumère cinq défauts espagnols : orgueil, luxure, colère, envie et paresse (il fait généreusement grâce à ses compatriotes de l'avarice et de la gourmandise).

les péchés capitaux des Espagnols

Selon lui, le premier péché est l'orgueil (*soberbia*). Ame d'*hidalgo*, l'Espagnol se sent toujours supérieur à quelqu'un : le mendiant au donateur, auquel il rend le service de faire un acte charitable ; le plus misérable cultivateur de la Reconquête au Juif et au Maure, races inférieures ; l'Espagnol de 1898 à tous les autres peuples, esclaves d'un matérialisme indigne de sa tradition de grandeur. Chacun respecte l'existence d'échelons sociaux supérieurs, parce qu'il espère que lui-même ou ses enfants les graviront un jour. Certains Espagnols, naguère encore, déclaraient que Dieu avait mis sur terre des riches, des moins riches et des pauvres : c'est L'offenser que de porter atteinte à cet ordre qu'Il a voulu. Dans un sondage récent, la question suivante a été posée : « Dans quelle classe sociale vous rangez-vous ? ». « Dans la classe moyenne », ont répondu 55 % des Espagnols ayant formulé une opinion. M. Díaz-Plaja cite l'exemple (mais cet exemple est-il spécifiquement espagnol ?) d'un étudiant qui, après avoir manifesté dans la rue pour le marxisme-léninisme, ne tolérerait pas, chez ses parents, que la servante oublie sa condition. Garder la face est essentiel. C'est pourquoi, plus que sa demeure ou son alimentation, l'Espagnol soigne son habillement et sa voiture : des choses qui se voient. La cape, qui fut si typiquement espagnole, n'était-elle pas un cache-misère ? Se montrer courageux, savoir mourir : question de face.

A l'orgueil s'associe l'individualisme, parfois nommé personnalisme. On dit de l'Espagnol qu'il vit avec une société, non dans une société. Il répugne à l'autocritique, parce qu'il ne se croit solidaire de personne. Il lui est pénible de reconnaître ses erreurs parce qu'il n'existe pas de preuve supérieure à son raisonnement, à ses affirmations. A qui lui prouve, dictionnaire en main, qu'il s'est trompé, il répond : « C'est le dictionnaire qui se trompe ». Il est rebelle à l'association, au travail d'équipe, qui représentent des contraintes, donc des atteintes à l'autonomie sacrée de l'individu. L'indiscipline est très espagnole : la nécessité de la briser a longtemps conféré à la discipline de l'armée espagnole une sévérité exceptionnelle. L'Espagnol est, en général, hostile à la technique, qui enchaîne l'individu aux choses, comme l'association l'enchaîne à d'autres hommes. Du reste, technique et spécialisation sont des fractionnements de la vitalité, qui éloignent l'individu de la perception intégrale de la vie. Tout ce qui le touche directement, l'Espagnol se l'approprie. Avec « sa » famille, sur « sa » terre, il forme dans la société une entité autonome dont les droits doivent être respectés. Les individualistes types sont le conquistador, le guerillero et l'anarchiste.

Autre fruit de l'orgueil : le patriotisme. Nul plus que lui ne se délecte à critiquer ce qui se fait dans son pays, mais il ne tolère pas qu'un étranger touche à ce domaine réservé, sinon il prend contre lui le parti des gouvernements auxquels il a souhaité, quelques instants plus tôt, le pire sort. Lorsque l'Espagne fut mise en quarantaine par l'O.N.U. après la guerre, la grande majorité des Espagnols — ils étaient loin d'être tous de fervents partisans du régime — a serré les rangs derrière le général Franco, personnification de l'Espagne insultée. Sa patrie suffit à l'Espagnol ; l'étranger l'intéresse peu. Au patriotisme espagnol, se superpose le patriotisme local, qui parfois le remplace : séparatisme, cantonalisme, régionalisme, sont espagnols. Rome a mis deux cents ans pour faire tomber les résistances des cités, chacune luttant pour elle-même. Pendant la guerre d'Indépendance, chaque région organisa sa résistance, dirigée par une junte locale s'intitulant « suprême », c'est-à-dire indépendante des autres.

Une manifestation d'individualisme est le sens religieux de l'Espagnol. Il conçoit Dieu comme « son » Dieu, avec lequel existe un lien personnel. Il traite avec lui du règlement de ses affaires privées. Si le saint imploré ne donne pas satisfaction, son image est volontiers jetée au feu. Chaque ville ou village a sa Vierge, son saint, dont les processions se doivent de dépasser en faste celles du voisin. Du reste, il est entendu que le Christ est Espagnol : *« Je ne crois pas à ma religion, qui est la seule vraie, alors pourquoi croirais-je à la vôtre ? »*, répondait un Espagnol à un pasteur protestant. Même athée, l'Espagnol est obsédé par la question religieuse : *« Nous sommes toujours derrière les curés, tantôt avec un cierge, tantôt avec un bâton ».*

Le deuxième « péché », la luxure, est plus exactement le sens aigu de la masculinité, de la virilité, l'*hombria*. L'Espagnol n'est pas un refoulé, les crimes passionnels sont rares, l'homosexualité peu répandue. On apprend à l'Espagnol, dès son enfance, qu'il est un *macho,* un homme, un vrai. Il détruirait son image de marque s'il ne passait pas pour un coureur de jupons. Il faut qu'on sache qu'il a eu des aventures féminines flatteuses, sinon il en invente. L'homme chaste est suspect. La jalousie est le corollaire de ce sentiment.

La femme respectable est celle qui observe les règles de la moralité espagnole ; la femme dite facile est celle qui s'en est écartée, ne serait-ce qu'une fois : c'est surtout l'étrangère, la liberté des mœurs à l'étranger étant une idée reçue.

La colère (*ira*), ou mieux la passion, est encore un jaillissement d'orgueil. Elle inspire à l'Espagnol une rare richesse de vocabulaire dans l'insulte, dont la plus blessante pour l'ennemi est celle qui fait allusion à la vertu de sa mère. Elle se traduit par des éruptions de haine qui, jointe au mépris du prochain, engendrent la cruauté. Dans cet état d'esprit, l'impartialité est une qualité rare. Les divergences d'opinion conduisent plus aisément à la lutte qu'à la tentative de compréhension ou de conciliation. Une réunion contradictoire est un risque de pugilat.

La passion jaillit par à-coups, précipitant les Espagnols dans l'action, à laquelle ils se donnent tout entiers. Après ces éruptions, vient le reflux, sous la forme hautaine de l'indifférence et du détachement. Homme de passion, l'Espagnol est plus universel, plus individuel que l'homme d'action ; il a une soif de connaissance par appréhension personnelle, qui le pousse à vouloir trop. Dernier trait : la passion explique le sens de l'équité, qui est « la justice ressentie comme une passion humaine ».

Fille de l'orgueil et de l'individualisme, l'envie interdit à l'Espagnol d'admettre que son prochain se distingue par sa supériorité ou par la faveur de la foule. Lorsqu'il ne peut faire autrement que de constater une réussite, il assortit son aveu d'une restriction qui fait apparaître quelques imperfections chez l'intéressé. Si une pièce a été sifflée, l'Espagnol quitte le théâtre avec le sentiment d'avoir passé une bonne soirée. S'il lui faut faire l'éloge de quelqu'un en public, il s'arrange pour déclarer : « *Ce n'est pas comme Untel qui... »* (suit l'éreintement en règle d'Untel). Lorsqu'un homme connu est décédé, il n'est pas d'éloge qu'on ne lui décerne : il a cessé d'infliger à son prochain l'insupportable présence d'une supériorité. Les étrangers jouissant en Espagne d'un niveau de vie supérieur sont critiqués, non parce que l'Espagnol aspire nécessairement aux mêmes avantages matériels, mais parce que la jouissance de ces facilités par autrui est jugée offensante. La médisance est un plaisir (*dar gusto a la lengua*).

Quant à la paresse, M. Díaz-Plaja lui conserve quelques paragraphes non moins mordants, dont on retiendra seulement l'explication de l'attrait pour les longues flâneries dans les cafés.

qualités et vertus

Amusante par son humour, cette autocritique caricature les petits travers d'un grand peuple qui, comme tous les autres, a les siens. Elle demande à être complétée par l'image de ses qualités.

La fierté, la dignité, sont des traits éminemment espagnols. Le mendiant n'a pas l'atti-

Château de Manzanares el Real à Madrid

Un moulin à vent de la Mancha, quatre siècles après Don Quichotte

e de la vieille Castille : le pâtre des moutons, sur l'étendue dénudée de la Meseta

La cathédrale de Burgos : le cloître

tude sournoisement servile de ses confrères étrangers. La différence de condition sociale engendre l'orgueil chez celui qui est en haut, mais non le sentiment d'une infériorité humaine chez celui qui est en bas. Le cadet d'une école militaire, le simple légionnaire, sont des *caballeros*. L'Espagnol le plus déshérité fait songer au Berbère de l'Atlas, dont les premiers Européens qui le virent oubliaient les haillons pour ne retenir que l'allure royale.

Le culte de la mère, la cohésion de la famille, le respect des traditions familiales, l'amour des enfants, l'attachement à la règle morale, la générosité, sont aussi des vertus espagnoles. Lorsqu'un membre de la famille a besoin d'aide pour s'établir ou se tirer d'une mauvaise passe, il peut généralement compter sur la solidarité de ses proches, qui feront, au besoin, des sacrifices pour lui. Emilio Castelar, déjà nommé, écrivait ceci du peuple madrilène : « *Le souvenir de sa charité pendant le choléra qui nous éprouva en octobre 1865 ne s'effacera jamais de la mémoire des hommes. Quand on a vu les artisans prendre dans leurs bras, contre leur cœur, les cholériques presque froids pour les réchauffer de leur souffle, sans penser qu'ils s'exposaient à la mort pour les rappeler à la vie, on croit à la force vitale d'un peuple à ce point héroïque et sublime* ». Après la guerre civile, lorsque l'Espagne souffrait de la faim, on voyait couramment des gens qui n'avaient pas grand-chose, partager avec ceux qui avaient moins encore.

Ce peuple est d'une courtoisie innée. Il s'irrite à juste titre du sans-gêne vulgaire de certains visiteurs étrangers qui se croient autorisés par le change favorable à s'adresser avec une condescendance insultante à des êtres jugés retardataires, en déformant volontairement, pour se moquer, les mots de leur langue. Mais sa courtoisie grave est celle d'un *caballero* lorsque l'étranger s'adresse à lui avec les mots et le comportement d'un homme de bonne compagnie, en qui il discerne une amicale compréhension.

Son intelligence est vive et souple. Elle s'exerce plus volontiers dans le domaine de l'humain que dans celui des sciences exactes. L'une des formules connues d'Unamuno est celle qu'il employait en parlant des pays étrangers : « Que inventen, ellos ! » (Qu'ils inventent, eux, si cela leur fait plaisir !). La technique, l'utilitarisme, l'âpreté au gain, ne sont pas son fait. Son pays a produit de grands écrivains, poètes, philosophes, théologiens, humanistes, juristes, mais peu de savants. Ce qui n'empêche pas l'Espagnol de devenir un bon technicien lorsque sa profession le requiert.

L'imputation de paresse demande à être fortement nuancée. Le désir d'obtenir une sinécure de bureau n'est pas spécifiquement espagnol, mais latin, méditerranéen. Par ailleurs, le paysan et l'ouvrier espagnols sont travailleurs et sobres. L'admirable mise en valeur des *huertas* du Levant est due au labeur séculaire des horticulteurs valenciens, dont cent mille firent des campagnes d'Algérie, pendant l'occupation française, un riche pays agricole. Les durs travaux d'édification des barrages lacustres d'altitude dans les Pyrénées françaises, au début de ce siècle, ont été effectués en grande partie par des terrassiers et des maçons aragonais.

La bravoure ibérique est légendaire. Pendant la guerre civile, *cobarde* (lâche) était une insulte de style dans les deux camps, mais chacun admirait le courage de l'adversaire, avec la secrète fierté de se sentir du même sang. Les Républicains espagnols engagés dans la Légion étrangère française après 1939 étaient plutôt rétifs au dressage militaire, mais se montraient, au combat, d'une bravoure sans égale.

La colère, sous forme de passion, est-elle un défaut ? Peut-être révèle-t-elle une disposition d'esprit honorable : le courage des opinions. L'Espagnol aime passionnément, hait passionnément. La recherche du juste milieu ne lui est pas familière. Mais n'est-elle pas, sous couleur d'honnêteté intellectuelle et de souci d'équité, une sorte de lâcheté bénisseuse qui, par système, donne raison pour moitié à la fraude, à la méchanceté et à l'erreur, et tort pour moitié à la raison, à l'humanité et à la loyauté ?

Quant à la médisance, il serait divertissant de lire, sous une plume aussi humoristique que celle de M. Díaz-Plaja, la description de ses manifestations dans les milieux mondains, politiques et autres, des pays étrangers, à dose vraisemblablement égale.

Le tempérament national ainsi esquissé est aujourd'hui en évolution.

la mutation des mœurs et des coutumes

L'industrialisation est à l'origine de ce changement. Elle a provoqué l'émigration torrentielle des campagnes vers les villes, entraînant la dissociation de bon nombre de familles, dont une partie restait au village, tandis que l'autre allait travailler dans les centres urbains ou à l'étranger. Il ne faut peut-être pas surestimer l'influence des mentalités étrangères sur les Espagnols émigrés. Beaucoup vivent en vase clos, ne songeant qu'à économiser le plus possible pour revenir dans leur *pueblo*. Mais une partie d'entre eux ont été perméables aux courants d'idées et aux mœurs des autres pays d'Occident. Ceux qui sont partis dans les villes espagnoles, en général des jeunes, plus instruits, ont quitté leur *pueblo* le plus souvent sans esprit de retour, étant moins attachés aux traditions locales (cf. infra, le chapitre Andalousie). Par ailleurs, la proportion de femmes dans la population active s'est accrue (plus de 25 % aujourd'hui) ; le statut juridique de la femme évolue depuis une date toute récente, son autonomie s'accroît. Dans le même temps, l'évolution du niveau de vie s'est traduite par une série de phénomènes familiaux et sociaux, parmi lesquels la généralisation de la voiture personnelle qui permet, aux jeunes surtout, d'échapper aux conventions contraignantes des petites villes où l'on s'ennuie, pour gagner les métropoles et les centres de tourisme étranger.

Dans cette conjoncture, les mœurs se modifient, la délinquance s'accroît de façon préoccupante. Le nombre des demandes de séparation matrimoniale est en augmentation. La religiosité diminue (cf. infra, le chapitre Andalousie). Comme le note le professeur Tierno Galván, le glissement vers un « christianisme trivialisé » est l'indice d'une société de consommation de plus en plus matérialiste.

Cette modification des structures sociales traditionnelles, cette mise en cause des valeurs, n'effacent-elles pas les traits du tempérament espagnol ? L'analyse marxiste, sur ce point, est catégorique : « *L'image intemporelle de l'Espagnol sobre et guerrier, méprisant les activités mercantiles, rétif à l'égard de la technique, imperméable à la civilisation industrielle, s'effondre aujourd'hui sous les coups du développement capitaliste* » [3]. Il est possible qu'il en soit ainsi à la longue, il est possible aussi que l'évolution n'atteigne pas son terme. On a mis en doute l'empressement des Espagnols à imiter les autres pays d'Occident, à voir dans le *way of life* européen un idéal à atteindre à tout prix : « *Pour beaucoup d'Espagnols, l'idée du progrès elle-même est sujette à caution ; la croyance dans la récompense de l'action est méprisée par un peuple qui trouve des satisfactions suffisantes dans l'action elle-même. Paradoxalement, bien des Espagnols profi-*

tent de la croissance, mais elle leur reste étrangère, même si leurs coutumes évoluent. L'Espagnol préfère la liberté dans l'intermittence du travail à la sûreté dans l'emploi. Ce n'est pas manque d'ambition, mais recul à l'égard des phénomènes de la croissance matérielle » (4).

Il paraît difficile d'admettre que les Espagnols puissent changer de nature du jour au lendemain. Certaines originalités s'atténueront sans doute sous l'influence des conditions de vie modernes. D'autres, en regard, ne seront-elles pas exaltées par les mouvements régionalistes ?

l'estramadure

une tradition de pauvreté et d'esprit d'aventure

En 1950, la province de Badajoz comptait 57.000 *yunteros* — métayers possesseurs d'un attelage de mules, dont 40.000 avaient des lopins de terre à peine suffisants pour les maintenir à la limite de la survie — et 66.000 *braceros*, ouvriers agricoles ne disposant que de leurs bras, dont 50.000 étaient en chômage saisonnier, et dont la moyenne d'emploi était de 60 jours par an. Gain quotidien moyen : 8 pesetas. Les années d'inondation ou d'extrême sécheresse amenaient, au sens propre, la famine et provoquaient des vagues d'émigration.

C'est en faveur de ce prolétariat agricole, au sein duquel éclataient des éruptions de violence sanglantes (Castilblanco, 1931 ; Yuste, 1936) que la République avait fait son plus gros effort agraire. En cinq mois (mars-juillet 1936), l'Institut de la réforme agraire avait distribué sur l'ensemble du territoire espagnol 572.000 hectares, en petites propriétés, à 111.000 agriculteurs pauvres, dont 300.000 hectares à 83.000 paysans d'Estramadure. Pour défendre ces terres, et celles qu'ils avaient occupées de leur propre autorité, les paysans de la région se firent tuer au siège de Badajoz, pendant l'été 1936.

Si la vie est difficile dans cette contrée, ce n'est pas la faute de l'Estréménien. Mélange de Portugais, d'Andalou et de Castillan, il est dur au labeur, tenace et taciturne. Comme dans les autres provinces reculées, il a conservé

longtemps ses traditions. On peut encore, en cher-
chant bien, rencontrer au fond des campagnes
des paysans vêtus du costume régional — cape,
guêtres de cuir, vêtements en peaux de mouton ;
larges robes et foulards de couleur — et des femmes coiffées du chapeau à miroir (intact pour les
jeunes filles, brisé pour les femmes mariées, voilé de noir pour les veuves).

On attribue à la pauvreté de la région **les**
l'esprit d'aventure de ses habitants. A de rares **Conquistadors**
exceptions près, les grands conquistadors sont
nés en Estramadure. Medellin est le berceau de
Cortès, le conquérant du Mexique ; Valdivia,
l'*adelantado* du Chili, a vu le jour non loin de là,
à Villanueva de la Serena ; Francisco Pizarro, le
vainqueur de l'Inca, est de Trujillo, comme Orellana, l'explorateur de l'Amazonie ; Badajoz est la
patrie de Pedro de Alvarado, le prestigieux lieutenant de Cortés, et Jerez de los Caballeros celle
de Vasco Núñez de Balboa, qui aperçut le premier
le Pacifique. Ces conquistadors et leurs compagnons n'étaient pas tous des soldats de métier,
ni des faméliques illettrés. Leurs mobiles étaient
variés : des guerriers sans emploi côtoyaient des
aventuriers de professions et de classes sociales
diverses, les uns en délicatesse avec les autorités, les autres simplement animés de l'attrait de
l'aventure et de la convoitise de l'or. Ces *desperados* se conduisirent le plus souvent, à l'égard
des Indiens, avec une cruauté égale à celle des
plus redoutables Araucans du Chili ou des pires
bandes de mercenaires européens de leur époque.
Cependant, la légende dorée n'a retenu que le
caractère épique de leur aventure, une aventure
menée jusqu'aux limites de la résistance humaine,
sur des terres inconnues où tout leur était hostile. L'odyssée de Cabeza de Vaca est prodigieuse : huit années à pied, seul, dans l'immensité
désertique qui s'étendait du Mississipi à la Californie et au rio Grande. L'obsession de l'Eldorado
ou des Sept cités d'or de Cibola n'était pas leur
seul stimulant. Ces âmes d'enfants poursuivaient
aussi des rêves de légende, comme celui de la
fontaine de jouvence.

Beaucoup eurent une fin misérable
dans la forêt vierge ou sous les flèches des Indiens. La mort de Valdivia fut atroce : les Araucana le découpèrent vivant et le dévorèrent. Le
plus grand d'entre eux, Cortés, mourut dans la
pauvreté et l'indifférence, dans un morne village
d'Andalousie, après avoir possédé plus d'or et de

pouvoir que dans un conte de fées. D'autres conservèrent les richesses conquises, épousèrent des princesses indigènes et devinrent des personnage dans les vice-royautés du Nouveau-Monde. Les moins nombreux revirent leur Estramadure, comme Juan Cano de Saavedra, gendre d'un empereur aztèque, qui fit construire à Cáceres, sa ville natale, la maison dite des Toledo-Moctezuma (elle existe toujours ; c'était, hier encore, la Caisse d'épargne de la ville). La statue de Cortés à Medellin, celle de Pizarro à Trujillo, des palais, des noms de rues et de places, maintiennent vivace, dans les petites villes d'Estramadure, le souvenir des Conquérants.

**les promesses :
irrigation et
plan Badajoz**

L'Estramadure granitique prolonge la Meseta castillane, dont le climat est voisin du sien : étés caniculaires, pluies rares, vent d'est chaud et desséchant, ciel dégagé. Une ligne de sierras d'altitude modeste, prolongement des monts de Tolède, la sépare en deux zones : au nord, le bassin du Tage, qui forme la province de Cáceres ; au sud, celui du Guadiana, ou province de Badajoz.

Le type de paysage le plus répandu est la *dehesa* : des pâturages au milieu desquels croît une végétation clairsemée de chênes contraste avec le jaune des pâtures desséchées. Sur les *dehesas* et les landes à ciste, régions de grands domaines, la densité de la population est faible, surtout dans la province de Cáceres. L'élevage est la grande ressource. Celui des moutons transhumants y est pratiqué depuis des siècles, comme celui des porcs (la petite sierra de Montanchez produit des saucissons renommés dans toute l'Espagne). L'élevage des bovins prend de l'extension, y compris celui des taureaux de combat.

L'autre ressource est l'agriculture. Elle a pour cadre les vallées des fleuves : au nord, le Tage et ses affluents (l'Almonte, l'Alagon, le Tiétar) ; au sud, le Guadiana et son affluent, le Zujar. La zone des cultures irriguées se réduisait naguère à l'étroite bande limoneuse longeant leurs rives. Les grands travaux entrepris depuis 25 ans ont permis d'étendre l'agriculture *de regadio* aux terres voisines, jusqu'alors médiocrement mises en valeur faute d'eau.

Il y a eu en Espagne, depuis une trentaine d'années, plusieurs plans régionaux d'irrigation et de colonisation : le plan Jaén, pour la haute vallée du Guadalquivir, le plan Málaga, le projet Aragon, etc. Le premier de tous est le plan Badajoz de 1952. Il concerne la vallée du Guadiana, dont il a pour but de régulariser le cours par une série de barrages établis sur 250 km. Cinq niveaux ont été créés sur le Guadiana, en quatre barrages, complétés par deux autres sur les affluents Zujar et Matachel. Les 4 milliards de mètres cubes d'eau ainsi retenus permettent d'irriguer 130.000 ha des *vejas bajas* et des *vejas altas*. Par ce plan de quatorze ans, l'Institut national de colonisation (I.N.C.) s'est proposé de distribuer des petites propriétés de 4 à 5 ha de *regadío* à 9.000 familles de paysans pauvres, représentant environ 50.000 personnes. L'aspect de la vallée du Guadiana s'en est trouvé modifié : des villages de colons sont nés, les arbres et les cultures — coton, tabac, plantes fourragères, entre autres — forment des zones verdoyantes. Les critiques du plan Badajoz ne manquent pas. Beaucoup sont fondées. Le Plan n'en reste pas moins une œuvre utile, si imparfaite et incomplète qu'elle soit.

Ce n'est pas l'irrigation, mais la nature du sol qui donne sa belle fertilité à la Tierra de Barros, une zone d'argile rouge au sud du Guadiana, autour d'Almendralejo, l'un des secteurs les moins dépeuplés de l'Estramadure. A mesure qu'on descend vers l'Andalousie, les bois de chênes verts et de chênes-lièges alimentent, en bordure de la Sierra Morena, une industrie non négligeable du bois et du liège — à peu près la seule industrie de l'Estramadure, avec les gisements de phosphorite d'Aldea Moret, près de Cáceres.

Dans le tableau du revenu par tête, les deux provinces de Badajoz et de Cáceres restent encore en bas de liste, mêlées à celles de la Galice et de l'Andalousie. A l'exploitation insuffisante de la terre, au régime du *latifundio,* au chômage saisonnier, s'ajoute le manque d'emplois industriels. L'effort d'irrigation n'a pas suffi et l'émigration est un pis-aller qui ne fait que souligner le sous-développement.

l'Estramadure, pays de tourisme

En revanche, toute la région est propice au tourisme, qui lui apporte des ressources non négligeables.

Les villes sont d'importance moyenne, ou de simples bourgs. Seule, la capitale, Badajoz, dépasse (de peu) 100.000 habitants. Parmi les autres, Cáceres (56.000), Merida (40.000), Plasencia, Almendralejo, Valencia de Alcantara, Coria, Trujillo, etc., beaucoup sont des cités endormies, rêvant du passé, dans le charme et l'ennui des petites villes de provinces. Elles attirent par leurs monuments d'histoire, par leur site. Badajoz, qui frôle la frontière portugaise, n'offre pas de grandes richesses monumentales, mais son site fortifié, sa cathédrale-forteresse, ses murailles ocre, lui confèrent une allure guerrière. La vieille ville de Cáceres est altière, derrière une enceinte couleur de bure qui enferme un somptueux décor de palais et de vestiges architecturaux, une histoire de l'art, des Romains aux Maures et au XVIIème siècle, sous le vol des cigognes. Mérida a conservé, du temps où elle était la capitale de la Lusitanie romaine, un théâtre, un amphithéâtre et un pont de granit que garde un *alcazar* maure.

Les étendues giboyeuses et poissonneuses des *dehesas* et des landes ont leur attrait. Elles contrastent avec les régions montagneuses de l'est et du nord. A l'est, dans la région tourmentée des Villuercas, couverte de chênes, de châtaigniers, et parcourue d'eaux vives, s'élève le monastère fortifié de Guadalupe, sanctuaire grandiose, toujours fréquenté. Au nord, au pied de la Sierra de Gredos, la haute vallée du Jerte et celle du Tiétar (la Vera, pays par excellence du piment) sont des cantons arrosés et boisés, un pays de petits propriétaires cultivant l'olivier, la vigne et l'oranger ; la vallée de Plasencia est une agréable oasis, proche du monastère hiéronymite de Yuste, l'ultime retraite de Charles Quint.

C'est aussi dans cette bordure montagneuse du nord qu'est situé l'étrange district des Hurdes.

les Hurdes, district de la détresse

En 1922, le roi Alphonse XIII visita les villages des Hurdes. Aux largesses qu'il distribua, les habitants répondirent en lui offrant des branches de cerisiers chargées de fruits : ils n'avaient rien d'autre. Le roi pleura d'émotion au spectacle de leur détresse. Il voyait devant lui une population accablée par la sous-alimentation, le paludisme, le rachitisme, le crétinisme, les goîtres, la cécité, la tuberculose, la fièvre de Malte, les maladies infantiles. L'alcoolisme et la fréquence des mariages consanguins achevaient la dégénérescence de ces malheureux qui battaient tous les records de mortalité (90 ‰). Cette effroyable mortalité avait pour contrepartie une natalité exubérante, favorisée par la pratique des mariages dès l'âge de 14 ans. Il n'y avait pas de pharmacien, rarement un médecin, 98 % des habitants mouraient sans assistance médicale.

Les Hurdanos vivaient dans des grottes ou dans des masures faites de pierres d'ardoise sans mortier et mal jointoyées, aux toits d'ardoise sans cheminée. Les humains y cohabitaient avec leurs mulets et leurs porcs, dans la puanteur des fumiers, au milieu des essaims de mouches et de la vermine. La plupart couchaient sur des planches ou dans des troncs d'arbres creusés. Ils allaient pieds nus, vêtus de guenilles dont la plupart étaient les dépouilles des morts, abandonnées par les hôpitaux des villes voisines aux Hurdanos venus y mendier. Il n'existait ni routes, ni chemins carrossables, ni commerçants. Les Hurdanos — presque tous analphabètes — assistaient avec ferveur aux offices religieux, hommes et femmes séparés ; leur foi était primitive, teintée de superstition. Leur nourriture consistait en fromages, miel, châtaignes, viande de porc, de chèvre et de sanglier, et ils fabriquaient un peu d'huile d'olive. Pour ajouter à leur détresse, ils étaient victimes des usuriers. Les quelques réaux qu'ils se procuraient leur servaient à acheter du vin ; les ravages de l'alcoolisme étaient effroyables.

Quelques-uns s'expatriaient aux Amériques, revenaient au pays avec quelques économies et se faisaient construire des demeures dont la blancheur rendait plus sinistres encore les sordides huttes d'ardoise. Certains se louaient pour la moisson, la cueillette des olives ou la récolte du coton, dans les régions voisines. D'autres s'engageaient dans la Garde civile.

Dans ces Hurdes oubliées, « qui fatiguent, épuisent et dépriment », pays de la solitude et de l'isolement, les médecins et les instituteurs effectuant volontairement de longs séjours étaient animés par le sentiment élevé d'une mission humanitaire ; les prêtres étaient relevés tous les trois ans.

La réalité présente est moins sinistre. Avant d'en dire un mot, il faut définir la région des Hurdes.

La région des Hurdes ou Jurdes est placée à la corne nord-ouest de la province de Cáceres, à toucher celle de Salamanque, au pied des Sierras de Gata et de Francia ; à l'est, elle est limitée par le rio Alagon, affluent du Tage. C'est une mer de montagnes abruptes, un pays sauvage. Un pays rude, aussi : aux chaleurs torrides de l'été, succèdent les froids vifs et les tourmentes de neige. Le canton couvre 48.000 hectares, sur lesquels vivent 10.000 habitants, les Hurdanos, répartis en 5 *municipios* (Caminomorisco, Casares de Hurdes, Ladrillar, Nuñomoral, Pinofranqueado) et 37 hameaux.

On ne sait pas exactement d'où viennent les Hurdanos. Leur parler musical dérive de l'ancien dialecte léonais, et l'on pense que leurs ancêtres étaient des pasteurs venus d'autres cantons, auxquels se mêlèrent ensuite, probablement, des Morisques et des Juifs persécutés. Au seuil oriental du pays des Hurdes, un ermitage porte, gravée dans la pierre, l'inscription suivante : *« Ici, au col du Gamo, les Juifs lapidèrent la Sainte Croix le 25 mars 1488, jour du Vendredi Saint »* (il y avait alors une synagogue tout près de là, à El Casar de Palomero) : pour échapper aux vengeances, des groupes de Juifs se seraient réfugiés dans la montagne, près des sources de la rivière qu'ils auraient appelée Jordan (le Jourdain), d'où dériverait, par déformation, le nom du rio Hurdano qu'elle porte aujourd'hui et qui aurait servi à désigner le canton. D'autres pensent que le mot Hurdes a pour éthymologie *urces* (les bruyères, qui existent en abondance dans ce secteur montagneux).

La seule assistance extérieure que reçurent les Hurdanos avant notre siècle fut celle de l'évêque de Coria qui, il y a près de trois cents ans, envoya des prêtres et fit bâtir l'église de Cambroncino, dont la beauté étonne dans ce cadre de misère. Après sa mort, les Hurdes retombèrent dans l'oubli. La légende les présentait comme un pays perdu, inaccessible, habité d'êtres difformes, ethniquement différents des Espagnols et restés païens. Ce n'est qu'en 1902 qu'on recommença à s'intéresser à eux : le futur évêque de Salamanque, Mgr Jarrin, fonda une société de bienfaisance, « La esperanza de las Hurdes » et la revue « Las Hurdes ». En 1908, se tint à Plasencia le « Congrès national des Hurdanophiles ». En 1922, une commission médicale officielle enquête sur place et rédige un rapport dont la lecture décide Alphonse XIII à effectuer sa première visite aux Hurdes (la seconde eut lieu en 1930), puis à créer le « Real Patronato de las Hurdes », chargé d'organiser dans ce canton le service médical, l'enseignement et le reboisement. Le régime franquiste prend la relève : l'« Auxilio social » lutte contre la mortalité infantile, le général Franco visite les villages en 1954 ; des travaux d'infrastructure et de reboisement sont entrepris. En 1976, M. Fraga Iribarne, ministre de l'Intérieur, s'est rendu sur place, pour donner une impulsion nouvelle au développement local.

A l'heure actuelle, l'œuvre commencée sous Alphonse XIII a porté ses fruits. Les Hurdes ont l'électricité, l'eau, le téléphone, des écoles, des cimetières ; des commerçants ambulants y viennent régulièrement. Le reboisement a été exécuté sur une vaste échelle : 25.000 hectares de pins, eucalyptus, chênes-lièges, peupliers et oliviers. Il resterait beaucoup à faire, surtout dans les « Hurdes altas », le secteur le plus montagneux. L'état sanitaire est meilleur (le paludisme, le rachitisme et l'alcoolisme sont en forte régression, ainsi que la mortalité infantile), mais la proportion des goîtres reste élevée (l'eau de la montagne ne contient pas d'iode) et l'hygiène familiale laisse beaucoup à désirer. Une route départementale et 155 km de chemins carrossables ont été aménagés, mais des hameaux sont encore isolés. Il existe des édifices modernes, mais trop de demeures restent misérables. La consommation de viande par habitant et par an (11,5 kg) est à peine le tiers de la moyenne nationale.

La solution est probablement celle qu'Alphonse XIII avait entrevue et vers laquelle on semble s'orienter aujourd'hui. Le projet élaboré en 1971 par la société anonyme Granadilla-Hurdes prévoit que les Hurdes deviendraient une réserve de chasse et de pêche, avec parador, héliport, refuges aménagés ; les Hurdanos seraient indemnisés, réinstallés dans des *regadios* proches de leur pays, seuls restant sur place les habitants nécessaires à l'exploitation forestière et aux services (1.500 personnes environ). C'est peut-être là, pour les Hurdanos si longtemps abandonnés, la voie du salut.

l'aragon

« *Les habitants de l'Aragon,* déclare une ancienne loi locale, *auraient abandonné leur contrée stérile et sauvage, si ce désavantage n'avait été compensé par la liberté* ». S'il souligne le trait le plus caractéristique du tempérament aragonais, ce texte confirme aussi la vieille réputation d'aridité de la région.

un pays aride

L'Aragon offre beaucoup de traits physiques communs avec la Castille. Son climat est plus sec encore, bien que sa bordure orientale soit à 40 km à peine de la Méditerranée. En hiver, souffle un vent froid de noroît à fortes turbulences, le *cierzo,* contre lequel les paysans protègent leurs cultures par des murettes de boue et des haies de joncs ou de tamaris. Comme en Castille, là où il n'y a pas d'eau, c'est la steppe ; là où il y en a, la végétation est magnifique. L'eau ne manque pas — l'Aragon est traversé par l'Ebre, et ses affluents drainent les eaux des Pyrénées et du système Ibérique — ; encore faut-il construire des barrages et des canaux : l'irrigation est une préoccupation majeure de l'Aragon. Autre ressemblance avec la Castille : la région est principalement agricole. De même encore, la densité moyenne de la population est très faible (23 habitants par km^2). Il est vrai que les 1.150.000 Aragonais sont inégalement répartis entre les trois provinces de Huesca, Saragosse et Teruel.

le peuple aragonais

L'homme aragonais a une originalité marquée. Il est grave, simple, laborieux. Ce sont des maçons et des terrassiers de ce pays qu'on rencontrait, il y a quelque quatre-vingts ans, sur les chantiers de captage des lacs français des Hautes-Pyrénées, les mains enveloppées de chiffons pour se protéger de la chaux vive. Les Aragonais sont renommés surtout pour leur extrême ténacité, pour l'énergie farouche avec laquelle ils défendent leurs idées et leur liberté.

Après avoir résisté aux Sarrassins, puis aux empiètements du pouvoir royal, puis à l'Inquisition elle-même, ils devinrent célèbres par l'acharnement avec lequel ils défendirent Saragosse, en 1808, contre le maréchal Lannes : la ville, dont les défenseurs, commandés par Palafox, avaient été renforcés de milliers de paysans volontaires, ne fut réduite qu'après une progression meurtrière, maison par maison, les femmes elles-mêmes se battant avec un fanatisme sauvage : 50.000 habitants périrent, la moitié de la population.

On ne voit plus le costume régional traditionnel (culotte courte, bas de laine blancs, *alpargatas* à semelles de corde, gilet court et bandeau de tête rouge) qui était, au tromblon près, celui d'un guerillero de Mina ou d'un contrebandier de Carmen. En revanche, la *jota,* la danse typiquement aragonaise est toujours dansée. « Son origine est obscure. On l'attribue généralement à Aben Jot, poète et musicien arabe du XIIème siècle... Elle comporte un *cantar*, ou *estillo*, exécuté par un soliste, et des variations confiées à la *bandurria* (mandoline), avec accompagnement de guitare. Elle est dansée par couples, face à face et non enlacés d'abord, comme pour exprimer le désir, puis tourbillonnant dans un mouvement de plus en plus ardent et exalté. Après chaque *copla*, la danseuse se dégage d'une simple pirouette, puis la danse recommence à satiété dans le même ordre de figures... C'est une danse de passion..., elle a de la sensualité, du feu et du sang ; dans ses modulations et ses cris, résonne encore tout l'Orient » ([6]). La *jota* est dansée dans tout l'Aragon, des Pyrénées aux montagnes de Teruel.

Dominées par les plus hautes cimes de la chaîne — le pic d'Aneto dans la Maladetta (3.404 m), le Posets, le Mont Perdu, le Vignemale —, les Pyrénées aragonaises ressemblent par certains aspects au versant français, mais l'exposition au midi donne à cette zone, deux fois moins pluvieuse que son homologue française, une apparence moins verte, et en même temps plus ensoleillée et lumineuse.

la zone pyrénéenne

La plus connue des hautes vallées de cette zone, dont la population émigre volontiers vers Saragosse, est celle de Canfranc, au pied du Somport. Seul col des Pyrénées centrales franchissable en toutes saisons, celui-ci était l'un des principaux points de passage de l'antique voie ibère devenue romaine sous le nom de Ténarèse (*iter caesarense* : le chemin de César). Les Pyrénées aragonaises ont leurs stations d'alpinisme et leurs stations balnéaires, notamment les bains de Panticosa. Elles renferment aussi, au pied du Mont Perdu, le parc national d'Ordesa.

La frontière franco-espagnole ne respecte pas toujours, au long de ses 450 km, la ligne de partage des eaux. Sinon la vallée de la Bidassoa serait française, ainsi que les sources de la Nive de Béhéroby et le Valcarlos, sillon supérieur de la Nive d'Arnéguy, ainsi que le Val d'Aran, où la Garonne prend sa source. Et inversement la Cerdagne, qui appartient au bassin du Segre, devrait être espagnole.

frontière et contrebande

Certaines de ces entorses ont des origines purement politiques (la Cerdagne a été annexée par la France, au traité des Pyrénées de 1659). D'autres ont été motivées par le besoin de nourrir les troupeaux, ressource quasi-unique des

hautes vallées, impératif qui a conduit les montagnards de Navarre et d'Aragon à empiéter sur les
pâturages plus riches du versant français. Les
« universités » pyrénéennes des deux versants ré-
glaient elles-mêmes leurs litiges par des « lies et
passeries », conventions de pâturages et « sur-
séances de guerre », dont les stipulations sont
toujours prises en considération, pour la délimitation détaillée de la frontière, par la « Commission des Pyrénées » (de 1856 à 1899, il y a eu
six traités ou conventions additionnelles entre la
France et l'Espagne). Depuis 1375, la vallée française de Barétous (Pyrénées-Atlantiques) paie,
chaque année, à la vallée espagnole de Roncal, le
« tribut des trois vaches » : une cérémonie a lieu
à cette occasion, à la frontière, le 13 juillet.

Avec ou sans routes, la contrebande
continue à être pratiquée d'un bout à l'autre des
Pyrénées. Mais elle a changé de visage depuis
l'époque où Pierre Loti écrivait *Ramuntcho*. Le contrebandier de ce temps opérait artisanalement
avec des hommes de sa famille ou des garçons
de son village (le métier ne déshonorait pas son
homme). On franchissait la frontière de nuit, par
des sentiers de montagne discrets, chaque pas-
seur portant sur le dos un récipient de quarante
litres d'alcool, fixé par des bretelles qui permet-
taient de le larguer rapidement en cas de rencontre avec une patrouille de douaniers. On peut voir
un modèle de ce récipient au musée de la Douane
à Paris, mais les douaniers n'en capturent plus depuis des années. De même, la contrebande à dos
de mulet est un souvenir.

La contrebande est aujourd'hui moins
romantique. Elle est aux mains de véritables sociétés disposant de gros moyens financiers et
dont les agents opèrent le plus souvent avec des
voitures spécialement aménagées pour les transports clandestins. Elle s'exerce par voie routière.
Dans le sens Espagne-France, elle porte surtout
sur l'alcool pur et sur les stupéfiants, en particulier sur le haschich marocain. En sens inverse,
passent les cigares suisses. Dans l'un ou l'autre
sens, suivant la conjoncture, les sentiers sont
empruntés pour le passage de chevaux, mulets et
bovins (de tels transferts, qui échappent au contrôle vétérinaire, sont une source de contamination pour le cheptel du pays destinataire). Tous
ces trafics portent sur des sommes très élevées.

En plus de la contrebande d'armes et
de matériel de propagande destinés aux activistes
basques et limitée à la frontière vasco-navarraise,
il faut mentionner les passages clandestins de ca-

pitaux, ceux des immigrants portugais, et la contrebande par voie aérienne et maritime (celle-ci mettant en œuvre des vedettes rapides).

Des sierras pré-pyrénéennes à l'Ebre, alternent les steppes et les zones irriguées : les pâturages quasi-inhabités des Bardenas, à cheval sur l'Aragon et la Navarre, la terre à blé des Cinco Villas, le désert cailouteux des Monegros, et la terre à betteraves du Cinca. Le même contraste se retrouve dans la plaine de l'Ebre, entre les paysages verdoyants et les secteurs arides, jusqu'au vaste delta boueux du fleuve. Un chapelet de petites villes jalonne cette zone : la très pittoresque cité épiscopale de Tarazona, Borja (le berceau de la famille des Borgia), Caspe, Mequinenza.

la plaine de l'Ebre : Saragosse

Plus au sud de l'Ebre, s'étendent les oliveraies d'Alcañiz, les vignobles de Cariñena, les vergers des vallées du Jalon et du Jiloca. Au milieu des monotones étendues du Jalon, s'insère de façon inattendue le frais paysage du monastère de Piedra (futaies, cascade, grottes, lac naturel et station balnéaire), proche du désert poussiéreux et sans ombre, aux falaises rouge sombre, qui s'étend de Medinaceli à Calatayud. La petite ville de Calatayud au nom sonore (Kalaat Ayub : le château d'Ayoub), riche en restes mudejars, conserve encore des demeures de troglodytes dans sa *morerîa,* l'ex-quartier maure.

Le cœur de la région, Saragosse, est le grand pôle d'attraction de tout l'Aragon. Ses 480.000 habitants représentent à eux seuls près de la moitié de la population des trois provinces. Bien située, animée, elle est un centre industriel en expansion, où se développent la sidérurgie, les industries alimentaires, celles des tissus, du verre, des produits chimiques, des engrais. Ses richesses monumentales ne sont pas très abondantes, mais elle est célèbre par ses deux cathédrales, la Seo et surtout Nuestra Señora del Pilar. L'actuelle basilique du Pilar est la dernière de celles qui ont été élevées sur le même emplacement, au bord de l'Ebre, pour abriter le pilier sur lequel la Vierge apparut à St Jacques au cours de son voyage à Compostelle. Le fameux pilier de jaspe est aujourd'hui usé par les baisers des centaines de milliers de fidèles venus adorer la « Pilarita », la petite Vierge d'albâtre qu'il supporte et qu'entourent des trésors de pierreries, d'or et d'argent. Nuestra Señora del Pilar n'est que l'une des multiples Vierges régionales d'Espagne (N.S. de Guadalupe, patronne des Espagnes, la Macarena de

Séville, la Dolorosa de Málaga, etc.), mais c'est peut-être la plus universellement connue.

irrigation et trasvases

Les principales ressources de cette région sont agricoles. A côté des moutons de transhumance, les bovins sont en croissance. Sur les terres grises et jaunâtres du *secano,* pousse la trilogie classique : céréales, vigne, olivier. Dans le *regadío* verdoyant, sont cultivés les primeurs, les fruits, le coton, la betterave sucrière. Le grand problème de l'Aragon agricole est celui de l'irrigation. 500.000 hectares de terres aragonaises sont aujourd'hui des *regadíos,* grâce aux travaux d'irrigation. Les barrages, s'ajoutant aux chutes naturelles, ont permis l'installation de centrales hydroélectriques, dont la production complète celle de la grande centrale thermique d'Escatron, sur l'Ebre.

Un projet en cours est le *trasvase* des eaux de l'Ebre dans celles du Llobregat catalan. Il a pour objet de fournir à la région de Barcelone et de Tarragone un indispensable complément d'eau à usage urbain et industriel. Un aqueduc de 160 km (en grande partie sous tunnel), les deux grands barrages de Mequinenza et de Ribarroja, cinq autres barrages intermédiaires, des stations de pompage, amèneront les eaux de l'Ebre au nord-ouest et au sud-ouest de Barcelone. La députation provinciale de Saragosse a vivement protesté contre ce projet qui, selon elle, privera l'Aragon de ressources hydrauliques indipensables. Madrid répond qu'il n'en sera rien, car la dérivation ne se fera qu'à 30 km de l'embouchure de l'Ebre, donc ne détournera que des eaux excédentaires qui seraient allées se perdre en mer sans profit pour personne.

la zone sud : le bas Aragon

Entassement confus de hauteurs de 1.500 à 2.000 mètres formant l'extrémité orientale du système Ibérique, la zone sud de la province de Teruel est l'une des plus rudes d'Espagne, et sa population clairsemée y vit médiocrement de l'élevage du mouton et de quelques cultures.

Les principales ressources sont minières. Dans l'ensemble de l'Aragon, si l'on excepte les mines de bauxite de Sabiñanigo, les potasses de la vallée de l'Ebre, et des promesses récentes de pétrole à Caspe, les seuls gisements de quelque importance sont situés dans les montagnes de Teruel : les lignites d'Utrillas et de Montalban, le fer d'Ojos Negros et surtout le soufre de Libros.

La présence de ces exploitations n'empêche pas Teruel de rester la moins peuplée des capitales provinciales (21.000 habitants). La ville des « amants de Teruel » est bâtie dans un site sans grâce et l'hiver y est rude. Elle a été reconstruite en grande partie après les destructions subies en 1937-1938 pendant la guerre civile. A l'ouest de Teruel, la petite ville morte d'Albarracín, perchée à 1.200 mètres dans la sierra, est un nid d'aigle fortifié, aux rues pittoresques, dont l'atmosphère rappelle l'époque où elle était la capitale d'une *taifa* arabe âprement défendue contre l'Aragon. A l'est de Teruel on pénètre dans le Maestrazgo, sauvage et pauvre, à cheval sur l'Aragon et la province levantine de Castellón ; son chef-lieu, Morella, est un repaire bâti sur une éminence abrupte, dans un site altier.

Le mouvement régionaliste qui se dessine aujourd'hui en Aragon ne peut invoquer ni des raisons ethniques, ni des raisons linguistiques, ni l'attachement aux *fueros* du passé, partiellement supprimés par Philippe II, puis par Philippe V, et définitivement par la Constitution de 1812. **le régionalisme aragonais**

Sous la Deuxième République, l'exemple de la Catalogne et du Pays basque incita l'Aragon à formuler à son tour une demande d'autonomie. Les délégués des partis de gauche, réunis à Caspe du 1er au 3 mai 1936, approuvèrent un projet de statut, dit Statut de Caspe, que le cours rapide des événements ne laissa pas le temps de soumettre aux Cortès. La célébration du 40ème anniversaire du Statut de Caspe, en mai 1976, a été l'occasion de reparler de l'élaboration d'un nouveau texte, rédigé sur la base du précédent.

Cette relance de l'idée autonomiste ne remonte guère au-delà des années 1970. Les animateurs du mouvement reprochent à la bourgeoisie aragonaise, aux grands et moyens propriétaires ruraux, de ramener la conscience régionale aragonaise au fait d'aimer la *jota,* d'agir « noblement », « d'être un peu sournois, et de ne pas poser de problèmes à Madrid ». Or, déclarent-ils, les problèmes se posent en grand nombre en Aragon. En voici quelques-uns : le transvasement de l'Ebre au Llobregat, qui privera l'Aragon de son eau, l'achèvement du réseau des canaux d'irrigation, dans le Nord (qui aurait arrêté la désertification de la province de Huesca, mais qui n'est toujours pas réalisé, malgré les promesses de Franco dans son discours de Tardienta), les projets d'installation de centrales nucléaires à Sástago et à Escatron et d'une centrale thermo-électrique à Andorre (Teruel) (dont les populations redoutent le pouvoir contaminant, et qui priverait les agriculteurs des millions de mètres cubes d'eau nécessaires à sa réfrigération). Autres griefs : l'extension du champ de manœuvres de San Gregorio, le champ de tir des Bardenas, le transfert à Saragosse de la base militaire U.S. de Madrid, les projets de création de lacs artificiels, attentatoires à la beauté du paysage (à Campo, dans le cañon d'Aniselo). La grande revendication demeure la réouverture de la voie ferrée de Canfranc, fermée depuis plusieurs années pour insuffisance de rentabilité. L'Aragon, affirment les autonomistes, est une région spoliée, abandonnée ; il veut disposer de son avenir, porter lui-même remède aux carences du régime. « La passivité de ses habitants et le silence de ses intellectuels » n'ont que trop duré, selon les promoteurs du mouvement, qui s'efforcent de développer aussi la culture proprement aragonaise et de sauver de la disparition totale la *fabla* — le dialecte local — que l'on n'entend plus parler que dans de rares cantons pyrénéens. La revue *Andalan,* fondée en 1972, est l'organe culturel du mouvement ; le poète et chansonnier régional José Antonio Labordeta, célébrité aragonaise, a composé le *Canto a la Libertad ;* un Séminaire des études aragonaises a été créé.

L'autonomie trouve un terrain favorable chez les paysans et les ouvriers. Les premiers ont mené la « guerre du maïs », en janvier-février 1976, contre le blocage des prix agricoles et la fixation d'un plafond de production du maïs. Au même moment, à Saragosse, les grèves de la métallurgie, du textile et du bâtiment, ont été les plus importantes que la capitale aragonaise ait connues depuis 1936.

Les partis d'opposition se sont groupés, en 1976, comme dans la plupart des autres régions, dans une Coordination démocratique aragonaise, dont font partie notamment la Démocratie chrétienne aragonaise et le Parti socialiste aragonais.

Pour leur part, les trois députations provinciales d'Aragon se contenteraient d'un régime de *Mancomunidad,* c'est-à-dire d'une autonomie limitée plus proche de la simple décentralisation, telle que la prévoit la loi sur le régime local du 19 novembre 1975. La *Comunidad General* de Aragon a tenu deux sessions en vue d'élaborer un statut de *Mancomunidades* : l'une en novembre 1974 à San Juan de la Peña et à Jaca, l'autre au début de 1976 à Albarracín et à Teruel. Mais la *Mancomunidad* prendrait sans doute le sens d'un prélude à un statut d'autonomie.

L'ANDALOUSIE

présence
de l'histoire

On ne peut manquer d'être frappé par le fait que le destin de l'Espagne s'est joué en Andalousie. En 711, la défaite de Guadalete met fin au royaume wisigoth et ouvre l'Espagne aux Musulmans. En 1212, la victoire de Las Navas de Tolosa marque, avec la défaite de l'armée almohade, l'effondrement de la puissance musulmane et le début de la reconquête du Sud. 1492 est l'année illustre de la prise de Grenade et de la découverte du Nouveau-Monde. En perdant Gibraltar en 1704, l'Espagne perd du même coup le contrôle du Détroit, clé de la Méditerranée. En 1805, c'est le désastre de Trafalgar, entre Cadix et Algésiras, qui ruine la marine espagnole pour un siècle et demi. Trois ans plus tard, en 1808, le général Dupont capitule à Bailen, première défaite de l'armée impériale. Enfin, en 1812, les Cortès de Cadix votent la première constitution libérale de l'Espagne, enjeu d'un demi-siècle de guerres civiles.

L'Andalousie est restée pendant cinq siècles sous la domination musulmane, et sa partie grenadine pendant huit siècles. Les conquérants donnaient le nom d'*Al Andalous*, par extension, à toute l'Espagne occupée (on ignore l'étymologie du mot Andalousie ; peut-être Vandalousie, pays des Vandales). Avant eux, cette région fut occupée par les Romains, sous le nom de Bétique. Les Phéniciens, les Grecs, les Carthaginois, y avaient déjà établi des comptoirs et des bases. Et les découvertes préhistoriques ont montré que l'Andalousie était habitée depuis les âges les plus reculés.

Il n'y a rien de surprenant dans le fait que l'Andalousie soit une terre d'histoire. Elle commande l'entrée de la Méditerranée, à cheval sur cet axe millénaire de civilisation, et sur l'Atlantique qui lui a succédé dans ce rôle. Son climat, tantôt atlantique, tantôt méditerranéen, est chaud, sans rigueurs hivernales. Son sol est d'une fertilité explosive lorsque l'homme l'irrigue. Ses côtes offrent aux navigateurs de bons abris. Elle possède des forêts, des mines, des terres propices à l'élevage, réparties sur l'étendue de cette région grande comme le Portugal, qui occupe 17 % de la superficie de l'Espagne, renferme 17 % de sa population (6 millions d'habitants) et dont les aspects physiques sont des plus variés.

Et cependant, cette région privilégiée par la nature est aujourd'hui l'une des moins développées du pays, des plus pauvres, une sorte de tiers-monde de l'Espagne. C'est là, il est vrai, une constatation globale. Les grandes zones naturelles (Basse Andalousie, ou Andalousie occidentale, ou dépression du Guadalquivir ; — Haute Andalousie, ou Andalousie orientale, autour de Grenade et de la Sierra Nevada ; — Sierra Morena, au nord ; — Andalousie des steppes, à l'est), pas plus que ses 8 provinces (Séville, Huelva, Cadix, Jaén, Cordoue, Grenade, Málaga, Almería), ne se laissent réduire, sans maintes nuances, au commun dénominateur de la pauvreté. Mais, en termes de moyenne générale, il reste exact que l'Andalousie est aujourd'hui une région de sous-développement, de chômage et d'émigration.

Pourquoi est-elle arrivée à ce point d'appauvrissement, quelle est sa situation économique et sociale actuelle ?

un vieux problème agraire : latifundio, misère rurale et anarchisme

Au début du XVIIIème siècle, l'Andalousie restait la région d'Espagne la moins défavorisée. Elle le demeura jusqu'aux années 1850, époque à laquelle elle dépassait encore la Catalogne sur la liste des régions dites riches (elle payait, à elle seule, le tiers des impôts du royaume). Sa population était alors proportionnellement moins nombreuse qu'aujourd'hui — le huitième de la population totale de l'Espagne, contre le sixième de nos jours. Cependant, le lot des journaliers agricoles et des « minifundistes » était la misère, les famines répétées, les épidémies, l'analphabétisme et le banditisme. Cette situation avait son origine dans le régime du *latifundio* ou très grand domaine rural.

Le *latifundio* n'est pas uniquement andalou (on le trouve aussi en Estramadure, en Nouvelle-Castille, et, en faible proportion, dans les autres régions) ; à l'inverse, le *minifundio* ou toute petite propréité est abondamment représenté en Andalousie. Le *latifundio*, on l'a rappelé plus haut, est un produit de la Reconquête. Par la suite, se produisirent des usurpations de terres par la bourgeoisie et des ventes de biens de main-morte. Dès le XVIème siècle, les cultivateurs riches et la bourgeoisie municipale avaient pris peu à peu le contrôle des communes rurales et usurpé leurs biens collectifs, opérations légalisées moyennant finances par une monarchie impécunieuse. Les légalisations conféraient le plus souvent aux acheteurs le *señorio*, titre à la fois honorifique et avantageux, qui donnait le droit de nommer les autorités municipales. De cette bourgeoisie terrienne sortiront les potentats locaux, les notables grands électeurs : les « caciques ». Au XVIIème siècle, une grande partie des terres andalouses était aux mains de 200 à 300 familles, dont les revenus s'investissaient dans l'achat de nouvelles terres et les dépenses de prestige. Les « désamortisations » du XIXème siècle accentuèrent la concentration de la propriété. Les deux ventes de biens d'Eglise de 1835 et de biens communaux de 1855 bénéficièrent, en général, non aux petits exploitants, mais aux grands propriétaires et aux classes possédantes des villes.

C'est à cette époque que le *latifundio* prit son visage devenu classique. Certains grands propriétaires résidaient sur leurs domaines ; les autres, normalement absents, y recevaient avec faste, organisant, sous le nom modeste de *zumo de naranja* (jus d'orange) des soupers andalous avec danses gitanes. Un élevage de taureaux de combat ajoutait au prestige. Ils étaient représentés sur place par un majordome tout-puissant, qui allait choisir, aux plus bas salaires, dans les foires à la main-d'œuvre des villages, les *braceros* saisonniers dont il avait besoin. Economiquement soumise à ces « caciques », et analphabète jusqu'à 75 %, la population rurale aggravait sa misère chronique par un accroissement démographique exubérant.

Cette image se modifie de nos jours.

D'un côté, l'Andalousie voit apparaître un nouveau type de patronat agricole, qui rejette la tradition du *señorio*, de l'absentéisme et du refus de modernisation. D'un autre côté, depuis une quinzaine d'années, des familles aristocratiques, sentant leur position sociale dans le milieu rural menacée par l'évolution politique et économique, cherchent à la rétablir en milieu urbain dans des postes de direction de la fonction publique ou du secteur privé, et quittent leurs domaines. Elles sont remplacées dans les centres ruraux par une classe moyenne de commerçants, entrepreneurs, fonctionnaires, soucieuse d'assimilation à l'aristocratie traditionnelle, maintenant ses distances avec les classes rurales inférieures, et représentant un élément plus conservateur encore, plus opposé que le précédent aux changements sociaux.

Revenons aux conséquences des « désamortisations ». Privés de l'usage des biens communaux qui leur étaient indispensables pour subsister, les paysans accrurent la masse des journaliers sans travail. Il n'avaient plus de débouchés dans l'industrie locale tombée dans le marasme. Par ailleurs, l'Europe n'avait pas encore un besoin massif de main-d'œuvre non nationale, et beaucoup de malheureux n'avaient même pas les moyens de payer leur place de pont pour l'Amérique latine. Il restait quelques possibilités de migration à Barcelone, à partir de 1830, et à Madrid à la fin du siècle.

Le seul espoir du prolétariat rural andalou était l'action politique. Il crut avoir trouvé le salut dans la révolution de 1868, puis dans la Première République de 1873, progressiste et fédéraliste. Les explosions du cantonalisme andalou traduisirent cette conviction (cf. supra : « Quelques notes sur le passé »). La déception fut apportée par la Restauration alphonsine et la politique conservatrice de Cánovas del Castillo. Alors l'Andalousie rurale suivit la voie de l'anarchisme.

l'anarchisme rural

L'anarchisme rural est né en Andalousie à la fin des années 1850. Il y a lieu de remarquer qu'il n'eut d'adeptes que dans les campagnes où la détresse atteignait les limites du désespoir (en fait, la plus grande partie de l'Andalousie), mais non dans la *vega* de Grenade, ni dans celles du pays valencien, ni dans la Catalogne agricole des *rabassaires* ([1]). Seconde remarque, les paysans ne faisaient pas toujours la distinction entre le socialisme (plus tard le communisme) et l'anarchisme. Une seule chose leur importait : posséder des terres. Dans les années 1850, les paysans andalous reçurent la visite des messagers de l'espoir : des hommes venaient, qui leur enseignaient la tempérance, la dignité de l'homme, leur apprenaient à lire. Un mouvement naquit. Des groupes occupèrent les *latifundios* et les cultivèrent. Des églises furent incendiées (le peuple accusait le clergé de connivence avec les riches qui l'avaient dépouillé des biens communaux). Des bandes marchèrent sur les villes. En 1861, l'une d'elles prit d'assaut le *cuartel* de la Garde civile à Loja et forma un gouvernement provisoire. L'armée intervint : 6 exécutions, 100 condamnations aux travaux forcés. A Cordoue, en 1873, fut fondée la Fédération nationale des agriculteurs espagnols, qui formula des revendications sociales. Mais, dans sa très grande majorité, le prolétariat rural rejettait le vieux collectivisme agraire des anarchistes et exigeait la répartition des terres.

La réforme agraire fut une tâche prioritaire de la Deuxième République. Les partis au pouvoir n'étaient pas d'accord sur ses bases : « exploitation collective », « la terre à ceux qui la travaillent », « la terre à l'Etat et son exploitation aux syndicats de travailleurs agricoles », « la terre propriété familiale », « expropriation sans indemnité », « expropriation avec juste indemnisation ». Finalement, la loi fut votée en 1932, applicable seulement aux provinces latifundistes et aux domaines excédant un « maximum agrario-social » de 10 hectares de *regadio* ou de 700 de terrain d'élevage. L'Institut de la réforme agraire avait exproprié à peine 90.000 hectares lorsque les partis de droite, revenus au pouvoir, ajournèrent la réforme en 1934. De graves incidents, notamment à Castilblanco en Estramadure et à Casas Viejas en Andalousie, avaient déjà accusé le mécontentement paysan. Après l'arrivée du Front populaire au gouvernement, au printemps 1936, journaliers et « minifundistes » occupèrent d'autorité les grands domaines dont les propriétaires avaient fui ou péri. Dans les régions qu'ils contrôlaient (Catalogne, Aragon oriental, certains secteurs de Castille et d'Andalousie), les anarchistes se livrèrent à des expériences de collectivisme agraire, dont il sera question ultérieurement.

Après la guerre civile, il ne fut plus question de redistribution systématique des terres. La raison principale était que le régime ménageait les intérêts des grands propriétaires. Il y en avait d'autres. L'Espagne, ruinée et mise en qua-

**chômage rural
et émigration**

rantaine par les Alliés, devait d'abord vivre, c'est-à-dire produire tout de suite, sans tenter des expériences agraires à long terme. Il y avait aussi le manque d'argent, d'outillage agricole, de formation professionnelle, l'inadaptation de la petite propriété individuelle à certaines régions de *secano*. Le régime s'attacha donc, en priorité, à la réforme agricole, en essayant de la concilier, dans la mesure du possible, avec une réforme agraire très limitée et très timide (lois sur la colonisation des nouveaux *regadios,* sur l'expropriation, sur les exploitations « manifestement améliorables »). Sur le premier point, les résultats ont été importants, comme on le verra, malgré des imperfections reprochées et reconnues. Sur le second point, ils se sont révélés médiocres, et les dispositions légales qui heurtaient les intérêts acquis sont restées lettre morte.

La réforme agraire est toujours attendue. Pour cette raison et pour d'autres, l'Andalousie reste une poche de pauvreté en Europe. En 1973, avec plus de 17 % de la population de l'Espagne, elle ne contribuait que pour 12,8 % au produit national brut, taux qui accuse même une régression, puisqu'il s'élevait à 15 % en 1975. En 1971, le revenu moyen par tête de l'Andalousie orientale, la plus déshéritée, s'établissait à 45.805 pesetas (le niveau du Paraguay), la moyenne nationale étant de 65.181 et celle de la Biscaye de 88.223 (et les 2/3 de la population de cette zone andalouse étaient loin d'atteindre les 45.805 pesetas). La répartition de la propriété n'a pas subi de grands changements. Au début de la présente décennie, dans les provinces de Cadix, Jaén, Séville et Cordoue, le tiers des 140.000 ha de *regadios* appartenait à 400 personnes (0,5 % du nombre total des propriétaires), dont chacune possédait plus de 100 hectares (la taille d'un *latifundio* en terre irriguée).

La plaie de l'Andalousie est le chômage agricole. En 1975, il représentait à peu près le tiers du chômage national, pour une population qui était le septième de celle de l'Espagne. Il faut rappeler que la population active de l'Andalousie est agricole à 40 % (c'était la moyenne nationale il y a vingt ans, aujourd'hui tombée à 27 %), et que le taux atteint 43,5 % en Andalousie orientale (plus qu'en Turquie). Le chômage, toutefois, n'est pas imputable au seul fait que la main-d'œuvre est nombreuse. Il est dû à un ensemble de causes : l'absence de débouchés industriels, la monoculture (qui confère à la production agricole un caractère saisonnier et la soumet à des aléas naturels et économiques), la mécanisation, la structure agraire elle-même (le *latifundio* souvent mal exploité).

Au chômage agricole, phénomène ancien, la conjoncture espagnole et européenne de l'après-guerre a apporté une sorte de remède : l'émigration massive. Jusqu'au milieu du siècle dernier, l'Andalousie était terre d'immigration pour les gens de Galice, des Asturies, de Santander et de la Rioja. Au milieu de notre siècle, elle est devenue la terre par excellence de l'émigration espagnole : 40 % des émigrants espagnols en Europe sont Andalous. Ce sont à 90 % des travailleurs sans terre, dont une forte proportion est représentée par des chefs de familles nombreuses. Dans les années 1960, il s'y est ajouté des propriétaires de petites exploitations non mécanisées, auxquels la hausse des salaires agricoles ne permettait plus de survivre.

Le manque d'emplois, le revenu insuffisant, sont les mobiles principaux de l'émigration. Celle-ci est aussi une protestation : l'homme veut plus de dignité pour lui et sa famille. Il s'oppose à une structure socio-économique qui lui refuse « le droit de ne pas émigrer ». A cet égard, il convient de distinguer les migrations internes et externes : les émigrants andalous allant travailler dans d'autres régions espagnoles sont généralement des jeunes, plus évolués, moins attachés à leur village, hostiles à l'ordre social et culturel. Ils emmènent leur famille, sans esprit de retour, et s'adaptent à leur nouveau milieu. Les émigrants externes sont, pour la plupart, plus âgés, à formation uniquement agricole, mécontents de leur condition sociale, mais attachés à leurs traditions culturelles locales. Ils partent seuls, n'ayant qu'une hâte : revenir au pays en meilleure condition sociale. Les premiers sont des dissidents ; en quittant la région, ils ont diminué l'intensité de la lutte des classes, et retardé du même coup l'évolution de la structure agraire. Les seconds s'adaptent mal à l'étranger ; ils ne cherchent qu'à économiser le plus possible en se privant de tout. De retour chez eux, ils améliorent leur demeure et son confort intérieur, mais ne se lancent généralement pas dans des achats de terres ou de petits commerces qui les conduiraient à l'indépendance économique : l'ordre traditionnel leur suffit, pourvu qu'ils gagnent en dignité. Ils n'y réussissent pas toujours : leurs voisins voient en eux des concurrents sur le marché du travail ; les patrons les soupçonnent de contamination idéologique, et ils deviennent chômeurs.

De 1950 à 1960, l'Andalousie a connu une hémorragie de 600.000 personnes et une autre de 850.000 entre 1960 et 1970. L'émigration est en baisse (les retours massifs ont commencé en 1975) et la ruée des campagnes vers les villes s'est calmée. Mais l'exode rural n'a pas pris fin ; selon des prévisions officielles valables pour l'ensemble de l'Espagne, la population active agricole (27 % en 1970) ne devrait plus représenter que 20 % du total national de la population active en 1980 et 10 % en l'an 2000.

L'Andalousie orientale porte la plus forte marque des migrations andalouses, dont elle a fourni les 3/4. De 1950 à 1970, la plupart des communes des Alpujarras et de la Sierra de los Filabres (presque toutes situées dans la province d'Almería) ont perdu le tiers de leur population, et certaines zones du nord de cette province sont devenues des déserts humains. C'est aussi le cas très caractéristique de la Sierra Morena. Cette région de petites montagnes qui forme le nord des provinces de Jaén, Cordoue, Séville, et Huelva, est une étendue boisée de 20.000 km², dont la population descend aujourd'hui au-dessous de 420.000 habitants. L'élevage du porc, la culture des céréales, l'exploitation forestière, les mines, y faisaient vivre des communautés stables que les conséquences des « désamortisations », là comme ailleurs, paupérisèrent. Il y a encore peu de temps, le revenu d'un porcher était cent fois inférieur à celui du grand ou moyen propriétaire. Puis, depuis une quinzaine d'années, la hausse considérable des salaires agricoles et celle des autres éléments du coût de production ne laissent plus au propriétaire qu'un revenu trop faible pour entreprendre une modernisation onéreuse, tandis que l'élévation du prix des terrains lui interdit de s'agrandir, seule formule valable, dans le cas de la Sierra Morena, pour augmenter la rentabilité sans moderniser. Alors, il réduit sa main-d'œuvre, l'entretien des chênaies est négligé, le maquis s'étend ; beaucoup d'exploitations sont semi-abandonnées, transformées en réserves de chasse, ou plantées d'eucalyptus, dont le bois est vendu aux fabriques de pâte à papier. En vingt ans, le secteur sévillan de la Sierra Morena a perdu les deux tiers de sa population. Dans les villages, il ne reste plus que les femmes, les enfants et les vieux (en 1970, 54 % des chefs d'exploitation étaient âgés de plus de 55 ans), et les petites mines abandonnées sont envahies par les ronces. Toute cette zone a de grosses réserves minérales, et les spécialistes estiment qu'un élevage extensif conduit avec des méthodes modernes y serait rentable. Mais une relance minière et agricole exigerait de gros investissements de l'Etat ou du secteur privé, pour une rentabilité à trop long terme. La seule issue prévisible pour la Sierra Morena est le tourisme, la réserve de chasse, ou la résidence secondaire dans cette région saine, boisée et pittoresque : en un mot, le désert humain.

note sur l'agriculture andalouse

Comme les régions de la Meseta et l'Aragon, l'Andalousie est une région principalement agricole. Elle fournit le cinquième do la production agricole nationale : la moitié des olives, le tiers du riz, près de la moitié de la betterave sucrière, la plus grande partie du coton, la totalité de la canne à sucre, le cinquième des primeurs et des agrumes, et seulement 12 % des produits de l'élevage.

En raison de la variété de son relief et de son climat (de la toundra polaire des hauts sommets de la Sierra Nevada aux déserts africains du cap de Gata), la gamme de ses productions est des plus diverses. Dans les régions montagneuses de la Sierra Nevada et autres chaînes méridionales, et dans celles de la Sierra Morena, les ressources sont la forêt et l'élevage. Dans les zones irriguées (« vegas », « hoyas », « campiñas »), les cultures sont multiples : olivier, blé, vigne, cultures maraîchères, dans celle de Cordoue ; la vigne dans celle de Cadix. Dans la plus vaste de ces plaines du Guadalquivir, celle de Séville, le coton, la betterave sucrière, les oranges, s'ajoutent aux produits précités, sans oublier le riz des marismas du Guadalquivir. La banane et la canne à sucre sont cultivées dans la zone côtière. L'alfa est la ressource des zones désertiques du sud-est. Dans les plaines du Guadalquivir, la population agricole se concentre, soit dans de grosses agglomérations, soit dans des centres d'exploitation dispersés, typiquement andalous, les cortijos.

l'Andalousie au stade pré-industriel

Almería, no 14, dernier ; Grenade, Jaén, et Málaga, no 13, avant-derniers ; Cordoue, no 12, Séville, no 10, Cadix et Huelva, no 8. Tel est, en 1975, l'ordre de classement des provinces andalouses sur la liste des provinces espagnoles industrialisées.

Ce classement est décevant si on le rapproche du fait que l'Andalousie est, avec les Asturies et Santander, la région d'Espagne la plus riche en ressources minières (le charbon ex-

123

cepté) et, avec la Galice, celle où les prospections minières ouvrent les perspectives les plus séduisantes. Elle vient en tête pour les gisements de pyrites (au moins 500 millions de tonnes), le minerai de fer, le plomb, le cuivre, le manganèse, le strontium, le marbre, la pierre à chaux, le sel. Elle renferme des réserves de titane, de zinc, de phosphates, de spath-fluor, de baryte, etc. Sur les quatre régions les plus importantes retenues par le « Premier Plan national d'approvisionnement en matières premières non énergétiques » de 1975, trois sont presque exclusivement andalouses : les régions Sud-Ouest (Huelva, Séville, Málaga, Cadix), Sud-Est (Almería, Grenade, Murcie) et la bordure Sud de la Meseta (Jaén, Cordoue, Ciudad-Real). En 1973, la production minière andalouse représentait 26 % en valeur de la production minière nationale, presque autant que la région Nord-Ouest (30 %). L'Andalousie produit le tiers du plomb espagnol (Linares, La Caroline), le tiers du fer espagnol (des mines d'Alquife, il est acheminé sur Almería, et de là, par mer, sur Avilés, Bilbao et Sagonte).

Malgré ces avantages, l'Andalousie est encore très faiblement industrialisée. La participation de sa population active au secteur industriel n'est que de 28 % (moyenne nationale 35 %), et, sur les 586.000 Andalous qui travaillaient en 1973 dans le secteur secondaire (contre 700.000 dans l'agriculture et 820.000 dans les services), 40 % étaient des travailleurs du bâtiment. Sauf quelques importantes exceptions, la plupart des entreprises, en 1975, sont artisanales (moins de 5 ouvriers) ; 80 seulement emploient plus de 500 personnes. Au total, le produit industriel de l'Andalousie ne représente que 10 % du Produit Industriel National.

Ce retard industriel a plusieurs causes. L'Andalousie n'a ni charbon, ni pétrole, et peu d'énergie hydro-électrique. L'espoir est le gaz naturel d'Algérie amené par gazoduc, ainsi que le pétrole du Moyen-Orient, et peut-être un jour, dans cette région d'ensoleillement, l'énergie solaire. Par ailleurs, l'épargne agricole régionale s'investit, non dans la création d'industries locales, mais dans la spéculation sur les terrains ou dans les activités touristiques. Les grandes entreprises andalouses dépendent d'intérêts économiques étrangers à la région ou multinationaux, qui en transfèrent les bénéfices en dehors de l'Andalousie.

Le gouvernement espagnol a fait un effort, dès son premier Plan de développement de

1964, pour industrialiser la région. Mais les pôles de développement qu'il a créés n'ont pas donné les résultats escomptés. On leur reproche une infrastructure insuffisante, des services inadéquats, des formalités administratives excessives, des subventions et crédits accordés avec trop de retard. Par exemple, l'amélioration du réseau routier de la Costa del Sol est trop lente ; le canal Séville-Bonanza (loi de 1934) en était toujours au début de sa première phase en 1975. Le fameux Plan Jaén de 1953, prioritairement agricole, a été orienté en 1965 vers l'industrialisation, mais son succès a été minime ; il a seulement arrêté la liquidation de ce secteur. En revanche, trois pôles se sont développés : Cadix, Huelva et le Campo de Gibraltar.

A *Cadix* sont implantés des chantiers de constructions navales, une industrie aéronautique, des installations de la CREPSA et d'Acerinox. *Huelva* est un grand ensemble pétrochimique, avec ses deux grands complexes de Nuevo Puerto et de Punta del Sebo. Les pyrites alimentent une industrie chimique inorganique (fabrication d'acide sulfurique, d'engrais), les naphtes provenant de la raffinerie permettent de produire l'ammoniaque ; le bois des forêts est transformé en cellulose, chlore et soude. La raffinerie de pétrole produit la gamme habituelle des dérivés. De grands projets en cours prévoient la mise en service de deux crackers d'éthylobenzène. C'est en 1965 que le gouvernement espagnol a décidé de lancer le Plan de développement du *Campo de Gibraltar,* dans le cadre des mesures visant à amener le gouvernement britannique à lui rétrocéder le Rocher. Ce plan couvre une zone englobant Algésiras et les municipes de sa baie (Los Barrios, San Roque, La Línea) : un secteur bien situé sur le Détroit, avec ports en eaux profondes et abrités des vents d'Est. L'Etat y a créé une infrastructure importante, avec lac artificiel sur le rio Guadarranque, et accordé de gros avantages aux entreprises qui s'y installent. Le port d'Algésiras, agrandi et équipé, a reçu 3 millions de passagers en 1974, et les municipes de l'hinterland y ont déversé leurs habitants. La raffinerie de pétrole de la C.A.P.S.A. voisine avec un complexe pétrochimique et son port est accessible aux grands pétroliers. Les chantiers navals de Crinavis construiront des méthaniers. Un complexe sidérurgique, pourvu d'un port particulier, produira de l'acier électrique. Les perspectives sont bonnes : il manque cependant une extension du réseau routier et ferroviaire vers l'intérieur.

Dans le reste de la région, on peut encore citer le centre industriel de Séville (navires, automobiles de la F.A.S.A. et de l'I.S.A., constructions aéronautiques), et celui de Cordoue (matériel électrique et téléphonique). L'Institut National de l'Industrie (I.N.I.) se préoccupe de l'industrialisation de la région. La SODIAN (Société pour le développement industriel de l'Andalousie), qu'elle a créée en 1974, a pour mission d'étudier dans son ensemble, en sortant du cadre sectoriel, la question de la promotion industrielle de ce pays. Au début de 1976, les conclusions de son étude n'étaient pas encore connues.

une région pour le tourisme

L'Andalousie est la troisième région touristique espagnole par le nombre des visiteurs et par la capacité hôtelière : 10,6 % de la capacité nationale, soit environ 75.000 places, auxquelles s'ajoutent 7,5 % des places de camping et 16 % des places en appartements privés.

Les deux tiers de l'activité touristique se concentrent le long du littoral, sur la Costa del Sol et la Costa de la Luz. La première comprend les rivages des provinces de Málaga, Grenade et Almería. Elle représente près de la moitié de toute la capacité d'accueil andalouse. De Málaga à Estepona, les installations touristiques forment une ligne continue d'hôtels, d'*urbanizaciones,* de terrains de camping, de golf et d'équitation, de ports de plaisance, de clubs de nuit, d'aéroports et de magasins. Le soleil, la luminosité, les belles plages, attirent des agglutinations humaines, et le tourisme populaire voisine avec le tourisme de luxe. Les villas de Marbella et les *buildings* de Torremolinos sont bien connus. De Gibraltar à la frontière portugaise, la Costa de la Luz (provinces de Huelva et de Cadix) connaît une vogue un peu moindre, mais la création d'un grand complexe touristique est projetée à Huelva.

Les vacanciers préfèrent le bord de la mer. L'Andalousie a cependant d'autres pôles d'attraction touristique. Des stations balnéaires et des centres touristiques et sportifs ont été réactivés ou créés notamment dans la *Sierra Nevada,* où ont été aménagées des pistes skiables et une route atteignant le sommet du Veleta, à 3.400 mètres : la route la plus haute d'Europe. Il existe aussi de grandes réserves de chasse et de pêche dans le cadre, riche en beautés naturelles, des Sierras de Segura et de Cazorla et dans la Serranía de Ronda.

Les touristes, en général, ne font pas de séjours de longue durée dans l'Andalousie intérieure, mais les villes de cette zone reçoivent des foules de visiteurs de passage. On ne peut que se borner ici à rappeler leurs noms : les plus fréquentées sont celles de Séville, Grenade, Cordoue et Jaén ; il convient de mentionner aussi Ronda, Ubeda, Málaga et Cadix.

De la côte, on peut gagner par mer les *presidios* de Ceuta et de Melilla, sur la côte marocaine. Ces deux villes, administrativement rattachées, la première à la province de Cadix, la seconde à celle de Málaga, sont espagnoles depuis cinq siècles. Ce sont des ports modernes qui n'ont rien d'oriental.

Les conditions dans lesquelles s'est effectué l'aménagement touristique de l'Andalousie ont été critiquées. Les richesses naturelles et artistiques, déplore-t-on, n'ont pas toutes été exploitées, alors que certaines zones sont saturées. La saturation de la côte de Málaga, en particulier, s'est accompagnée de destructions du patrimoine esthétique national. L'Etat s'efforce de protéger les sites et les monuments, mais il n'a pas su empêcher le massacre de plusieurs espaces d'art et de beauté, voués aux immeubles-tours. La spéculation sur les terrains à bâtir ne s'est pas souciée de respecter l'équilibre écologique et le patrimoine esthétique. Par ailleurs, la certitude de ces bénéfices a détourné les capitaux andalous de s'investir dans la modernisation agricole ou dans les entreprises industrielles régionales. L'Etat, en collaboration avec le crédit hôtelier, a fait un effort de développement de l'infrastructure dans les grands secteurs touristiques, mais il reste beaucoup à faire pour les routes, l'alimentation en eau et en énergie électrique, et le problème du chômage d'hiver n'est pas résolu.

Ces reproches ne manquent pas de fondement. En regard, le tourisme a apporté des avantages à l'Andalousie : des devises, une amélioration de l'infrastructure, un changement de mentalité des secteurs arriérés. Il lui a valu aussi un important développement urbain (à Almería, El Ejido, Fuengirola, Torremolinos, Marbella, la population a décuplé entre 1950 et 1970) et une croissance appréciable du revenu par tête : l'ensemble de l'Andalousie a un revenu très inférieur (42.476 pesetas) à la moyenne nationale, mais celui des communes du littoral touristique atteint 80.000 pesetas à Fuengirola, et dépasse 100.000 à Benalmádena et Marbella.

le peuple andalou

Dans quelle mesure le peuple andalou porte-t-il la marque des nombreuses ethnies qui ont séjourné sur son sol : Celtes, Ibères, Phéniciens, Grecs, Carthaginois, Romains, Juifs, Wisigoths, Berbères, Arabes ? Une réponse catégorique serait suspecte. On peut simplement penser qu'il est à prédominance méditerranéenne.

Tout le monde s'accorde à reconnaître la vivacité et la souplesse de son intelligence, sa gaieté teintée d'une ombre de tristesse, son indolence. Il n'est ni mystique comme le Castillan, ni calculateur comme le Catalan, ni grave et laborieux comme l'Aragonais. C'est un individualiste forcené et un païen. Il ne se gouverne pas par la raison, mais se laisse mouvoir par ses impulsions. Tout calcul lui paraît inutile, puisqu'on ne peut aller contre la nature. Il fait lui-même sa propre loi. L'anarchisme lui convient, non les philosophies conduisant au totalitarisme. Le corollaire de son individualisme est l'orgueil, qui se traduit chez lui par l'ostentation et par un trait bien connu : la jactance andalouse. Il recherche son bonheur dans sa terre, ses vins, ses femmes.

A sa terre, à son soleil, à sa nature, il porte une adoration païenne ; il a le culte de la Déesse-Mère. Jean Sermet, connaisseur averti et amoureux fervent de l'Andalousie, a décrit cet aspect de la psychologie andalouse [2] : pour lui, écrit-il, « María Santísima est Cybèle, et la vénération qu'on lui porte est celle des Phéniciens pour Astarté... Le culte de la nature féconde est la vraie religion andalouse ». Le taureau est le symbole de la puissance génésique ; l'admirer, c'est admirer la nature ; le vaincre, c'est le dominer. « La corrida est en Andalousie une véritable manifestation religieuse. Car l'Andalousie peut comprendre la foi profonde et mystique du chrétien... A la différence de l'ascétisme castillan, il lui faut une communication directe avec le divin. Comme à un Olympe païen, il confie tous ses actes et toutes ses aspirations à une immense légion de saints, au Christ souffrant, à la Vierge surtout... Du catholicisme, les Andalous ne goûtent guère que les manifestations extérieures, mais ils les veulent splendides. D'où la mondiale renommée de leurs fêtes de la Semaine Sainte... C'est la somptuosité de ces spectacles qui émeut les Andalous, non la Passion qu'ils évoquent. Visuelle, faite de lumières et de couleurs, la religion andalouse est celle des yeux, non celle du cœur et du sentiment... On ne le dira jamais assez : les Andalous sont des païens, adorateurs de la nature... La Semaine Sainte andalouse fait

Semaine Sainte à Séville : les pénitents

Andalouse en mantille

La Semaine Sainte à Séville

La Semaine Sainte : soldats de Ponce-Pilate

Sur le passage de la procession ▶

penser aux fêtes dionysiaques ou à celles de Cybèle, voire même aux Saturnales ».

L'évocation de la Semaine Sainte conduit à se demander si le sentiment religieux des Espagnols n'a pas évolué. Des enquêtes effectuées par l'Eglise et par la Fondation Foessa, il ressort qu'en 1974, en prenant pour critère l'assistance régulière à la messe dominicale, la proportion des catholiques pratiquants serait très différente d'une région à l'autre. Elle serait supérieure à 50 % de la population dans les provinces basques et la Navarre (71,3 %), la Vieille-Castille et le Léon (65,3 %), l'Aragon (61,2 %), les Baléares (58,3 %), et inférieure à 50 % en Galice et Asturies (40,8 %), Valence et Murcie (30,2 %), Estramadure (26,7 %), Andalousie et Canaries (22,4 %), Catalogne (21,7 %) et Nouvelle-Castille (17,6 %). Ces moyennes régionales ne rendent pas compte des différences accusées à l'intérieur d'une même région, par exemple entre les centres urbains industriels et les campagnes, et le critère choisi

La Semaine Sainte à Séville.

Les fêtes de la Semaine Sainte ne sont spéciales ni à l'Andalousie ni à sa capitale, mais celles de Séville sont les plus célèbres et les plus suivies par les étrangers. Les confréries — « cofradías de Semana Santa » — organisent avec soin le clou de ces festivités, la procession nocturne des plateformes fleuries, les « pasos » portés à dos d'homme, sur lesquels des figures de bois peint, rutilantes d'ors et de joyaux, représentent les étapes de la Passion. L'ambiance des rues de Séville, le long du cortège, est faite de l'éblouissement de couleurs et d'ors, de l'odeur des cierges, des « saëtas » improvisés de la foule, et de visions étranges : les cagoules à hauts bonnets pointus des pénitents, la troupe en armes qui accompagne les « pasos », la flagellation de l'homme qui figure le Christ portant la croix. Hier, c'était un mélange de ferveur chrétienne et d'adoration barbare. Pour une partie des Espagnols, les processions de la Semaine Sainte sont encore cela. Pour d'autres, elles sont devenues de simples manifestations folkloriques, utiles parce qu'elles relancent le tourisme. En avril 1976, l'évêque de Málaga a provoqué l'émotion inquiète des confréries en déclarant périmé cet étalage de somptueuses richesses contrastant avec le chômage et la misère, et en annonçant son intention de consacrer les trésors donnés par les fidèles à l'Eglise au soulagement des plus déshérités.

est contestable. Néanmoins, deux conclusions peuvent être tirées de ces statistiques. D'une part, 34,6 % des Espagnols assistent régulièrement à la messe du dimanche, proportion plus élevée que le laissent supposer certains exemples qui se voudraient significatifs. D'autre part, la carte de l'assistance à la messe dominicale coïncide — en gros, il va sans dire — avec celle des régions ayant voté en majorité à droite aux élections législatives générales de 1936, les dernières en date en Espagne. Mis à part le cas particulier de la Catalogne et du pays basque, cette seconde conclusion peut être complétée par une remarque : l'évolution sociale de l'Eglise espagnole postconciliaire semble avoir peu modifié la position politique des fidèles dans les régions pratiquantes, ce qui tendrait à montrer que, pour une partie importante des Espagnols, la pratique religieuse est d'abord la manifestation d'une attitude conservatrice. Significatif à cet égard, est le résultat d'une enquête effectuée en 1968 parmi les femmes pratiquantes de la petite et moyenne bourgeoisie urbaine et rurale : 56,2 % d'entre elles se déclarèrent en faveur d'un conservatisme modéré, à égale distance des intégristes et des progressistes.

Une autre enquête indique, avec beaucoup de réserves, le degré de religiosité des groupes sociaux en 1970 : la plus forte proportion de catholiques indifférents ou pratiquants occasionnels se trouverait chez les employés et ouvriers (64 % de ce groupe), puis chez les universitaires (56 %), la proportion la plus élevée de catholiques pratiquants ou fervents serait celle des maîtresses de maison (77 % d'entre elles), la plus basse celle des employés et ouvriers (34 %) [3]. La baisse de la religiosité serait imputable à la croissance économique, qui a fait apparaître une mentalité nouvelle ou « culture moderne », qui a elle-même provoqué une nouvelle vision du phénomène religieux, encouragée par le Concile Vatican II. En sens inverse, on voit apparaître un plus grand nombre de croyants parmi les élites universitaires et ouvrières, parmi celles des classes moyennes et des professions libérales, jusqu'à ce jour traditionnellement athées dans leur grande majorité ; et la nouvelle position de l'Eglise postconciliaire, conjuguée avec les tentatives de pénétration de la masse populaire, tend à détruire l'image d'une Eglise identifiée avec le bloc capitaliste dominant. De sorte que la foi, précédemment identifiée à l'une des deux Espagnes, tend à se situer socialement, aujourd'hui, dans les deux

Les Pastoreros de Grenade.

C'est un comportement religieux très particulier que celui de la curieuse communauté agricole des « Pastoreros » de Grenade. Cette communauté s'inspire d'un mélange original de christianisme, d'anarchisme et de communisme. Vers 1915, José Castillo Bravo, un pâtre analphabète (d'où le nom de ses adeptes) avait réuni autour de lui un petit groupe de paysans andalous pauvres [6]. Il prêchait le perfectionnement de l'homme, une morale rigide excluant l'alcool et les spectacles publics. Ses adeptes croyaient en Dieu, au Christ et à la Vierge, se déclaraient procéder spirituellement de l'Eglise catholique, avaient pour dogme les dix commandements, mais n'admettaient que les deux sacrements du baptême et du mariage et ne reconnaissaient aux prêtres qu'un rôle de conseil, sans autorité sur les fidèles.

Castillo était mort depuis plusieurs années lorsqu'en 1954, l'un des « pastoreros » décida, avec trois autres, d'arrêter l'exode rural dans la modeste mesure de ses moyens. A eux quatre, ils louèrent 1 ½ hectare de mauvaise terre, qu'ils travaillèrent en commun pendant leurs instants de liberté ; ils donnaient les bénéfices de cette petite exploitation aux « pastoreros » les plus misérables. Au bout d'un an, leur communauté comptait 30 membres. Les horaires de travail étaient libres. Tous les membres percevaient la même rémunération, y compris les vieillards et les malades. La propriété privée de la terre était rigoureusement interdite. Après douze ans de démarches, ils obtinrent la reconnaissance administrative de leur groupe comme coopérative. Actuellement, les terres de leur prospère communauté valent plus de 200 millions de pesetas et le nombre des « pastoreros » augmente. La communauté pourvoit à tous les besoins de ses membres .Outre les terres, elle possède 300 bovins, 400 moutons, 300 porcs, et l'équipement agricole le plus moderne d'une grande exploitation modèle. Ce résultat est le fruit de vingt ans de labeur dans un climat social et religieux hostile, sur les terres les plus pauvres.

Le cas de ce phalanstère méritait d'être cité, non pas simplement parce qu'il peut être représentatif du caractère andalou, mais parce qu'il s'inscrit dans la ligne d'une tendance espagnole très ancienne, celle des communautés spirituelles de racine chrétienne qui se développèrent en Espagne depuis le Moyen-Age jusqu'à nos jours, des « concejos abiertos » de la frontière castillane, au début de la Reconquête, jusqu'aux communautés de « regantes », aux « Pósitos de pescadores » de la Méditerranée et aux coopératives industrielles.

à la fois. Mais cette nouvelle vocation missionnaire de l'Eglise, qui veut pénétrer les couches sociales profondes, exige une purification de la foi : l'Eglise s'y efforce. Elle n'envisage cependant l'avenir qu'avec un optimisme modéré : une certaine permanence de la religiosité populaire dans les zones rurales et chez les classes moyennes urbaines, la continuité d'un vaste secteur n'allant à la messe que le dimanche, mais non l'identification totale de l'Eglise espagnole avec les forces sociales de demain, dans lesquelles son rôle sera sans doute « humble et peut-être assez marginal ».

le « flamenco »

L'imagerie d'Epinal associe l'Andalou, non seulement à la Semaine Sainte de Séville, mais aussi au « flamenco ». Le spectacle « flamenco » — danse et chant avec accompagnement de guitare — est une attraction très touristique. Le scénario général en est connu. Le danseur-chanteur, mince comme un personnage du Greco, et moulé dans un costume noir très ajusté, à veste de spencer, veut exprimer et communiquer à l'assistance, dans le lamento d'une mélopée gutturale, le désespoir de son âme d'errant traqué. Il prélude par un long cri rauque, le *ay*, tourne lentement sur lui-même, presque sur place ; puis, dans le crescendo de la guitare, des castagnettes de la danseuse qui agite avec art les volants de sa robe chatoyante, des coups de talon frappant impérieusement les planches (le *taconeo* ou *zapateado*), il emplit la scène de sa mimique chantée, jaillit en l'air dans une brusque détente, retombe, tandis que l'accompagnement s'éteint à son tour.

Le flamenco comporte une trentaine de styles, les uns anciens, d'autres beaucoup plus récents : *sequiriya, caña, polo, alegria, patanera, rumba, guajira, fandango, tango, malagüena, rondeña, granadina, tonâ, soleâ...* Il passe généralement pour appartenir au folklore gitan, alors qu'on ne le trouve que chez les Gitans d'Espagne et non d'ailleurs. En réalité, il a son origine dans le *canto hondo* ou *canto jondo,* le « chant profond », qui est proprement andalou et très antérieur à l'apparition des gitans en Andalousie au XVIIème siècle. Le *canto hondo* authentique est un mélange de chant liturgique byzantin, de prières juives psalmodiées, d'éléments rythmiques et mélodiques de danses arabes. Il exprime « le drame de l'âme andalouse, sa lamentation païenne et dionysiaque devant la mort » ([4]). C'est aussi « le paysan andalou qui chantonne pour lui seul, qui se raconte une histoire, s'attendrit sur son sort et pleure de vraies larmes : c'est la longue mélopée des pays de plaine..., la confidence improvisée au ciel, au sillon, au vent » (⁵).

Ce chant andalou aux ascendances orientales lointaines, a été repris à leur compte et « refondu » par les Gitans, habiles transmetteurs du folklore local de tous leurs territoires de parcours. Au vieux fonds andalou, ils ont associé leur propre héritage musical, ainsi que celui des Morisques fugitifs, dont la misère s'était jointe à la leur dans les communautés clandestines d'Andalousie. C'est la version la plus communément admise, mais on ignore l'étymologie du mot « flamenco », qui désigna cette refonte gitane du *canto hondo* : *felag mengu* (en arabe : paysan en fuite), *flamand* (une troupe de Gitans serait venue, paraît-il, de Flandre en Andalousie), *flamancia* (en bas-allemand : la flamme, l'outrecuidance) ? A l'origine, il est possible que le « flamenco » ait été une sorte de rite ou de code secret, dont les Gitans se seraient servis pour communiquer entre eux dans leur clandestinité. Initialement associé à l'image de vagabonds hors-la-loi, il est devenu à la mode dans la société andalouse, il y a plus d'un siècle. C'est alors que le chant psalmodié s'est accompagné de la guitare (qui est, non gitane, mais andalouse). Sauf pour un très petit groupe d'initiés qui ont conservé la pure tradition gitano-andalouse du XVIIème siècle, il a évolué jusqu'à devenir un spectacle présenté par des professionnels. On a déploré cette évolution. Elle était inévitable à partir du moment où a cessé d'exister le contexte dans lequel le « flamenco » est né. Initialement, le « flamenco » a été l'expression pathétique d'un douloureux souvenir personnel, la chronique déchirante d'une vie de paria dans un ghetto socio-culturel, racontée à des témoins compréhensifs pour se libérer du poids de la détresse personnelle. Le chanteur avait besoin d'un auditoire d'initiés, celui du peuple le plus misérable, dans le cadre familier d'une taverne sordide. Le milieu social et émotionnel a changé ; les motivations ont disparu. L'interprète professionnel d'aujourd'hui — il n'est pas nécessairement un Gitan — est contraint de recourir à des artifices pour donner l'impression qu'il traduit des états d'âme qui ne sont plus les siens. En outre, les exigences de la scène l'obligent à s'écarter de la sobriété, du caractère rituel du « flamenco » primitif.

Il existe cependant, de nos jours, d'excellents chanteurs de « flamenco » et d'excellents guitaristes, qui savent transmettre son sens profond : l'appel lancinant, sanglotant, du chanteur à sa propre sensibilité — un lamento désespéré jusqu'à la transe et à l'inspiration — pour arriver à exprimer son état d'âme, à se libérer de lui-même : le *duende* est l'art de faire partager sa douleur à l'auditoire. Le talent personnel, l'improvisation des paroles (celles de la *copla* chantée ne sont pas rigides) jouent un rôle important dans l'art du chanteur. La seule chose qui soit imposée, c'est le rythme. Il existe 4 ou 5 rythmes de base. Ce sont eux qui donnent toute son expression à l'émotion profonde que le « flamenco » veut traduire (ce rythme, du reste, ne se confond pas toujours avec celui que marque la guitare d'accompagnement, et cette superposition accentue le pouvoir suggestif du chant). Quant à la voix du chanteur, cette voix cassée, rauque, gutturale, dite « naturelle », que l'on entend généralement dans les spectacles de « flamenco », elle peut devenir, suivant les écoles, une voix forte et virile, dite « redonda », ou la voix « afillà », mise à la mode, au siècle dernier, par un célèbre chanteur de « flamenco », El Fillo.

l'héritage arabo-berbère　　　La Reconquête n'a pas été une suite ininterrompue de combats. Les deux camps s'étaient installés dans la guerre, avec de longues périodes de rémission. Aucun des deux n'était assez fort pour s'imposer à l'autre d'un seul coup; une sorte d'équilibre d'impuissance s'était établi. Des liens se nouaient entre les adversaires. Des chefs chrétiens épousaient des princesses musulmanes et des rois maures des filles de princes chrétiens. Des mariages, des alliances politiques étaient conclues. Comme dans la Syrie des Croisades, un *modus vivendi* s'était imposé. Le genre de vie et les mœurs de l'un finissaient par déteindre sur ceux de l'autre. La langue romane parlée par les Chrétiens restés sous domination musulmane, les *mozãrabes* (= presque arabes) s'enrichissait de vocables arabes. La bourgeoisie *mozãrabe* était souvent bilingue et se piquait de cultiver les belles-lettres de l'occupant. On cite l'exemple de saints hommes, musulmans de religion, qui ne parlaient que le roman, et, inversement, de communautés chrétiennes qui n'entendaient que l'arabe. Plus que l'Espagne chrétienne indépendante, où les pèlerinages de Compostelle entretenaient l'intransigeance de la foi et des habitudes de pensée occidentales, l'Espagne andalouse fut une sorte de creuset d'ethnies et, dans une certaine mesure, de religions.

Il est naturel que les sangs se soient mélangés par des unions volontaires ou forcées. Le fonds de population espagnole s'est mêlé aux nouveaux venus, appartenant eux-mêmes à des ethnies variées. Les Arabes yéménites, syriens, mésopotamiens et persans, ont été assez peu nombreux. Les « Slaves » (*sakaliba*), anciens prisonniers de guerre et esclaves, la plupart originaires d'Europe centrale, ne furent jamais que quelques dizaines de milliers. La fraction la plus nombreuse était celle des Berbères africains, ethniquement proches des Espagnols autochtones. Sur le plan religieux, les échanges ont existé aussi. Des Chrétiens vivant en zone musulmane embrassaient la religion du Prophète par conviction ou par intérêt : on les appelait les *muladi*. Des Musulmans restés en terre chrétienne, les *mudejars,* devinrent des Chrétiens tenus pour sincères. On comptait des fanatiques des deux côtés : Euloge chez les uns, les *faki* chez les autres. Mais les conquérants n'imposaient pas leur croyance. Ils toléraient, plus ou moins, les communautés chrétiennes et la pratique discrète de leur culte dans celles des églises qui n'avaient pas été transformées en mosquées (jusqu'à la veille de sa reconquête, Tolède conserva même son archevêque). Les Chrétiens de la zone musulmane suivaient le rituel tolédan, dit « rite mozárabe » et non le rituel romain.

Des indications qui nous sont parvenues sur cet état de choses, les historiens ont tiré des conclusions opposées. Pour les uns, la coexistence pacifique dans l'Espagne andalouse a été exceptionnelle. La règle aurait été que les « mozárabes », méprisés et traités en vaincus, étaient soumis à un régime d'oppression qui provoquait des révoltes, et alors la répression était d'une cruauté abominable (par exemple celles de Tolède et de Cordoue) ; la haine religieuse et raciale aurait été latente entre les deux communautés. Pour d'autres, la condition des « mozárabes » était probablement plus enviable que celle de leurs corréligoinnaires castillans, écrasés de charges par la noblesse et le clergé catholique. La domination califale aurait été « une coexistence entre éléments qui se ressemblent », de sorte qu'une communauté hispano-berbère, un Islam espagnol aurait été en voie de création, un sentiment de solidarité commençant à poindre parmi ses éléments constitutifs. On a évoqué le rêve d'une fusion entre vainqueurs et vaincus, qu'auraient caressé les grands Califes de Cordoue, le Cid lui-même et Ferdinand III de Castille, l' « empereur des trois religions ». S'il en a été ainsi, ce n'est qu'au temps du Califat, c'est-à-dire avant le XIIème siècle, que les conditions psychologiques d'une construction nationale auraient pu être réunies dans le climat de relative tolérance qui semble avoir régné alors. En tout état de cause, la formule n'était plus viable aux XII-XIIIèmes siècles. L'esprit de croisade introduit en Espagne par les moines de Cluny avait durci l'attitude des Chrétiens. De plus, les Almoravides, puis les Almohades, donnèrent à la lutte, dès la fin du XIème siècle, un caractère de guerre sainte qu'elle n'avait pas eu — du moins, pas au même degré — pendant la période du Califat : leurs massacres, leurs expulsions massives, ravivèrent des haines religieuses et raciales qui étaient peut-être en train de s'assoupir.

En 1492, les Rois Catholiques s'étaient engagés, en entrant à Grenade, à garantir aux Musulmans leur liberté de culte et le respect de leurs coutumes. En 1502, malgré ces promesses formelles, ils leur donnèrent le choix entre l'expulsion et la conversion. La plupart se convertirent. Il y eut alors en Espagne plusieurs groupes confessionnels. D'abord, les *cristianos viejos,* les vieux Chrétiens, qui ne s'étaient jamais trouvés sous domination musulmane. Puis, les « mozárabes », déjà nommés. Ensuite, les nouveaux Chrétiens (*cristianos nuevos*) : *conversos* juifs et Musulmans convertis. Ces derniers étaient les *mudéjares* ; restés sur les territoires reconquis par la Castille et l'Aragon avant 1492, ils avaient combattu aux côtés des Chrétiens, leur foi était réputée sincère et l'Inquisition les laissait généralement en paix. Venaient enfin les *Morisques,* ces Musulmans qui avaient dû se résigner au baptême en 1502 et dont la très grande majorité continuait à pratiquer en secret leur religion. C'étaient, les uns des Berbères d'Andalousie, les autres d'authentiques Espagnols de vieille souche ibérique, descendants des serfs de l'époque wisigothique, dont la conversion à l'Islam avait facilité l'affranchissement (on les appelait les *Elches*). Peu nombreux en Catalogne, les Morisques l'étaient davantage en Aragon, beaucoup plus en pays valencien (dont ils représentaient le tiers de la population) et à Grenade. Ils vivaient en communautés organisées : des villages entiers, ou des quartiers urbains distincts, les *morerías.* Ils s'habillaient à la mauresque, parlaient l'arabe (*algarabia*) ou le roman espagnol (l'*aljania*). Vice suprême aux yeux des Chrétiens, ils se lavaient. Les Chrétiens haïssaient les Morisques, laborieux, économes, dont la forte croissance démographique était représentée comme un péril pour la société espagnole. Ils les accusaient, — non sans raison, semble-t-il — de conspirer avec les pirates barbaresques qui écumaient les côtes du Levant, ainsi qu'avec la Turquie et la France, ennemies de l'Espagne. En 1567, la pression populaire décida Philippe II à prendre contre les Morisques des mesures sévères : interdiction de parler l'arabe, de revêtir le costume mauresque, de voiler les femmes, de fréquenter les bains. Alors, les Morisques de Grenade se soulevèrent : une révolte qui commença pendant la nuit de Noël 1568, dura deux ans et eut pour principal théâtre le massif des Alpujarras. Il fallut envoyer contre eux Don Juan d'Autriche avec des forces prélevées sur l'armée d'Italie. La plupart des survivants furent déportés dans les autres provinces castillanes et remplacés par des paysans galiciens.

De nouvelles tensions amenèrent Philippe II, en 1609, à ordonner leur expulsion définitive. D'abord limitée à Valence, la mesure fut étendue à toute l'Espagne, aux applaudissements populaires. Les malheureux eurent trois jours pour se préparer au départ. Une partie allèrent renforcer les colonies « andalouses » du Maroc, à Fès, Tanger, Tétouan, Arcila, Xaouen (qui est restée un souvenir vivant de l'Andalousie musulmane) ; 10.000 d'entre eux, pour la plupart originaires du *pueblo* de Honachos, en Estramadure, fondèrent à Salé une république de pirates qui se maintint indépendante jusqu'en 1668. Un autre groupe, composé surtout de Valenciens, gagna l'Algérie au prix des plus grandes souffrances. Beaucoup de Morisques aragonais (peut-être 80.000), s'établirent en Tunisie, au cap Bon, dans la Medjerda, où leur influence fut très marquée. Ils conservèrent leurs noms, leurs habitudes culinaires, et apportèrent à ce pays leur habileté d'artisans et d'agriculteurs. Ces exilés avaient un sentiment raciste de supériorité à l'égard des indigènes du Maghreb. Ils conservèrent aussi, pendant longtemps, la nostalgie de leur patrie espagnole, et firent plusieurs tentatives pour y revenir.

Le nombre des Morisques expulsés n'est pas plus exactement connu que celui des Juifs exilés. Vers 1590, les Morisques d'Aragon, qui entretenaient des rapports secrets avec le duc de la Force, gouverneur protestant du Béarn, avaient proposé à Henri IV de mettre à sa disposition, contre l'Espagne, une force de 80.000 combattants, ce qui correspondrait à une population de l'ordre de 50.000 âmes. D'autres recoupements donnent à peu près le même chiffre, que certains historiens

Apports musulmans à l'Espagne.

Un sujet de disputes est l'apport musulman dans la philosophie, les lettres, les sciences, l'architecture, l'agronomie. Aux Chrétiens à demi-barbares, fanatiques et de mœurs grossières, ayant perdu le souvenir de la culture gréco-latine, les admirateurs de l'Espagne islamique opposent les Arabes raffinés, amoureux de poésie et de luxe, transmetteurs de la pensée grecque, romaine et orientale. Ce sont les Arabes qui ont créé les observatoires, qui ont fondé les premières universités (celle de Cordoue, au début du IXème siècle) au moins un siècle avant celles des Chrétiens, qui ont rédigé les manuels scientifiques, médicaux et philosophiques (ceux d'Avicenne, Averroes et autres) dont les universités européennes se sont inspirées. Ce sont encore eux qui ont animé une vie urbaine intense, à l'ombre des monuments dont la grâce voluptueuse défie les superlatifs, et transformé les campagnes en jardins de rêve. Une autre école soutient la thèse inverse. Selon elle, les Arabo-berbères ont été des destructeurs. Certains de leurs chefs, par gloriole, ont fait élever quelques monuments dont le charme vaporeux est plaisant, mais cet assemblage esthétique de briques, de stuc et de plâtre coloré est inspiré par un paganisme jouisseur, exclusif de tout idéal élevé. Dans la littérature, la science et les arts, ils ont surtout importé et copié. Quant aux merveilleuses « vegas » d'Andalousie et du Levant, elles existaient avant même les Romains, donc bien avant l'arrivée des Musulmans, dont la domination « a été un grand malheur pour l'Espagne ». [9]

Entre l'exaltation et le dénigrement, les historiens espagnols modernes ont donné des définitions moins passionnelles. Les Musulmans ont eu le mérite de transmettre à l'Europe, qui les avait oubliés, les messages de la pensée grecque et alexandrine. Grâce à eux, le Moyen-Age a été « une époque latino-arabe » et l'Espagne andalouse un creuset. Malgré leurs imperfections, les monuments arabes de Cordoue, Séville, Grenade ont une séduction incontestable. La musique arabe a laissé des traces dans la musique espagnole. Les historiens orientaux ont beaucoup exagéré la population des villes andalouses de l'époque (il faut sans doute diviser par cinq le million d'habitants de Cordoue), mais le développement urbain a hâté celui de la civilisation hispano-berbère. En matière agricole, les conquérants ont introduit les cultures africaines et persanes (l'abricotier, le melon, l'artichaut), de même que, dans un autre domaine, ils ont relancé et enrichi l'artisanat, l'industrie de la laine, de la soie, de la céramique, des tapis.

ramènent à 300.000 (⁷). C'est donc une hémorragie d'environ 500.000 personnes que l'Espagne aurait subie en 1609-1610, sur une population totale estimée à 9 ou 10 millions d'habitants. Cette expulsion parachevait l'unité religieuse, mais le prix était exorbitant : un affaiblissement démographique au moment où l'Espagne se dépeuplait ; un coup sérieux à l'agriculture aragonaise, une catastrophe pour celle du Levant.

L'Espagnol moderne salue cent fois par jour, inconsciemment, le souvenir des Maures d'*Al Andalus*. Plus de 4.000 mots d'origine arabe figurent dans le vocabulaire castillan. La liste des noms géographiques de même étymologie remplirait des pages : le Guadalquivir (*Oued el Kebir*, le roi des fleuves), Gibraltar (*Djebel al Tarik*, la montagne de Tarik), Algésiras (*Al Djezirah*, l'île), Cáceres (*Alcazares*, la forteresse), Valladolid (*Belad Valed*, la terre du Vali), etc... Les Andalous d'aujourd'hui parlent un castillan mêlé d' « arabismes ». Leurs *saetas* continuent les improvisations des poètes arabes. Des quantités de villes ou de simples *pueblos* d'Espagne portent encore, dans leurs vestiges architecturaux et dans leurs noms de lieux, la trace de l'occupation séculaire. Ils la portent même, quelquefois, dans certaines habitudes : par exemple, les Maragatos, ou le bourg de Santa María del Campo, près de Burgos, où les femmes naguère encore, allaient aux champs le visage voilé. Détail original : lorsque les Mozárabes se retrouvèrent en terre chrétienne, les rois confirmèrent les tolérances que leur avaient accordées les Musulmans, de sorte que le « rite mozárabe » se perpétue de nos jours, reconnu par le Saint-Siège, dans deux chapelles, l'une à Tolède, l'autre à Salamanque (⁸).

La cohabitation et le mélange des sangs ont conféré au tempérament espagnol beaucoup de ses traits originaux. L'individualisme, l'esprit de *taifa*, l'indiscipline et la désunion, étaient espagnols avant 711. L'apport arabo-berbère les a accentués en leur ajoutant d'autres traits.

Une séquelle de la domination musulmane a été, pendant des siècles, l'obsession espagnole du monde arabe. L'Espagne détient le record des expéditions contre les Barbaresques du Maghreb. Elle occupe depuis cinq siècles les présides de Ceuta et de Melilla. Elle a dépensé d'énormes ressources en argent et en hommes pour tenir la zone marocaine du Détroit, voie de l'invasion africaine. Aujourd'hui encore, les relations avec le

présence arabe dans l'Espagne actuelle

monde arabe — « l'amitié traditionnelle hispano-arabe » — sont un élément-clé de sa politique étrangère.

De nos jours, si l'on excepte les quelque 5.000 étudiants arabes qui fréquentent les universités de Madrid, Barcelone, Salamanque, Saragosse et Grenade, le nombre des Musulmans résidant en Espagne est infime : un millier, pour la plupart membres du corps diplomatique et consulaire. Depuis quelques années, toutefois, la Catalogne absorbe des travailleurs nord-africains.

En 1974, le Vatican a autorisé les Musulmans à dire leurs prières rituelles dans la mosquée-cathédrale de Cordoue. En février 1976, le Congrès islamo-chrétien de Tripoli a demandé le déplacement de la cathédrale qui occupe le centre de l'ancienne mosquée de la ville. Celle-ci, rétablie dans son état primitif, serait rendue au seul culte de Mahomet. L'idée est de transformer en lieu de pèlerinage musulman la mosquée célèbre qui fut le centre spirituel de l'Islam d'Occident. Le Vatican n'a pas opposé de refus de principe. Mais une telle restauration serait extrêmement coûteuse, et son projet se heurte à la vive opposition des Cordouans, qui tiennent à conserver intact cet ensemble architectural, quelles que soient les critiques dont il est l'objet depuis des siècles. Ils préféreraient que les deux cultes fussent célébrés côte à côte, sans modification des lieux.

La culture musulmane, la fertilité de l'Andalousie pendant l'occupation musulmane, l'originalité de cette région dans laquelle coexistent trois communautés, servent aujourd'hui d'arguments à ceux qui réclament pour l'Andalousie la reconnaissance de sa personnalité culturelle et politique.

nationalité andalouse et autonomisme

Un mouvement régionaliste commence à s'exprimer en Andalousie. Il revendique l'autonomie de la région pour des raisons historiques, ethniques, culturelles, d'une part, sociales et économiques d'autre part.

L'Andalousie, exposent les autonomistes, est une communauté ethnique authentique, ayant son histoire propre. La colonisation castillane l'a opprimée, aliénée, pendant sept siècles. Les classes et les ethnies dominantes ont introduit des valeurs culturelles étrangères qui ont dénaturalisé les siennes, lui ôtant son homogénéité culturelle, le caractère original qu'elle avait acquis, en particulier, au temps de l'Al Andalus musulman. Elles lui ont peu à peu enlevé son identité.

L'Andalousie est devenue ainsi une colonie interne, sous-développée et misérable. Cet appauvrissement est aussi et surtout la conséquence du développement économique capitaliste : les zones développées de l'Espagne (pays basque, Catalogne, Madrid)ont besoin d'en maintenir d'autres en état de sous-développement (Andalousie, Estramadure, Galice, Canaries) pour y trouver à bon marché les matières premières, les produits agricoles et la main-d'œuvre. A cet égard, l'Andalousie est « une périphérie du système capitaliste ». La bourgeoisie andalouse n'a pas joué un rôle de direction et de centralisation économiques ; elle n'a été que l'annexe des bourgeoisies catalane, basque et madrilène, dont ses intérêts étaient beaucoup plus proches que de ceux de l'Andalousie. De sorte que, faute de bourgeoisie locale authentique, le passage n'a pu se faire du mode de production féodal au mode de production capitaliste moderne. Anationale, la bourgeoisie n'a pas réalisé l'unification économique qui conditionne l'évolution de l'ethnie à la nation.

Pour ces raisons, l'Andalousie actuelle n'est qu'une nationalité toute potentielle. Toutefois, cette potentialité nationale existe, parce que les travailleurs constituent une classe montante, capable d'accéder à l'hégémonie et d'unifier l'économie, de récupérer les valeurs ethniques propres, d'unir dans le même combat la lutte pour l'identification nationale et la lutte pour le socialisme. La revendication nationale est donc antibourgeoise et socialiste. La prise de conscience régionale commence à se manifester, « loin du folklorisme aliénant et culturellement dégradant ». Le « régénérationisme » d'hier, réformisme peu efficace et trompeur, est révolu. Les plans de développement ayant pour objet déclaré de corriger les déséquilibres régionaux ne peuvent rien apporter à l'Andalousie, puisqu'en tout état de cause le système capitaliste a besoin de maintenir des régions sous-développées. L'Andalousie ne peut trouver son salut qu'en rompant avec les mécanismes capitalistes externes et internes, pour créer un mode de croissance autonome. Dans ce but, il lui faut une *autonomie* suffisante, c'est-à-dire un pouvoir régional de décision capable de défendre ses intérêts, en harmonie avec ceux de l'Etat, mais non en les subordonnant à ceux-ci.

L'Andalousie a connu dans son histoire des tentatives d'auto-gouvernement, par exemple, la Junte souveraine d'Andalousie, formée à Andújar en 1835. En 1933, une Assemblée andalouse, composée des représentants des Députations provinciales et des *ayuntamientos,* se réunit à Cordoue et approuva un avant-projet de bases pour un statut d'autonomie. Cette tentative échoua devant l'opposition des droites, le centralisme des partis républicains et socialistes et l'internationalisme de la C.N.T. et de la F.A.I. anarchistes. Les autonomistes imputent cet échec à l'absence de partis proprement andalous, dégagés de toute obédience de Madrid. Leur grande crainte est de voir le futur régime démocratique accorder l'autonomie aux régions développées et la refuser à l'Andalousie, augmentant ainsi le degré d'exploitation économique à laquelle celle-ci est déjà soumise, ou encore de voir l'Espagne entrer dans le Marché Commun avant que l'Andalousie ait reçu, avec l'autonomie, les moyens de se défendre contre les dangers auxquels son sous-développement l'exposerait dans ce cas.

L'ESPAGNE ATLANTIQUE

la galice

Visions d'Amorique et chemin de Saint-Jacques

A l'extrémité Nord-Ouest de la Péninsule, la Galice couvre le territoire des quatre provinces de la Corogne, Lugo, Orense et Pontevedra. La Corogne (en galicien, A Cruña), 190.000 habitants, est la capitale régionale. Dans sa province, se trouvent deux cités importantes : Le Ferrol (El Ferrol del Caudillo), ville natale du général Franco, arsenal de la Marine espagnole, centre industriel, et St Jacques de Compostelle (Santiago), capitale historique de la Galice, haut lieu de la chrétienté et cité universitaire. La province de Pontevedra renferme la ville la plus peuplée de la Galice, Vigo, 200.000 habitants, grand port atlantique de l'Espagne, situé sur l'une des plus belles rades du monde, et centre industriel en expansion.

calvaires
et rías

143

Si l'on adopte le critère linguistique pour définir l'espace galicien, il faut ajouter à ce territoire deux zones limitrophes : la bande occidentale des Asturies et la région léonaise du Bierzo.

Il existe des différences sensibles entre la Galice intérieure et la Galice maritime. La première est formée par le bassin du Miño et de son principal affluent, le Sil, c'est-à-dire par la province d'Orense et le sud de celle de Lugo. Les montagnes y composent un massif confus, avec des altitudes voisines de 2.000 mètres ; le climat est moins clément que sur la côte ; l'agriculture et l'élevage sont à peu près les seules activités. C'est dans cette zone que se conservent les derniers vestiges de modes de vie très anciens.

En regard, la Galice maritime est le pays de la pluie atlantique et de la brume ; le climat est doux et le vent tiède. Plus que le Portugal tout proche dont l'influence se fait sentir, cette zone évoque l'Armorique ou la Cornouaille. Les vertes prairies, les hautes futaies des châtaigniers et des pins, les landes de genêts et de bruyères recouvrant le sol de granit, confirment cette impression visuelle de terre celte, comme le beau décor des *rías* qui entaillent la côte, semblables aux « abers » de l'Armor français. Le sentiment d'un cousinage breton s'impose à la vue des calvaires (à Pontevedra, Eiroa, Hio et tant d'autres lieux), des dolmens et des cromlechs (à Puentes de García Rodríguez), des sépultures celtes (près de Chantada). La *Costa de la Muerte,* à l'extrême ouest de la Galice, complète la ressemblance ; la richesse agricole de son arrière-pays, autour du gros bourg de Carballo (le grenier de la Galice), ses longues plages solitaires de sable blanc, ses eaux transparentes, ne font pas oublier qu'elle est un cimetière marin où reposent des centaines de navires naufragés, comme la baie des Trépassés de la Bretagne.

La *gaita* galicienne est le biniou breton; les *romerias* rappellent les « pardons » ; le peuple a fait siennes les légendes du Graal et de la ville d'Ys. De même que le poète breton se proposait « de chanter les combats des loups et des taureaux » appartenant au passé de sa terre natale, de même les bêtes sauvages sont à tout moments présentes dans l'histoire de la Galice. Le nom du monastère d'Osera rappelle que cette terre était jadis celle des ours. Au VIIIème siècle, dans les monts cantabriques tout proches, ces plantigrades se nourrissaient de rois ; c'est du moins, la mésaventure peu banale dont fut victime l'un d'eux, Flavia, fils de Pélage, dont la chronique rapporte qu'il fut dévoré par un ours (*se lo comio un oso*). Aujourd'hui, les fauves se contentent de moutons et de veaux : les loups en ont mangé pour trois millions de pesetas en Galice pour la seule année 1975 [1].

C'est l'une des étrangetés de ce pays, où l'on rencontre encore des troupes de chevaux sauvages entre le port de Bayona et la Guardia.

Ces singularités, la fraîcheur et la beauté des paysages de montagne, les rivières vives riches en truites et en saumons, confèrent à la région un attrait touristique. La profusion des églises romanes, des monastères et des calvaires, le pittoresque des petites villes anciennes, sont une autre source d'intérêt. Cependant, la zone la plus fréquentée par les estivants est la bande côtière occidentale, à cause de ses plages, de ses *rias* et des vues splendides qu'offrent ses routes en corniche. Les estivants sont en majorité espagnols. Les étrangers préfèrent les plages moins irrégulièrement ensoleillées et les eaux plus tièdes. Les sept *rias altas* (celles du nord, des Asturies au cap Finisterre) sont moins appréciées que les quatre *rias bajas* (du cap Finisterre à la frontière portugaise). Ces dernières sont bordées de petits ports de pêche, des stations de repos auxquelles a été épargnée jusqu'à ce jour l'invasion grégaire internationale : Muros et Noya sur la *ria* du même nom, Villargarcia et la Toja sur celle d'Arosa (la plus belle de toutes, peut-être), Sangenjo sur celle de Pontevedra, Playa América sur la *ria* de Vigo. Il serait inexcusable de ne pas évoquer la sereine beauté de l'embouchure du Miño, dominée par le petit mont de Santa Tecla, à la frontière portugaise.

C'est aussi au fond de la *ria* d'Arosa, à Padrón, que la légende situe le lieu où l'apôtre St Jacques aurait abordé pour évangéliser la Péninsule. Après sept années passées en Espagne — les historiens, il est vrai, doutent qu'il s'y soit jamais rendu —, St Jacques aurait regagné la Terre Sainte, pour y trouver le martyre en l'an 44. Ses disciples auraient ramené son corps en Galice. Mais c'est seulement au IXème siècle que fut miraculeusement révélé l'emplacement de son tombeau. Selon une version, l'apôtre serait apparu en songe à Charlemagne et lui aurait indiqué le chemin d'étoiles qui y conduisait. Selon la version la plus courante, une étoile aurait révélé à des bergers le lieu de la sépulture (*campus stellae,*

la légende de l'apôtre

le champ de l'étoile, étymologie de Compostelle). Etymologie contestée : il y a une trentaine d'années, les fouilles effectuées sous la cathédrale de Santiago ont mis à jour une ancienne nécropole romaine et suève, en bas-latin *compostela,* (cimetière). Les reliques du saint furent enterrées sous le maître-autel de la cathédrale, où elles reposent en compagnie de celles de ses disciples St Théodore et St Athanase. Depuis l'intervention miraculeuse de l'apôtre, qui donna la victoire aux Chrétiens sur les Maures à la bataille de Clavijo, près de Logroño, en 844 (encore un lieu et une date contestés par les historiens), la Reconquête fut placée sous son signe et « Santiago » devint le cri de guerre des Espagnols. La légende ajoute qu'un certain chevalier de Pimentel, qui suivait le corps de l'apôtre pendant son transfert à Compostelle, aurait dû traverser un bras de mer et en serait ressorti couvert de coquilles : d'où l'emblème porté, par la suite, par les pèlerins de St Jacques.

les pèlerins de St-Jacques   Ce n'est qu'au XIème siècle, après l'invasion de la Terre Sainte par les Turcs, que le pèlerinage de Compostelle prit l'immense développement international qu'il devait conserver jusqu'à la Réforme. Venus de toute l'Europe, et même d'Ethiopie, des millions de fidèles ont suivi le « chemin de Saint-Jacques ». On a estimé leur nombre à 500.000 par an pendant les décennies de grande affluence : chiffre dérisoire au regard de 34 millions de touristes motorisés de 1973, mais belle performance à l'époque des voyages à pied. Les « jacquets » (ou « jacquots », « jacobistes », « senjacaires », « sentjaquès ») portaient une sorte d'uniforme qui comportait le grand manteau-pèlerine, le chapeau à larges bords garni de coquilles, la gourde et le long bâton ou « bourdon ». Ils empruntaient le *camino frances,* secteur espagnol de l'itinéraire, vers lequel (cf. croquis ci-contre) convergeaient les grands axes de regroupement traversant la France. Au-delà des Pyrénées, quelques groupes longeaient la côte atlantique, de la Bidassoa à la Galice, mais il semble que la traversée du pays basque n'était pas de tout repos. Le gros empruntait un itinéraire qui suivait en grande partie le tracé des anciennes chaussées romaines : Puente la Reina, Estella, Nájera, Burgos, Fromista, León, Ponferrada, le col de Piedrafita, Puertomarin. On pénétrait dans Compostelle par la « porte des Francs » et on se rendait avant toute chose à la cathédrale. Les pèlerins touchaient le pilier central, geste qui symbolisait la fin de la longue route (le pilier porte encore la marque des millions de mains qui l'ont usé). Pour empêcher l'atmosphère de devenir irrespirable par suite de l'entassement des pèlerins couverts de sueur et de crasse, un énorme encensoir (le *botafumeiro*) était balancé d'un bout à l'autre de la grande nef par un système de poulies (on peut encore le voir accroché à la clé de voûte, les jours de grandes fêtes, mais ce n'est plus l'encensoir d'origine, que les Français de Napoléon ont emporté avec eux).

Le voyage de plusieurs mois était épuisant et dangereux. Pour soulager les pèlerins, les Hospitaliers avaient fondé des hospices (les hosteaux) le long des itinéraires de France et d'Espagne (à Bordeaux, Bayonne, Burgos, etc.). Contre les mauvais garçons qui suivaient les pèlerinages à des fins peu religieuses, et contre les troupes de bandits ou les seigneurs locaux eux-mêmes, la police était assurée, depuis la fin du XIIème siècle, par les chevaliers de l'Ordre de Santiago, dont l'épée avait la garde recouverte de la coquille symbolique. Cette organisation était complétée par une série de dispositions mises au point par les moines de Cluny et de Citeaux : en particulier, une signalisation routière et un curieux guide à l'usage des « jacquets ».

Pendant des siècles, le chemin de St Jacques a canalisé le grand élan de la foi. Il a été aussi une voie de féconds échanges culturels entre la chrétienté et le monde judéo-musulman. Il reste jalonné de monuments romans, gothiques, platesresques, dans lesquels se retrouve l'influence française, flamande et germanique autant que mozarabe. Les villes espagnoles du parcours portent encore la trace des anciens quartiers des pèlerins, par exemple, entre bien d'autres, Pampelune, Estella, Jaca.

La Réforme porta un coup fatal aux pèlerinages, qui n'étaient plus qu'un mince filet à partir de la Révolution française. Néanmoins, si insignifiant qu'il soit au regard des masses de jadis, un certain courant de pèlerinage subsiste encore de nos jours. Compostelle reste le but de chevauchées organisées partant de Notre-Dame de Paris, et, bien entendu, celui des nombreux touristes qu'attirent la basilique et le tombeau de l'apôtre, surtout pendant les Années saintes. On sait, en effet, que le 25 juillet est la fête de St Jacques, patron de la Galice et de l'Espagne tout entière et que, lorsque le 25 juillet « tombe » un dimanche, cette année-là est Année Sainte : 1976, 1982, etc. La cathédrale de Santiago, bien dégagée au milieu de la Place d'Espagne et des trois autres places qui l'entourent, a été construite il y a huit cents ans, sur l'emplacement de l'église primitive rasée par le Calife Al-Mansour en 997 (il n'en subsiste que les cloches, emportées à Cordoue par le Calife, puis ramenées à Santiago, toujours à dos d'homme, par les Chrétiens victorieux).

Le peuple galicien

les origines ethniques

Les singularités les plus frappantes sont les survivances de mœurs et de modes de vie dont l'origine remonte à une haute Antiquité. On les trouve principalement dans l'est des provinces de Lugo et d'Orense. Elles conduisent à poser la question de l'origine du peuple galicien.

On affirme généralement que les Galiciens — ils sont aujourd'hui moins de 3 millions dans les quatre provinces — sont les descendants des Celtes galates, qui se seraient établis dans la Péninsule vers 650 avant notre ère. La présence celte en Galice est attestée par de nombreuses données, dont l'une est la fréquence du type brachycéphale dans cette région. On note par ailleurs, dans la toponymie galicienne, d'assez nombreux témoignages d'occupation bretonne : par exemple, Bretegos et Bretelo (prov. d'Orense), Bretón (prov. de La Corogne), Santa María de Bretoña. C'est aussi aux Celtes que l'on fait remonter un type d'habitation rurale dont il existe encore aujourd'hui de nombreux exemplaires, en particulier dans les monts de Cebreiro et de Cervantes, à Fonsagra, Cervantes, Ancares, Caurel et autres localités : les *pallazas.* Ce sont des demeures de forme elliptique, formées par un mur de pierre très bas et surmontées d'un énorme toit conique en paille, sans cheminée. Les fouilles effectuées dans les *castros,* lieux fortifiés des anciens occupants celtes, ont fait apparaître une parenté entre les *pallazas* et les constructions qu'élevaient ces derniers.

Le cadre du présent ouvrage interdit de s'étendre sur ce sujet plein d'intérêt. On se bornera à indiquer quelques conclusions d'ethnologues (2) : 1 - La Galice est traditionnellement considérée, à cause de son nom, de ses traits physiques, de certaines survivances culturelles, du caractère de ses habitants, comme la région d'Espagne la plus authentiquement celte. Il faut néanmoins observer que l'influence celtique a marqué, au moins aussi profondément, d'autres régions, en particulier la Catalogne. 2 - En Galice, comme dans l'ensemble de la région cantabro-pyrénéenne, on constate une prédominance marquée du groupe sanguin O. Cette zone sanguine coïncide avec celle où les préhistoriens pensent que « la première couche de la population ibérique (antérieure à l'arrivée des Celtes) aurait été refoulée par les gens de la civilisation dite d'Almería ». 3 - La Péninsule est aujourd'hui, dans son ensemble, de type humain « ibéro-insulaire », mais avec, notamment en Galice, « des influences nordiques parfois assez notables, dues sans doute aux Celtes et aux Germains, et peut-être plus à ces derniers qu'aux premiers ». On observera, à cet égard, que, de toutes les régions espagnoles, c'est la Galice qui compte la proportion la plus élevée de noms d'origine germanique (suève et wisigothe) : 15 à 16 %. 4 - La langue galicienne n'a rien de celtique. Elle est un mélange de vieux portugais, de dialecte léonais et de castillan.

En tout état de cause, il est difficile de nier l'existence de traits de caractère communs aux populations celtes de l'Atlantique et aux Galiciens trapus à tête ronde, proches des Bretons par la morphologie. Un certain fond de mélancolie est l'une de ces caractéristiques. Il se manifeste en particulier dans la nostalgie de la terre natale qu'éprouvent les nombreux *gallegos* émigrés ; l'amour de leur petite patrie est chez eux un sentiment profond ; ils ont une vive conscience de leur appartenance au terroir, dont ils entretiennent le culte dans leurs communautés d'exilés. L'attachement aux traditions, l'amour du merveilleux et des légendes, s'allient à une prudence et à une ruse paysanne : la *socarronería* (matoiserie) — lorsqu'on rencontre un Galicien dans l'escalier, dit-on, on ne peut arriver à lui faire dire s'il monte ou s'il descend. L'humour galicien est, comme l'humour irlandais et pour les mêmes raisons, une sorte de revanche sarcastique de l'individu séculairement victime de l'oppression et de la misère. La bravoure est un autre trait dont les manifestations remontent aux hautes époques : les Galiciens, racontent les voyageurs de l'Antiquité, portaient sur eux un poison mortel qu'ils absorbaient en cas de défaite, et ils préféraient tuer leurs femmes et leurs enfants que de les voir en captivité. De nos jours, leurs descendants ont maintenu cette réputation : ce n'est que douze ans après la fin de la guerre civile, en

le caractère galicien

1951, que les derniers guerilleros galiciens furent abattus dans leurs repaires des montagnes. Une dernière note : sur le plan religieux, la population galicienne semble être demeurée pratiquante dans une assez forte proportion. Les dernières statistiques (1974) indiquent le chiffre de 40 %. Si l'on tient compte du fait que ce pourcentage s'applique à l'ensemble de la Galice-Asturies et que le nombre des allogènes non pratiquants est élevé dans les centres industriels de ces régions, on peut penser que le sentiment religieux reste développé dans la fraction authentiquement galicienne de la population.

survivances du passé et culture populaire

Abstraction faite des villes et des centres industriels, la population vit dans des agglomérations rurales d'aspect différent selon les zones. A l'Ouest, domine le petit village ; au Nord et au Centre, les habitations sont très dispersées ; au Sud-Est, les agglomérations sont importantes et éloignées les unes des autres. Ce milieu rural donne le sentiment de remonter dans le passé. On rencontre des charrettes grinçantes à roues pleines — ces roues qui ont fait rêver les archéologues, à cause de leur parenté avec celles de l'Age de bronze, dont ils ont retrouvé ailleurs des dessins. Les femmes portent encore sur la tête des fardeaux et des paniers, et les attelages de bœufs coexistent avec les tracteurs. Un type de construction spécifiquement galicien est le *hórreo*, grenier à maïs sur pilotis, recouvert d'un toit à double pente. L'ardoise, autrefois d'usage courant, tend aujourd'hui à céder la place à la tuile tout venant, mais la demeure galicienne conserve ses traits originaux : le *pazo* est une sorte de grande villa cossue que les paysans français appelleraient « le château », édifice blasonné flanqué de tours de prestige (un exemple connu est le *pazo de Meiras*, près de La Corogne, ancienne résidence d'été du général Franco) ; d'autre part, dans les villes et bourgs côtiers, les maisons ont souvent leur façade formée en tout ou en partie par une galerie vitrée, la *solana*, qui joue le rôle de solarium abrité des vents atlantiques.

Dans son ouvrage *Los pueblos de España* (1967), Julio Caro Baroja décrit des modes de vie paysans qui étaient courants il y a quelques décennies et qui n'ont pas entièrement disparu aujourd'hui. Dans le vêtement, par exemple, figure la *choroza*, sorte d'imperméable fait de fibres végétales, qui rappelle le manteau de pluie du paysan japonais. La participation de la femme aux travaux des champs reste active ; hier encore, des *cuadrillas* (équipes) de femmes allaient se louer pour la moisson jusqu'en Castille, au même titre que les hommes. Il n'y a pas si longtemps que se célébraient dans les campagnes, les nuits de pleine lune, des cérémonies rituelles prolongeant probablement un très ancien culte lunaire. D'autres traditions, comme les mascarades du Carnaval ou les cérémonies du 1er mai, fête de la végétation, elles-mêmes survivances de rites païens, tendent aussi à rejoindre le domaine du folklore.

Les manifestations du folklore galicien sont surtout des danses régionales avec accompagnement de tambourin et de *gaita*. Les hommes exécutent la danse des épées. Hommes et femmes dansent la *muñeira* (« la meunière »), considérée comme la danse galicienne par excellence ; son nom vient de l'ancienne coutume selon laquelle garçons et filles se réunissaient pour danser, soit auprès du four banal du village, soit auprès du moulin.

Les pêches maritimes sont une activité traditionnelle de la Galice. Dans les petits ports, ainsi qu'au Ferrol, à Pontevedra, à La Corogne et surtout à Vigo, vit une population de marins pêcheurs que l'on peut estimer, familles comprises, à quelque 120.000 personnes. En réalité, la pêche

pêcheurs et paysans

La chanson populaire galicienne.

C'est en grande partie au folklore que le jeune mouvement de la « nova canción galega » demande, sinon les thèmes qu'il veut diffuser, du moins des rythmes et des inspirations poétiques[3]. Le groupe « Voces Ceibes » est né en 1968. Formé en majorité d'universitaires, il se propose d'utiliser la chanson populaire pour exalter la langue galicienne, affirmer la nationalité galicienne. En mai 1975, est apparu le Mouvement populaire de la chanson galicienne, qui traite de thèmes non seulement nationalistes mais sociaux. L'un de ses groupes s'appuie sur le folklore et sur la langue galiciens pour diffuser ses idées sur la lutte des classes, mais il utilise aussi le castillan. Un autre groupe plus radical, utilise la langue galicienne, les vieilles chansons, les anciens instruments de musique, pour faire de la chanson populaire le véhicule de son idéologie en matière de révolution, de nationalité galicienne, d'exploitation de la classe rurale ; à la différence du précédent, il s'adresse exclusivement aux paysans.

---

procure du travail à beaucoup d'autres Galiciens, qui sont employés dans les conserveries de poisson, le transport terrestre du poisson, son commerce, les chantiers de constructions navales et de réparation des bateaux de pêche et autres activités connexes. Les *rías* sont riches en poissons, mais la plupart des pêcheurs de Galice opèrent loin des côtes d'Espagne. Pendant qu'ils sont au large, les femmes s'occupent des quelques arpents familiaux et de la vache ou travaillent dans les usines de conserves. Ils ont cependant leurs soucis professionnels. Ils accusent les pêcheurs français (la réciproque est vraie) de ne pas respecter les « cantonnements » de pêche. Ils se plaignent aussi, non sans raison, de la désinvolture des pêcheurs soviétiques et japonais, qui viennent en force sur leurs lieux de travail traditionnels et endommagent leurs filets. Malgré ces entraves, ils extraient chaque année de l'Océan plus de 500.000 tonnes de poissons et fruits de mer, à peu près autant que tous les pêcheurs français réunis. En personnel, en nombre de bateaux et en tonnage de prises, la Galice représente un peu moins de la moitié de l'industrie espagnole des pêches.

Un début d'industrialisation   C'est aussi dans la zone côtière, spécialement dans la partie occidentale des provinces de La Corogne et de Pontevedra, que se sont implantées les plus importantes industries galicien-

---

La pêche, florissante industrie espagnole.

Après la Galice, les régions de pêche les plus actives d'Espagne sont l'Atlantique sud (Andalousie occidentale et Canaries) avec 350.000 tonnes par an, le golfe de Biscaye (Gijón, Santander et surtout Pasajes), avec 200.000 tonnes, et la côte méditerranéenne (Málaga, Alicante, Valence) avec 150.000 tonnes. Les fruits de mer mis à part, les principales espèces pêchées sont le thon, la morue, la sardine, l'anchois, le merlan, la daurade. La flotte de pêche espagnole représente 700.000 tonneaux, soit 16.000 embarcations, dont 2.000 de plus de 100 tonneaux (la plupart sont à moteur). Dans cette liste, figurent 240 navires frigorifiques et 130 morutiers. A titre de comparaison, la flotte de pêche espagnole est la quatrième du monde, derrière celle de l'Union soviétique. Particularité à noter : l'Espagne occupe la seconde place mondiale, après le Japon, pour le ramassage des algues (12.000 tonnes par an). [4]

nes : conserveries de poisson, chantiers de constructions navales et de réparations de Vigo et du Ferrol (le Ferrol occupe le deuxième rang, après Cadix, pour les constructions navales), Citroën Hispania à Vigo, raffinerie de pétrole de La Corogne, etc... S'ajoutant au trafic maritime, ces activités industrielles font de la zone côtière la partie la moins pauvre de la Galice. Entre autres exemples, le Ferrol a connu en mars 1972 la grande grève des chantiers navals Bazán (deux grévistes tués) ; une autre grève a éclaté deux mois après à Vigo, s'est étendue à toutes les activités industrielles de la ville et a duré deux mois, accompagnée de barricades dans les rues.

La Galice possède d'importantes réserves de lignite, fer, cuivre, zinc, étain, wolfram, incomplètement exploitées. Quelques milliers d'ouvriers sont employés dans les usines de pâte à papier (qui utilisent les très importantes ressources forestières de la région, en particulier en eucalyptus et en pins), dans les fabriques de produits chimiques et d'aluminium, dans les nombreuses centrales thermiques et les grandes centrales hydro-électriques établies sur le cours du Miño, du Sil et du Tambre — notamment celle de Los Peares. Mais ce début d'industrialisation, qui remonte aux années 1950, provoque les récriminations régionales. En premier lieu, dit-on, le nombre d'emplois qu'il procurera à l'excédent de main-d'œuvre paysanne ne sera jamais très élevé, parce que la médiocrité des communications intérieures détournera beaucoup d'entreprises de s'installer en Galice. En second lieu, comment seraient-elles encouragées à le faire, alors que 60 % de l'énergie produite localement sont exportés vers d'autres régions ? Enfin, ajoutent les mécontents, la Galice a le triste privilège de se voir choisie comme lieu d'implantation par des usines polluantes ou contaminantes, notamment par des fabriques de chlore ou de pâte à papier au sulfate ; Franco lui-même était opposé au projet de construction d'une usine d'alumine et l'aluminium à Vilanova de Arosa, car ses « boues rouges » auraient pollué la ría et détruit le poisson. Autre menace : le projet de création d'une centrale nucléaire à Xove (Lugo). Les villages, les collectivités locales, protestent, et l' « Adena Galicia », association pour la protection de la nature galicienne, se joint à eux.

Ces conditions font que la Galice — toujours à l'exception de la bande littorale de l'ouest — demeure l'une des régions les plus for-

la Galice rurale

tement rurales de l'Espagne : à 53 %, a-t-il été estimé, et même, dans certaines de ses parties, à 70 %. Les paysans galiciens cultivent la pomme de terre, le seigle, les légumes, les plantes fourragères, mais la grande ressource agricole est le maïs. Les vignobles des côteaux ensoleillés longeant les rivières (les *ribeiros*) produisent des vins qui ne sont pas sans mérite (notamment dans le Ribeiro del Sil et le Ribeiro del Miño). Une autre grande ressource est l'élevage des porcs et des bovins, favorisé par l'abondance et la qualité des pâturages. La Galice est la première région d'Espagne en matière d'élevage ; elle ravitaille Madrid et Barcelone en viande. Toutes ses parties, cependant, ne sont pas également propices à l'agriculture. Les plus favorisées sont les régions proches des côtes, comme les Mariñas (Betanzos) ou los Bergantiños (Carballo), ou celles qui longent le lit des rivières, comme les *ribeiros* déjà cités. En revanche, la province d'Orense est très montagneuse, et, d'une façon générale, le sol granitique de la Galice n'est pas des plus fertiles.

La Galice rurale demeure l'une des régions pauvres d'Espagne. Le revenu par tête de la province d'Orense, en 1975, était près de trois fois inférieur à celui du Guipúzcoa. Les conditions de vie sont des plus précaires. Il existe des *latifundios* en Galice (on en compte une trentaine, de 500 à 5.000 hectares, dans la même province d'Orense), mais la région reste le pays par excellence de l'extrême morcellement, du *minifundio,* la toute petite exploitation à peine suffisante pour assurer un minimum d'existence à une famille. Dans les *caserios,* demeures paysannes dont la multiplicité est caractéristique des campagnes galiciennes, la famille survit grâce à la polyculture et à une économie fermée d'autoconsommation. Chaque petit exploitant a sa vache pour tirer la charrue et donner le lait et le fromage ; il produit un peu de vin, du blé ou du seigle pour le pain ; la vente du veau, le louage de services pour la moisson dans d'autres cantons ou provinces, procurent quelque argent liquide pour les dépenses indispensables. Ce n'est qu'à partir de 1955 que l'électrification des campagnes a été réalisée, et c'est dans la population galicienne qu'on relève la plus faible proportion de médecins. Il n'est donc pas étonnant que l'émigration ait dépeuplé le pays : on comptait 2.100.000 habitants en 1920, soit 9,8 % de la population totale de l'Espagne et 2.600.000 en 1973 soit 7,49 % (la proportion était de 12,8 % en 1787). Entre 1950 et 1970, la seule province de Lugo (400.000 habitants environ aujourd'hui) a perdu près de 100.000 âmes. En dix ans (1960-70), les quatre provinces ont vu partir 230.000 personnes, soit près de 10 % de leur population. A l'étranger, *gallego* est devenu couramment le terme générique désignant l'émigrant espagnol.

Cette paupérisation de la paysannerie est imputable en grande partie au régime agraire des *foros,* survivance médiévale. Au Moyen Age, la plupart des terres appartenaient à l'Eglise, qui les louait à des colons par bail emphythéotique héréditaire ; tous les frais d'exploitation étaient à la charge du colon, mais celui-ci ne pouvait pas recevoir congé. Lorsque, au XVIIème siècle, la population de la Galice commença à croître à vive allure, les colons réalisèrent l'opération fructueuse consistant à diviser leurs exploitations et à les sous-louer, parfois à des prix vingt fois supérieurs au montant de leurs propres redevances. Leur situation juridique devint encore plus forte lorsque la « désamortisation » de 1835 leur eût permis d'acquérir ces terres en toute propriété. Ces *foristas* vivaient dans les villes où ils exerçaient généralement des professions libérales. La terre était cultivée par les *subforados,* ou *foreros,* qui payaient la redevance à l'agent de recettes du propriétaire, le *cabezaleiro.* Le morcellement en *subforos* était à l'origine d'innombrables procès de bornage et de taux de redevance, dans lesquels hommes de loi et usuriers trouvaient leur compte. Le paysan, constamment endetté, était entre les mains de ces parasites, qui l'obligeaient à voter pour leurs candidats aux élections législatives : c'était le régime bien connu du caciquisme. En 1900, les 9/10 de la propriété immobilière galicienne étaient placés sous le régime des *foros.*

Ce régime ne donnait pas seulement lieu à des procès. A la fin du siècle dernier, les paysans se groupèrent en sociétés de défense (il y en avait 450, en 1909, dans la seule province de Lugo, où elles réunissaient 60.000 petits exploitants) ; un groupe d'intellectuels réformistes soutenait leur revendication : « la terre à qui la travaille ». En 1905, en 1921, il y eut des révoltes, des victimes. En 1936, le mouvement paysan anti-*foro* l'avait emporté, non sans peine, mais la victoire franquiste remit tout en question. Encore en 1976, les procès de *foros* continuent : l'*audiencia* territoriale (Cour d'appel) de La Corogne a condamné les 166 familles paysannes du village de Bamio, près de Vilagarcía de Arosa, à payer 800.000 pesetas au propriétaires des terres, au titre de redevances forales. L'abolition de ce statut, l'amélioration des conditions de vie paysanne, sont des revendications de l'autonomisme galicien, dont la naissance et le développement actuel demandent quelques explications.

Conscience nationale et autonomisme galiciens

une région
« castillanisée »

De toutes les communautés ethniques et linguistiques d'Espagne, la Galice est celle dont le centralisme castillan a cherché le plus tôt et le plus complètement à abolir la personnaité culturelle et politique.

Au Moyen Age, la Galice espagnole fit des choix politiques malheureux qui lui valurent l'hostilité de la Castille : au XIVème siècle, elle prit parti pour Pierre le Cruel contre Henri de Trastamare, qui, après sa victoire, dépouilla les partisans de son rival au profit de la noblesse castillane ; au siècle suivant, elle embrassa la cause de Jeanne « la Beltraneja » contre Isabelle, qui l'emporta. Dès lors, la Galice fut « castillanisée » par la royauté, la noblesse, le clergé, et par une bourgeoisie urbaine en majorité allogène. L'aliénation culturelle était déjà avancée lorsque les Habsbourg et les Bourbon abolirent les derniers vestiges d'autonomie. Le centralisme des constituants libéraux de 1812 fit le reste. En 1833, il n'y avait plus ni royaume de Galice, ni région galicienne, mais quatre provinces pareilles aux autres.

La langue galicienne n'était plus parlée que par les paysans, les pêcheurs, les artisans ; la bourgeoisie la tenait pour un patois local réservé aux classes inférieures. Politiquement, la masse restait amorphe. Quelques intellectuels *ilustrados* du XVIIIème siècle s'intéressèrent au fait régional galicien. Mais la prise de conscience galicienne (*O Rexurdimento*) ne commença à se manifester qu'au siècle suivant, sous l'action de la petite bourgeoisie progressiste des villes côtières qui tentait de réagir contre sa propre décadence (l'aristocratie et la bourgeoisie riche étaient « castillanisées » ; l'industrie de la pêche et des salaisons était aux mains des Catalans établis sur la côte ; les Castillans et les Maragatos du León se réservaient l'essentiel de l'activité commerciale).

Les premières manifestations du mé-contentement galicien traduisirent des aspirations disparates, mélange d'affirmations culturelles plus ou moins romantiques, de revendications agraires et d'idées libérales. C'est au nom du libéralisme qu'éclatèrent à La Corogne l'insurrection de 1815 du général Díez-Porlier, qui fit revivre pendant quelques mois l'ancien royaume de Galice, et celle de 1820, par solidarité avec le *pronunciamento* du colonel Riego à Cadix. L'insurrection armée de 1846 fut placée sous le même signe. Elle était une protestation contre la dictature du général Narvaez, contre la constitution de 1845, contre le mariage de la reine Isabelle II avec son cousin Francisco de Asis, auquel les Galiciens auraient préféré l'infant Don Enrique, défenseur de leur cause régionaliste. Un gouvernement provisoire galicien se forma à Lugo et le colonel Solis réunit une petite armée. Madrid envoya des troupes contre les insurgés ; il y eut des tués, des condamnations à mort, des départs pour l'exil. Aujourd'hui encore, à Carral, non loin de La Corogne, un monument perpétue le souvenir du colonel Solis et de ses compagnons.

l'éveil de la conscience nationale

Cet échec ne découragea pas les nationalistes. Déjà, en 1843, à Lugo, le journaliste Antolín Faraldo avait posé la question du séparatisme galicien, auquel il donnait curieusement le nom de « provincialisme ». En 1856, le « banquet de Conxo », à Santiago, fut une manifestation autonomiste. Une poésie galicienne naissait, des chanteurs éveillaient la conscience nationale dans le peuple ; la jeunesse et la bourgeoisie s'intéressaient au mouvement, étudiaient l'histoire de la Galice. En 1873, pendant la Première République espagnole fédéraliste, une assemblée générale réunie à Santiago réclama l'autonomie, et, dix ans plus tard, le « Conseil général de la Galice » discutait un projet de statut particulier. Le nationalisme eut son théoricien, Alfredo Brañas, professeur à l'université de Santiago, dont l'ouvrage *El Regionalismo* devint le livre de référence des dirigeants nationalistes catalans Prat de la Riba et Cambó.

La période de 1910 à 1936 fut marquée par une recrudescence de la lutte pour l'autonomie, dans le sens de la diffusion de la langue galicienne et de la création d'organismes d'action politique. Jusque vers 1910, en effet, le mouvement galicien utilisait, non la langue vernaculaire, mais le castillan, aussi bien dans les productions

le combat autonomiste

littéraires (sauf en poésie) que dans les journaux et les discours. L'illustre écrivain galicien Valle-Inclán (1866-1936) n'a lui-même rien écrit dans le dialecte de sa région. En 1916, Antonio Villar Ponte fonda les *Irmandades de Fala* (les Fraternités de la langue), et le groupe culturel *Nos* (Nous) naquit en 1920. Les organismes politiques virent le jour après la dictature de Primo de Rivera. L'O.R.G.A. (Organisation Régionale Galicienne Autonome) date de 1929 : son chef était Casares Quiroga, futur président du Conseil de la Deuxième République en 1936. En 1931, apparut le Parti galicien, mouvement radical paysan, anti-*foro* et anti-caciquiste, issu du groupe *Nos* précité. A cette époque, ni les grandes centrales syndicales (U.G.T., C.N.T.) ni le P.S.O.E. ne participaient au combat nationaliste, leur pensée étant que le mouvement galicien était d'inspiration bourgeoise et qu'en l'appuyant ils courraient le risque d'oublier la lutte des classes. C'est pourquoi la section régionale du P.S.O.E. se sépara de ce parti en 1932 pour créer l'Union socialiste galicienne. De leur côté, les nationalistes galiciens n'étaient pas d'accord entre eux sur l'attitude à adopter à l'égard du Front populaire. Certains pensaient que l'alliance avec lui était le seul moyen de parvenir à l'autonomie, tandis que d'autres se refusaient à signer cette alliance ; lorsque celle-ci fut décidée, en 1935, la droite se retira du Parti galicien pour former la *Dereita galeguista.*

L'élaboration d'un statut d'autonomie fut la préoccupation majeure des nationalistes galiciens pendant cette période. Au premier projet rédigé en mai 1931 par le Séminaire des études galiciennes, succéda celui qu'une assemblée spéciale mit au point à Santiago en 1932. Soumis aux *ayuntamientos* de la région, il fut finalement approuvé par le vote populaire à l'écrasante majorité de 993.351 voix sur 1.000.963 votants, et présenté aux Cortès le 15 juillet 1936. C'était trop tard : trois jours après, le soulèvement militaire éclatait et ses forces occupaient la Galice.

La victoire du soulèvement n'avait pas été acquise sans résistance. Une partie des bâtiments de guerre mouillés au Ferrol avait été pendant quelques jours aux mains de leurs équipages mutinés. Les paysans aussi avaient lutté, et bon nombre d'entre eux avaient trouvé la mort dans les affrontements des premières journées. Certains ne renoncèrent pas au combat. Des troupes de guerilleros composées d'autonomistes et de militants du Front populaire prirent le maquis dans les zones montagneuses de la région. Les dernières d'entre elles résistèrent à la garde civile jusqu'en 1951 dans le secteur d'Ordones (province de La Corogne). De source officieuse, la guerre civile aurait valu à la Galice 50.000 tués et exilés. Un gouvernement galicien en exil se forma à Buenos Aires sous le nom de *Consello de Galiza*. Il était animé par Adolfo Rodriguez Castelao, dessinateur, écrivain, homme politique, surnommé « l'artiste du peuple galicien », qui demeure aujourd'hui en Galice une grande figure du nationalisme. La région connut une période difficile. L'usage de la langue galicienne était interdit dans les écoles, les imprimeries, les actes officiels ; les prénoms galiciens n'étaient pas admis par les services d'état-civil. D'autre part, les produits agricoles locaux étaient vendus à des prix officiellement fixés, tandis que les paysans ne pouvaient acheter que des produits manufacturés espagnols, dont le prix était élevé en raison du régime protectionniste ; le marché noir sévissait.

La situation s'est modifiée à partir de 1950. Sur le plan culturel, les prohibitions des premières années du franquisme se sont atténuées. Dans cette même année 1950, furent fondées à Vigo les éditions galiciennes Galaxia. Les livres en galicien se sont multipliés (œuvres poétiques, romans, pièces de théâtre, livres scientifiques). La langue galicienne est à la mode dans les milieux universitaires et intellectuels de la région. Des expositions d'œuvres en galicien ont été organisées à Madrid en 1975. Sur le plan économique et social, le gouvernement a fait un effort pour améliorer les conditions de la vie rurale (en matière d'électrification et d'eau courante, notamment) ; le vieux problème des « accès à la Galice » a reçu une solution, et l'on est frappé par l'importance des travaux d'amélioration du réseau routier régional. L'industrialisation du pays a progressé, bien que dans une mesure insuffisante et dans des conditions, on l'a vu plus haut, contestées. Par ailleurs, à la suite de son voyage officiel en Galice, en 1976, au cours duquel il s'est entretenu avec les autorités locales des problèmes de leur région, le Roi a pris une série de mesures d'amélioratoin de l'infrastructure, malgré les difficultés budgétaires de l'Etat espagnol.

des conditions nouvelles

Il reste néanmoins beaucoup à faire dans cette région sous-développée, l'une des plus pauvres de l'Espagne. L'opposition au régime énumère des griefs sérieux : comme en Andalousie, affirme-t-elle, la bourgeoisie locale est plus liée eu capitalisme espagnol qu'elle ne se soucie des intérêts de la région ; les profits réalisés en Galice vont s'investir dans les régions riches (Euzkadi, Catalogne, Madrid) ; trop faible pour assurer le développement de la Galice, le capitalisme espagnol doit céder la place aux investissements internationaux, tant dans l'agriculture que dans l'industrie ; la pauvreté contraint à l'émigration les éléments les plus dynamiques de la population, d'où le vieillissement de celle-ci, et le dépeuplement de certains secteurs du pays galicien. Par ailleurs, l'enseignement du galicien dans les écoles, son usage dans les « mass media », le bilinguisme officiel, sont des questions demeurées sans réponse. Or, la question linguistique est importante : dans la province de Pontevedra, une enquête récente a révélé que plus de 80 % de la population était bilingue et que 26 % des habitants ne parlaient que le galicien.

Le mécontentement régional s'exprime plus librement depuis la disparition du général Franco. Le nationalisme galicien a ses symboles : l'hymne galicien (dont le poète Eduardo Pondal a écrit les paroles), le drapeau galicien (blanc à bande bleue en diagonale, parfois frappé de l'étoile rouge de l'A.N.P.G., *Asemblea Nacional do Pobo Galego*), sa fête nationale galicienne (la Saint-Jacques, le 25 juillet). Il revendique un statut d'autonomie. Pour l'obtenir, il lie son combat à celui de l'opposition de gauche, du moins sur le plan tactique, les deux efforts tendant vers le même but : la réforme démocratique d'un régime qui s'est refusé, jusqu'à ce jour, à reconnaître les nationalités de l'Etat espagnol. Il n'entend pas, pour autant, renoncer à la priorité de la revendication autonomiste (c'est pour cette raison que s'est fondé le Parti communiste galicien, inquiet du manque d'intérêt du P.C.E. pour la langue galicienne et les problèmes régionaux proprement paysans).

En tout état de cause et sous réserve des regroupements ou des scissions qui peuvent se produire, les différentes tendances politiques représentées en Galice et réclamant l'autonomie seraient actuellement les suivantes. D'une part, l'Assemblée Nationale du Peuple Galicien (Asemblea Nacional do Pobo Galego, ou A.N.P.G.), dont feraient partie l'Union du Peuple Galicien (Unión do Pobo Galego, ou U.P.B.), parti nationaliste créé dans la clandestinité en 1964, le Parti Social-Démocrate Galicien (P.S.D.G.), et divers autres groupes. D'autre part, la Junte Démocratique de Galice (Xunta Democrática de Galicia), qui réuni-

La Semaine Sainte : scène de la procession

Paysage créé par l'homme : les lacs artificiels pour l'irrigation

Castille

Salamanque : quincaillerie

Escorte de la procession pendant la Semaine Sainte

La garde civile défile

rait notamment le Parti Communiste Galicien
(P.C.G.), le Mouvement Socialiste Galicien (M.S.G.),
le Mouvement Communiste (M.C.), le Parti du Travail (P.T.), le Parti Socialiste Populaire (P.S.P.), et
deux syndicats : l'Union Syndicale Ouvrière (U.S.O.)
et les Commissions ouvrières de Galice. En mai
1976, a été créé le Conseil des Forces Politiques
de Galice (Consello de Forzas Politicas Galegas),
où sont représentés, entre autres, l'U.P.G. et le
P.S.D.G. précités ,et le Parti carliste de Galice.
Les conversations se poursuivent entre ces divers
groupes pour trouver des formules d'organisation
et d'action unitaires.

les asturies

En octobre 1948, les trente-deux derniers maquisards républicains des Asturies, presque tous des mineurs, s'embarquèrent furtivement
sur un bateau de pêche français, au port de Luan-
co, pour gagner la France. Ils étaient traqués depuis onze ans par la Garde civile. Cette scène
correspond à l'image qu'évoque généralement le
nom des Asturies : la révolte des mineurs de
Mieres et de Sama, *dinamiteros* un peu romantiques à leur manière, dont quelqu'un a dit qu'ils
étaient « des hommes de fer aux rêves d'enfants ».

Le plus connu des soulèvements asturiens est celui du 5 octobre 1934. L'entrée de
ministres de droite (de la C.E.D.A.) dans le gouvernement avait provoqué à Barcelone et à Madrid
des tentatives d'insurrection vite réprimées. L'affaire fut plus chaude à Oviedo. Les anarchistes,
socialistes, communistes, trotskystes de l'Alliance
ouvrière et paysanne, unis dans l'U.H.P. (Union de
Hermanos Proletarios, ou Union des Frères Prolé-
taires), proclamèrent la république socialiste des
Asturies, organisèrent une Armée rouge et des
comités du type soviets, et se disposèrent à marcher sur Madrid après s'être rendus maîtres de la
quasi-totalité de la province. Le gouvernement
chargea les généraux Goded et Franco d'écraser
l'insurrection. Lorsque les légionnaires et les Marocains arrivèrent, le député socialiste Belarmino
Tomás invita les mineurs à déposer les armes.

**les mineurs
des Asturies**

Le bilan fut de 30.000 arrestations ; le chiffre des tués est inconnu : de 300 à 5.000. Moins de deux ans plus tard, le 18 juillet 1936, les mineurs des Asturies prirent de nouveau les armes, cette fois contre le soulèvement militaire. Le colonel Aranda, commandant militaire de la province, leur ayant laissé croire qu'il resterait fidèle au gouvernement, ils formèrent une colonne qui marcha sur la capitale. Pendant qu'elle se faisait massacrer à Ponferrada, Aranda jetait le masque et entrait en rébellion. Les milices du Front populaire s'emparèrent de Gijón, mais ne purent enlever Oviedo, que des troupes franquistes venues de Galice délivrèrent après trois mois de siège. Au printemps de 1937, le réduit asturien fut occupé par les colonnes franquistes qui l'assaillaient de tous côtés.

Les mineurs prirent une part active à la lutte contre le franquisme. Leur grève de mars 1958 s'étendit au pays basque et à la Catalogne et conduisit le gouvernement à décréter l'état d'exception dans les Asturies. En avril 1962, ils furent à l'origine du mouvement de grève le plus important qui se soit produit en Espagne depuis la guerre civile (un demi-million de grévistes) ; en mai, l'état d'exception fut de nouveau proclamé. La même année, les mineurs cessèrent le travail de juillet à septembre ; ils recommencèrent en juin-juillet 1963, puis d'avril à septembre 1964. En mars 1965, ils donnèrent l'assaut au commissariat de police de Mieres. Grèves encore en juin 1966, en janvier et février 1967, etc...

On a observé que ces mineurs font partie des catégories professionnelles les mieux payées, de même que les employés de banque madrilènes, traditionnellement en tête de liste de la catégorie des employés, se trouvent parmi les plus revendicatifs. Une explication a été donnée de ce phénomène, qui n'est pas spécifiquement espagnol : la conscience de classe devient plus nette et se développe au dessus d'un certain niveau matériel de vie.

Les conditions d'existence des mineurs asturiens, leur psychologie, offrent des analogies avec celles de leurs homologues gallois ou français. La densité de la population est très forte dans la dépression centrale des Asturies où se trouvent les charbonnages (300 habitants au km2). Les puits de mine sont concentrés dans les vallées du Nalon et de ses affluents, le Caudal, la Trubia et l'Aller : à Mieres, Sama de Langreo, La Felguera, Infiesto, Trubia, et quelques autres localités. Les eaux du Nalon sont teintées de noir par les particules de charbon qu'elles charrient. Les Asturies sont un pays de pluie et de brouillard ; la conjugaison de cette humidité et des boues noires n'est pas forcément heureuse.

Les Asturies extraient les trois-quarts de la houille et le sixième de l'anthracite produits par l'Espagne. La HUNOSA (les Houillères du Nord), la HULLASA (les Houillères des Asturies) contrôlée par la première, sont les principaux propriétaires de puits. Le charbon était naguère exporté en quasi-totalité ; il est aujourd'hui utilisé en grande partie sur place par la sidérurgie régionale. Il arrive même que du charbon soit importé de l'étranger, de Pologne ou d'ailleurs. Et cependant, la question de la fermeture de certains puits revient périodiquement en discussion, comme en France ou dans d'autres pays, pour les mêmes raisons économiques. La zone Asturies-Santander produit du fer, du plomb, du mercure, du zinc ; le fer de Biscaye, le charbon et le fer du León sont tout proches ; la région cantabrique est riche en centrales hydro-électriques et thermiques. Ces conditions ont fait des Asturies et de la *montaña* de Santander une région fortement industrialisée. Santander possède une industrie sidérurgique, une industrie chimique, des chantiers de constructions navales. Reinosa est renommée pour ses fonderies de canons, ses fabriques de plaques de blindage, ses usines de matériel ferroviaire, ses constructions de moteurs électriques, ses verreries. Torrelavega joint à une puissante industrie chimique des usines de plastiques et de fibres artificielles. La sidérurgie de Mieres remonte à 1848 ; hauts-fourneaux, cokeries, laminoirs, constructions mécaniques maintiennent sa tradition.

Gijón, elle aussi, a connu très tôt la vocation industrielle, dès 1843. Elle est, avec son annexe du Musel, le premier port charbonnier d'Espagne, le premier aussi par le tonnage des mouvements de marchandises. Reconstruite après les destructions de la guerre civile, elle est devenue la première ville des Asturies (200.000 habitants). Son complexe sidérurgique de Veriña, ses constructions mécaniques, filatures, verreries, chantiers de constructions navales, confèrent à cette ville moderne d'immeubles-tours une silhouette de cheminées d'usines, de hauts fourneaux et de superstructures métalliques. Le symbole du développement de l'industrie lourde asturienne est Avilés. L'I.N.I. (Institut national de l'Industrie) y a entrepris, dans les années 1950, la construction du

les Asturies noires

combinat sidérurgique de l'ENSIDESA (Entreprise Espagnole de Sidérurgie, S.A.), dont le capital est en majorité britannique. Il a fallu aménager à grands frais un quadrilatère industriel et maritime en partie gagné sur un sol marécageux, multiplier routes, voies ferrées et facilités dans ce secteur, et améliorer le port charbonnier de San Juan de Nieva : une réalisation à laquelle les critiques n'ont pas été ménagées, les unes fondées, les autres systématiques et partisanes. Tout à côté, l'Avilés médiéval subsiste miraculeusement.

Ce contraste de deux mondes se retrouve à Oviedo, comme à Gijón et à Santander. Oviedo, la capitale historique des Asturies, située à 26 kilomètres seulement de la côte, possède deux visages : la cité d'histoire (*la muy noble, muy leal, benemérita, invicta, heróica y buena ciudad de Oviedo,* comme l'annonce son écu), la ville des palais seigneuriaux adossée à sa puissante cathédrale au lourd retable, et, à ses côtés, la ville moderne — avenues tout en largeur, immeubles tout en hauteur.

De même, à côté des Asturies noires et fumantes du Nalón et de Langreo, un autre tableau est formé par les Asturies agrestes, par les Asturies des longues plages et des petits ports, vieille contrée d'histoire et de préhistoire.

les Asturies vertes

Des Asturies rurales — auxquelles il convient de rattacher la *montaña* de Santander — on a écrit qu'elles ressemblaient à une « Suisse maritime ». Elles forment une région humide et verte, dont la limite méridionale est marquée par les neiges des pics d'Europe et des autres sommets de la chaîne cantabrique : des cimes de 2.600 mètres, dont aucune n'est distante de plus de 60 kilomètres de la mer.

L'agriculture n'y est pas très développée, faute de bonnes terres. Elle est pratiquée surtout dans la zone maritime. Trois cultures dominent : le maïs, le pommier et les plantes fourragères. Le maïs est la céréale de toute la côte nord, du cap Finisterre à la Bidassoa ; on a déjà mentionné, au chapitre de la Galice, le très caractéristique grenier à maïs sur pilotis, le *hórreo,* qui se retrouve ici. Le pommier produit le cidre, boisson des Asturies (le rite exige de le verser de haut, le pichet à hauteur de la tête, le verre au bout du bras baissé). Les plantes fourragères sont largement cultivées pour l'alimentation des bovins, grande richesse des Asturies et de Santander. L'élevage se pratique aussi bien dans la zone maritime que dans les vallées de l'intérieur et les alpages (citons au moins le nom de la très pittoresque vallée santandérine de la Liébana, à la limite des Asturies). La vache du pays est la *vaca roxa*, une race robuste productrice à la fois de lait et de viande. Les 85.000 familles paysannes entre lesquelles la terre des Asturies se répartit sous forme de petites propriétés, possèdent chacune, pour la plupart, de 5 à 10 vaches, qui produisent une moyenne de 1,5 million de litres de lait par jour. Beurre et fromages (celui de Cabrales, entre autres) sont, avec le cidre, la spécialité de la région.

Dans ces régions rurales, la population est dense et vit dans des hameaux, les *aldeas,* ou dans des *caserìos* isolés mais proches les uns des autres. Elle a trouvé dans l'industrie régionale des emplois pour sa fraction excédentaire ; il a même fallu importer de la main-d'œuvre d'autres régions. Fait à retenir : ce sont les salaires industriels qui permettent de maintenir en bon état de fonctionnement les petites exploitations agricoles. Avant la période actuelle, la coutume voulait, lorsque le fils émigrait, que les filles choisissent des domestiques agricoles qu'elles épousaient par la suite et qui devenaient propriétaires du bien familial. Dans ce milieu qui a conservé des traits patriarcaux, on trouve des traces païennes, telles que certaines fêtes qui rappellent les lupercales romaines, ou encore la mythologie des génies mineurs protecteurs des sources et des maisons. Le folklore est demeuré animé et vivant : la *gaita*, que l'on a déjà remarquée dans la Galice, compose ici aussi, avec le tambourin, l'orchestre au son duquel on danse le *corri-corri,* le *pericote* et la *danza prima*. Dans le *corri-corri,* un homme seul, le *bailén,* est poursuivi par six femmes, qui chantent une mélopée étrange : c'est la reproduction troublante de la fameuse fresque préhistorique de Cogul ; par quels cheminements le rite préhistorique se serait-il transmis jusqu'à nous ?

Deux groupes humains très particuliers qui vivent dans la zone Asturies-Santander méritent une mention. Nous avons déjà rencontré le premier à propos de la Galice : les *vaqueiros de alzada,* ces pasteurs de haute montagne dont on a affirmé longtemps l'origine morisque, et qui forment, en réalité, une communauté à laquelle l'endogamie séculaire et la pratique d'une seule activité professionnelle ont conféré des types physiques particuliers. Ces pasteurs et chasseurs sont traditionnellement victimes d'une mauvaise répu-

vaqueiros et pasiegos

tation. C'était aussi le cas des *Maragatos* du León (cf. ci-dessus, au chapitre Castille), et celui d'une curieuse communauté, celle des *Pasiegos,* ou habitants de la vallée de Pas (Santander). La condition des *Pasiegos* était jadis comparable à celle des *agotes* de la vallée navarraise du Baztán (eux-mêmes les homologues des *cagots* du Béarn et du pays basque français). Des places séparées leur étaient réservées dans les églises ; ils ne pouvaient exercer que certains métiers tels que couvreurs ou meuniers, et devaient porter sur leurs vêtements un signe d'infâmie en forme de patte d'oiseau. On les disait descendants de lépreux et de Goths (cagots = chiens de Goths) et atteints de la rage. Leur origine serait la suivante ([5]) : pour échapper aux charges fiscales et militaires, au Moyen Age, certains habitants se seraient réfugiés dans des léproseries, en feignant d'avoir contracté la maladie, et cette hypocrisie leur aurait valu la perte de leurs droits et des persécutions. Par la suite, ils furent moins persécutés que les *agotes* navarrais et les *vaqueiros* asturiens, mais on les tenait pour suspects. Ils conduisaient toute l'année leurs troupeaux de pâturage en pâturage à travers la montagne, l'homme armé d'un long bâton, la femme portant sur le dos une hotte de noisetier renfermant à la fois les jeunes enfants et les quelques ustensiles du ménage. Au XIXème siècle, ils s'adonnaient, dans toute l'Espagne, au commerce et à la contrebande; les femmes se louaient comme nourrices à Madrid.

des peintures rupestres aux plages d'été

Les difficultés d'accès de la région montagneuse des Cantabres ont favorisé la naissance et la survie de petites communautés humaines particulières, comme celles qui viennent d'être évoquées. Elles ont fait aussi des Asturies un refuge de Wisigoths après la défaite du roi Roderic à Guadalete en 711. Ce devait être un bien petit royaume que ce groupe de cantons de montagne dont les princes n'avaient pu trouver de meilleure capitale que Cangas de Onís ou des bourgades de ce genre. C'est cependant dans ce réduit de la dernière chance que Pelayo réussit, dès 718, à détruire une colonne musulmane. Cette vicotire de Covadonga eut pour décor des montagnes boisées et des précipices sauvages. Une grotte à mi-pente renferme la statue de la *Santina,* la Vierge de Covadonga (Covadonga = *cova dominica,* la grotte de la Dame), qui sauva l'Espagne par son intervention (en fait, elle était probablement l'objet d'un culte dès avant l'invasion musulmane). Ce haut lieu de l'histoire d'Espagne demeure un pèlerinage dont le cadre rappelle, en plus modeste, celui de Lourdes (à côté de la grotte et de la basilique, se trouve une fontaine miraculeuse : les filles célibataires qui boivent son eau sont assurées de trouver un mari).

Tout le pays asturien serait à parcourir à petites journées. Le roman et le préroman y abondent, souvent dans de charmants sites agrestes, comme la petite église de San Salvador de Valdedios. La préhistoire est brillamment représentée, à Santander et dans les Asturies, par la série des grottes aurignaciennes et magdaléniennes notamment, célèbres par leurs peintures rupestres d'animaux et de mains humaines : Altamira, Puente Viesgo, Santillana, El Pindal, Candamo et beaucoup d'autres. Des dolmens se dressent encore à Cangas de Onís, Allande, Abamia, Mián. L'intérieur du pays est parcouru de torrents aux eaux claires, riches en truites (*ast ura,* en basque « eau des montagnes », aurait été la désignation primitive du río Elsa, qui prend sa source dans les pics d'Europe ; par extension, le terme aurait ensuite désigné tout le pays asturien). C'est aussi une contrée de belles forêts profondes, d'animaux sauvages, de sites d'une grande beauté. Le parc national de Covadonga est le musée vivant de la faune et de la flore asturiennes.

Les petites stations thermales de l'intérieur n'ont pas acquis une renommée mondiale. En revanche, la côte cantabrique reçoit une part honorable des invasions touristiques d'été. La pêche y connaît quelque activité dans les petits ports de Lastres, Tazones, Candás, Cudillero, dont les langoustes sont renommées. Le voisinage des ports minéraliers (Castro Urdiales, le port du fer ; Gijón, San Estebán de Pravia et San Juan de Nieva, les ports du charbon) ne nuit pas au charme des petites stations balnéaires, généralement plus calmes que leurs homologues méditerranéens. Parmi les noms les plus connus, figurent Laredo, Santillana del Mar, Santander, avec sa plage élégante d'*El Sardinero* et le port de plaisance d'El Puntal ; sur la *Costa Verde* asturienne : Avilés lui-même, Ribadesella, Salinas, Llanes, la plage de San Lorenzo à Gijón. Dans l'intérieur de la province de Santander, Reinosa est une station de tourisme et de sport d'hiver en expansion.

On ignore généralement qu'il existe dans les Asturies une langue particulière, non pas un patois, mais une langue : le *bable*.

langue « bable » et autonomie

167

Il y a quelques mois, une revue madrilène avait commis l'impair de ne citer que quatre langues parlées en Espagne : le castillan, le catalan, le basque et le galicien. Un lecteur rectifia : cinq langues, et non quatre, le *bable*-léonais étant cele que parlent (ou pourraient parler) 800.000 personnes, tandis que, sur le même territoire cantabrique, 300.000 personnes parlent (ou pourraient parler) le *vaqueiro,* un mélange de galicien et de castillan, de mots celtiques et germaniques et de vocables propres aux vallées asturiennes ([6]). La *llingua bable* serait le reste le mieux conservé du vieux dialecte léonais, et comporterait trois variétés : le *bable oriental,* proche du dialecte de la *montaña* de Santander, le *bable* central et le *bable* occidental ([7]). Nous n'avons pu recueillir d'indications crédibles sur le nombre d'Asturiens parlant réellement le *bable.*

Des organisations régionales s'efforcent aujourd'hui de le faire revivre. Il existe une « Assemblée du *bable* et des traditions populaires asturiennes », des groupes « bablistes », des concours littéraires en *bable ;* les journaux et revues régionaux publient des articles en *bable.* Cette relance linguistique se relie au mouvement régionaliste asturien, qui s'exprime dans le « Manifeste régionaliste » et dont l'organe principal est la *Xera* (Comité de la volonté régionaliste asturienne). Les arguments en faveur de l'autonomie régionale sont à peu près les mêmes, *mutatis mutandis,* que ceux des autres régions. L'une des dernières manifestations de rues, celle de Gijón du 22 juin 1976, avait pour objet de réclamer l'autonomie, l'enseignement du *bable* dans les écoles et son usage dans les services publics.

La Coordination Démocratique Asturienne (C.D.A.), créée en mai 1976, et qui groupe les forces politiques de la Junte démocratique et de la Plateforme démocratique de la région, à quelques exceptions près, a décidé d'élaborer un avant-projet de statut d'autonomie, « initiative qui devra être soumise à l'approbation du peuple asturien lorsqu'il sera en mesure d'exercer librement ses droits démocratiques ».

le pays vasco-navarrais

1. La terre basque

L'Image caricaturale du pays basque est la carte postale qui représente un Basque portant béret, espadrilles et *makila,* à côté d'une table recouverte d'une nappe à carreaux verts, rouges et blancs, sur laquelle est posée une bouteille de liqueur Izarra ; à l'arrière-plan, des garçons nerveux jouent à la pelote, vêtus de toile blanche et de ceintures rouges.

Avant de franchir la Bidassoa, débarrassons de ces enjolivures l'image d'un grand peuple. Un mot, d'abord, du béret basque : il paraît qu'il est originaire d'Europe centrale et qu'il aurait été inconnu au-delà des Pyrénées avant 1830 (⁸). Le fameux béret rouge des *requetés* carlistes de Navarre, la *boina roja* dont se coiffent encore certains préposés subalternes des administrations locales, ne s'est généralisé qu'après la première guerre carliste de 1833. Le héros légendaire des Basques, Aïtor, a été inventé il y a un peu plus de cent ans par J. Augustin Chaho, originaire de la Soule, et le chant épique d'Altabiscar, qui raconte la victoire des Basques sur Roland à Roncevaux, ne serait autre que l'œuvre d'amis de ce curieux personnage (⁹). Le terme *Euskadi,* qui fut le nom de l'Etat basque de 1936, a été créé « chimiquement », il y a 80 ans, par Sabino Arana Goiri, le fondateur du nationalisme basque : le vocable exact est *euskalherria,* « la terre où l'on parle le basque ». Guernica, la Mecque des nationalistes, était le lieu où était prêté le serment aux *fueros* de Biscaye (de Biscaye seulement) et où siégeaient les Juntes générales de cette seigneurie (non celles des trois autres provinces). Son chêne célèbre, le *Guernikako Arbola,* n'est qu'un descendant : celui du XIXème siècle a été minéralisé et l'actuel serait seulement l'une de ses pousses (?). Le pays basque n'a jamais constitué une unité politique organique. Chacun de ses quatre composants (Biscaye, Guipúzcoa, Álava, Navarre) se gouvernait de façon autonome, avec ses

les sept provinces (Euskal Herria)

lois et institutions propres. L'Etat autonome d'Euskadi (1936-37) était formé de la Biscaye et du Guipúzcoa, avec Bilbao pour capitale, mais ne comprenait ni l'Álava ni la Navarre. La langue basque, l'*euskara*, n'est pas parlée sur tout le territoire des quatre provinces : la partie de la Biscaye située à l'ouest do Bilbao, les Encartaciones, parle le castillan depuis des siècles ; de même la plus grande partie de l'Álava, et toute la zone Centre et Sud de la Navarre, autour de l'Ebre.

Les noms de villes et de provinces qu'on vient de citer imposent de donner, sans plus attendre, une définition géographique du pays basque. Il est l'ensemble des 7 provinces vasconavarraises qui forment, dans la terminologie nationaliste actuelle, l'Euskadi-Nord (les 3 provinces basques françaises) et l'Euskadi-Sud (les 4 espagnoles), et constituent un tout indissociable (*Zaspiak bat* = 7 en 1).

Leur population atteint près de 2.700.000 habitants, dont un peu plus de 200.000 en France. (Elle ne dépassait pas 650.000 âmes vers 1870). Ces chiffres sont ceux de la population totale, y compris les allogènes, qui représentent aujourd'hui une fraction très importante de la population des Provinces : 41 % en Biscaye, plus de 50 % dans la ceinture industrielle de Vitoria et dans le complexe industriel du grand-Bilbao. Les zones où la population reste authentiquement basque en majorité sont les districts ruraux de Biscaye et du Guipúzcoa et le Nord de la Navarre. L'activité paysanne y est intense ; la petite et moyenne entreprise y domine, la pêche et la navigation y

---

Les provinces basques.

a) **En Espagne :**
   — **les trois provinces dites « vascongades » : l'ancienne seigneurie de Biscaye (Bizkaia), capitale Bilbao (Bilbo) ; — le Guipúzcoa (Gipúzkoa), cap. St Sébastien (Donostia) ; l'Álava (Araba), cap. Vitoria (Gazteiz).**
   — **l'ancien royaume de Navarre (Nafarroa), cap. Pampelune (Iruña).**

b) **En France :**
   — **le Labourd (Lapurdi), cap. Bayonne (Baiona).**
   — **la Soule (Zuberoa ou Ciberoa), cap. Mauléon (Maule).**
   — **la Basse-Navarre (Benapara ou Baxe-Nabarra), cap. St Jean-Pied-de-Port (GaraGi).**

demeurent pratiquées par les autochtones, et l'immigration, moins forte qu'ailleurs, y a été absorbée. Ce sont aussi les zones les plus bascophones, et celles où le sentiment religieux s'est conservé le plus vivace. Le point à retenir est que la composition sociologique de la population basque a profondément changé depuis une quarantaine d'années. Il existe aujourd'hui de fortes minorités de travailleurs immigrés ; de vastes secteurs urbains se sont castillanisés ; les minorités bascophones commencent à se sentir étrangères dans leur propre pays. Cette situation explique une certaine radicalisation nationaliste, réflexe de défense contre la « débasquisation » menaçante, qui se traduit sur le plan politique par le rejet des partis et syndicats dits « succursalistes », c'est-à-dire ayant le siège de leur direction en dehors du pays basque. On retrouvera plus loin cet aspect du problème

la frontière

Pour l'instant, nous en sommes encore au pont international d'Hendaye. Par temps d'hiver un peu voilé, lorsque la mer basque est calme, d'un gris léger, l'embouchure de la Bidassoa bordée par Hendaye, Irún, Fuenterrabia, dominée par le Jaizquibel et Notre-Dame de Guadalupe, forme un tableau qui ne manque pas d'harmonie. En aval du pont de Béhobie, la petite île des Faisans serait sans doute disparue aujourd'hui sans les travaux qui l'ont consolidée. La station navale française de la Bidassoa était installée un peu en aval, au pied du pont international d'Hendaye, au temps que Pierre Loti, son commandant, y écrivait *Ramuntcho*. Elle a été transférée à St-Jean-de-Luz après la Seconde Guerre mondiale, mais une tradition s'est conservée : les commandants des deux stations navales, la française et l'espagnole, se joignent deux fois par an, sur l'îlot, aux maires des communes frontalières, pour assister à la cérémonie des couleurs, alternativement françaises et espagnoles, hissées sur ce minuscule territoire neutre.

Des dizaines de millions de touristes franchissent chaque année en voiture les ponts d'Hendaye et de Béhobie, bravant les files d'attente qui s'étirent, les jours de pointe, sur vingt kilomètres. Pour sa part, la voie ferrée Paris-Madrid connaît un trafic intense. Les voyageurs du rapide *La Puerta del Sol* ne sont plus obligés de changer de train à Irún ou à Hendaye depuis qu'un système de transfert des wagons d'une plate-forme européenne à une plate-forme espagnole, ou *vice-*

versa, a supprimé l'inconvénient de la différence d'écartement des rails. C'est également par Hendaye et Béhobie que transitent aujourd'hui les deux tiers du trafic ferroviaire de marchandises entre l'Espagne et le reste du continent. Pour faire face à ces besoins, les gares d'Hendaye et d'Irún viennent d'être considérablement agrandies, et l'on songe à prolonger jusqu'à Pampelune la voie ferrée française de St-Etienne-de-Baïgorry.

La Bidassoa marque la frontière pendant une dizaine de kilomètres, jusqu'aux gorges d'Endarlaza, dominées par la crête chauve du Licarlán. Elle est très surveillée. En plus des douaniers, gendarmes français et gardes civiles espagnols veillent sur ses eaux, que des ombres furtives tentent de traverser à la nage : le combat de l'E.T.A. continue. La Bidassoa poursuit son cours en Navarre, par Vera et la pittoresque petite ville d'Elizondo, où elle s'appelle Baztán. La frontière, qui a abandonné son cours à Endarlaza, longe le promontoire de la Rhune, passe par Urdax et Dantcharinea, suit la ligne des Aldudes, se glisse entre Valcarlos et Arnéguy. Les boutiques de ces villages frontaliers, les *ventas,* offrent aux touristes regagnant la France l'occasion d'investir leurs dernières pesetas en vins et en cigares. Valcarlos est situé sur la route de Roncevaux, l'ancien chemin de Compostelle. Les pèlerins y faisaient halte avant d'aborder le défilé rendu célèbre par la légende de Roland, où les moines de Roncevaux sonnaient la cloche d'Ibañeta pour les guider. A Roncevaux, le bourg aux trois chapelles, les « Jacquots » trouvaient l'hospitalité des moines, et certains leur tombeau : la chapelle du St Esprit est bâtie sur une caverne qui était leur ossuaire. Après avoir traversé la belle forêt de hêtres d'Iraty, la frontière passe au col de Larrau, qui mène à la petite station balnéaire d'Ochagavía, dont les belles maisons de pierre couleur d'ardoise ont une allure très pyrénéenne. Un peu plus loin, le pic d'Anie (*Ahumendi,* la montagne de l'agneau) marque la limite orientale de la Navarre et de la langue basque. Au-delà, commence l'Aragon.

du golfe de Biscaye à l'Ebre

Le territoire vasco-navarrais n'est pas un tout géographiquement uniforme. Dans les manuels espagnols, la Navarre figure même sous la rubrique du bassin de l'Ebre, non sous celle des Vascongades. Elle est classée ici sous cette dernière, pour les mêmes raisons ethniques, linguistiques, historiques, qui conduisent les nationalis-

tes à proclamer comme un axiome son apparte-
nonce à l'*Euskadi*.

Du point de vue géographique, l'ensemble vasco-navarrais comprend, en gros, trois zones : 1°. La Biscaye, le Guipúzcoa, la haute Navarre (la partie de cette province située à l'ouest
d'une ligne Roncevaux-Pampelune). 2°. Le centre
et le sud de la Navarre, 3°. La plaine d'Álava.

La première est atlantique, humide et
verte. C'est une zone de collines et de petites
vallées, de frais paysages de montagne. Sous les
hêtres et les pins, la terre sent la fougère mouil-
lée. On se trouve ici au cœur du pays basque, où
les noms propres ou géographiques multisyllabi-
ques ont leur suffixe en *mendi*, le mont (Oriamendi, Antonmendi), en *tegui*, la demeure familiale
(Alonsotegui, Lopetegui), en *eche*, la maison
(Goyeneche). Une population rurale vit de la culture du maïs, de la production du cidre, de l'exploitation forestière, et surtout de l'élevage. Celui
du mouton, avec transhumance locale, cède le pas
à l'élevage des bovins, de plus en plus florissant
(traditionnellement, dans le pays basque, être riche c'est posséder beaucoup de bétail). Ces petits propriétaires vivent dans les *caserios*, ces demeures blanches et pimpantes si caractéristiques
du pays, bâties en pierre et bois, souvent améliorées et embellies grâce aux pécules rapportés
d'Amérique. Disséminées ou groupées en hameaux, elles apportent leurs couleurs vives à cet
agréable paysage agreste. Dans la frange pyrénéenne, où la neige tombe en hiver, le type de
caserio se modifie, la pente du toit de tuiles ou
d'ardoise s'accentue.

Ce petit monde rural a conservé le
souvenir plus ou moins conscient de traditions
très anciennes, d'origine païenne pour la plupart ;
la pratique de la *covada* (l'homme simulant les
douleurs de l'accouchement, lorsque sa femme va
donner le jour, antique tradition méditerranéenne
encore en vigueur en pays basque jusqu'au
XVIIIème siècle, paraît-il). Les Basques ont toujours aimé les danses, les rondes, les sauts et
les concours de force, au son du *txistu*, la petite
flûte, et du *tamboril* ou *pandereta* (le tambour
basque). Ces manifestations évoquent, les unes
les travaux agricoles, comme la *jorrai-dantza* ou
danse de la houe ; les autres la guerre, comme
la *espata dantza*, la danse des épées, ou encore
la force (le *pessolari* ou *palankari* est le soule-
veur de poids), ou la poésie (les *bersolari* se livrent à des concours de versification). La liste

est longue : il faudrait citer encore la danse du balai (*itsas dantza*), les diverses rondes dansées par les hommes (les *zortzicas*), etc. Les danses et concours de force répondent au besoin de mouvement de ce peuple vif et nerveux. Mais le sport qui traduit le mieux ce besoin d'agitation est la pelote basque.

A la pelote, les petits ports de la côte ajoutent un autre sport : les régates de bateaux de pêche, (*traineras*). La pêche, côtière ou hauturière, y est une activité ancienne. Pasajes est le port des pêcheurs de morues (les terre-neuvas espagnols), Bermeo celui de la pêche côtière, Santurce celui de la sardine ; Arginaga a la spécialité des alevins d'anguilles ; Guetaria est renommé pour ses calamars ou *chipirones ;* Plencia

La pelote basque.

Les villages et les bourgs basques possèdent tous au moins un fronton de pelote, le fronton « mur à gauche », le seul qui existe en Espagne (en pays basque français, on trouve aussi les frontons ordinaires et les « trinquets ») [10]. Le jeu se joue, soit à main nue (« a mano »), soit avec une raquette en bois ou « palo », soit à la « chistera ». La chistera est une sorte de gouttière courbe, en osier et armature de châtaigner, reliée au poignet par une manchette de cuir et fixée par une longue lie. Des règles extrêmement précises et détaillées (il existe une université de la pelote basque à Marquina, en Biscaye) fixant la forme et le poids de la balle recouverte de peau de chèvre, la forme des « chisteras » et des « palos », la dimension des frontons, le déroulement du jeu. La force, l'agilité, l'adresse, le coup d'œil, des jeunes hommes en blanc à la taille de guêpe enserrée dans la ceinture rouge, qui volent d'un bout à l'autre de l'aire cimentée, font d'une partie de pelote un spectacle esthétique qui ne déçoit jamais. Un autre spectacle digne d'intérêt est fourni par les gradins : les cris passionnés des spectateurs, mais aussi les parieurs. Des fortunes changent de main au cours d'une partie de pelote ; on y jouait naguère la récolte sur pied, ou des têtes de bétail ; on y joue aujourd'hui un mois de salaire, par exemple, sur les chances de tel joueur illustre (rappelons au moins, côté français, le nom de Chiquito de Cambo). Voici, choisie entre beaucoup d'autres, une anecdote : « Sous l'empire, quatorze soldats du même régiment, ayant appris qu'il s'organisait une partie de pelote basque à St Etienne de Baigorry, partirent des bords du Rhin sans permission, remportèrent la victoire et revinrent au corps tout juste pour la bataille d'Austerlitz ». [11]

se livre à l'ostréiculture. Des conserveries et des usines de salaisons sont nées de cette industrie, en particulier Pasajes, qui est resté un port de commerce actif.

Cette région de *rîas* et de petits fleuves côtiers, de vertes collines et de petites villes (Hernani, Aspeítia, Azcoitia, Tolosa, Durango, Vergará, Mondragón, Guernica, Oñate) est parcourue par un excellent réseau d'autoroutes. C'est surtout la côte, prolongement de la côte basque française, qui attire les visiteurs espagnols et étrangers. Déjà au siècle dernier, elle était une zone de tourisme de luxe. St-Sébastien est devenue résidence royale d'été à peu près en même temps qu'Eugénie de Montijo faisait de Biarritz une résidence secondaire impériale. L'élégante capitale du Guipúzcoa, aux belles plages universellement connues d'Ondarreta et de la *Concha* (la « coquille », ainsi nommée en raison de sa forme), dans le cadre du mont Igueldo et du mont Urgull, est encore aujourd'hui la capitale politique de l'Espagne pendant les grandes chaleurs du mois d'août, qui y attirent le chef d'Etat et le gouvernement. A une dizaine de kilomètres à l'ouest, Zaraúz peut se prévaloir d'une ancienneté touristique du même ordre ; cette station à la plage immense, aux belles villas reposant dans la verdure, est un lieu de séjour pour riches Espagnols et pour têtes couronnées.

Le contraste est fortement accusé entre ce type de paysage atlantique et l'intérieur du pays vasco-navarrais. La Navarre centrale, les hautes plaines de l'Álava et la partie sud de la Navarre ou *Ribera* subissent l'attraction de la vallée de l'Ebre et les premières influences aragonaises se font sentir. Le climat est plus sec, la roche plus nue ; abstraction faite des belles forêts pyrénéennes de hêtres et de pins, comme celle d'Iraty, la végétation se fait plus rare. L'olivier et la vigne font leur apparition, notamment autour d'Estella et dans la *Rioja* ; les terres à blé de Pampelune, Tafalla, Sangüesa et de l'Álava, rappellent la Vieille Castille. Aux confins de l'Aragon, la région de Berdún et de l'*embalse* de Yesa se présente comme une étendue sans arbres, aride, dont les villages couleur de terre n'ont plus rien des riantes agglomérations du Guipúzcoa. On rencontre même des demeures de troglodytes à Caparroso et à Valtierra. Le besoin de l'irrigation se fait sentir, ici comme en Aragon : la région de Tudela offre l'aspect d'un vaste jardin où les cul-

la Vasconie intérieure

tures maraîchères sont développées, ainsi que l'arboriculture et la culture de la betterave sucrière. Toute la Ribera de Navarre est, de ce fait, une région agricole riche et peuplée. La maison aragonaise à deux étages fait son apparition dans l'Est, en même temps que se multiplient les traces de l'occupation maure (la *morería* de Tudela, par exemple). Si la Navarre joue à la pelote basque et pratique les danses basques, elle danse aussi, dans la Ribera, la *jota* aragonaise. Dernière remarque : la langue basque n'est plus parlée dans cette zone. Pampelune est une cité propre et soignée, qui domine le cours profondément encaissé de l'Arga. Ses édifices à l'architecture un peu lourde, ainsi que le monument aux *fueros,* évoquent le temps — un peu plus d'un siècle — où elle était la capitale du royaume de Navarre. Les édifices modernes, en briques rose fané, ne détonnent pas dans cet ensemble architectural historique. Pampelune est célèbre par ses fêtes de la Saint Firmin (les *Sanfermines*) du 6 au 20 juillet, dont le programme comporte de grandes courses de taureaux et l'*encierro,* c'est-à-dire le lâcher de taureaux dans les rues préalablement obturées par des planches.

Pampelune avait 72.000 habitants en 1950, 147.000 en 1973. Cette remarquable croissance correspond au développement économique de la ville. L'expansion industrielle du pays vasconavarrais a été délibérément laissée de côté dans l'exposé qui précède, car elle mérite d'être traitée à part, mais cette coupure est tout à fait artificielle. Depuis une vingtaine d'années, l'aspect physique et l'aspect humain de la région ont été transformés par l'expansion économique débordante qui a fait du pays basque une « Ruhr espagnole » ([12]).

la Ruhr espagnole Si la Navarre et l'Álava sont restés jusqu'à ces dernières décennies des provinces presque exclusivement agricoles, à l'exclusion de quelques industries alimentaires dérivées, en revanche la Biscaye et le Guipúzcoa possédaient depuis des siècles des petites installations métallurgiques, les *herrerías* (on en comptait jusqu'à 300 il y a deux siècles), qui fabriquaient de l'acier avec le minerai de fer local traité au charbon de bois. Ces entreprises artisanales sont devenues aujourd'hui de puissantes industries sidérurgiques et métallurgiques qui occupent près de 300.000 ouvriers et produisent notamment 80 % des machines-outils espagnoles. Le minerai provient des

mines de fer de Somorrostro, dans les Encartaciones, à l'ouest de Bilbao. La proximité du charbon
des Asturies, la puissance des centrales hydro-
électriques et thermiques de la région, les facilités de transport offertes par les ports tout proches et par un bon réseau ferroviaire, ont été
des facteurs d'expansion dont l'esprit d'entreprise
des Basques a su tirer parti ; un autre facteur favorable a été le protectionnisme. La sidérurgie
et la métallurgie ne sont pas les seules branches
en expansion, et celle-ci n'a pas affecté seulement
la Biscaye et le Guipúzcoa : la Navarre et l'Álava
se sont industrialisés en quelques années ; Pampelune et Vitoria sont maintenant entourées de
ceintures industrielles.

Il n'est pas dans le cadre de cet ouvrage de présenter le tableau complet d'un tel développement. On se bornera, malgré le caractère
fastidieux d'une telle liste, à énumérer les exemples les plus caractéristiques : la sidérurgie et la
métallurgie de Bilbao, Tolosa, Trubio, Reinosa (la-
minés d'acier, rails, machines-outils, etc.), les
laminoirs de Lesaca et l'usine de la Motor Ibérica
à Pampelune, les Forges d'Álava et les usines
DKV de constructions automobiles à Vitoria, la
fabrique d'armes d'Eibar, les Potasses de Navarre,
les quelque 15 chantiers de constructions navales
de la région, les fabriques d'explosifs de Biscaye,
l'industrie chimique, les textiles de Vergara, l'industrie du papier et celle du ciment, sans compter, un peu partout, les nombreuses industries alimentaires, etc. L'élégante St-Sébastien s'est elle-
même accrue d'une ville industrielle. Mais le record de l'industrialisation est détenu par Bilbao.

Bilbao

La capitale de la Biscaye comptait
30.000 habitants il y a un siècle, 230.000 en 1953
(après absorption des communes voisines), 410.000
en 1973, à peu près 700.000 avec l'ensemble de sa
couronne industrielle. Elle est située à 11 kilomètres de la mer, sur la *ria* du Nervión. Bilbao est
un grand port, dont les bassins s'étendent du
cœur même de la ville jusqu'à la mer. Depuis
1975, il peut recevoir des superpétroliers de
500.000 tonnes. Ses chantiers navals sont installés à Sestao ; à Sestao encore et à Baracaldo,
fonctionnent les Altos Hornos (Hauts-fourneaux)
de Biscaye, rivaux de ceux de l'ENSIDESA d'Avilés
(Asturies) ; tout à côté, une raffinerie de pétrole
a été créée récemment à Somorrostro, dans la
zone qui alimente Bilbao en minerai de fer. Toute
la rive gauche de la *ria* de Bilbao forme un vaste

complexe industriel. Les toits des manufactures et les cheminées d'usines composent à la ville une silhouette surmontée de fumées et du rougeoiment des hauts-fourneaux. Le río Nervión est un cloaque, les émanations délétères des usines ont tué la végétation, l'air pur est un souvenir quasi-légendaire. Sur cet espace restreint où l'industrie tentaculaire dévore les derniers mètres carrés disponibles, s'est entassée une population dans laquelle les travailleurs venus d'autres provinces sont majoritaires. Ses conditions de vie sont déplorables, à Baracaldo, Sestao, Recaldeberri, faubourgs pollués, dépourvus d'installations d'incinération d'ordures. La rive droite du Nervión fait contraste avec ces agglomérations peu engageantes. Les luxueuses résidences construites sur les collines d'Algorta et de Neguri, près des ports de plaisance et du golf de Guecho, s'ouvrent sur l'air pur de l'Atlantique.

L'industrialisation de Bilbao et du pays basque en général n'a pas pour seule conséquence la dégradation écologique. Elle a fait de la Biscaye et du Guipúzcoa la région la plus prospère de l'Espagne ; en termes de revenu par tête, cette région se situe sur le même plan que Madrid, un peu avant Barcelone.

Le développement de cette Ruhr espagnole a sa répercussion sur l'avenir économique du Sud-Ouest français qui lui est contingu. Selon la thèse des autonomistes basques français, l'agriculture du bassin de l'Adour équilibrerait, en la complétant, la puissance industrielle du nord de l'Espagne [13]. Il s'agit là de l'hypothèse dans laquelle l'union des sept provinces basques serait réalisée. Dans l'état actuel des choses, le Sud-Ouest français, région non industrielle, ne retire pas grand profit du voisinage du puissant pays basque espagnol. La Chambre de commerce et d'industrie de Bayonne pense cependant, en 1976, à différentes possibilités [14]. Par exemple, le Sud-Ouest pourrait devenir une « rampe de lancement » pour les produits basques, en créant des entrepôts régulateurs des livraisons Espagne-Europe ou une Chambre de commerce internationale pour le groupage et l'expédition de ces produits vers l'Europe. Le Sud-Ouest pourrait aussi servir de « zone de desserrement », dans laquelle des chefs d'entreprises basques implanteraient des établissements procurant du travail à la main-d'œuvre française (la situation politique n'est sans doute pas favorable, à l'heure présente : les Français peuvent craindre, d'après l'expérience des Pyrénées-Orientales, l'instabilité de créations de ce genre, et les Espagnols s'exposeraient peut-être à des attentats de réfugiés politiques basques contre leurs établissements en France). Enfin, il a été envisagé d'utiliser l'aérodrome de Biarritz-Parme pour desservir le pays basque espagnol grâce à l'excellent réseau d'autoroutes de cette zone.

La puissance industrielle est un trait caractéristique du pays basque. L'espace vasconavarrais a d'autres traits originaux : d'une part, la Navarre est la terre d'élection du carlisme ; d'autre part les provinces vascongades mènent la lutte nationaliste la plus dure, la plus sanglante de toutes les régions d'Espagne. Pour comprendre ces deux aspects de l'actualité basque, il est nécessaire de définir au préalable la nation basque et de rappeler par quel processus historique elle a été conduite à mener aujourd'hui ce double combat.

2. La nation basque et son passé

L'origine de l'ethnie et celle de la langue basques n'ont jamais été pleinement élucidées.

l'énigme de l'ethnie et de la langue

Des explications diverses ont été proposées. Certaines théories mettent l'accent sur les similitudes relevées entre l'*euskara* et divers idiomes du nord de l'Afrique : l'égyptien, le copte, le nubien, les dialectees berbères. D'autres font état d'analogies laborieusement sollicitées entre le basque, l'hébreu et même certaines langues amérindiennes (le dakota, l'aztèque).

Le fait qui retient le plus l'attention est la parenté linguistique et ethnique entre les Basques et les Caucasiens. Il existe des ressemblances physiques entre les deux groupes : la forme triangulaire du visage, le nez long et étroit, le très faible écart entre les deux indices sanguins. On a relevé, par ailleurs, de troublantes identités entre la roue basque et la roue caucasienne, entre les danses caucasiennes et les danses basques, entre les chants basques et ceux des bords de la Volga. Indépendamment de quelques centaines de mots communs, la parenté linguistique paraît prouvée par de nombreuses similitudes, telles que la numération vigésimale et la structure du verbe. En tout état de cause, il est admis aujourd'hui que le basque, comme les dialectes caucasiens, est antérieur à l'apparition des langues indo-européennes, idiomes analytiques avec lesquels l'*euskara,* langue à flexions, agglutinante et synthétique, n'a rien de commun.

La question se pose alors de savoir si les Basques sont des Caucasiens émigrés ou inversement. Dans le premier cas, l'origine des uns et des autres se situerait vraisemblablement sur les plateaux de l'Iran ou dans les montagnes du nord de la Mésopotamie ; les proto-Basques auraient émigré vers l'ouest au début du néolithique, en longeant les rivages septentrionaux de l'Afrique. Soutenue par les ethnologues russes, cette thèse est contestée par les partisans d'une théorie de plus en plus en faveur : celle de l'origine autochtone des Basques. Ceux-ci ne seraient autres que les descendants directs de la race de Cro-Magnon, et leur langue serait l'ultime survivance des antiques langues pré-indo-européennes : « *Le basque est sans doute,* écrivait Menéndez Pidal, *l'une des langues qu'on parlait sous les dolmens* » ([15]). Il aurait existé à l'âge du bronze une culture pyrénéenne ayant deux foyers, l'un catalan et l'autre basque, et caractérisée par le dolmen ([16]). Les dolmens n'auraient pu être érigés que par un peuple de pasteurs, dont la filiation directe avec le paléolithique serait attestée par certaines manifestations folkloriques actuelles évoquant le transport des blocs de pierre, aussi bien que par la multiplicité des vocables basques rappelant la civilisation de la pierre, et même par quelques cas étonnants d'utilisation récente d'outils agricoles en pierre ([17]).

Sous sa forme actuelle, l'*euskara* comporte 8 dialectes : 4 littéraires (biscayen, guipuzcoan, labourdain et souletain) et 4 rustiques (haut-navarrais septentrional, haut-navarrais méridional, bas-navarrais oriental, bas-navarrais occidental), chacun d'eux ayant ses sous-dialectes (deux douzaines au total). Langue essentiellement vocale, le basque se prête mal à l'écriture, qui ne peut en rendre toutes les nuances. Au Moyen Age, les actes officiels étaient rédigés en bas-latin, en langues romanes, puis en castillan. Le premier texte écrit en basque, au Xème ou XIème siècle, était une transcription phonique. Les premiers livres imprimés en *euskara* furent des ouvrages religieux, au milieu du XVIème siècle. Il y eut quelques essais de grammaires et de dictionnaires, mais l'effort de codification ne date que de la fin du siècle dernier, sous l'impulsion de Sabino Arana, déjà nommé, et du prêtre Resurrección María de Azcúe, premier titulaire de la chaire de langue basque fondée par la députation provinciale de Biscaye.

Avec le temps, le pays vasco-navarrais a connu le même phénomène que les autres régions tombées dans la mouvance de la couronne de Castille : le recul de la langue vernaculaire devant le castillan. Sur les 2.500.000 habitants des provinces basques espagnoles, 525.000 seulement étaient encore bascophones en 1954. Il semble que l'effort des nationalistes dans le domaine linguistique ait porté ses fruits, et que le nombre des Basques bilingues soit, à l'heure actuelle, supérieur au chiffre cité ci-dessus.

le tempérament basque

Assez souvent bruns et de taille modeste, les Basques ont généralement le visage beau et fin, la physionomie mobile. La cautèle paysanne ne fait pas partie de leur caractère. Bien que leur pays n'ait pas produit de très grands noms, ils ont l'intelligence vive, essentiellement pratique. Le mysticisme d'Ignace de Loyola lui-même s'accompagnait d'une utile connaissance des êtres et d'un remarquable talent d'organisateur.

Les Basques — on ne parle ici que des Basques de naissance — sont foncièrement attachés au milieu familial, à la demeure qui en est le centre, au point que, naguère, ils portaient le nom de la maison où ils vivaient. Leur amour de la tradition est un autre trait de caractère : les mœurs, les coutumes, les jeux ancestraux, font partie de la personnalité du peuple basque, qu'ils ne veulent pas laisser s'altérer. C'est peut-être aussi l'attachement à la tradition qui a maintenu la profondeur de leur sentiment religieux : les quatre provinces, à cet égard, arrivent en tête de toutes les régions espagnoles, avec une proportion de pratique religieuse de 71,3 %, une proportion de prêtres trois fois plus élevée qu'en Catalogne, le plus fort recrutement de prêtres et de religieux.

S'ils sont connus pour leur caractère fier, vif et susceptible, et pour leur bravoure, les Basques le sont plus encore pour leur esprit d'aventure. Ils sont nombreux à émigrer — ou plutôt à avoir émigré, car le courant est sensiblement moins fort de nos jours — dans les pays d'Amérique latine et en particulier en Argentine. On en trouve aussi aux Etats-Unis : les bergers basques du Montana en sont un exemple. Au total, plus de deux millions de Basques vivent à l'étranger. En règle générale, l'amour de la terre natale les ramène au pays, après fortune faite ou aisance acquise : les « Americanos » d'Elizondo, par exemple. Dès le Moyen Age, les Basques furent des marins dignes de ceux que l'on suppose avoir été leurs maîtres en navigation : les Normands. Ils pêchaient la baleine et la morue au large de leurs côtes, puis jusqu'en Islande, au Groënland, au Spitzberg, à Terre-Neuve. On a même affirmé (sans preuves décisives, il est vrai) qu'ils ont débarqué en Amérique avant Colomb. Ces navigateurs incomparables composaient l'équipage de la caravelle amirale de celui-ci, la *Santa Maria*, dont le patron était le pilote basque Juan de la Cosa. Il est intéressant d'observer au passage que ces activités maritimes, qui éloignaient l'homme du foyer, ont été probablement à l'origine de la capacité juridique de la femme basque et de son rôle dans l'économie agricole familiale.

De tous les traits caractéristiques de l'homme basque, celui qui domine est l'amour de la liberté. Guerrier autant que pasteur ou laboureur, protégé par ses montagnes, il n'eut jamais besoin du régime féodal pour défendre sa terre. Il était resté le maître chez lui ; sa communauté ou « université » était indépendante des autres. Lorsqu'il choisissait un chef — roi de Navarre ou de Castille — c'était à la condition qu'il lui obéirait seulement si ses ordres, conformes aux coutumes, avaient été acceptés par l'assemblée générale où il était représenté. L'histoire du pays basque est essentiellement celle d'un combat pour la liberté, pour « sa » liberté.

les fueros,
chartes
de liberté

Rebelles à tout régime monarchique — l'histoire ne nous a pas transmis de nom de roi ou de *caudillo* basque —, les tribus de l'*euskalherria* le furent aussi à la romanisation (bien que la basse-Bidassoa fût traversée par des voies romaines, dont on a retrouvé les traces), puis à la domination wisigothique : les rois de Tolède durent conduire contre elles de multiples expéditions. Les Arabes s'installèrent un temps à Pampelune, mais il est probable que la Biscaye et la haute-Navarre surent conserver leur indépendance.

Les Basques résistèrent même, au moins jusqu'au Xème siècle, à la pénétration du christianisme. Moins accessible que les plaines de l'Ebre, ces mêmes régions de Biscaye, du Guipúzcoa, de la Haute-Navarre, régions alors pauvres et rudes, à peine peuplées, croit-on, de 20.000 habitants, voyaient d'un mauvais œil les prêtres et les moines parlant latin, qu'elles soupçonnaient d'être des agents du pouvoir wisigoth. Encore au XXème siècle, on pouvait entendre des paysans et pasteurs parler des anciennes communautés de « gentils » qui voisinaient mal avec les villages évangélisés. Les moines de Cluny et les pèlerins de Compostelle facilitèrent la conversion de la totalité du pays.

Le royaume de Navarre fondé au début du Xème siècle connut ses grandes heures et attira dans son orbite les provinces vascongades et même la Castille. Puis il fut partagé : les Vascongades tombèrent peu à peu dans la mouvance de la Castille (en 1200 le Guipúzcoa ; en 1332 l'Álava ; en 1379 la Biscaye), et le royaume de Navarre, après des siècles d'une existence plus française que péninsulaire, s'agrégea à la couronne castillane en 1512, par union personnelle.

Depuis des siècles, la nation basque était une libre association de petites républiques indépendantes (municipalités, « universités » des vallées, régions), composées de chefs de famille libres et, théoriquement du moins, égaux en droits. En Biscaye et au Guipúzcoa, était pratiquée la démocratie directe des assemblées de chefs de famille, les *batzarrak*.

Du XVème au XIXème siècles, le régime des *fueros* fonctionna sans incidents notables. Les *fueros* étaient des libertés, franchises, exemptions et privilèges dont jouissaient diverses communautés locales ou régionales. Les uns se rattachaient à la Reconquête ; c'étaient les chartes de peuplement octroyées à des villes et bourgs par le roi ou le seigneur pour faciliter le repeuplement et la garde des territoires repris aux Musulmans. D'autres formaient la constitution politique et administrative d'entités plus anciennes qui, bien que rattachées à des dates diverses à la Couronne de Castille, conservaient leur autonomie interne : Catalogne, Aragon, Navarre et provinces vascongades, ancien royaume de Valence. En pays basque, ces chartes finirent par être codifiées dans des recueils écrits, à partir du XIVème siècle, mais, bien que ces constitutions forales fussent assez voisines les unes des autres, il n'existait entre les quatre territoires aucun organisme de coordination.

les « fueros » de Navarre...

Jusqu'à la fin de la première guerre carliste, (cf. infra) le pouvoir politique était exercé par les Cortès de Navarre, réunies tous les deux ans sous la présidence de l'évêque de Pampelune, et composées de trois « bras » (*brazos*) : le bras ecclésiastique, le bras nobiliaire et le bras populaire (mandataires des villes s'administrant elles-mêmes). Le vice-roi, représentant du roi à Pampelune, n'avait pas le droit d'assister à leurs délibérations. Le roi pouvait refuser de sanctionner une loi votée par les Cortès, mais non la modifier, ni imposer l'application en Navarre d'une loi jugée contraire aux *fueros*. De façon générale, en Navarre comme dans les Vascongades, la procédure dite du *pase foral* permettait aux organes du pouvoir local de refuser l'application d'une décision du roi ou de son représentant jugée antiforale : « *obedezcase y no se cumpla* » (« qu'on la respecte mais qu'on ne l'exécute pas »), telle était la formule, et les *fueros* du Guipúzcoa ne craignaient pas de décréter : « Le respect dû aux *fueros* est tel que si jamais un ministre de la Justice ou tout autre personnage, si puissant soit-il, osait les enfreindre, tout Guipuzcoan aurait le droit, non seulement de lui résister, mais aussi de le tuer ».

Dans l'intervalle des sessions des Cortès, une Députation permanente de sept membres veillait à l'exécution des lois, assurait l'administration générale et gérait les finances du royaume, qu'alimentaient les droits sur les alcools, le chocolat et le tabac, et les droits de douane (ceux-ci étaient perçus, non seulement aux frontières extérieures, mais aussi aux limites intérieures du royaume de Navarre).

Le pouvoir judiciaire, confié à des juges obligatoirement navarrais de naissance, était entièrement indépendant du roi. Au civil et au criminel, les Navarrais ne pouvaient être jugés que par leurs propres tribunaux et d'après les lois navarraises, la dernière instance étant le *Conseil de Navarre,* tribunal suprême. Le contrôle suprême des finances était exercé par la Chambre des comptes (*Camara de Cuentas*).

Le roi n'avait pas le droit d'exiger de contribution ; seules, les Cortès de Navarre pouvaient lui accorder des « dons volontaires ». En principe, les Navarrais ne devaient pas le service militaire. Les rois d'Espagne ne portaient pas nécessairement à Pampelune le même numéro qu'à Madrid : Ferdinand VII était Ferdinand III en Navarre, Isabelle II s'y nommait Isabelle Ière, et le prétendant Carlos V y était reconnu comme Carlos VIII. Ils prêtaient le serment solennel de respecter les *fueros ;* le dernier serment, prêté au nom de Ferdinand VII, datait de 1829.

... et des provinces vascongades

Les régimes foraux de Vasconie étaient voisins de celui de la Navarre.

En Guipúzcoa, par exemple, l'équivalent des Cortès était la Junte générale, composée de représentants des municipalités, élus au suffrage restreint et censitaire, et qui devaient être *hidalgos*. Elle était présidée par le *corregidor*, représentant du roi (la fonction fut supprimée en 1841). Dans l'intervalle des sessions, les affaires étaient expédiées par la Députation générale, qui siégeait, depuis 1800, à Tolosa.

Il n'existait pas de droits de succession, de droit de timbre, de taxes sur le sel ou le tabac. Aucune contribution n'était due à la Couronne, sauf la légère taxe dite de l'*alcabala*. Le service militaire n'existait pas ; la milice de l'*alarde*, chargée de la défense locale, était commandée par les *alcaldes*. (En Biscaye, lorsque les troupes étaient levées à la demande du roi, elles ne devaient pas servir au-delà de « l'arbre Malato », à 30 kilomètres au sud de Bilbao ; au-delà, elles devenaient des unités mercenaires payées par la Couronne). Etait privé du droit de vote aux élections municipales, pendant un an, tout électeur qui, en se rendant aux urnes, avait adressé la parole à un prêtre. (En Biscaye, l'entrée de la seigneurie était interdite aux évêques, en souvenir des luttes de clans au cours desquelles les prélats avaient pris parti pour les factions) .[18].

Les polémistes ne sont pas d'accord sur la nature des *fueros* vasco-navarrais. Les antifuéristes les interprètent comme des privilèges octroyés par l'autorité royale. Selon les nationalistes, au contraire, leur origine se perd dans la nuit des temps ; ils n'étaient pas des privilèges octroyés, mais des droits reconnus, une législation orale, codifiée par la suite, et élaborée par les communautés elles-mêmes. Ils furent, a-t-on affirmé, la charte des premières démocraties européennes, dont les Juntes préfiguraient les parlements. Ce point de vue a été contesté. La société basque a été présentée comme une société hiérarchisée, dans laquelle le pouvoir était exercé par une oliarchie d'*hidalgos* : les noms de quelques familles, toujours les mêmes, revenaient constamment sur la liste du personnel politique.

Quoi qu'il en soit, les autres régions espagnoles, tout en enviant les statuts privilégiés des quatre provinces, reconnaissaient la bonne gestion intérieure de leurs affaires. La majorité de la population basque était profondément attachée à ses statuts foraux.

3. Le carlisme

Pendant un demi-siècle, les vasco-navarrais ont défendu leurs *fueros* sous la bannière de Don Carlos, puis, à la fin du siècle dernier, est né le nationalisme basque. Ces deux mouvements, carlisme et nationalisme, sont entièrement distincts ; leurs hommes se sont même battus les uns contre les autres en 1936. Le carlisme est un parti à l'échelle de l'Etat espagnol ; ses adhérents sont en majorité navarrais et catalans, mais il en existe aussi bien à Madrid ou à Séville ; sa doctrine, qui sera définie plus loin, porte sur l'organisation politique et économique de la société espagnole dans son ensemble, et l'autogestion des régions (Navarre, Vascongades et autres) n'est que l'un de ses points particuliers. Le nationalisme basque se limite géographiquement, comme son nom l'indique, au seul pays basque, à l'*Euskadi* défini ci-dessus. Il n'existe (ou il ne devrait exister) qu'un Parti carliste, alors que des partis d'idéologies politiques différentes peuvent se réclamer du nationalisme basque, dans le cadre de l'*Euskadi,* de la nation basque seule.

genèse et nature du carlisme Dans certains villages de Navarre, on montre encore les pierres sur lesquelles les volontaires de Don Carlos aiguisaient leurs baïonnettes. Ce n'est pas de l'histoire ancienne : un Basque, septuagénaire en 1977, peut avoir connu dans son enfance un grand-père qui avait fait le coup de feu, vers 1874, à Somorrostro ou à La Carrascal sous le béret rouge des *requetés* [19].

On compte trois principales guerres carlistes : la guerre de sept ans (1833-40), la guerre dite des *matiners* (1846-49), et celle de 1872-76. Elles se sont déroulées en Catalogne, dans le Maestrazgo, le pays valencien, le Centre-ouest, mais leur principal théâtre fut le pays vasco-navarrais (un territoire un peu moins grand que deux départements français).

Pour comprendre leur genèse, il faut se rappeler ce qui a été dit dans l'introduction historique sur la naissance du libéralisme en Espagne au XVIIIème siècle et sur le rétablissement de la monarchie absolutiste de Ferdinand VII. Les absolutistes, intégristes, partisans de l'Inquisition, étaient fondés à penser que Ferdinand VII avait des faiblesses pour les francs-maçons et les libéraux. Contraint de faire appel aux banquiers étrangers pour rétablir la situation des finances publiques, il n'avait obtenu leur appui qu'en échange de l'attribution de postes de commande aux francs-maçons espagnols ([20]). D'autre part, pour assurer, faute d'héritier mâle, la succession à sa fille Isabelle et la régence à sa femme Marie-Christine, il devait écarter du trône son frère Don Carlos, c'est-à-dire s'aliéner les absolutistes, dont celui-ci était le porte-drapeau ; il lui fallait donc se concilier l'appui des libéraux pour réaliser son plan (la contrepartie en fut la vente des biens ecclésiastiques de mainmorte, réalisée en 1835 par Mendizabal). En même temps que les Cortès prêtaient serment à la jeune Isabelle âgée de trois ans, l'amnistie était proclamée, les libéraux quittaient la prison ou l'exil, s'emparaient des postes de direction et expurgeaient l'armée. Les absolutistes eurent beau invoquer la loi salique : Ferdinand VII rendit publique une loi de 1789 qui l'abolissait en Espagne. Il ne restait plus aux absolutistes qu'une ressource : l'épreuve de force. Ferdinand mourut le 29 septembre 1833. Trois jours après, le soulèvement éclatait *por Dios, Patria y Rey,* ce dernier étant Don Carlos, Carlos V pour ses partisans.

Dans ce contexte, le carlisme se présentait comme un mouvement éminemment réactionnaire, à l'extrême-droite de l'éventail politique. L'imagerie populaire a longtemps donné au carliste l'aspect du fanatique arriéré qui descend de ses montagnes, communie et tue un homme ; et l'Europe de 1833 a assimilé le carlisme à l'absolutisme pur. Les Etats dits libéraux — la France, l'Angleterre, le Portugal — soutenaient Marie-Christine (la Quadruple Alliance de 1834), tandis que les puissances dites du Nord (Autriche, Prusse, Russie) étaient favorables à Don Carlos. Et dans le savoureux mélange de volontaires étrangers qui servaient dans les bataillons carlistes ou dans « l'escadron de la légitimité » du prétendant, on comptait bon nombre d'anciens Chouans et de princes ou barons de la Sainte-Alliance. En fait, le clan carliste ne se composait pas que de défenseurs de la légitimité ni de la monarchie absolue. Les raisons pour lesquelles les Basques, les Navarrais, les Catalans et d'autres lièrent leur cause à celle du prétendant étaient complexes et souvent confuses.

L'un des motifs était d'ordre religieux. Les Catholiques — les Basques, en particulier — ne se sentaient pas rassurés par les déclarations de principe des libéraux sur le catholicisme religion nationale, et leurs prêtres ne faisaient rien pour lever leurs doutes. Un autre motif était la personnalité de Don Carlos. La légitimité dynastique importait vraisemblablement fort peu à la grande majorité des carlistes, et, du reste, les femmes (telle Isabelle la Catholique) avaient toujours eu le droit de régner en Espagne. Mais, en l'espèce, la reine pactisait avec les libéraux athées : la fraction intégriste du carlisme préférait un roi bien à elle, respectueux de la religion, symbole de la continuité de la tradition, et ennemi déclaré du centralisme égalisateur (il faut rappeler cet aspect de la doctrine carliste : un monarque qui s'écarte de la tradition religieuse et politique peut être déposé. Ce fut le cas de Don Juan, frère et successeur de Carlos VI, en 1868). La masse ne ramène pas tout à des équations économiques et politiques ; le facteur sentimental joue son rôle, et Carlos V, malgré sa médiocrité, puis et surtout Carlos VII, ont suscité des fidélités idolâtriques.

La défense des *fueros* a été une motivation importante, sinon déterminante. *Religión y Fueros* était le slogan des insurgés basques. Ce souci était si réel que, pour dissocier le carlisme en 1839, le gouvernement espagnol fit espérer aux vasco-navarrais qu'il ne toucherait pas à leurs statuts foraux. En réalité, les *fueros* basques ne se trouvaient pas condamnés sans appel en 1833 ; la suite des événements devait le montrer. Mais il était de l'intérêt des éléments réactionnaires du carlisme de s'assurer le précieux concours de la population basque en lui représentant le pire. C'était aussi l'intérêt des *jaunchos*, les riches notables qui détenaient la réalité du pouvoir dans les Provinces. Leur influence politique baissait dans le pays, à cause de la montée des classes moyennes libérales et démocrates qui dominaient dans les villes et sur la côte. Aidés par le clergé local, ils persuadèrent la masse rurale inculte que les *fueros* allaient être abolis par les libéraux de Madrid. C'est pourquoi le soulèvement des Provinces a conservé un caractère essentiellement rural, et que ni Bilbao ni St-Sébastien ne l'ont soutenu. Le grand reproche adressé par le nationalisme basque au carlisme a été d'avoir abusé la masse pour servir les intérêts particuliers d'un groupe d'*ojolateros* (²¹) intégristes, dont Carlos V était le jouet, et d'avoir provoqué ainsi la perte des *fueros* basques.

Cette raison, toutefois, si elle est valable pour les Provinces, cesse de l'être pour la Catalogne, qui n'avait plus de *fueros* à défendre depuis un siècle, et pour le pays valencien, qui avait perdu jusqu'au souvenir des siens ; la « conscience nationale » ne s'éveilla que plus tard dans ces deux régions. En 1833, leur soulèvement prit plutôt (les motivations religieuses de ses éléments ruraux mises à part) le caractère d'une protestation de la périphérie contre le centralisme, et même, en 1846, les *matiners* catalans comptaient dans leurs rangs des progressistes, des démocrates authentiques, hostiles au gouvernement conservateur du général Narvaez.

Le carlisme à ses débuts apparaît ainsi comme un rassemblement de mécontents aux motivations diverses. Au-delà, les divergences commençaient, sinon les luttes intestines. L'entourage de Carlos V était un nœud de vipères où intriguaient au moins trois partis : les « apostoliques », les modérés « constitutionnels », et les fuéristes. Mais les prétendants eurent toujours les mains liées par l'élément « apostolique » intransigeant. Carlos VII avait compris que, si la vertu du carlisme était l'espagnolisme, son défaut était l'anachronisme ; il rêvait, sans programme précis, de « régénération sociale », ce qui le faisait accuser de déviation libérale par son aile intransigeante. Dès le début, le carlisme portait en lui les germes des futures scissions de 1888 et 1919 et la scission du nationalisme basque.

La première guerre débuta mal pour les insurgés, jusqu'à l'entrée en scène d'un chef prestigieux, le colonel Tomás Zumalacárregui. C'était un Basque trapu et taciturne, originaire d'Ormaiztegui en Guipúzcoa, et alors âgé de 45 ans : un organisateur de talent et un meneur d'hommes, le meilleur stratège de l'armée espagnole. Tout en tenant en échec les colonnes de la régente Marie-Christine (les *cristinos*) qui le traquaient, il organisa les bataillons de volontaires dans son repaire des Amézcoas, un canton de montagnes sauvages et de hautes futaies, près d'Estella (le 3ème bataillon navarrais surnommé *el Requeté* désigna par la suite l'ensemble des forces carlistes). Entre-temps, Don Carlos avait quitté clandestinement sa résidence surveillée de Londres, traversé la France en chaise de poste, après des péripéties à l'Alexandre Dumas, et pénétré en Navarre par Urdax, au milieu d'ovations délirantes. Dès lors, Zumalacárregui vola de victoire en victoire. Mais, au lieu de marcher sur Madrid avec ses 25.000 volontaires victorieux, Don Carlos préféra mettre le siège devant Bilbao, la fascinante capitale basque. Zumalacárregui fut mortellement blessé à la veille de l'assaut, et le général *cristino* Espartero, le futur duc de la Vic-

La guerre de Sept ans

toire, obligea les carlistes à lever le siège. A sa mort, qui eut lieu à Cegama, le 25 juin 1835, Zumalacárregui laissait pour toute fortune quatorze onces d'or. Le grand capitaine qui avait refusé tous les honneurs et superbement servi son roi eut droit à l'indifférence de Don Carlos et aux commentaires acides de sa camarilla d'*ojalateros* ([22]).

Deux fois encore, Don Carlos tenta sans succès d'enlever Bilbao. Il essaya en vain d'allumer de nouveaux foyers d'insurrection en lançant des expéditions dans l'intérieur de l'Espagne. Le plus célèbre de ces quelque quatorze raids fut celui du général Gómez : en six mois, à la tête de 3.000 hommes, il parcourut l'Espagne de la Biscaye à Gibraltar, par la Galice, le León, les Castilles, l'Andalousie, l'Estramadure, traqué par cinq colonnes, livrant vingt combats et revenant dans le réduit basque avec un beau butin et plus de monde qu'au départ. Don Carlos lui-même conduisit une petite armée de 16.000 hommes, avec sa cour, jusque sous les murs de Madrid, par Huesca, Barbastro, la Catalogne, le Levant, Cuenca. D'obscures tractations avec la régente l'avaient décidé à tenter l'aventure. Il était arrivé à Arganda, à quelques kilomètres de la capitale. Des avant-postes, il apercevait le palais royal, la proie à portée de la main, et sa cinquième colonne s'agitait déjà dans Madrid. Pour des raisons mal éclarcies, — sans doute un revirement de dernière heure de la régente —, il renonça et reprit le chemin de la Navarre avec son armée découragée, poursuivi et battu par Espartero, auquel ses atermoiements avaient laissé le temps d'accourir. Ce fut la dernière occasion manquée de la Cause (fin 1837).

Entre-temps, l'équilibre des forces avait changé. Marie-Christine avait reçu l'aide d'une légion portugaise, de la légion étrangère française, de la légion britannique de sir Lacy Evans et de la flotte anglaise. Les intrigues des agents libéraux, Muñagorri, Aviraneta, s'ajoutaient aux sordides intrigues de palais pour saper le moral des volontaires carlistes, qui se battaient un contre trois. Espartero et son homologue carliste, Moreno, signèrent, après des tractations secrètes, la convention dite de Vergara (fin août 1839) qui termina les hostilités sur le front du nord par la fameuse « embrassade » générale entre adversaires de la veille. Les militaires carlistes pouvaient reprendre du service dans l'armée espagnole avec leur grade, et Espartero promettait de demander à la reine et aux Cortès la sauvegarde des *fueros*. Le grand vaincu était Don Carlos, qui gagna la France et fut assigné à résidence à Bourges.

Le combat ne cessa pas pour autant dans l'est. L'indiscipline des bandes carlistes de Catalogne avait toujours empêché la formation d'un front solide dans cette région. Malgré son impitoyable dureté, le commandant en chef du secteur, le comte d'Espaigne, un Français au service de Don Carlos, ne put rien faire d'efficace et périt assassiné par les siens. En revanche, un magnifique carnassier, ancien séminariste de Tortose, Ramón Cabrera, qui commandait pour Don Carlos dans la vaste région Macatrazgo Valence-Murcie-Castille orientale, avait réussi à constituer une bonne armée de 24.000 hommes et un véritable Etat carliste, dont la capitale était le nid d'aigle de Morella. Don Carlos ne sut pas utiliser ce grand chef de bandes, qui avait conçu l'idée stratégique de prendre Madrid à revers par l'est et poussé des avant-postes fortifiés à 150 kilomètres de la capitale. Cabrera faisait la guerre, une guerre atroce : prisonniers et otages fusillés, blessés brûlés vifs, villages incendiés. Lorsque « le tigre du Maestrazgo » faisait hisser le pavillon noir, c'était l'annonce du massacre sans pitié, le vieux *degüello* de la Reconquête. Les libéraux n'étaient pas en reste : ils fusillèrent sa mère en représailles. Dans sa fureur rouge, Cabrera fit exécuter les femmes d'officiers libéraux détenues en otages et ordonna quarante jours de *matanza*. Sur le théâtre vasconavarrais, le traité de lord Elliot avait humanisé la guerre ; sur celui de l'est, le traité de Van Halen, plus tardif, tempéra à peine les excès. Après la chute du réduit basque, Cabrera poursuivit le combat sans mollir, contre toute l'armée libérale. Il dut finalement se réfugier en France en 1840 avec ses derniers vétérans, dont certains se donnèrent réciproquement la mort de désespoir. Ce personnage shakespearien mourut à un âge avancé en Angleterre, marié dans l'aristocratie britannique, riche et couvert d'honneurs, et se rallia à la monarchie alfonsine qu'il avait férocement combattue pendant trente ans.

la guerre carliste de 1872-1876

Après l'insurrection carliste des *matiners* catalans (les gens de l'aube), la cause paraissait moribonde lorsque la révolution de septembre 1868 vint lui redonner une vigueur inattendue : catholiques et néo-catholiques, conservateurs, modérés, « cabréristes », libéraux, se groupèrent autour de Carlos VII, fils du précédent, un séduisant prince de vingt ans à la belle barbe bleu-noir ; dans le chaos où se trouvait le pays, il représentait pour beaucoup d'Espagnols la seule issue possible.

Le soulèvement éclata en avril 1872 et la bannière blanche fleurdelysée du prétendant reparut en pays vasco-navarrais et en Catalogne. Mais à peine entré en Navarre, Don Carlos dut repasser précipitamment la frontière. Son frère, l'infant Don Alfonso, soutint seul la lutte en Catalogne, pendant qu'au pays basque le curé Santa Cruz tenait le maquis, désavoué par les carlistes que ses excès discréditaient. La guerre se ralluma près d'un an plus tard, sous la conduite de Don Carlos et de chefs dont plusieurs étaient des revenants du temps de Zumalacárregui : Valdespina, Elío, Ollo, Dorregarray, Mendiri, Pérula. En 1873, les libéraux se battirent en vain pour reprendre Estella, devenue la capitale du carlisme ; en 1874, les carlistes luttèrent sans succès pour s'emparer de Bilbao (dans les trois meurtrières batailles de Somorrostro, les premières tranchées des guerres modernes firent leur apparition) ; en 1875, les Carlistes durent abandonner la Catalogne et le centre. Alphonse XII était monté sur le trône en décembre 1874 : catholiques, modérés, beaucoup d'officiers, rassurés par cette restauration et par les idées conservatrices de son homme fort, Canovas del Castillo, abandonnèrent le carlisme blessé à mort. Les bérêts rouges remportèrent encore des victoires, mais l'inertie de leurs généraux équivalait pour eux à une trahison. Le front s'effondra. Les *guiris* ([23]) envahirent le réduit vasco-navarrais. En février 1876, Don Carlos repassa la frontière à Arnéguy. *Volveré* (je reviendrai), promit-il. Il ne devait jamais revoir la Navarre.

**l'abolition
des « fueros »**

La première conséquence de la défaite militaire carliste fut la suppression du régime foral dans les Provinces en 1876.

Carlos VII avait été plus attentif aux *fueros* que son grand-père. Il avait solennellement prêté serment à ceux de Biscaye à Guernica, et à ceux de Guipúzcoa à Villafranca, et le petit Etat carliste du nord, du reste fort bien organisé, avait vécu de 1873 à 1875 sous un authentique régime foral. Après la défaite, la loi du 21 juillet 1876 soumit les Provinces au régime général : les lois de l'Etat espagnol relatives au service militaire, aux impôts, aux douanes, à la justice, s'appliquaient au pays basque. Il subsistait néanmoins un certain nombre de particularités, encore en vigueur, en matière de droit privé et de droit admi-

Madrid aujourd'hui

Un bourg en Castille

Les costumes de lumière des toreros

Salamanque : la maison aux coquilles

Les murailles d'Avila aux 88 tours de granit
Ruelle à Tolède ▶

nistratif. D'autre part, un régime économique avantageux pour les Provinces fut institué par le décret du 28 février 1878 : celui des *conciertos económicos,* auquel s'ajouta le protectionnisme. Le *concierto* était une sorte de *modus vivendi* aux termes duquel chaque Province était taxée pour une somme forfaitaire. Ses dispositions étaient valables pour 8, 13 ou 25 ans. Il est facile de se représenter l'avantage qu'un tel régime fiscal constituait pour des Provinces en pleine expansion économique. (En 1893, la Navarre payait la même contribution qu'en 1841). Les Provinces avaient institué des impôts indirects plus élevés qu'ailleurs, mais elles ignoraient la contribution immobilière, l'impôt sur les sociétés et les taxes municipales. Lors de chaque renouvellement des *conciertos,* véritables *fueros* économiques, les députations provinciales réclamaient néanmoins la restauration du mécanisme foral d'autrefois. Le dernier *concierto* remonte à 1927 ; il était établi pour 25 ans, mais il fut aboli en 1937, lorsque les troupes franquistes mirent la main sur les Provinces. Cette abolition ne concernait ni la Navarre, ni l'Álava, qui s'étaient rangées dans le camp franquiste, mais seulement la Biscaye et le Guipúzcoa, alliés aux républicains. Après la mort de Franco, un décret du 6 novembre 1976 a abrogé pour la forme ce décret d'abolition, sans rétablir toutefois l'ancien privilège fiscal des deux Provinces.

Après la défaite de 1876, le carlisme connut des scissions. En 1888, Ramón Nocedal, qui reprochait à Don Carlos des tendances libérales, se retira du parti avec la fraction intégriste. En 1919, ce fut le tour de Mella, qui n'approuvait ni la francophilie, ni la tiédeur religieuse, ni les idées politiques du prétendant Don Jaime, membre honoraire du Parti socialiste français : ses partisans prirent le nom de traditionalistes, les fidèles de Don Jaime celui de « jaimistes ». La proclamation de la Deuxième République refit l'union du parti autour de son nouveau chef, Don Alfonso Carlos, frère de Carlos VII, un octogénaire aux idées intégristes qui donna au parti l'appellation de « Communion traditionaliste carliste » et qui, étant sans descendance, nomma régent son neveu par alliance, le prince français Xavier de Bourbon-Parme. Son délégué en Espagne, l'avocat andalou Manuel Fal Conde, entraîna les *requetés* en vue du conflit qui s'annonçait.

les Requetés dans la Guerre civile

Le 18 juillet 1936, éclata le soulèvement militaire, dirigé de Pampelune par le général Mola et les carlistes rallièrent aussitôt le camp des nationalistes espagnols. C'était la première fois que des *requetés* ne se battaient ni pour Don Carlos ni pour les *fueros*.

La scène a été décrite par les témoins. Dès l'aube du 18 juillet, les hommes des villages, du grand-père au petit-fils, descendaient à Pampelune, parfois précédés du maire et du curé. Ils portaient la *boina* rouge, la chemise frappée du Sacré-Cœur, la couverture roulée en sautoir, à l'épaule le fusil de chasse ou de guerre. On entendait sur les chemins leurs cantiques et l'*Oriamendi*, devenu leur chant de guerre depuis qu'en 1837 l'Infant Don Gabriel arrêta sur les lignes du même nom, devant St-Sébastien, les tuniques rouges anglaises au service de la régente. Des cars amenaient les volontaires de Tudela, Tafalla, de toute la Ribera de Navarre. Ces hommes se concentraient sur la plaza del Castillo, défilaient devant Mola, et formaient les colonnes qui marchéraient sur Irún, Saragosse et Madrid. Pour les vieux carlistes, ce jour était le sommet de leur vie ; ils l'attendaient depuis leur enfance, nourrie du récit des guerres contre les libéraux. Sans les 100.000 *requetés* qui y prirent part, la guerre civile aurait sans doute suivi un cours différent.

le Parti carliste actuel   Alfonso Carlos étant mort sans enfants en septembre 1936, le carlisme n'a plus aujourd'hui pour roi un descendant direct de Don Carlos. Une bonne douzaine de princes peuvent faire valoir des titres à la succession. Celui qu'Alfonso Carlos avait choisi comme régent, le prince Xavier de Bourbon-Parme, est un assez lointain collatéral. Une assemblée du Parti carliste en Catalogne l'a cependant proclamé roi en 1952, ce qui lui a valu d'être expulsé d'Espagne. Dès 1936, le général Franco lui avait interdit le séjour dans la Péninsule ; il avait même menacé Fal Conde de le faire fusiller pour avoir tenté de maintenir l'autonomie du *Requeté* au début de la guerre civile. Puis il avait imposé aux carlistes et aux phalangistes, contre leur gré, leur fusion dans un parti unique : la Phalange espagnole traditionaliste. Franco avait déjà en vue le rétablissement de la monarchie après sa mort, mais il avait choisi le prince Juan Carlos de Bourbon et ne tenait pas à laisser se prolonger en Espagne la présence du prétendant carliste. Le prince Xavier, revenu clandestinement en Espagne en 1945 après sa libération des camps nazis, fut à plusieurs reprises l'objet de mesures d'expulsion, la dernière en 1968.

Il avait pu toutefois imprimer au mouvement carliste une nouvelle orientation, de plus en plus progressiste, favorisée par le précédent de Don Jaime, qui avait approuvé la proclamation de la Deuxième République en 1931, et par la ligne politique et sociale du Concile Vatican II. Il était secondé dans cette tâche par son fils, le prince français Charles-Hugues de Bourbon-Parme, époux de la princesse Irène des Pays-Bas et actuellement chef du Parti carliste, et lui aussi interdit de séjour en Espagne. Avec sa sœur María Teresa, dite « la princesse rouge », Charles-Hughes organisa des journées d'information doctrinale carliste dans toute l'Espagne. Le nouveau programme du carlisme fut exposé au cours des grands rassemblements du Montejurra, près d'Estella, qui célèbrent chaque année, le premier dimanche de mai, le souvenir des combattants carlistes tués dans leurs guerres. Le Parti prenait ouvertement figure d'opposant au franquisme, qui lui était si peu reconnaissant. En 1969, on vit même naître la G.A.C. (Guardia de Acción Carlista), prête à l'action violente, et liée à l'E.T.A.

La nouvelle doctrine carliste a été exposée notamment dans une lettre adressée par le prince Charles-Hughes au quotidien français *Le Monde* (5 mai 1973). Elle est celle d'un socialisme autogestionnaire. Le Parti réclame d'abord les libertés démocratiques, puis l'autogestion dans

---

Le prince Charles-Hughes de Bourbon-Parme.

Lorsque mourut, en 1936, le vieux prétendant carliste Don Alfonso, son successeur à la tête de la Communion traditionaliste fut le prince Xavier de Bourbon-Parme, son neveu par alliance, qu'il avait désigné comme régent. Mort en 1977 à l'âge de 88 ans, le prince Xavier a pour successeur comme candidat au trône d'Espagne, son fils aîné Charles-Hughes, né à Paris, marié à la princesse Irène des Pays-Bas, et, comme lui, de nationalité française. Le nouveau prétendant présente actuellement le Parti carliste comme une formation politique socialiste autogestionnaire et régionaliste, avec un programme qui s'apparente à ceux de l'opposition démocratique. Ses déclarations aux rassemblements carlistes annuels de Montejurra le firent expulser d'Espagne en décembre 1968, ainsi que son père Xavier, par un gouvernement soucieux de ne pas laisser le champ libre, en Espagne, à un rival de Juan Carlos. En 1976, une tentative du prince Charles-Hughes de revenir en Espagne a échoué : dès son arrivée à l'aérodrome de Barajas, il a été refoulé sur Paris.

l'entreprise, dans l'économie planifiée, dans les collectivités locales, le remplacement de la notion de propriété des moyens de production par celle de simple possession (la propriété en revenant à la communauté), l'anticentralisme et le fédéralisme. Il veut une monarchie socialiste fédérale, mais laisse au peuple le soin de décider de la forme de gouvernement. Il a adhéré à la Junte démocratique fondée à Paris en juillet 1974 par le Parti communiste espagnol, et fait partie de la Coordination démocratique créée par l'opposition en 1976. Le Parti carliste justifie sa nouvelle doctrine en rappelant que le carlisme a toujours revendiqué une démocratie populaire, et qu'il s'est trouvé détourné de ses buts authentiques par l'action d'éléments conservateurs. Il se réfère à l'autogestion pratiquée au siècle dernier par les carlistes dans certaines zones catalanes [24].

Une fraction du carlisme est cependant restée fidèle à la vieille orientation conservatrice du mouvement et n'a cessé de collaborer avec le régime franquiste. Elle s'est donnée pour chef le second fils du prince Xavier, le prince Sixte de Bourbon-Parme, ancien membre de l'Action française, ancien engagé à la Légion étrangère espagnole. L'incident sanglant qui a marqué le rassemblement du Montejurra de mai 1976, et dont le Parti carliste impute la responsabilité à la fraction de Don Sixto, a creusé davantage le fossé qui sépare les deux tendances du carlisme actuel.

4. Le nationalisme basque et l'E.T.A.

Dans le dernier quart du XIXème siècle, les classes dirigeantes du pays basque se trouvaient bien du régime néoforal constitué par les *conciertos económicos* et par le protectionnisme industriel. De 1803 à 1894, les mines de fer de Somorrostro, en Biscaye, fournirent 44 millions de tonnes de minerai, plus qu'entre le haut Moyen Age et 1882. Les industries du papier, du ciment, des machines-outils connaissaient le même essor que les classiques hauts-fourneaux de Biscaye et l'armurerie d'Eibar. Une industrie nouvelle naissait : celle du tourisme de luxe sur la côte du Guipúzcoa. Après la Banque de Bilbao, qui datait déjà de 1857, naquirent la Banque de Biscaye, la Banque du Guipúzcoa, la Banque de St-Sébastien. La Bourse de Bilbao fut fondée à cette époque.

En même temps, les premiers syndicats ouvriers, anarchistes et surtout socialistes (U.G.T.), recrutaient des adhérents à Bilbao, Eibar et autres centres industriels de la région. En Biscaye et dans le Guipúzcoa, les mineurs, métallurgistes, ouvriers des chantiers navals, typographes ,entamèrent en 1890 une série d'actions revendicatives en vue d'obtenir de meilleures conditions de vie. A cette époque, ni le fuérisme ni le nationalisme n'étaient leur souci. Ils se défiaient même de ces mouvements, à leurs yeux monopolisés par la bourgeoisie à ses fins particulières.

Simultanément, vers 1890 aussi, naquit le nationalisme basque, en tant que doctrine culturelle et politique. Son fondateur fut Sabino de Arana y Goiri, un Biscayen dont le père, constructeur de navires, avait été un fervent militant carliste. Séduit par l'exemple du nationalisme catalan d'Almirall, il s'attacha à faire connaître la langue basque (qu'il dut lui-même apprendre), à populariser l'histoire du pays basque, et à prêcher pour l'indépendance de la Biscaye. Ses quelques rares auditeurs des premières années brûlaient le drapeau espagnol et criaient : « A mort l'Espagne ! ». Yparaguirre écrivait les paroles de l'hymne nationaliste *Guernikako Arbola,* et son frère Luis de Arana dessinait un drapeau biscayen, devenu celui de tous les nationalistes basques, en France et en Espagne : rouge, portant deux croix (la croix blanche, symbole de la foi chrétienne ; la croix verte de St André figurant la couleur du chêne et rappelant la victoire des Biscayens sur l'Infant de León, Ordoño, à Arrigorriaga, au Moyen Age). Sabino adopta pour son mouvement la devise *Jaun-Goikua eta Lagi-Zarra* (Dieu et vieille loi). Il lança l'idée et le nom de la Confédération d'Euskadi (les sept provinces basques), soumises à l'Eglise, avec le basque pour seule langue officielle, et formant un Etat indépendant. Le carlisme avait été, selon lui, l'ennemi des Basques, en détournant à ses fins propres, qui étaient à l'échelle espagnole, leur capacité de lutte qui aurait dû être réservée à la défense de leurs intérêts nationaux ; il lui imputait la responsabilité de la perte des *fueros.*

Il mourut en 1903, à l'âge de 38 ans, après avoir fondé en 1894 le *Parti nationaliste basque* (P.N.V.). Celui-ci est né comme un parti catholique républicain, proche des intégristes et de l'Action catholique espagnole. Quelques années plus tard, en 1911, fut créé le syndicat catholique basque *Solidaridad de Obreros Vascos* (S.O.V.), émanation du P.N.V. Dès 1910, des dissidents fondèrent, sur sa gauche, l'*Action nationaliste basque*

**le Parti
Nationaliste
Basque
(P.N.V.)**

197

(A.N.V.), aconfessionnelle. C'était l'annonce des scissions qui devaient détacher du P.N.V. ses éléments jeunes radicalisés, évolution dont le terme fut la naissance de l'E.T.A.

l'Etat d'Euzkadi Dans la période troublée 1917-1923, les députations provinciales des trois provinces basques réclamèrent le rétablissement des *fueros*. Le gouvernement nomma une commission parlementaire pour étudier le thème ; des personnalités éminentes (Maura, Ruíz-Giménez, Alcalá Zamora) en faisaient partie. En 1919, elle remit son rapport, qui concluait à la restauration des organismes foraux. Mais la revendication forale faisait déjà place, sous l'influence de l'exemple catalan, à celle d'un statut d'autonomie pour un futur Etat d'*Euskadi*. L'avant-projet de statut, approuvé à Estella, le 14 juin 1931, par les municipes vasconavarrais, sert encore aujourd'hui de base provisoire aux revendications nationalistes basques. Le chef du gouvernement espagnol de l'époque, Manuel Azaña, ne s'opposa pas à une éventuelle autonomie basque, que la nouvele Constitution de la République rendait possible, mais exigea que l'élaboration du statut respectât la procédure constitutionnelle : rédaction d'un avant-projet par une commission issue des députations provinciales, puis vote du texte par les municipes, enfin référendum populaire.

Les difficultés ne tardèrent pas à apparaître dans les quatre provinces. Tout d'abord, la Navarre se montra réticente : elle exigeait le vote du texte à la majorité des 2/3 au moins de son corps électoral, et refusait son intégration à un Etat portant le nom d'*Euskadi*. En second lieu, l'Álava agricole sentait se réveiller sa vieille méfiance à l'égard de la Biscaye et du Guipúzcoa industriels. Enfin, les nationalistes du P.N.V., qui collaboraient avec les républicains et les socialistes pour obtenir le statut, furent abandonnés par leurs alliés, les traditionalistes et catholiques intégristes basques, qui préféraient se rapprocher de la droite espagnole ; or celle-ci était violemment hostile au statut (« Je préfère, disait son chef, Calvo Sotelo, une Espagne rouge à une Espagne divisée »).

C'est dans ce contexte que les municipes basques réunis à Pampelune votèrent sur l'avant-projet de statut. La Navarre vota contre. Un nouveau texte fut préparé, qui ne parlait plus de la Navarre. Les maires basques l'approuvèrent, mais, au référendum, l'Álava le rejeta. En 1935, l'homme fort du nationalisme basque, le jeune avocat José Antonio Aguirre, appartenant à une famille de la bourgeoisie carliste, se rapprocha du Front populaire qui venait de se former. Non sans réticences, l'organisme collégial de direction du P.N.V., l'*Euskadi Buru Batzar* décida, le 18 juillet 1936, jour du soulèvement militaire, de prendre parti contre celui-ci et de lever des milices nationalistes, les *gudaris*.

Le début de la guerre civile accrut les inquiétudes des nationalistes basques de Biscaye et du Guipúzcoa (la Navarre et l'Álava avaient pris parti pour le soulèvement). Irún et St Sébastien étaient pris par les troupes du général Mola ; d'autre part, le Front populaire se livrait, dans les deux provinces, à des exécutions et persécutions religieuses que les nationalistes basques désapprouvaient. On a affirmé, sans qu'aucune preuve ait été fournie, que ceux-ci auraient tenté une approche avec les chefs du soulèvement. En tout état de cause, le gouvernement de Madrid, soucieux de ménager les Basques, nomma l'un des leurs, Irujo, ministre d'Etat, et, sur leurs demandes instantes, consentit à la proclamation de l'Etat d'Euskadi sous la présidence d'Aguirre (octobre 1936), avec un gouvernement autonome composé de 4 membres du P.N.V. et de l'A.N.V. et de 5 membres du Front populaire. Aguirre prêta serment sous l'arbre de Guernica, le 7 octobre. Mais le statut basque voté par les Cortès espagnoles laissait beaucoup de nationalistes insatisfaits. Le jour même de sa prestation de serment, Aguirre put lire, à Guernica, des inscriptions comme celle-ci : « Statuto no, Independencia sí ».

On connaît la suite : les *requetés* et les divisions de « flèches noires » italiennes liquidèrent les miliciens basques, braves mais mal armés et isolés, et entrèrent à Bilbao, défendue par des fortifications mal conçues (1937). Aguirre et beaucoup d'autres chefs nationalistes purent s'enfuir. L'Etat d'*Euskadi,* né dans des conditions aussi défavorables que possible, n'avait eu qu'une brève existence. Le bombardement de Guernica par l'aviation de la Légion allemande Condor demeure le symbole des souffrances du peuple basque dans sa lutte pour l'indépendance.

l'E.T.A.

Toutes les activités nationalistes basques furent interdites, naturellement, par le gouvernement franquiste. Les *conciertos* furent abolis en 1937 en Biscaye et au Guipúzcoa. L'usage de l'*euskara* fut interdit dans les actes officiels, l'état-civil, les cérémonies publiques, l'enseignement et même dans les noms de rues et les enseignes, ainsi qu'à la radio et à la télévision et dans les journaux et les livres (la consigne était *habla cristiano*, parle chrétien, c'est-à-dire castillan). Cette persécution culturelle s'est atténuée à partir de 1950. Les manifestations folkloriques sont autorisées ; l'Académie de la langue basque s'est ouverte ; une chaire d'*euskara* a été créée à l'université de Salamanque ; quelques journaux et revues sont publiés en langue vernaculaire (plusieurs autres sont bilingues). Quant aux livres édités en basque, ils étaient au nombre de 102 en 1976 contre 19 en 1935. La vente des disques en langue basque est très active. Les radios des 4 capitales provinciales consacrent plusieurs heures par jour à des émissions en idiome vernaculaire, et la Télévision Espagnole (T.V.E.) a inauguré ses émissions en basque le 12 décembre 1975.

En 1964, ont commencé à se développer les *ikastolas,* écoles privées dispensant aux enfants un enseignement en *euskara.* Il en existe aujourd'hui 300 dans les quatre provinces, groupant 40.000 élèves, et une école normale d'instituteurs bascophones fonctionne officiellement à Mondragón depuis 1975 ([25]).

Cependant, si l'*ikurriña,* le drapeau basque a fini par être toléré par le gouvernement en 1976, les activités politiques des nationalistes ne bénéficient pas des mêmes faveurs. Le gouvernement de l'*Euskadi* exilé en 1937, s'est reconstitué à l'étranger avec des représentants du P.N.V., du P.S.O.E. (branche basque), de la C.N.T., de la gauche républicaine, de l'A.N.V. et de l'E.L.A. ou S.T. V. (Solidarité des travailleurs basques). Le P.C.E. en a été exclu en 1946. Le président du gouvernement basque en exil, M. Aguirre, a été remplacé à sa mort, en 1960, par M. de Leizaola. Cependant, l'influence de ces exilés semble avoir diminué en pays basque. Le vieux P.N.V. de tendance démocrate-chrétienne modérée, a été débordé sur sa gauche, à la fois par des éléments jeunes, partisans de l'action violente, et par des éléments ouvriers qui subordonnent le nationalisme à la lutte des classes et voient en lui un parti bourgeois. Accusé d'immobilisme par ses éléments jeunes vivant en pays basque, il a connu une première dissidence en 1958. A cette date, des étudiants de Bilbao fondèrent la revue culturelle *Ekin,* et ce groupe fusionna avec l'organisation de jeunesse du P.N.V., *Euzko Gaztedi* (E.G.I.), puis cette nouvelle formation quitta le P.N.V. en 1958 : l'E.T.A. (*Euzkadi ta Azkatazuna,* le pays basque et sa liberté) était né. Sa première affirmation, formulée dans la revue *Zutik* (Debout) fut que « la violence est nécessaire ».

A partir de ce moment, l'E.T.A. fait parler de lui. Il multiplie les actes de violence d'une guerilla rurale et urbaine dont le théâtre est aussi bien Madrid que le pays basque : attaques de banques, plastiquages de monuments, d'installations de radio, de clubs de golf et de voile, séquestrations de personnes, attaques contre les forces de l'ordre, assassinats. Ses actes les plus spectaculaires sont, en 1968, l'assassinat du chef de la brigade sociale de police de St Sébastien, Melitón Manzanares, le 20 décembre 1973 celui de l'amiral Carrero Blanco, président du gouvernement, en septembre 1974, l'explosion d'une cafétéria de la calle del Correo à Madrid (12 morts), en 1976 l'assassinat de M. de Araluce, conseiller du Royaume, sans compter les enlèvements d'industriels basques. La spirale violence-répression-représailles est voulue par l'E.T.A., qui voit en elle le moyen de mobiliser le peuple basque pour son indépendance. La répression a sévèrement atteint l'E.T.A. : état d'exception proclamé à plusieurs reprises en pays basque, procès de Burgos de décembre 1970, activistes condamnés à mort et exécutés, etc. Les forces de répression (garde civile, police armée, brigades sociales de la police) entretiennent en pays basque des effectifs considérables (15.000 gardes civils, le quart des effectifs totaux de cette force), ce qui fait parler d'occupation militaire de l'*Euzkadi*. Les méthodes répressives des forces de police ont été critiquées à plusieurs reprises en Espagne et à l'étranger, en particulier l'usage de la torture. Cette accusation, a-t-il été dit, serait formulée parfois à des fins de propagande, en termes exagérés. L'E.T.A. s'est acquis une réputation de violence impitoyable, une violence que réprouvent beaucoup de nationalistes basques et la quasi-totalité des partis politiques, en particulier lorsqu'a été décidée l'exécution systématique de tous les maires basques (ceux d'Oyarzún et de Galdácano ont été victimes de cette décision).

Le mouvement E.T.A. a connu plusieurs scissions. Au cours de sa Vème assemblée, en 1967, il s'est coupé en deux fractions : la vieille E.T.A., celle des fondateurs, et la nouvelle E.T.A., dont le programme est la lutte ouverte et la révolution, et qui glisse vers le marxisme-léninisme. Une seconde scission s'est opérée à la VIème assemblée, en 1970. Il y a désormais l'E.T.A.-V branche militaire, et l'E.T.A.-VI branche politique : la seconde reproche à la première de « tomber dans le militarisme », de se livrer à « une action révolutionnaire armée qui ne se différencie en rien du terrorisme fascsite ». L'E.T.A.-V riposte en accusant E.T.A.-VI d'être « espagnoliste », de renoncer à la lutte armée pour l'indépendance basque, de lui préférer la création d'un appareil de masse au niveau de l'Etat espagnol, en limitant la revendication nationaliste à la proclamation du droit d'autodétermination. L'assemblée de 1974 a vu se reproduire ces divergences.

L'E.T.A.-VI, dont une fraction est devenue E.T.A. VI-L.C.R. (Ligue communiste révolutionnaire, trotskyste), et dont une autre est marxiste-léniniste maoïste, se consacre plutôt à l'organisation des actions de masse, politique que l'E.T.A.-V ne condamne pas, mais qu'elle juge nécessaire d'appuyer par la lutte armée. Quant au groupe *Ezkubi,* dit « des intellectuels de l'extérieur », ou « des cellules rouges », et dont le siège est à Bruxelles, il s'est séparé de l'E.T.A.

D'après une analyse ([26]), la popularité de l'E.T.A. serait en baisse depuis 1975 environ dans le pays basque, où l'organisation trouverait moins de sympathies qu'autrefois en raison de sa violence excessive. La trop grande jeunesse de ses activistes, l'absence d'unité de direction, la division entre « militaires » et « politiques » ou « politico-militaires », avec les règlements de comptes internes qu'elle implique, seraient des facteurs d'affaiblissement de l'E.T.A. Quoi qu'il en soit, E.T.A.-V a compris que son combat ne pouvait être dissocié de l'action ouvrière. C'est de l'intérieur, et non du dehors, que la masse des travailleurs basques peut être sensibilisée à la revendication nationaliste. L'E.T.A.-V a donc créé, dès 1968, un Front ouvrier, dont le but est une démocratie socialiste dans un *Euskadi* libre. L'importance de l'action ouvrière est devenue, en effet, considérable en pays basque ; en décembre 1974, par exemple, la grève générale a été déclenchée et massivement suivie à Pampelune, Estella, Tudela, St-Sébastien, Irún, Tolosa, Eibar, etc. ; en mars 1976, la grève de Vitoria a fait quatre morts et entraîné des manifestations de masses dans les Provinces. Cette situation a provoqué le départ de l'E.T.A. de fractions telles que le L.A.I.A. (*Languile Abertzale Iraultzailcen Alderbia,* ou Parti des travailleurs patriotes révolutionnaires) et le Groupe du mouvement culturel : ces formations jugeaient que la priorité donnée par l'E.T.A.-V au militarisme l'empêchait de développer une politique révolutionnaire et éloignait de lui la masse. Pour la même raison, des militants de l'E.T.A. ont fondé en 1975 une organisation patriotique de gauche, l'E.A.S. (*Euskal Alderdi Sozialista,* parti socialiste basque), devenue, après fusion avec d'autres formations, l'E.H.A.S. (*Euskal Herriko Alderdi Sozialista*), et dont l'implantation en pays basque est de plus en plus solide.

Il convient de préciser que la plupart des attentats commis par l'E.T.A. ont pour auteurs des militants d'E.T.A.-Vème assemblée. Ces activistes seraient peu nombreux, un millier au plus, dit-on. Ils sont organisés en cellules étanches et reçoivent de l'aide de l'Espagne et de l'étranger. En Espagne, leurs militants *liberados* trouvent des sympathies et des complicités actives dans la population, qui leur ménage des asiles, des cachettes. Très peu d'ecclésiastiques feraient partie de l'E.T.A. (deux d'entre eux, toutefois, étaient assis au banc des accusés pendant le fameux procès de Burgos de décembre 1970). Mais certains lui prêtent un concours actif : locaux religieux mis à sa disposition, ravitaillement en armes et munitions, filières de passage de la frontière, renseignements. 26 prêtres basques étaient emprisonnés, en 1970, à la prison spéciale pour ecclésiastiques de Zamora, dite prison concordataire.

A l'étranger, l'E.T.A. compterait notamment, dit-on, sur l'appui de l'I.R.A. irlandaise. Il a surtout l'avantage de trouver dans le pays basque français une véritable base arrière pour ses opérations. Il y entraîne et ravitaille ses militants, prépare son matériel de propagande, tient des réunions et conférences de presse clandestines. Les nationalistes basques français sont moins mordants que leurs frères espagnols. Un mouvement à cependant été fondé en 1963, *Enbata* (« le vent annonciateur de la tempête »), qui édite une revue du même nom, et des *ikastolas* (écoles basques) ont été ouvertes à partir de 1969 [27]. Les nationalistes basques français adoptent le thème des 7 provinces d'*Euskadi,* se plaignent de ce que le développement économique de leur région a été négligé par l'Etat français, et demandent, dès à présent, la création d'un département basque correspondant à l'arrondissement de Bayonne, avec trois arrondissements qui seraient créés à Saint-Palais, Mauléon et Saint-Jean-de-Luz. L'activité déployée par les activistes de l'E.T.A. dans le Sud-Ouest de la France a conduit le gouvernement français à proclamer l'incompatibilité des activités politiques militantes avec le droit d'asile, et à prononcer des assignations à résidence dans le Nord ou à l'île d'Yeu. Ces mesures, bien que souvent inopérantes, ont été vivement critiquées par les deux partenaires : soutenus par les partis français d'opposition, les nationalistes basques espagnols veulent y voir une collusion d'intérêts économiques entre Paris et Madrid (répression de l'E.T.A. en France, en échange de commandes de matériel de guerre par l'Espagne). De son côté, le gouvernement espagnol juge ces interventions absolument insuffisantes ; soutenu par la presse, il a protesté officiellement, à différentes reprises, contre le peu d'empressement de la police française et contre les refus d'extradition opposés par Paris.

la situation actuelle

A l'action des nationalistes, s'ajoute l'agitation ouvrière, qui se confond souvent avec elle et revêt des formes volontiers très violentes (exemple, les grèves de Vitoria en mars 1976 : 4 morts). S'y ajoute aussi l'activité des groupes « antiterroristes », en particulier celle des *Guerrilleros de Cristo Rey,* qui s'est intensifiée en 1975-76 dans le pays basque. Tout cela se conjugue pour entretenir dans la région un climat de lutte, dans lequel se sont politisées les manifestations folkloriques les plus traditionnelles. Des heurts avec les forces de l'ordre, des morts, de nombreux blessés, des arrestations, tel a été le bilan, en 1976, des fêtes de l'*alarde* d'Irún, du jour de l'*arrantzale* d'Ondárroa, de la *sampedra* et des *sanfirmes* de Pampelune, des *magdalenas* de Renteria, du *San Ignacio* d'Estella, du *celedón* de Vitoria, etc. A Galdácano, la fête des *carrozas* (défilé de voitures décorées comme pour le Carnaval) a été une manifestation politique pure et simple : les jeunes gens portaient le vêtement de travail des pêcheurs, la chemise ornée des trois couleurs basques et de portraits de nationalistes tués ou emprisonnés ; les chars étaient ornés de cartes des 7 provinces entourées de chaînes, et de panneaux à slogans ; sur certains d'entre eux, avaient été dressées des cages à barreaux, dans lesquelles des Basques étaient enfermés.

pour le statut et les « fueros »

En quoi consiste aujourd'hui la revendication nationaliste basque ?
Aux griefs communs à toutes les régions périphériques, dont on trouvera l'essentiel sous la rubrique de la Catalogne, s'ajoutent des griefs proprement basques. Les Provinces, déclare-t-on, ont été de tous temps des entités politiques libres et indépendantes ; elles ont cessé de l'être par la force, et c'est encore la force qui veut empêcher la revendication de ce droit. Dans ces conditions, les Provinces n'ont pas à participer à la vie politi-

que de l'Etat espagnol : en septembre 1971, aux élections des députés aux Cortès représentant la famille, le taux d'abstention a atteint 67 % (74 % à St Sébastien) ; au référendum du 15 décembre 1976, c'est le pays basque, encore, qui a battu le record des abstentions.

Ce dont les nationalistes ne veulent pas, c'est un *concierto económico* qui, disent-ils, ne bénéficierait qu'à l'oligarchie capitaliste. Ils rejettent aussi l'idée d'un régime administratif spécial, qui ne représenterait qu'une décentralisation dérisoire. Ils réclament l'autonomie, sinon l'indépendance, avec reconnaissance du bilinguisme officiel. Des conversations ont eu lieu en 1976 entre les nationalistes et le gouvernement. Il semble que les premiers soient disposés à accepter une formule d'autonomie de base, « sous réserve des droits inaliénables du peuple basque » à se gouverner lui-même. A une période d'autogouvernement provisoire, par exemple sur la base du statut d'Estella, succèderait l'autodétermination. Ce serait le point de vue du P.N.V., de l'A.N.V., du P.C.E., de plusieurs groupes de gauche. E.T.A.-V exige d'abord l'indépendance.

En 1976, certaines collectivités locales ont même réclamé le rétablissement des *fueros* antérieurs à la loi du 25 octobre 1839. (Déjà en 1942, le président de la députation provinciale du Guipúzcoa avait demandé leur remise en vigueur, non sans un certain courage à l'époque, ce qui lui avait valu sa destitution immédiate).

Dans le futur Etat d'*Euskadi* dont ils demandent la création, les nationalistes incluent la Navarre. Il est inutile, affirment-ils, de consulter la population ; la Navarre est basque par définition. Ce n'est pas l'avis de ceux d'entre eux qui, on va le voir, sont désignés du nom de « succursalistes » : toute la Navarre, objectent-ils, n'est pas de peuplement ou de langue basque ; une consultation populaire préalable s'impose donc.

Une question se pose à ce propos : parmi les nationalistes qui défilent sous l'*ikurriña* aux trois couleurs, qui chantent le *Guernikako Arbola* et célèbrent, le dimanche de Pâques, l'*Aberri Eguna* (le jour de la patrie basque), quels sont les nationalistes purs, et quels sont les « succursalistes » ?

Il convient d'abord de préciser qui n'est pas nationaliste. La haute bourgeoisie d'affaires basque, le « bunker de Neguri », ne l'est probablement pas au sens où l'entend la masse. Ses inté-

« abertzales » et « succursalistes »

205

rêts couvrent l'ensemble de l'Etat espagnol, elle est « espagnoliste ». Elle s'entend reprocher d'avoir pris parti pour Madrid depuis un siècle et d'avoir été récompensée de cette attitude par l'attribution de titres nobiliaires, au temps d'Alphonse XIII, puis par la désignation à de hautes fonctions au temps du franquisme (Iturmendi, Oriol, Esteban Bilbao, Urquijo, Areilza). D'autre part, les préoccupations nationalistes demeurent étrangères à la masse peut-être majoritaire des travailleurs allogènes, qui n'est ni bascophone ni attachée aux traditions historiques et culturelles basques. Les nationalistes font un effort pour l'attirer à eux, favorisés par la fréquence des mariages entre Basques et non-Basques et par le fait que la rigueur de la répression policière resserre la solidarité entre autochtones et allogènes. Il devient cependant difficile aux vieux nationalistes de conserver rigoureusement intacts leurs thèmes initiaux, quelque peu romantiques, de pureté ethnique et de notion théocratique de l'Etat. Ceux qui se réclament d'un nationalisme pur — celui des Basques authentiques, nés en milieu basque, parlant l'*euskara,* et dont les modes de pensée et de vie sont basques — se recrutent dans les milieux ruraux, chez les ouvriers autochtones, parmi les patrons de petites et moyennes entreprises, dans les milieux intellectuels et les classes moyennes. Ceux-là sont les *abertzales* (les patriotes). Leurs organisations politiques et syndicales ont pour cadre exclusif l'*Euskadi* ; elles n'ont rien à voir avec les autres partis et syndicats d'Espagne. A leurs yeux, les membres des organisations dont l'audience est péninsulaire et le centre de décision extérieur au pays basque, sont des « succursalistes », des « espagnolistes », des « socio-impérialistes ». Ils craignent que ces formations à l'échelle de l'Etat espagnol ne soient pas nécessairement des partisans résolus de l'autonomie basque ; ils redoutent, le jour venu, de ne recevoir d'elles qu'un régime de nationalité à la soviétique, simulacre d'autonomie que de tels partis, de philosophie et de structure unitaires, ne pourraient pas dépasser. Les *abertzales* s'opposent aux « succursalistes », lacèrent leurs affiches, échangent des coups avec eux.

La communauté basque se trouve donc actuellement divisée en *abertzales* et « succursalistes », en partis de droite et partis de gauche, avec une oligarchie financière qui n'attend rien de bon du combat nationaliste, et des éléments échappant au contrôle des organisations politiques et syndicales, telles les assemblées d'usine qui

Pays basque. Organisations politiques et syndicales d'opposition.

1. Organisations « abertzales » :
   — **P.N.V.** (Parti nationaliste basque), démocrate-chrétien.
   — **A.N.V.** (Action nationaliste basque), gauche libérale.

   — Partis du centre. Voudraient former un Conseil national basque.

   — **E.S.B.** (Action nationaliste basque).
   — **K.A.S.** (Coordination des « abertzales » socialistes) (sept. 1976) :
       E.T.A.-Vème Assemblée (nouvelle branche politico-militaire).
       E.H.A.S. (Parti du peuple basque socialiste).
       L.A.I.A. (Parti des travailleurs patriotes révolutionnaires).
       L.A.B. (Organisation ouvrière).

   — Revendique un Etat d' « Euskadi » avec régime préalable d'autonomie plus large que celui de 1931-36, nationalisations, resserrement des liens avec l' « Euskadi » français.
   — Voudrait former un Front « abertzale » avec P. N. V. et A.N.V.

   — **S.T.V.** (Solidarité des travailleurs basques), organisation syndicale.

2. Organisations espagnoles représentées en pays basque (« succursalistes ») :
   — **P.C.** d' « Euskadi » (Parti communiste)
   — **M.C.** d' « Euskadi » (Mouvement communiste).
   — Groupe des travailleurs marxistes-léninistes d' « Euskadi ».
   — **P.T.E.** (Parti espagnol du travail) (ex-P.C. international, tendance pro-chinoise).
   — **O.R.T.** (Organisation révolutionnaire du travail), communiste, tendance pro-chinoise.
   — **E.T.A.-VI-L.C.R.** (Ligue communiste révolutionnaire), trotskyste.
   — **P.S.O.E.** (Parti socialiste ouvrier espagnol).
   — **P.S.P.** (Parti socialiste populaire, de M. Tierno Galván).
   — **E.K.A.** (Parti carliste d' « Euskadi »).
   — Démocratie-chrétienne basque.
   — Commissions ouvrières, à majorité communiste.
   — **U.G.T.** (Union générale des travailleurs), socialiste.
   — **U.S.O.** (Union syndicale ouvrière), socialiste autogestionnaire.

   Organisations syndicales

ont déclenché les grèves « sauvages » de Vitoria en mars 1976.

C'est dans ce contexte que le gouvernement espagnol va devoir résoudre le problème basque. Il a constitué une commission pour l'étudier et proposer des formules. Quelle que soit la date à laquelle il verra le jour, un statut particulier est inéluctable dans le cas du pays basque : le rétablissement de l'ordre dans cette région névralgique n'est pas une question de force, mais de solution politique acceptée.

LES PAYS CATALANS

la catalogne

Ils ne savent peut-être pas tous que la *sardane* se rattache à un antique rite solaire — le calme de la nuit, suivi du chant du coq, puis du triomphe du soleil et du chant des oiseaux —, ni que le cercle de ces danseurs évoque le disque du soleil. Mais tous les Catalans la dansent, hommes et femmes chaussés d'espadrilles et se tenant par la main, le visage grave et comme recueilli. Les rondes de danseurs, les *colls,* se forment un peu partout le dimanche, sur les places des villages, dans les quartiers de Barcelone, autour d'un petit orchestre de flageolets et de hautbois. Plus qu'une danse, la *sardana* est l'affirmation de la personnalité catalane. L'interdire, comme firent la dictature de Primo de Rivera et le régime franquiste, c'est commettre un attentat, pis encore, une faute grave.

Car elle fait partie des symboles de la nation catalane, de ces signes extérieurs que re-

l'affirmation de la personnalité nationale

présentent un hymne, un drapeau, un saint patron, un lieu saint, une fête nationale. L'hymne est le chant d'*Els Segadors* (les moissonneurs) : le jour de la Fête-Dieu de 1640, exaspérés par les brimades du ministre Olivarès, les paysans catalans se soulevèrent, faux en mains, en chantant *Grans cops de fals, defensors de la terra* et firent massacre de Castillans à Barcelone. Au drapeau catalan, quatre bandes rouges sur fond jaune (les quatre provinces) est attribuée une origine héroïque : au IXème siècle, le comte de Barcelone Joffre le Poilu (Guifré el Pilós) ayant été blessé aux côtés de Charles le Chauve, celui-ci lui demanda quelle récompense il souhaitait recevoir ; le comte lui montra son écu vide d'armoiries ; alors Charles posa quatre doigts sur sa blessure et, avec le sang, traça quatre raies rouges sur l'écu doré.

La Catalogne a pour saint patron St Georges (Sant Jorgi) et pour fête nationale le 11 septembre, en souvenir du jour de deuil de 1714 où les troupes de Philippe V entrèrent dans Barcelone vaincue, au terme de la guerre de Succession d'Espagne qui coûta à la Catalogne l'abolition des *fueros*.

La Catalogne possède aussi son Guernica : l'abbaye bénédictine de Montserrat, à 60 kilomètres de Barcelone. C'est un minuscule massif montagneux jaillissant de la plaine comme une falaise, une fantasmagorie minérale rouge sombre et gris rosé, faite de monolithes géants, de tuyaux d'orgue et de dents de scie qui lui ont valu son nom (le mont scié). Des téléphériques transportent les visiteurs au monastère enchâssé dans cette masse. L'abbaye, reconstruite au siècle dernier, n'a rien d'émouvant en elle-même, bien qu'elle renferme de précieux incunables et la statue de la Vierge noire, *la Moreneta* (la brunetne), objet d'un pèlerinage de foule. Sa vraie richesse est l'étrangeté de son cadre naturel, propice à la légende, à l'érémitisme et à l'inspiration littéraire (Wagner en a fait le décor de *Parsifal*). Elle est chère à plus d'un titre au cœur des nationalistes. Elle leur a servi de lieu de réunion et d'asile au temps du célèbre prieur Dom Escarré ; elle a édité en 1959 la première revue en catalan parue depuis la guerre civile, *Serra d'Or* ; c'est aussi dans ses murs que fut rédigé le manifeste des intellectuels catalans de 1971 et que le P. Xirinachs, un martyr de la cause antifranquiste, fit l'une de ses grèves de la faim.

Le Catalan est d'abord catalan ; espagnol, peut-être ; castillan, jamais. Demander à un libraire la traduction « en espagnol » d'un ouvrage catalan, est une légèreté qui attire la répartie condescendante bien méritée : « Vous voulez dire en castillan, *señor* ? ».

1. Le pays de Catalogne

Parmi les traits généraux qui caractérisent la Catalogne, les trois suivants méritent d'être retenus :

— Le paysage n'a rien de grandiose, mais la côte est pittoresque et son climat méditerranéen, ce qui favorise le tourisme des plages, exceptionnellement développé ici.

— Le sol est pauvre, mais une population entreprenante en a fait une terre productive (*les Catalans tirent leur pain de la pierre,* affirme un dicton). La Catalogne n'est pas seulement une grande région industrielle ; elle est aussi une importante région agricole.

— Le sous-sol est pauvre, alors qu'elle est l'une des zones les plus hautement industrialisées de la Péninsule. L'essor industriel est dû ici à d'autres causes que l'abondance et la proximité des matières premières.

costa brava et costa dorada

La première de ces deux côtes célèbres est celle de la province de Gérone. Elle est rocheuse et escarpée, d'où son nom de *brava* (sauvage). Les falaises et les calanques où joue la lumière, les criques où dorment les embarcations de plaisance, le décor de pins maritimes et de chênes-lièges, ajoutent la vie de leurs couleurs à celle des petites anses de pêcheurs, et les plages blondes y sont douces. La liste des stations de tourisme ressemble à un dépliant d'agence de voyages : Cadaquès, Palamos, S'Agaro, San Feliu de Guixols, Lloret de Mar, Tossa de Mar, Blanes. Sur la Costa Dorada, grève presqu'ininterrompue des provinces de Barcelone et de Tarragone, se trouvent les plages favorites des Barcelonais, celles du Maresme (Arenys de Mar, Masnou), de Castelldefells et de Sitges ; Salou est la plage de Tarragone.

L'invasion estivale européenne (encore favorisée en 1976 par l'ouverture de l'autoroute Perpignan-Barcelone par le Perthus et la Junquera) a le choix entre les plages familiales et les stations du type St Tropez, avec la gamme des formules intermédiaires. On peut redire ici ce qui a déjà été noté à propos de la Costa del Sol andalouse : défiguration du cadre naturel, spéculation immobilière, constructions souvent trop hâtives, travail saisonnier d'appoint pour la population locale, source supplémentaire de richesse pour toute cette zone. Avec une remarque toutefois : l'urbanisme n'a pas atteint sur les côtes catalanes le degré de gigantisme que l'on observe sur la Costa del Sol.

un sol pauvre bien cultivé

Le paysage catalan n'a rien de commun avec les grandes fresques naturelles de la Castille. Il est modeste, à l'échelle humaine. Au sud de la zone pyrénéenne, le pays est découpé par les petites sierras et les collines, par les vallées des *ríos côtiers* et des affluents de l'Ebre. Quelques minuscules lacs, beaucoup de sentiers et de chemins vicinaux. La vaste sylve catalane de

---

Les pays catalans.

L'expression « pays catalans » désigne en général les territoires suivants :

a) **En Espagne :**
- **La Catalogne proprement dite, celle des quatre provinces de Gérone, Barcelone, Lérida et Tarragone, formant l'ancienne Principauté ou « Principat » de Catalogne. Les deux premières sont dites Vieille Catalogne, les deux autres Nouvelle Catalogne.**
- **Le pays valencien (jusqu'à Guardamar del Segura, au Sud).**
- **L'archipel des Baléares.**
- **La région de Ribagorça (Aragon oriental).**
- **(L'Andorre est de langue et d'ethnie catalanes).**

b) **En France, la Catalogne française (partie du département des Pyrénées Orientales) :**
- **La Cerdagne française, le Roussillon, le Conflent, le Vallespir et le Capcir.**

L'étymologie du mot Catalogne ne semble pas avoir été élucidée. On a proposé les explications suivantes : Gothalunia (le pays des Goths), le pays des Celtes venus des Champs Catalauniques, « catlan » (le maître de château), Montecatanus (du nom du château de Moncade), le mot grec « Laketanoi », devenu Katelanoi par métatèse. [1]

jadis a été dévastée pour les besoins de la Marine, des forges, de la pâte à papier. Il en reste quelques vestiges, sapins et pins, et les chênes-lièges de la province de Gérone qui alimentent les bouchonneries locales. La pêche produit peu. L'élevage des bovins se développe ; celui des moutons n'a plus l'ampleur du temps jadis, où prospérait en Catalogne une sorte de *Mesta* analogue à celle de Castille, moins puissante, mais tout aussi abusive. En revanche, l'élevage des volailles est le plus important d'Espagne.

L'agriculture est pratiquée en *regadïo* (au Nord et à l'Est du *rio* Llobregat) ou en *secano* (au Sud et à l'Ouest de ce fleuve côtier), dans les deux cas avec beaucoup de soin. L'effort soutenu des agriculteurs catalans fait produire à la région des ressources variées et abondantes (100.000 tonnes de légumes par an pour la seule petite plaine du Llobregat) : céréales, plantes fourragères, fruits (beaucoup d'amandes et de noisettes), de l'huile, du riz (dans l'Ampurdan, à Lérida, dans le delta de l'Ebre), de la betterave sucrière, des légumes, du vin.

La demeure de l'agriculteur catalan est la *masia,* l'équivalent du *mas* provençal, la descendante de la *villa romaine.* C'est un vaste et solide bâtiment, dont le type pur comporte un étage et seulement deux étroites fenêtres au rez-de-chaussée. La *masia,* isolée mais proche d'une agglomération, se rencontre surtout au Nord et à l'Est, dans les basses terres irriguées. Elle n'est pas courante dans la zone pyrénéenne, ni dans les secteurs de *secano,* où dominent les grosses agglomérations. Ces demeures soignées témoignent de l'importance que les Catalans attachent à l'habitation. (Un dicton déclare que le premier souci est, en Castille de se vêtir, en pays basque de manger, en Catalogne d'avoir une belle maison). Elles sont également le signe de l'aisance dans laquelle vivent, ou vivaient, les petits propriétaires et fermiers depuis longtemps libérés de la condition féodale. Le *latifundio* est rare en Catalogne, la petite exploitation est la règle. Les centres ruraux, même les plus petits, disposent de facilités dont tous les *pueblos* espagnols ne sont pas encore équipés : l'eau courante, l'électricité, le téléphone ; dans les villes, la salle de bains fait partie des appartements même modestes. De même, il n'existe guère de *pueblo* catalan sans coopérative agricole, sans chorale, et sans deux cafés (un pour les riches et un pour les pauvres).

La paysannerie catalane proteste cependant contre sa condition économique présente :

elle organise des manifestations et barre les routes par des tracteurs. Ses syndicats libres, *Unió de Pagesos, Assemblea de las tierras de Lleida* et autres, dénoncent les maux dont souffrent, disent-ils, les agriculteurs d'aujourd'hui : la spéculation immobilière, l'insuffisance du système de sécurité sociale, le chômage agricole, la situation précaire des colons (la *masoveria*), en majorité titulaires de contrats verbaux. Ils se plaignent du niveau trop bas des prix agricoles, en particulier de ceux des olives, des fruits de Lérida, des tomates d'Amposta, alors que les prix des machines agricoles, des engrais et des insecticides ont monté de 700 % en 20 ans : d'où la décapitalisation de l'agriculture et la paupérisation des petits propriétaires qui gagnent deux fois moins, selon eux, qu'un manœuvre industriel. Beaucoup de centres ruraux de 1.000 habitants, affirment-ils, ne comprennent plus que 5 % d'agriculteurs contre 90 % il y a quelques décennies, et ces 5 % sont âgés en majorité de plus de 55 ans.

la Catalogne industrielle

Les forges étaient une industrie pratiquée en Catalogne depuis l'Antiquité. Les « forges catalanes » ou *molins de fer,* connues de l'Europe entière, avaient introduit au XIIème siècle des innovations techniques importantes dans la métallurgie. Il s'y ajoutait des industries de type artisanal qui prospéraient dans les petites vallées : le chanvre, la céramique, la meunerie.

Les conditions ont changé. Les mines de fer sont épuisées ; le sous-sol ne renferme pas de charbon. Les seules ressources minières sont aujourd'hui les potasses de la Catalogne intérieure (à Cardona, Sallent et Suria), avec un peu de plomb et de lignite. En revanche, la région dispose d'un très grand port bien équipé pour recevoir les matières premières et exporter les produits finis : Barcelone. Par ailleurs, l'énergie électrique est abondante : l'énergie hydro-électrique (à Tremp et Capdella surtout) est complétée par de grandes centrales thermiques, et par le transport de force des centrales hydroélectriques aragonaises. Les recherches pétrolières se poursuivent sans grand résultat. Mais la Catalogne possède l'une des trois centrales nucléaires d'Espagne, à Vandellos (Tarragone), la seule de construction française ; une autre est en cours de montage à Ascó, également dans la province de Tarragone, et une troisième en projet à L'Amettla, toujours dans la même province.

Ces conditions font de la Catalogne une

région hautement industrialisée. L'activité industrielle y offre des aspects originaux. Ateliers et usines travaillent exclusivement (sauf le cas du liège) avec des matières premières importées. Par ailleurs, à l'exception de la sidérurgie, la plupart des grandes branches industrielles sont largement représentées. Une autre caractéristique essentielle est la dispersion : une dispersion géographique, et une atomisation ou une multiplicité des grandes, moyennes et petites entreprises. L'industrie du liège, par exemple, fait vivre plus de 200 bouchonneries dans la province de Gérone. C'est surtout dans le textile que se manifeste ce double phénomène de dispersion. Les points qui figurent sur la carte les établissements de l'industrie cotonnière et lainière sont multiples dans la zone de Barcelone, et leur densité décroît à peine le long du Llobregat et du Ter. Cette structure n'est peut-être pas la meileure du point de vue de la productivité, mais elle maintient un mode de vie mi-rural, mi-industriel, peut-être préférable, sur le plan humain, à celui des concentrations géantes.

90 % de la production espagnole des tissus de coton proviennent de la Catalogne, plus particulièrement d'Igualada, Sabadell, Granollers, Mataró. L'industrie lainière est implantée notamment à Barcelone, Tarrasa et Sabadell (« le Manchester espagnol ») ; les textiles artificiels (nylon et autres) à Barcelone et Olot ; le tricot à Ripoll et Olot. L'industrie métallurgique est la seconde branche de l'activité catalane. Barcelone produit des locomotives et du matériel ferroviaire, du matériel électrique, des machines, de la câblerie ; l'industrie automobile y est représentée en particulier par les grandes usines de la S.E.A.T. (Société espagnole d'automobiles de tourisme). Les constructions navales, les industries du papier, du verre, du cuir, les industries alimentaires, celle du liège s'ajoutent à la longue liste, dans laquelle une place de choix est occupée par les industries chimiques. Le tiers de la production nationale d'engrais, produits pharmaceutiques, produits chimiques de toute nature, provient de la zone de Barcelone, et Flix (Tarragone) fabrique de l'hydrogène.

La florissante industrie catalane doit en grande partie son développement à la politique protectionniste de l'Etat espagnol, qui lui a réservé le marché intérieur : la Catalogne a intérêt à ce que s'élève le niveau de vie des Espagnols, c'est-à-dire leur pouvoir d'achat. Son développement a exigé par ailleurs un apport de main-d'œuvre allogène (l'effectif ouvrier de la Catalogne a triplé en 25 ans, depuis la guerre civile). Cette main-d'œuvre immigrée a exercé une influence marquée sur la composition de la société catalane et son importance numérique a été si forte qu'on a pu se demander si l'originalité nationale de la Catalogne ne s'en trouverait pas affectée.

un peuple frustré

Il est entendu que le Catalan est actif et industrieux, qu'il a l'esprit pratique et logique, en un mot qu'il possède le *seny* (le bon sens, la raison, l'équilibre, le jugement). C'est sous ce jour qu'il est connu à l'étranger. Il ne s'offusque pas de voir son épouse travailler et gagner plus que lui, mais considère traditionnellement le travail de la femme comme incompatible avec l'état de mère. Il est partisan du divorce et de la complète égalité des droits et devoirs de l'homme et de la femme.

Le peuple catalan est (cf. tableau en annexe) le plus déchristianisé de la Péninsule, le plus anticlérical aussi. Ce sentiment s'explique en partie par le comportement longtemps centraliste du clergé régional, mais certainement aussi par l'absence complète de mysticisme et de fanatisme, par le goût de la liberté de pensée et de la tolérance. Au Moyen-Age, les religieux catalans s'efforcèrent de limiter l'action de l'Inquisition ; le peuple avait de la sympathie pour les Cathares et ne montrait pas d'animosité à l'égard des Juifs (les autorités catalanes firent même exécuter les auteurs des rares pogromes qui eurent lieu en Catalogne au XIVème siècle). On a remarqué qu'il n'a existé en Catalogne que deux mystiques véritables, Raymond Lull, et six siècles plus tard, le poète Verdaguer, et que les saints catalans avaient eu assez de sens pratique pour fonder des ordres religieux, tels que l'Ordre de la Merci, ou des écoles religieuses.

C'est généralement par comparaison avec le caractère castillan qu'est défini le tempérament national catalan. Les Castillans lui reprochent un matérialisme, une étroitesse de vues, un manque de grâce qu'ils opposent à leur propre élévation d'esprit, à leur mysticisme, à leur idéalisme, à leur sens de la grandeur. Ils leur reprochent d'être vaniteux de leur réussite matérielle et d'adopter toujours, par défi, le contrepied de ce que font et pensent les Castillans, dans lesquels ils voient les Prussiens de l'Espagne. Il est vrai que les Catalans ont décidé d'ignorer les gens de Madrid. Lorsque l'Espagne se montrait en majorité germanophile, pendant les deux Guerres Mondiales, les Catalans affectaient d'être francophiles ; 12.000

d'entre eux s'engagèrent dans l'armée française de 1914. Ils préfèrent passer les vacances dans leur propre région. Et lorsque les riches Catalans ou Catalanes veulent s'habiller, ils vont volontairement à Paris plutôt qu'à Madrid, se sentant, ou déclarant se sentir, plus proches de la première que de la seconde de ces capitales.

Leur susceptibilité sur ce qui touche leur nation est à fleur de peau, surtout si l'interlocuteur est Castillan. Il y a quelques années, le directeur d'un grand quotidien barcelonais, *La Vanguardia*, ayant tenu des propos sévères sur les prêtres prononçant des serments en catalan, les lecteurs et annonceurs boycottèrent le journal, dont le directeur dut être remplacé. Dans les matches de football disputés entre équipes barcelonaises et madrilènes, le chauvinisme catalan prend un caractère explosif. Les Castillans, qui ont la dent dure, déclarent que, si le Catalan se montre aussi courtois envers ses hôtes, c'est parce qu'il veut les forcer à l'écouter pendant qu'il leur fait un cours complet sur l'histoire de la Catalogne. Ils raillent aussi ce qu'ils appellent la mentalité maladive des Catalans, et la comparent à celle de certaines femmes égocentristes qui trouvent qu'on ne s'occupe jamais assez d'elles. Ils ironisent sur ce qu'ils présentent comme des expressions romantiques ou puériles d'une sensibilité nationale qui survalorise le passé et idéalise la culture de la Catalogne. Les Catalans ne sont pas en reste sur ce terrain, et il faut reconnaître qu'ils ont des raisons de se sentir une mentalité de peuple frustré, injustement traité : s'ils ont une mentalité de ghetto à l'égard de Madrid, il convient de se rappeler que les ghettos ont pour cause l'adversité et l'amertume.

Les Catalans sont connus pour leur turbulence, pour leur ardeur à défendre leurs libertés et l'indépendance de leur pays. Ils manifestent cependant moins d'exubérance que leurs cousins valenciens dans les fêtes de leur folklore national. A part la symbolique *sardana* déjà nommée, ils connaissent seulement les exercices acrobatiques des *xiquets* de Valls, de Vendrell, et de Tarragone, et les courses de taureaux, qui ont lieu en particulier à Barcelone à l'occasion de fêtes de Notre-Dame de la Merci, en septembre.

la langue

L'un des symboles de leur unité nationale auxquels ils tiennent le plus est leur langue. Le catalan est une langue d'oc, proche du vieux provençal ou « limousin », à laquelle s'est mélangé un peu de vieil aragonais. Elle est l'une des premières à s'être détachée du bas-latin. Comme le basque, elle comporte plusieurs dialectes : ceux de Gérone, de Barcelone, de Lérida, de Tortose, sans compter les dialectes valenciens d'Alicante, Valence et Castellón, ni le majorquin. Elle a brillé pendant les XIIème et XIVème siècles, âge d'or de la littérature catalane. La persécution linguistique de Philippe V lui porta un coup au XVIIIème siècle, mais elle continua à être utilisée dans les diocèses d'Urgel, de Solsona, de Gérone, pour les inscriptions sur les registres paroissiaux de l'état-civil et pour les célébrations liturgiques. On sait que le régime franquiste interdit l'usage du catalan en 1939, aussi bien dans les actes officiels qu'à l'école, dans les noms de rues, dans les actes d'état-civil, dans la presse et dans les livres. Cette rigueur s'atténua par la suite. Alors qu'en 1946 il n'a été publié que 12 livres en catalan contre 740 en 1933, le chiffre était remonté à 136 en 1953, et les librairies catalanes offrent aujourd'hui de longs catalogues d'ouvrages rédigés en langue vernaculaire. Le clergé catalan s'est efforcé de maintenir vivace l'usage du catalan dans le peuple, en célébrant des messes dans cet idiome, en distribuant des missels en catalan ; on lui a d'ailleurs reproché d'être plus soucieux de cataloniser que d'évangéliser. C'est dans la province de Gérone que se rencontre la plus forte proportion de catalanophones.

La politique de Madrid s'est modifiée depuis quelques années en matière linguistique : la loi sur l'éducation du 4 août 1970 a prévu « la culture de la langue vernaculaire » dans les écoles d'éducation générale de base (les E.G.B.), en déclarant que « le Castillan doit s'étudier, une langue étrangère s'apprendre, et la langue vernaculaire se cultiver ». Puis, le décret du 9 mai 1975 a prévu que le catalan, comme le basque et le galicien, ferait partie de l'éducation générale de base, progressivement et selon la volonté exprimée des parents d'élèves. On note par ailleurs que le premier congrès de la culture catalane, patronné par le Collège des avocats de Barcelone, s'est tenu en 1975, et qu'au cours des cérémonies de consécration des évêques de Ségorbe-Castellón et de Gérone, le nonce du pape s'est exprimé en catalan. Les Catalans exigent davantage. Ils réclament la coofficialité des deux langues, et l'enseignement du catalan dans les écoles, par priorité sur celui du castillan.

Si tous les habitants de la Catalogne ne parlent pas la langue du pays, ce n'est pas parce que celle-ci est en recul, mais parce que la région a importé une masse de travailleurs non-catalanophones. Cette immigration a sensiblement modifié la structure de la société catalane. Elle a été continue pendant le XIXème siècle, s'est intensifiée entre 1925 et 1936, et plus encore entre la fin de la guerre civile et 1960, date à partir de laquelle le flux migratoire s'est dirigé vers l'Europe occidentale. Pour se procurer de la main-d'œuvre, les industriels catalans s'adressaient à des *capataces* andalous (contremaîtres ou majordomes), qui leur recrutaient des manœuvres(*peones*) à bon marché dans l'excédent de la population agricole. Ces immigrants, en majorité andalous et murciens, étaient appelés murciens ou *charnegos*. De 1950 à 1960, des *pueblos* entiers d'Andalousie gagnèrent la Catalogne, *alcalde* en tête, emportant avec eux leurs archives municipales. Ce fut l'époque de la ruée vers le pain, le pain que ces populations faméliques ne pouvaient espérer trouver qu'en Catalogne, au pays basque et dans le nouveau Madrid. Quand le marché catalan du travail était saturé, les autorités locales faisaient descendre les *charnegos* du train, leur distribuaient un repas froid, quelques vêtements usagés, et les renvoyaient par le train dans leur *pueblo*. Ces mesures n'empêchaient pas toujours les infiltrations. Les malheureux se logeaient dans des baraques de fortune, les *chabolas,* édifiées sur les terrains vagues avec des ferrailles rouillées et des planches tirées des dépôts de détritus [2].

La majorité des immigrants était jeune, de 15 à 45 ans, ce qui a eu pour effet de rajeunir la population catalane en cours de vieillissement, mais le taux de natalité chez ces nouveau-venus n'a pas été supérieur, après leur installation, à celui des Catalans autochtones. Au début, les rapports étaient généralement mauvais entre ces derniers et les immigrants, qui venaient diminuer leurs rémunérations : en effet, dans chaque entreprise, une somme représentant un certain pourcentage des salaires était répartie aux ouvriers selon un système de points basé sur la situation de famille de chacun d'eux ; or les arrivants étaient généralement chefs de familles nombreuses et s'adjugeaient de ce fait la plus grosse part de ces sommes. Ils reprochaient à leur tour aux Catalans autochtones de les reléguer dans les basses besognes mal payées et de conserver pour eux les emplois les mieux rémunérés. Les travailleurs catalans s'opposaient donc à l'embauchage d'immigrés, tandis que ceux-ci participaient dans une proportion beaucoup plus forte que les premiers aux mouvements de protestation ouvrière. Ces heurts se font plus rares aujourd'hui. Les immigrants se sont vite assimilés, les Andalous plus que les Castillans et les Aragonais. Déjà en 1960, 33 % des mariages célébrés en Catalogne unissaient des immigrés et des Catalans, contre 31 % de mariages entre nouveaux-venus et 36 % entre Catalans. Les enfants se catalanisent rapidement. Il existe des banlieues industrielles de Barcelone où le catalan est à peine compris, mais l'on peut penser que si cette langue était enseignée dans les écoles, sa propagation se ne heurterait à aucune résistance de la part de la population immigrée : beaucoup de signatures d'allogènes figurent sur les pétitions demandant l'enseignement du catalan à l'école. On peut penser aussi qu'il était temps que l'apport massif d'allogènes arrive à son terme : rien qu'entre 1950 et 1960, la Catalogne en a reçu 423.000 sur les 979.000 qui ont émigré des campagnes vers les villes. Le point de saturation paraît atteint.

La population allogène, malgré son intégration progressive, constitue encore un élément distinct de la société catalane. Celle-ci est formée d'une bourgeoisie d'affaires nombreuse, puissante (qui se veut une droite libérale et moderne), de classes moyennes très développées (petits et moyens propriétaires terriens, cadres et travailleurs « en col blanc », techniciens et ouvriers hautement spécialisés), et de la masse des travailleurs, indigènes et allogènes, dont le sentiment catalaniste, dans la mesure où il est éprouvé, n'a pas le même sens que pour les deux autres couches sociales, comme on le verra plus loin.

Barcelone

En 1973, le recensement espagnol officiel attribuait à Barcelone 1.745.000 habitants. Encore un coup bas des Madrilènes, disent les Catalans ; ils veulent que leur ville soit la première d'Espagne, c'est pourquoi ils lui ont annexé les faubourgs, tandis qu'ils ne comptent pas ceux de Barcelone. Celle-ci, en réaltié, est un énorme ensemble urbain qui déborde largement les limites de la municipalité proprement dite et englobe toute une série de communes contiguës : San Andrián de Besós, Badalona, Santa Coloma de Gramanet, San Feliú de Llobregat, Cornellá et Hospitalet (Hospitalet est la seconde ville de la Catalogne, devant Gérone, Lérida et Tarragone).

Barcelone est l'une des plus anciennes

cités d'Espagne, antérieure à la venue des Carthaginois. Sa longue et vivante histoire municipale est une suite d'émeutes, de révolutions, de sièges et de bombardements : guerres intérieures catalanes, guerres avec la Castille, guerres avec les Français et les Anglais, guerre civile de 1936. Grande cité maritime, dont le pavillon régna un temps sur la Méditerranée occidentale, elle était le premier port d'Espagne au début de ce siècle ; elle est restée aujourd'hui dans le groupe de tête, avec Gijón et Bilbao.

Barcelone est avant tout une capitale : non une métropole régionale, mais la capitale d'une nation qui fut un Etat et aspire à le redevenir. A la différence des grandes villes françaises de province tournées vers Paris, Barcelone fait figure de capitale d'une nation européenne. En premier lieu, elle est profondément représentative de la Catalogne, qui en est en quelque sorte l'arrière-pays et le support, et dont elle absorbe à elle seule la moitié ou les deux tiers de la population. *Quand Barcelone s'enrhume,* a-t-on dit, *la Catalogne tousse* ([3]). En second lieu, la cité a un caractère cosmopolite, non pas seulement par le bariolage humain que lui apportent les courants maritimes de la Méditerranée et du monde entier, mais surtout par son orientation vers la vie culturelle internationale, par sa participation aux échanges intellectuels et artistiques mondiaux, en un mot par sa vocation à l'universel. Par cette attitude, elle tourne le dos à Madrid. Elle ne cherche pas à imiter cette ancienne bourgade provinciale posée sur le désert de la Nouvelle-Castille et promue capitale par accident. Elle lui est superbement indifférente, un peu condescendante peut-être. Elle est elle-même, catalane

---

La population de Barcelone.

1479 :	20.000 hab.		1897 :	500.000 hab.
1520 :	35.000 hab.		1900 :	533.000 hab.
1797 :	115.000 hab.		1930 :	953.000 hab.
1836 :	118.000 hab.		1950 :	1.280.000 hab.
1850 :	150.000 hab.		1952 :	1.305.000 hab.
1860 :	190.000 hab.		1973 :	1.745.000 hab.
1877 :	249.000 hab.			

Le chiffre de 1973 ne tient pas compte de la population des centres urbains formant avec Barcelone un vaste ensemble. Par exemple (chiffres 1970) : Hospitalet (241.000 hab.), Badalona (163.000 hab.), Tarrasa (137.000 hab.), Sabadell (158.000 hab.), Santa Coloma de Gramanet (106.000 hab.).

et internationale. Elle affirme sa personnalité originale dans le style « moderniste » de ses monuments de la fin du XIXème siècle, mélange de modèles étrangers et de la tradition catalane, et, depuis une dizaine d'années, dans les conceptions urbanistes de l'« école de Barcelone », liées à une critique des aménagements sociaux traditionnels ([4]).

Vue de la mer, Barcelone apparaît comme une ville accueillante et molle, étalée au bord de la Méditerranée nonchalante, en amphithéâtre aux flancs de Monjuich et du Tibidabo. Du haut de Monjuich ou du monument de Christophe Colomb, on la voit sous son jour véritable de ville très animée, moderne, une ville de foules, quadrillée par des avenues interminables. Elle se compose, en gros, de trois parties : le rectangle central historique, la nouvelle ville ou *ensanche,* et les quartiers du Tibidabo et de Vallvidrera. Le rectangle central, le cœur, est délimité par des noms universellement connus : la place de Catalogne, point 0 de la cité, la vía Layetana, le paseo de Colón qui longe les quais (le Découvreur y a son monument : 60 mètres de haut), et les *Ramblas* (*rambla* signifie : lit d'écoulement des eaux de ruissellement venues des collines). Celles-ci offrent le meilleur tableau de la foule barcelonaise, colorée et vivante, dont le flot s'écoule entre des rangées de cafés, d'hôtels, de grands magasins, de boutiques de fleuristes, d'oiseleurs et de bouquinistes. Cette zone offre un savoureux contraste : d'un côté, le *barrio chino,* le quartier chinois, celui des marins, des cabarets, des prostituées et des homosexuels; et le *barrio gótico,* le quartier des monuments célèbres : la Généralité, le palais des comtes de Barcelone ou palais royal, la cathédrale, l'*Ayuntamiento* (municipalité), l'*Audiencia* (Cour d'appel). C'est ici que se joua le sort du soulèvement militaire du 18 juillet 1936 : les troupes des conjurés, descendues de leurs casernes à l'aube, s'y heurtèrent aux anarchistes de Durruti et d'Ascaso, alertés par les sirènes d'usine de la ville ; la lutte était indécise, lorsqu'apparurent, alignés comme à la parade, les bicornes noirs de la Garde civile, restée fidèle au gouvernement ; l'insurrection échoua et son chef, le général Goded, fut condamné à mort et fusillé.

Autour de ce quadrilatère, s'étend le quadrillage en damier de la nouvelle ville, découpé par de longues avenues rectilignes : le Paralelo, l'avenue José Antonio, la Rambla de Catalogne, le paseo de Gracia et l'immense *Diagonal,* étirée sur 10 kilomètres. Plus haut encore, sur les pentes du Tibidabo, se sont construits les beaux quartiers résidentiels, dans un cadre de bois et de jardins : Pedralbes, Sarriá, le haut de Gracia...

Barcelone regorge de musées, qui présentent l'histoire de la Catalogne du paléolithique à Picasso, l'histoire d'une nation qui n'a cessé de lutter, d'abord pour la reconquête de ses terres sur le Maure, aujourd'hui pour la reconquête de sa liberté.

La Catalogne s'est constituée historiquement autour du comté de Barcelone. Marche d'Espagne formée au IXème siècle avec le Roussillon-Cerdagne et les petits comtés s'étendant jusqu'au Llobregat, elle était, par sa composition même, une terre d'influence française, ou du moins occitane, autant qu'ibérique, et peu marquée par l'occupation musulmane qui avait duré moins d'un siècle. Tel est le premier caractère historique de la Catalogne. Il explique ses affinités culturelles et linguistiques avec ses voisins du Nord. Il sert aujourd'hui d'argument aux ultra-nationalistes de la Grande Catalogne pour revendiquer les terres occitanes des Pyrénées au Rhône, jadis féodalement liées aux comtes de Barcelone.

l'histoire neuf siècles d'indépendance

Autre caractéristique : le comté de Barcelone a été très tôt, dès le IXème siècle, un Etat indépendant, gouverné par une dynastie indigène, celle de Joffre le Poilu, qui avait éliminé les comtes francs. Indépendante de celle de la Castille a été aussi son évolution politique. La politique castillane était tournée vers la reconquête du Sud. Celle de la Catalogne, d'abord orientée vers l'Occitanie jusqu'à la défaite de Muret en 1213, visa ensuite la reconquête de l'Est de la Péninsule et le contrôle de la Méditerranée occidentale, dont Barcelone était le grand port et le grand entrepôt. La Castille-León et la Catalogne-Aragón s'étaient partagé à l'amiable les zones d'influence : à la seconde, les territoires musulmans à l'Est d'une ligne Logroño-Alicante (traité de Cazorla 1179), et la liberté d'action en Afrique du Nord à l'Est de la Moulouya (traité de 1291).

Au cours de ce même XIIème siècle, le comté de Catalogne et le royaume d'Aragon s'étaient réunis sous une même couronne, le comte Raymond Bérenguer IV ayant épousé Pétronille, héritière d'Aragon. Mais cette union personnelle laissait intacte l'indépendance politique de chacun des deux Etats, dont les structures respectives demeuraient inchangées.

Les Cortès de Catalogne, ou *Corts,* se réunissaient tous les trois ans. Dans l'intervalle des sessions, leurs pouvoirs étaient exercés par une Députation permanente : la *Généralitat,* composée de trois députés et de trois auditeurs aux comptes représentant chacun l'un des trois ordres de la nation, sous la présidence du député ecclésiastique. La Généralité avait pour mission de veiller au respect des *fueros* catalans, les *fors,* de lever la milice des *somatenes,* d'assurer la justice et la police et de gérer les finances. Les municipalités catalanes jouissaient d'une autonomie étendue. Barcelone était gouvernée par un organisme élu, le Conseil des Cent, véritable parlement municipal, dont le Conseil des Trente était la commission permanente, et dont le directoire exécutif était représenté par les « conseillers » du Sage Conseil.

Le XIIIème siècle fut celui de la grandeur catalane. Barcelone était alors le centre maritime et commercial de la Méditerranée, elle-même grand axe des échanges avant la découverte de l'Amérique. La *Llibre del Consulat de mar* (le Consulat de la mer), code du commerce maritime de Barcelone, jouissait d'une autorité internationale ; la monnaie catalane faisait prime ; on trouvait des consuls catalans dans tous les ports de la Méditerranée, et les flottes de guerre et de commerce catalanes dominaient la mer. La Catalogne faisait figure d'Etat européen, le seul des Etats chrétiens d'Espagne à posséder pour capitale une grande ville ouverte au monde connu ; elle montrait déjà le caractère qu'elle a conservé, comme nous l'avons déjà remarqué : une vocation à l'universel. A cette époque, Pierre III de Catalogne-Aragon régnait sur la Sicile (y compris sur la moitié sud de l'Italie), sur la Corse et la Sardaigne, et Tunis était protectorat catalan. On vit même une troupe de mercenaires catalans fonder dans le duché d'Athènes, au XIVème siècle, un Etat qui se maintint indépendant pendant plus de soixante ans. Le catalan était devenu la « langue franque » de la Méditerranée. De cette époque, datent les grandes productions de la littérature catalane : les quatre chroniques de Jacques le Conquérant, Desclot, Muntaner et Pierre IV le Cérémonieux, le « Livre de la contemplation » du plus grand des écrivains catalans, le mystique Raymond Lulle, les œuvres de l'humaniste Bernat Metge, de Joanot Martorell et d'Auzias March.

Après cette période de grandeur, le destin de la Catalogne prit une nouvelle orientation. Au XVème siècle, Isabelle, héritière de Castille,

Humble église au toit d'ardoises, dans la montagne basque

Pyrénées de Haute-Navarre

Le vieux Gérone, que baigne le Ter

Survivance d'un passé très ancien : le Tribunal des Eaux
de Valence, devant la porte des apôtres de la cathédrale

La criée du poisson à Valence

Dans la Albufera de Valence : boue et roseaux

Valence : les pêcheurs sur le port réparent leurs filets

épousa Ferdinand, héritier d'Aragon — les futurs « Rois Catholiques ». Chacun des deux royaumes conservait sa totale indépendance politique, mais les difficultés ne tardèrent pas à apparaître. Les Catalans s'irritaient de la présence chez eux de hauts fonctionnaires castillans et de l'Inquisition, de l'expulsion des Morisques, de l'exclusion de la Catalogne des bénéfices du Nouveau-Monde, réservés à la Castille. Le XVIIème siècle fut rempli des réactions catalanes contre les tentatives d'empiètement politique du pouvoir royal. Philippe IV en fit la dure expérience : les Cortès catalanes lui marchandèrent âprement les subsides qu'il leur demandait, et les mesures maladroites de son ministre, le comte-duc d'Olivares, soulevèrent contre lui le pays tout entier en 1640 ; la Catalogne s'offrit même à Louis XIII. Philippe IV dut céder et confirmer les *fors*.

Quelques années plus tard, les Catalans prirent parti pour l'archiduc Charles d'Autriche, candidat au trône d'Espagne, contre son rival français Philippe d'Anjou, dont ils redoutaient l'esprit centralisateur. Cette fois, l'affaire tourna mal pour la Catalogne : la paix d'Utrecht de 1713 régla la question de succession en faveur de Philippe. Abandonnés à leur sort, les Catalans résistèrent seuls et Barcelone ne tomba qu'après un siège de treize mois. La perte de leur indépendance fut le châtiment de leur révolte. Par le décret de *Nueva Planta* de 1707, Philippe V abolit leurs *fueros*, supprima leurs Cortès, leur vice-roi, leurs universités (seule subsista celle des Jésuites, à Cervera) ; la langue catalane fut interdite dans les cours de justice et cessa, peu après, d'être enseignée dans les écoles.

C'était la fin de l'indépendance politique de la Catalogne. En revanche, ce fut le début de son essor économique après plusieurs siècles de décadence. Désormais assimilée aux autres régions d'Espagne, elle pouvait jouer dans toute la Péninsule le même rôle que la Castille. Le trafic maritime de Barcelone doubla en quelques décennies ; les Catalans s'adjugèrent le commerce du coton et de la chaussure dans tout le royaume, ainsi que le transport par mules entre la Castille et le Nord, et se montrèrent à ce point envahissants que Madrid dut rétablir la frontière douanière entre l'Aragon et la Castille. Un peu plus tard, fut aboli le privilège du commerce des Amériques dont jouissait Cadix, après Séville, en raison de l'ensablement du Guadalquivir. Barcelone retira de cette suppression des avantages immenses, non seule-

l'essor économique

ment pour son commerce et sa marine, mais aussi pour l'agriculture de son arrière-pays, qui développa ses exportations vers l'Amérique, en particulier celle des vins : c'est la vigne, a-t-on écrit, qui a été à l'origine de l'essor industriel de la Catalogne. Le capital se forma ainsi, donnant naissance à l'industrie cotonnière, qui compléta l'industrie lainière existante. Dès la fin du XVIIIème siècle, il y avait déjà en Catalogne 2.000 ateliers de tissage, qui faisaienf vivre 100.000 familles et dont certaines occupaient plus de 1.000 ouvriers.

Au marché intérieur, dont la capacité d'absorption était réduite, s'ajoutait en effet le vaste marché américain. La concurrence étrangère n'était pas à redouter, Madrid ayant étendu sa protection douanière à l'industrie textile catalane. Ce précieux protectionnisme était même allé jusqu'à interdire la création d'ateliers de textiles dans le Nouveau Monde. La longue période de guerres civiles et extérieures que connut l'Espagne au XIXème siècle favorisa encore l'industrie catalane par les commandes de fournitures militaires, la spéculation et le marché noir. La perte du marché américain continental en 1825 fut compensée par une concentration de l'activité commerciale sur Cuba, Porto-Rico et les Philippines, et par le rapatriement des capitaux espagnols du Nouveau-Monde en Catalogne. L'industrie cotonnière, qui importait 456 tonnes de coton en 1799, en recevait 4.745 en 1842, 143.109 en 1915. Dès 1841, sur les 112.000 ouvriers espagnols du textile, 85.000 travaillaient en Catalogne. Trait notable : l'industrie textile catalane était répartie entre 4.400 usines et ateliers, dispersion qui la caractérise encore aujourd'hui.

C'était la première fois depuis des siècles que la Catalogne était appelée à intervenir activement dans les affaires politiques et économiques de Madrid. Sa bourgeoisie fut l'instigatrice de la plupart des réformes décidées par le « despotisme éclairé » et les *ilustrados* du XVIIIème siècle. Elle cherchait à prendre la tête d'une rénovation espagnole répondant à ses propres conceptions. Elle échoua, en raison de la différence des structures économiques et sociales, comme de l'opposition des tempéraments. Le sens pratique d'une bourgeoisie libérale et industrielle, entreprenante, attachée à la productivité, dépourvue de fanatisme pour les valeurs traditionnelles et spirituelles, se heurtait à l'archaïsme d'une classe dirigeante castillane, bureaucratique, conservatrice d'un capitalisme agraire et d'une société restée à certains égards semi-féodale, jalouse de préserver sa primauté politique en Espagne. Cet échec rejeta finalement la bourgeoisie catalane vers une politique proprement catalane, vers la création d'une prise de conscience nationaliste. Cette explication des origines du nationalisme catalan par la différence des structures n'est pas admise par ceux qui fondent le nationalisme catalan sur le sentiment du peuple profond. Il faut reconnaître que la bourgeoisie barcelonaise a lié sa cause à plusieurs reprises à celle du gouvernement de Madrid, à la fois pour des raisons économiques (le besoin du protectionnisme madrilène) et politico-sociales (la résistance aux mouvements ouvriers et le maintien de l'ordre). Il en fut ainsi pendant les guerres carlistes, pendant la période trouble de 1868-1872, au moment de la restauration alphonsine de 1875, au début du XXème siècle avec la *Lliga* de Cambó.

De cette évolution, on retiendra quelques points importants :

— La Catalogne a connu sa révolution sociale dès le XVème siècle. A l'issue de la longue lutte entre la *busca* et la *biga* (la paille et la poutre), c'est-à-dire entre les artisans et les colons d'une part, la haute noblesse et le clergé d'autre part, la royauté avait fini par imposer la participation du peuple au gouvernement municipal de Barcelone. En même temps, les *remences,* ou colons, avaient obtenu la propriété personnelle et utile des terres qu'ils cultivaient, et l'abolition des « mauvais usages » féodaux. Une classe de paysans libres et aisés se développa et accumula un capital rural qui devait contribuer, au XIXème siècle, à la création de l'industrie légère catalane.

— Le développement de l'industrie catalane a été continu. Cette industrie a le triple caractère de ne pas comporter de branche sidérurgique, d'être dispersée entre un grand nombre de petites et moyennes entreprises, et d'avoir besoin d'un régime protectionniste qui lui réserve le marché espagnol.

— La structure de la société catalane s'est modifiée à la suite de l'afflux massif de main-d'œuvre andalouse, murcienne et autre, encore incomplètement intégrée. Le prolétariat catalan est en majorité un prolétariat d'immigrés.

— Le succès de l'anarcho-syndicalisme parmi les travailleurs catalans, l'âpreté et la durée des conflits sociaux, ont été les caractéristiques principales de l'histoire sociale de la Catalogne pendant le premier tiers du XXème siècle. Encore de nos jours, la Catalogne reste, avec les Asturies, le Pays basque et Madrid, l'une des régions les plus troublées par les conflits sociaux.

3. La revendication catalane

conscience
nationale
et mouvement
catalaniste

En 1884, Balmes, théoricien du catalanisme, écrivait : « *Les restes de l'esprit local de la Catalogne se sont dissipés, si certains demeuraient encore dans la mémoire des habitants... Il est indubitable que la majorité du peuple ne conserve même pas le souvenir des institutions politiques qui faisaient l'orgueil de ses ancêtres* ».

Sauf peut-être dans le cas des premières manifestations de la *Renaixança* romantique du XIXème siècle, ce n'est pas, en effet, par nostalgie d'un passé médiéval que s'est éveillée la conscience nationale catalane. Elle a ressurgi pour d'autres raisons et donné naissance au catalanisme ; mais celui-ci ne se confond pas avec la conscience nationale du peuple catalan, comme on va le voir.

naissance du
catalanisme

L'histoire du catalanisme a été définie comme celle d'une révolution bourgeoise qui a échoué ([5]). L'expression « révolution bourgeoise » est entendue comme le processus par lequel la bourgeoisie industrielle et financière visait à imposer son hégémonie, implanter le capitalisme comme système économique, liquider les restes semi-féodaux des structures et faire adopter des formes politiques favorisant le libre jeu des forces économiques capitalistes.

Pour comprendre la genèse du catalanisme ainsi entendu, il faut se rappeler que l'unification réalisée au XVIIIème siècle par les Bourbons avait été bénéfique pour la Catalogne et que le particularisme n'offrait aucun intérêt à une région qui caressait l'espoir de dominer le pays tout entier. Le sentiment de la singularité catalane (distinct du regret des *fueros*) subsistait toutefois dans le peuple, associé à des tendaces libérales avancées. La situation commença à se modifier après 1868, lorsque la bourgeoisie catalane eût compris que l'oligarchie castillane, agraire et conservatrice, ne la suivait pas dans sa conception d'une nouvelle société espagnole. La différence de nature des deux sociétés paraissait irréductible. En Catalogne, la bourgeoisie et les classes moyennes, nombreuses, étaient actives et travaillaient en vue du gain, aspiraient à la liberté politique et avaient besoin de protectionnisme. Elles trouvaient en face d'elles une paysannerie castillane travaillant pour vivre et non pour vendre, une classe d'*hidalgos* avant tout préoccupés de ne pas déchoir, une oligarchie agraire encore semi-féodale, peu soucieuse de productivité et hostile à la liberté politique. Néanmoins, la révolution de 1868 et les troubles consécutifs inclinèrent les classes dirigeantes catalanes à approuver la restauration monarchique de 1875, dont les faveurs maintinrent leur prospérité. Puis survint le désastre de 1898, démonstration de l'impuissance de l'Etat espagnol.

L'impuissance de l'Etat et la différence des structures socio-économiques expliqueraient ainsi la prise de conscience nationale sous la forme d'un catalanisme bourgeois.

Déçue dans son rêve d'hégémonie espagnole, la bourgeoisie catalane se replia sur la conception de la petite patrie régionale. (Dans le langage du siècle passé, on disait d'abord « L'Espagne est la nation, la Catalogne est la patrie », puis la formule devint « L'Espagne est l'Etat, la Catalogne est la nation »). Elle fit alliance avec le mouvement de la Renaixança, d'abord littéraire, avant de donner naissance au régionalisme politique. Dès 1883, les républicains fédéralistes catalans avaient élaboré un projet de constitution d'un Etat catalan ; en 1892, l'Unió catalanista avait rédigé les bases de Manresa, véritable statut d'autonomie. Après 1898, on alla plus loin et on parla de nationalité. La date à retenir est 1901, année de naissance de la Lliga regionalista catalane, formation politique de tendance conservatrice, dont l'animateur était Prat de la Riba.

Le catalanisme se situait à la confluence de plusieurs courants. Au courant romantique ou « floraliste » de la Renaixança s'ajoutait la tendance traditionaliste et régionaliste, celle de la paysannerie carliste de haute Catalogne dite aristocracia de alpargatas (l'aristocratie en espadrilles) dont plusieurs versions furent présentées par l'évêque Torres y Bages, par Balmes et par Mañé y Flaquer. Ces doctrines n'étaient ni séparatistes ni fédéralistes. Celle du fédéraliste anarchisant Pi y Margall n'eut guère d'influence sur le catalanisme, non plus que celle de Valentín Almirall : ce dernier proposait un fédéralisme régénérationiste, avec formation d'un grand parti catalaniste réunissant toutes les tendances politiques et toutes les classes sociales, sous la direction de la bourgeoisie catalane. Celle-ci lui préféra les idées de Prat de la Riba, plus traditionaliste. Prat de la Riba rêvait d'un grand Etat ibérique, de Lisbonne au Rhône, d'expansion vers l'Amérique latine, de colonies africaines, univers dans lequel la bourgeoisie catalane aurait joué un rôle prépondérant. Sur le plan social, en revanche, sa doc-

trine était corporatiste et paternaliste, à base de
soumission sociale, imposée au besoin par la contrainte.

la Lliga   Plus que le centralisme madrilène, avec
lequel on pouvait s'entendre à l'occasion, la *Lliga*
redoutait les revendications sociales, les troubles
de l'ordre. Francesc Cambó, qui succèda à Prat
de la Riba à la tête de la *Lliga,* prit parti à plusieurs reprises pour le gouvernement conservateur de Madrid contre le mouvement ouvrier catalan. Dès lors, la *Lliga* devint suspecte aux yeux de
la masse et sa prétention d'unir toutes les classes
sociales catalanes dans une même lutte pour l'autonomie se trouvait vouée à l'échec. Une contradiction interne affaiblissait la *Lliga* : elle avait besoin d'un protectionnisme industriel qui ne pouvait
lui être assuré que par un Etat centralisé, puisqu'il obligeait tous les Espagnols à ne consommer
que les produits de l'industrie catalane, tandis
qu'elle revendiquait en même temps l'abolition du
centralisme.

Selon une interprétation, c'est le mouvement catalaniste qui aurait suscité la conscience particulariste du peuple. Une autre analyse le
présente comme ayant suivi, et non précédé, l'élan
autonomiste populaire ([6]). De toute façon, on peut
penser que le sentiment national catalan n'était
pas le même chez les hommes de la *Lliga* et dans
la masse des travailleurs. Les premiers songeaient
à une Catalogne autonome dotée d'institutions politiques modernes et gouvernée par eux, mais
dont l'état social demeurerait inchangé. Pour les
seconds, se libérer de la tutelle de Madrid signi-
fiait se dégager d'un régime qui refusait de satis-
faire leurs revendications sociales avec la com-
plicité du patronat catalan.

Dès sa fondation, en 1901, la *Lliga* obtint de brillants succès aux élections. En 1906,
l'éphémère *Solidaritat Catalana* qu'elle avait susci-
tée avec l'aide des républicains, des carlistes et
de *l'Esquerra,* enleva la quasi-totalité des sièges,
écrasant le Parti républicain radical de Lerroux.
(On notera que les anarchistes, dont les effectifs
ne cessaient de croître, s'abstenaient de voter).
L'Esquerra qu'on vient de nommer était une branche dissidente de la *Lliga*. Elle se recrutait parmi
les républicains de centre gauche appartenant aux
classes moyennes : petits propriétaires, *rabassaires* ([7]), artisans, petits commerçants, employés,
fonctionnaires, certains intellectuels. Les élections

de 1931 devaient consacrer son triomphe sur la *Lliga* conservatrice et bourgeoise. D'autres formations catalanistes virent le jour avant la guerre civile. L'une d'elles était la *Federació Democratica Nacionalista* du colonel Maciá et de ses *escamots* (⁸), embryon de l'*Estat Català* séparatiste. L'autre se situait à l'aile gauche du mouvement : l'*Acció Catalana* de Rovira y Virgili et Nicolau d'Olwer. Le catalanisme connut un moment d'espoir en 1913. Cette année-là, le gouvernement de Madrid autorisa la création d'une *Mancomunidad Catalana,* groupement des quatre provinces jouissant, non de l'autonomie, mais d'une certaine décentralisation administrative ; Prat de la Riba en fut le président. Son existence fut brève : le dictateur Primo de Rivera la supprima en 1924.

Ce n'est pas cette demi-concession, mais la proclamation du principe des nationalités par le président des U.S.A. Wilson, qui intensifia la revendication nationaliste catalane. Aux Cortès, les députés catalans réclamèrent pour leur région l'autonomie intégrale. Le colonel Maciá exigeait l'indépendance de la Catalogne, qui serait représentée à la Conférence de la Paix ; il proclamait la politique de *Tot o res* (tout ou rien), et menaçait l'Espagne de la guerre. Pendant que Cambó et Maciá conduisaient cette offensive parlementaire, la situation sociale s'aggravait en Catalogne. Après la « Semaine tragique » de 1909 et les grèves de 1917, Barcelone connut quatre années, de 1919 à 1923, de troubles graves presque ininterrompus. Le patronat ripostait aux grèves en décidant le *lock-out* général ; la *Lliga* mobilisait ses adhérents dans la milice du *somaten* pour combattre l'action ouvrière aux côtés de la police du capitaine général Martínez Anido. La revendication ouvrière n'avait aucun caractère nationaliste : les travailleurs réclamaient la journée de huit heures, la suppression de la rétribution à la tâche, le paiement intégral du salaire en cas d'accident du travail, la hausse des salaires et la reconnaissance des syndicats. Cette situation rapprocha la *Lliga* du gouvernement de Madrid, et Cambó devint ministre des Finances en 1921.

le statut d'autonomie de 1932

Les nationalistes catalans, à l'exception de Maciá, mirent leurs revendications en sommeil pendant la dictature de Primo de Rivera. Mais, dès 1930, ils conclurent avec les partis d'opposition à la monarchie le pacte de St-Sébastien, qui leur laissait entrevoir l'autonomie après la proclamation de la République. Barcelone fut la première ville d'Espagne à lancer cette proclamation, le 14 avril 1931 : du balcon de la Généralité, Francesc Maciá annonça à la foule enthousiaste la naissance de la République catalane, Etat membre de la Fédération ibérique. Le nouveau gouvernement provisoire espagnol s'alarma de cette initiative qui débordait le cadre de la République régionaliste, et Maciá dut accepter de remplacer l'*Estat Català* par une plus modeste *Généralitat de Catalunya.* Voté à la majorité de 99 % par le peuple catalan, le projet de statut fut approuvé par les Cortès le 9 septembre 1932 après une âpre discussion.

Ce statut octroyé n'apportait pas aux nationalistes catalans autant qu'ils avaient espéré. Le bilinguisme officiel était décrété. Les attributions politiques, administratives et judiciaires étaient partagées entre l'Etat espagnol et la Généralité. Le premier se réservait les matières constitutionnelles et militaires, les relations diplomatiques, les rapports entre l'Eglise et l'Etat, les douanes, la monnaie, la police des frontières, le régime des communications, la politique fiscale. La seconde était compétente en matière d'ordre public, santé, travaux publics, travail, justice ; elle légiférait dans le domaine du droit civil, commercial et pénal ; une Cour de cassation catalane était instituée. Des dispositions particulières concernaient la répartition des ressources fiscales entre l'Etat et la Généralité. Sur le plan organique, celle-ci comportait un président (le premier fut Maciá), un parlement (dont le premier président fut Companys) et un conseil exécutif formé par les ministres (qui portaient le titre de « conseillers »). Cette nouvelle structure politique était aux mains de l'*Esquerra,* le centre-gauche catalan, le parti des classes moyennes urbaines et rurales, qui avait supplanté la *Lliga* dans la direction du mouvement nationaliste.

Il est impossible de savoir ce qu'aurait donné cette expérience d'une Catalogne autonome. Les circonstances troublées se prêtaient mal au fonctionnement régulier des institutions. On peut cependant penser que les rapports entre Madrid et Barcelone n'auraient pas été toujours sereins. En octobre 1934, le président Companys n'hésita pas à entrer en rébellion ouverte contre le gouvernement et à proclamer l'Etat catalan (une insurrection réprimée, du reste, en un jour). La même année, le Tribunal des garanties ayant déclaré inconstitutionnelle une loi sur les cultures (*ley de cultivos*) votée par le parlement catalan (elle permettait aux fermiers de racheter, s'ils le désiraient, la terre qu'ils cultivaient), le parlement catalan la vota de nouveau pour marquer l'indépendance de la nation.

Après l'échec du soulèvement militaire à Barcelone, le gouvernement de la Généralité donna l'image d'une totale désunion, qui engendra sans tarder la guerre civile dans la guerre civile. Les communistes du P.S.U.C. (Parti Socialiste Unifié de Catalogne), dirigés par le secrétaire général de ce parti, Comorera, entreprirent dès la fin de 1936 d'éliminer les anarchistes du gouvernement, de ruiner leurs essais de collectivisation des terres et, en même temps, d'abattre le P.O.U.M. (Parti Ouvrier d'Unification Marxiste). Le malheureux président de la Généralité, Companys, tenta d'imposer un gouvernement dans lequel étaient représentés l'Esquerra, la C.N.T., l'U.G.T. et les rabassaires. Mais il était impuissant en face des communistes et des anarchistes. Ces derniers en vinrent aux mains pendant la première semaine de mai 1937, à la suite, a-t-on dit, des machinations de la cinquième colonne franquiste en Catalogne ; le gouvernement de Valence envoya des forces de police importantes pour rétablir l'ordre à Barcelone, et l'affrontement sanglant prit fin. Il avait fait de 400 à 1.000 morts. Les anarchistes étaient battus par leurs adversaires communistes, hostiles à la révolution sociale pendant la durée de la guerre. Le P.O.U.M. fut dissous. Puis les communistes furent sur le point de renverser le premier ministre socialiste Negrín, trop peu docile à leur gré. Mais la situation militaire, en cette année 1938, était désespérée pour les Républicains. Le gouvernement, qui avait quitté Valence pour Barcelone, revint à Valence lorsque l'armée franquiste envahit la Catalogne. Barcelone fut occupée le 26 janvier 1939 par les troupes du général Yagüe. Déjà la loi franquiste du 5 avril 1938 avait aboli l'autonomie, et une série de dispositions réglementaires avaient « castillanisé » l'état-civil, interdit l'usage du catalan dans l'adminsitration de la justice, les services publics, les noms des rues et de navires, les publications, les conférences publiques et, bien entendu, dans l'enseignement. Les chants catalans et la sardane étaient interdits ; les titres et diplômes catalans, déclarés sans valeur.

Pendant une quinzaine d'années, la Catalogne éprouva non seulement le regret de son autonomie, mais l'amère tristesse de se voir traitée par Madrid comme une région différente des autres, défavorisée et séparée. Le catalanisme était privé de moyens littéraires d'expression. Cepen-

la résistance catalane après 1938

dant, le régime de répression et d'oppression ne put empêcher la grève générale du 12 mars 1951 à Barcelone, mouvement de protestation populaire contre la vie chère et le chômage partiel dans l'industrie textile. Les anciens partis et syndicats proscrits et encore mal reconstitués dans la clandestinité (P.S.U.C., P.O.U.M., C.N.T.) avaient suscité cette journée d'action à laquelle prirent part 300.000 personnes.

La situation commença à se modifier vers 1956. Le gouvernement autorisa les manifestations folkloriques — qui prirent bientôt un contenu catalaniste — et les publications en catalan (sur les 5.192 titres en catalan publiés de 1945 à 1970, plus de 4.500 ont paru entre 1959 et 1970). Peu à peu, naquirent l'Omnium culturel, financé par des hommes d'affaires catalans, l'Institut d'Estudis Catalans, la Fundació Bernat Metge. C'étaient des mouvements à caractère culturel, atteignant peu la masse, mais auxquels Madrid n'accorda même pas les mesures de libéralisation culturelle demandées, ce qui eut pour effet de les incliner vers le catalanisme politique. Du reste, le sentiment catalan demeurait vivace dans le peuple et se traduisait par des attitudes frondeuses, telles que l'utilisation des fêtes traditionnelles à des fins de propagande « séditieuse », la danse de la sardane malgré l'interdiction, l'action des « poètes de village », et, sur un autre plan, l'abstention massive aux élections (10 % de participation seulement aux élections municipales de 1966, 1971 et 1973), les grèves (celles des travailleurs du textile et de la métallurgie ont été innombrables en Catalogne depuis une vingtaine d'années), les manifestations d'étudiants barcelonais depuis 1956.

La résistance catalane au franquisme prend alors des aspects nouveaux. Tout d'abord, l'action du gouvernement de la Généralité en exil perd peu à peu son efficacité ; le combat se livre en Catalogne même, où la génération étrangère à la guerre civile est arrivée à l'âge adulte. Ensuite, le clergé catalan, surtout depuis le Concile Vatican II, sympathise de plus en plus avec les étudiants, les paysans, les ouvriers, notamment les allogènes ; son action est essentiellement celle de prêtres jeunes, convaincus et actifs, bien que s'adressant à une population indifférente sur le plan religieux, sinon souvent anticléricale. D'autre part, la population catalane n'est pas unanimement catalaniste (les restaurants, les clubs, ont, les uns une clientèle « catalaniste », les autres « centraliste », et même les clubs de football sont divisés : à l'Espanyol, s'oppose le Football Club), et le peuple ne partage pas nécessairement le catalanisme de la bourgeoisie, envers lequel il ressent une vieille méfiance de classe et d'intérêts. Cependant le mouvement catalaniste a besoin de s'assurer l'appui de la masse, de même que tous les partis politiques, même les plus partisans du « centralisme démocratique », sont contraints de se dire partenaires des Catalans dans leur lutte particulière.

La revendication autonomiste catalane, liée à la lutte contre le régime et à la revendication sociale, est parvenue à un point où tout dialogue avec Madrid sur son opportunité est devenu inutile.

Un tel dialogue a duré pendant plus d'un siècle. En partant de la littérature catalaniste, des débats parlementaires antérieurs à 1936, et des articles de revues, il est possible de le reconstituer, du moins dans sa substance, de la façon suivante :

— Le Catalan : — Il y a des siècles que la Catalogne est une nation. Elle était aussi une nation-Etat avant que les Bourbons aient par la force son indépendance politique. En réclamant son autonomie pleine et entière, elle ne fait qu'exiger la restitution d'un droit. **un dialogue difficile**

Elle n'a jamais eu à se louer de la Castille. Celle-ci a échoué dans le *leadership* de l'Espagne qu'elle s'était assigné pour but. Son bilan a été désastreux : fanatisme religieux, sous-développement culturel et appauvrissement économique, maintien d'une structure sociale anachronique, série de guerres ruineuses, alors que nous, Catalans, avec notre sérieux, notre sens pratique, notre travail, avons fait de la Catalogne le plus riche, le plus dynamique, le plus moderne, des éléments constitutifs de l'Espagne.

— Le Madrilène : — Ne nous reprochez pas nos rêves de grandeur ! L'un des vôtres, Prat de la Riba, n'avait-il pas lancé l'idée, dans son livre *La Nacionalitat Catalana,* d'un grand Etat ibérique de Lisbonne au Rhône, et invité la Catalogne à prendre la place de la Castille à la tête de l'Espagne ?

Quant au sens pratique, le fameux *seny,* ne l'a-t-on pas quelque peu exagéré ? Pendant la Première Guerre mondiale, vos industriels n'ont pas su adapter leurs entreprises à la dimension des commandes passées par les belligérants ; ils ont préféré la spéculation à leurs véritables intérêts économiques, et les banques catalanes n'ont pas compris, à la différence de leurs rivales basques, qu'il leur fallait se grouper en quelques entités puissantes. Autre exemple : aujourd'hui, la plupart des branches de l'industrie catalane sont atomisées en une multitude de petites entreprises (dans le textile, la moyenne des broches par entreprise est de 5.000, alors que la moyenne européenne est de 40.000), situation surprenante chez un peuple qui se flatte d'avoir le sens de la productivité.

— Le Catalan : — Laissons ces digressions et revenons au fait. L'Etat espagnol a purement et simplement colonisé la Catalogne. La tyrannie castillane lui impose ses lois, élaborées de trop loin pour être toujours adaptées aux véritables intérêts catalans ; elle lui impose des fonctionnaires allogènes et hétéroglotes, incompréhensifs et parasites. La Catalogne fournit à l'Etat espagnol le tiers de ses ressources fiscales et en reçoit 12 % seulement de crédits budgétaires. Son réseau routier représente 8 % de celui du pays, alors que 22 % des voitures espagnoles y circulent. De 1968 à 1971, selon la présidence du gouvernement elle-même, l'Etat a investi 7.000 pesetas par habitant à Barcelone, contre 12.748 à Madrid ; pour le tourisme et les activités culturelles et sportives, les chiffres respectifs ont été de 57 et 149 pesetas. En somme, la Catalogne entretient l'Espagne et n'en reçoit que des brimades.

— Le Madrilène : — Si Madrid vous envoie des fonctionnaires non catalans, — que vous appelez les « fainéants de Castille » —, c'est parce que vous délaissez la fonction publique au profit de carrières privées plus rémunératrices. Quant à la répartition des ressources budgétaires, les régionalistes que vous êtes devez comprendre qu'elle doit tenir compte des besoins du développement des régions déshéritées. La solidarité espagnole impose ce devoir aux régions opulentes, sinon vous prêteriez le flanc au grief de vouloir maintenir certaines zones en état de sous-développement pour vous procurer à bon compte des matières premières et de la main-d'œuvre.

     La « tyrannie castillane » est un mythe. Madrid a accordé à vos entreprises, il y a déjà longtemps, le régime protectionniste sans lequel elles n'auraient pu subsister, et c'est le reste de l'Espagne qui en supporte le poids, en payant leurs produits à des prix excessifs. Déjà en 1849, le ministre des Finances Mon déclarait que les textiles catalans revenaient à l'Espagne 70 % plus cher que des textiles britanniques qui auraient été vendus sur place ; à la fin du siècle dernier, on disait aussi qu'avec le coût de la protection du textile catalan, on aurait largement payé tout le réseau ferré espagnol et vêtu le peuple en tissus étrangers. S'il y a un colonisateur et un colonisé, le premier est la Catalogne et le second la Castille. Il est même étrange que vous soyez séparatistes, exemple unique d'une métropole qui veut quitter sa colonie.

— Le Catalan : — Ne renversons pas les rôles. Le véritable séparatiste, c'est la Castille, parce qu'en désavantageant la Catalogne, partie de l'Espagne, elle la détache de la communauté espagnole.

Ce fameux argument du séparatisme, à forte charge émotionnelle, est facile et spécieux. La Catalogne fait partie de l'Espagne au même titre que la Castille. *Nosaltres sals* (Nous tout seuls) n'est pas la devise de la majorité catalane, et « *Vive la Catalogne !* » ne veut pas dire « *A mort l'Espagne !* ».

Plus sérieux est le grief de génocide culturel. Dans sa tentative de « castillanisation » de la Catalogne, Madrid a utilisé tous les procédés possibles, depuis l'interdiction de la *sardana* jusqu'à celle de l'enseignement du catalan et des écrits en langue vernaculaire. Il a entendu abaisser notre langue nationale au rang de dialecte familial et folklorique. Rien ne justifie un tel traitement.

— Le Madrilène : — Aussi bien n'est-ce pas l'usage du catalan qui est inquiétant en lui-même, mais le fait qu'il est le véhicule du catalanisme, antichambre de ce séparatisme qui est notre hantise. Son usage est comme un défi permanent.

Votre argument, du reste, a perdu de sa force. Les interdictions consécutives à la guerre civile ont été rapportées. Vos librairies sont remplies de livres rédigés en catalan ; vous avez vos revues et votre grand quotidien *Avui* ; l'enseignement du catalan est libre. En s'adressant à vous dans votre langue, en 1976, le Roi a entendu marquer cette libéralisation. Elle s'inscrit dans la ligne d'une politique nouvelle, qui s'est traduite notamment par la création récente d'une commission pour l'étude du problème régional catalan.

— Le Catalan : — Ce n'est pas de régionalisme qu'il s'agit. Le statut d'autonomie de 1932 n'était déjà qu'un minimum. Rappelez-vous les déceptions qu'il a provoquées à l'époque en Catalogne, et celles qui ont suivi la transformation en simple Généralité de l'*Estat Català* proclamé en 1931 par Maciá. Nous voulons nous gouverner nous-mêmes

237

librement, dans notre langue, selon des lois adaptées à notre mentalité, à notre société, à nos intérêts économiques, qui ne sont pas les mêmes que les vôtres. Vous avez voulu imposer l'uniformité qui divise ; nous préférons la diversité qui rapproche. Elle sera un enrichissement pour l'Espagne. Nous ne sommes pas les seuls à l'affirmer : le général Franco lui-même l'a proclamé dans son ultime message.

*
* *

Après ce constat de non conciliation, il faut voir quelle est l'attitude des diverses forces politiques de Catalogne en face du problème autonomiste régional. En premier lieu, on consacrera quelques développements à une force qui a joué un rôle politique et social de premier plan dans la Catalogne d'avant 1939 et dont personne ne peut encore prédire ce qu'elle deviendra demain : l'anarchisme.

la Catalogne, terre d'élection de l'anarchisme

L'anarchisme espagnol n'est pas né dans les milieux ruraux andalous ni dans les milieux ouvriers catalans. Ses origines remontent au Moyen Age. De vieilles traditions communautaires s'exprimaient dans les *fueros* municipaux, dans les pratiques communalistes paysannes, dans le droit coutumier espagnol. Elles répondaient à l'amour de la liberté individuelle s'exerçant dans le cadre d'une communauté de dimension réduite dont la gestion démocratique directe est possible. Dans le cas de l'Espagne, ces mouvements anarchistes offraient des aspects extérieurs qui ne sont pas consubstantiels à la doctrine libertaire : l'action ou la réaction violente, expression d'un tempérament vif et de l'exaltation de l'acte individuel, et l'anticléricalisme, réaction contre la contrainte d'une Eglise dominatrice alliée à la classe sociale des oppresseurs.

On a évoqué plus haut l'anarchisme rural andalou, suscité par la détresse des misérables *jornaleros* et *braceros* au siècle dernier. A peu près à la même époque, l'anarchisme faisait son apparition en Catalogne, où Elisée Reclus, puis Giuseppe Fanelli, le propagandiste de Bakounine, étaient venus le propager en 1868. En 1870, à Barcelone, fut fondée la Fédération régionale espagnole de l'Association internationale des travailleurs (A.I.T.). Lorsque Lafargue, gendre et disciple de Karl Marx, se rendit à Barcelone, les positions de l'anarchisme étaient déjà solides et il n'obtint aucun succès. Le Congrès de Cordoue de 1872 consacra le triomphe des libertaires sur les marxistes purs, dont ils allaient devenir les adversaires. En deux ans, la Fédération ouvrière anarchiste, fondée en 1881, recueillit 50.000 adhésions, dont 30.000 en Catalogne. Anselmo Lorenzo, rédacteur du journal *La Solidaridad,* est considéré comme le père de l'anarchisme espagnol, tandis que Pablo Iglesias, d'*El Socialista,* est tenu pour le fondateur du socialisme ibérique. Peu après, naquirent les deux grandes centrales syndicales qui devaient se partager pendant cinquante ans la masse des travailleurs espagnols, l'U.G.T. et la C.N.T. La première (Union Générale des Travailleurs), fondée en 1888 comme le prolongement syndical du Parti socialiste ouvrier espagnol (P.S.O.E.), se recrutait surtout à Madrid, dans les Asturies et au Pays basque. La seconde (Confédération Nationale du Travail), créée en 1911, était la centrale anarcho-syndicaliste qui dominait en Catalogne, à Murcie et en Andalousie. Elle était la plus nombreuse des deux : 1.200.000 membres, contre 1.040.000 à l'U.G.T. en 1936. Après la mise en sommeil de la C.N.T., consécutive à l'instauration du régime dictatorial de Primo de Rivera en 1923, les anarchistes les plus radicaux fondèrent la clandestine Fédération Anarchiste Ibérique (F.A.I.).

La période allant de 1890 à la première Guerre Mondiale fut celle des attentats anarchistes spectaculaires. Le premier ministre Canovas del Castillo fut assassiné, et une série d'attentats à la bombe, de grèves et d'émeutes, la plupart à Barcelone, firent au total une centaine de morts. En 1906 à Madrid, le jour de son mariage, Alphonse XIII échappa de justesse à une bombe anarchiste qui laissa 26 tués sur le terrain. Après la « Semaine tragique » de 1909 à Barcelone, dont le bilan avait été de 82 morts, la répression frappa les anarchistes catalans, dont l'une des figures les plus connues, Francisco Ferrer, fut exécuté ; mais un peu plus tard, les anarchistes tuaient à leur tour le cardinal Soldevilla à Saragosse.

Pourquoi l'anarchisme trouvait-il une audience plus favorable en Catalogne qu'ailleurs ? Plusieurs explications ont été fournies [9]. Les Catalans, a exposé l'historien P. Vilar, ont une longue tradition de liberté individuelle et sont prompts à la rébellion ; la plus grande partie de la population industrielle de la Catalogne provenait précisément de l'Andalousie et de Murcie, fiefs de l'anarchisme rural ; dans les entreprises catalanes, de dimensions généralement moyennes, la revendication acquérait le caractère d'une lutte individuelle entre l'ouvrier et le patron, en contact permanent ; enfin les travailleurs les plus déshérités se sentaient attirés par une doctrine qui prônait la non-participation à un jeu politique décevant pour tous.

En tout cas, la puissance du mouvement anarchiste fit de celui-ci, au début du présent siècle, l'arbitre de la vie politique espagnole. Après les promesses non tenues de la révolution de 1868, les anarchistes avaient choisi l'apolitisme, en particulier sous la forme de l'abstention électorale ; cette position avait assuré le succès des partis de droite aux élections de 1933. Puis, irritée par la politique antisociale du gouvernement issu de cette consultation, la C.N.T. avait donné à ses membres la consigne de voter : grâce à ses voix, le Front populaire l'emporta aux élections de février 1936. Mais, n'ayant pas présenté elle-même de candidats, elle avait fait surtout le jeu des autres partis de gauche qui la voyaient d'un mauvais œil. Les anarchistes avaient jugé que la Deuxième République leur offrait leur meilleure chance de révolution sociale. Dans cet esprit, ils se livrèrent à plusieurs actions révolutionnaires, de 1931 à 1936, à Séville, dans le bassin du Llobregat, à Casas Viejas et à Castilblanco, désordres sanglants qui n'ajoutèrent pas au prestige des gouvernements républicains. Il leur arrivait aussi d'engager des actions contre les socialistes et les communistes, avec la participation des hommes de main de la Phalange. Lorsque le soulèvement militaire du 18 juillet 1936 éclata à Barcelone, ils mobilisèrent leurs forces, plus ou moins bien armées mais nombreuses, et leur intervention, soutenue par la Garde civile restée fidèle au gouvernement, fit échouer le *putsch*.

En 1936 et 1937, les anarchistes de la C.N.T. procédèrent à des expériences de collectivisation dans les provinces de la zone républicaine, surtout en Catalogne, au Levant et en Aragon. « C'est la première révolution ouvrière du monde », déclara Abad de Santillán, conseiller économique anarchiste de la Généralité de Catalogne. Les industries d'armement, le commerce, les industries alimentaires, furent collectivisées, lorsque leurs entreprises employaient plus de cent ouvriers. Dans les banques, il n'y eut pas d'autogestion, mais un contrôle ouvrier. Le vieux collectivisme agraire fut appliqué en Catalogne, en Aragon, dans le Levant et en Andalousie. Toutefois, il ne fut pas imposé : les petits propriétaires pouvaient continuer à exploiter librement leurs terres. Les paysans prenaient en charge les grands domaines abandonnés et expropriés et formaient des collectivités, réunies en fédérations cantonales et régionales. Dans ces communautés, les traditions locales étaient respectées : il n'existait pas d'organisation uniforme. Des milliers d'écoles furent créées, ainsi que des fermes-modèles, des groupes de conseillers techniques, une caisse de compensation régionale pour venir en aide aux communautés les plus pauvres. Le salaire était uniforme et la monnaie souvent remplacée par des bons échangeables contre des produits dans les magasins collectifs. Le nombre des collectivités agricoles atteignit des chiffres élevés : 275 en Aragon (300.000 adhérents), 900 au Levant (290.000 membres), 300 en Castille (100.000 paysans). C'est en Catalogne qu'elles eurent le moins de succès (60 seulement), en raison de la forte proportion de petits propriétaires dans cette région.

Les anarchistes affirment que ces expériences furent des réussites (les rendements auraient augmenté de 30 à 50 %, la première année de la guerre civile) et tracent un tableau idyllique des communautés anarchistes d'Aragon. Les communistes présentent une version très différente de ce qu'ils appellent « l'enfer anarchiste », dont les contraintes, les confiscations, voire les tortures, auraient provoqué l'émigration de milliers de paysans de ces régions. Ils allèrent plus loin : en 1937, les colonnes communistes de Lister et d'*El Campesino* détruisirent beaucoup de communautés rurales de Castille et du Levant, tandis que des heurts sanglants opposaient les petits propriétaires socialistes du Levant aux paysans anarchistes de la région. En cette même année 1937, les communistes chassèrent les anarchistes du pouvoir en Catalogne. Les anarchistes avaient pensé, en effet, qu'une collaboration politique avec les socialistes et les communistes était nécessaire pour mener le combat contre le soulèvement, et plusieurs d'entre eux étaient devenus membres du Conseil de la Généralité de Catalogne et ministres du gouvernement de Largo Caballero. Parmi ces derniers, figuraient García Oliver, un ancien terroriste qui fut, a-t-on dit, un excellent ministre de la Justice, et Federica Montseny, une intellectuelle. Mais cette participation fut mal accueillie par la masse des militants.

Ceux-ci, du reste, acceptaient mal les contraintes militaires : des milices, oui, une armée, non. Leur indiscipline leur fut aussi nuisible sur les champs de bataille que dans leur épreuve de force avec les communistes. Ils se battirent néanmoins avec la plus grande bravoure. La colonne anarchiste de Durruti fit partie des forces qui brisèrent l'assaut nationaliste de l'automne 1936 sur la Cité universitaire de Madrid. Après la prise de Tolède par les Marocains et les légionnaires, quarante miliciens anarchistes eurent l'horrible courage de se laisser brûler vifs plutôt que de se rendre. En mars 1939, dans Madrid, le corps d'armée de l'anarchiste Cipriano Mera n'hésita pas, malgré la disproportion des forces, à se mesurer aux unités communistes dans ce qu'on a appelé « la guerre civile dans la guerre civile ».

Comme leurs partenaires et leurs adversaires, la F.A.I. et la C.N.T. commirent des massacres, des incendies et toutes sortes d'exactions. En revanche, elles firent preuve en plusieurs occasions d'un sens humanitaire peu courant pendant la guerre civile. Au moment où l'armée franquiste entra dans Madrid, fin mars 1939, les phalangistes de la cinquième colonne madrilène eux-mêmes demandèrent le maintien à la tête de la mairie de Madrid de l'anarchiste Melchor Rodriguez, qui avait sauvé la vie à bon nombre d'habitants lorsqu'il était directeur des prisons.

Après la victoire franquiste, des milliers d'anarchistes prirent le chemin de l'exil. D'autres poursuivirent la lutte armée dans les maquis de l'intérieur. Le dernier de ces *desperados* tint le maquis pendant 24 ans dans les montagnes de Catalogne et ne fut abattu qu'en 1968. Il portait le sobriquet de *Caraquemada* (face brûlée). L'exil, les pertes de guerre, les exécutions consécutives à la victoire franquiste, l'impitoyable répression policière, portèrent à la puissante C.N.T. de 1936 un coup dont elle ne s'est pas relevée à ce jour. La clandestinité convenait mal à ce mouvement qui n'a rien d'un parti hiérarchisé et fortement structuré, organisé pour continuer le combat malgré la proscription. Les anarchistes ont essayé de se reconstituer en Catalogne : en 1965, ils avaient mis sur pied une cinquantaine de groupes. Ils réussirent même, en 1974, à déclencher une grève à San Feliú de Llobregat. Mais l'habitude d'appeler communistes toutes les manifestations sociales de l'opposition clandestine, portait tort aux anarchistes, considérés comme quantité négligeable.

Une autre circonstance défavorable pour la C.N.T. a été sa division interne. En 1945, le Mouvement Libertaire Espagnol (M.L.E.) était formé des restes de la C.N.T., de la F.A.I. et de la F.I.J.L. (Fédération Ibérique des Jeunesses Libertaires), chacune de ces formations ayant son siège en France et des représentants en Espagne. En cette même année, les deux congrès tenus en France par le M.L.E. firent apparaître l'opposition de deux tendances : celle de la C.N.T. classique, anticommuniste, humaniste, opposée à la violence systématique, et celle de l'activisme révolutionnaire. La première, majoritaire au sein du mouvement, ne répugne pas à l'idée de contracter des alliances (avec l'A.S.O., ou Association Syndicale Ouvrière, par exemple) et même l'un de ces groupes a eu des contacts, en 1965-66, avec l'Organisation syndicale franquiste en vue de faire entrer dans celle-ci des anarcho-syndicalistes (le M.L.E. réprouva, il est vrai, cette démarche et qualifia ses auteurs de traîtres).

La seconde fraction, composée surtout de jeunes agissant en Espagne même, adresse à la précédente les reproches de réformisme, immobilisme, collaborationnisme, sectarisme anti-marxiste, et « candide opportunisme ». Elle ne rejette pas la critique marxiste de la société capitaliste, mais accuse les communistes de s'allier au capitalisme afin de parvenir au pouvoir (en retour, les communistes traitent ses membres de « provocateurs gauchistes-fascistes »). Elle dénonce l'aliénation de l'individu, soumis à la dictature capitaliste, à la hiérarchie, à l'autoritarisme sous toutes ses formes, et prône la liberté, la solidarité, le « spontanéisme », la lutte des classes. Elle déclare que le combat contre la légalité bourgeoise ne peut revêtir d'autre forme que celle de l'action révolutionnaire, directe et radicale. Sa doctrine a été vivement critiquée au congrès international anarchiste de Carrare, en 1968, par Federica Montseny qui représentait la C.N.T. classique. De nombreux groupuscules autonomes, se réclamant de la F.A.I., ont remplacé aujourd'hui les Jeunesses libertaires, disparues en 1969. Ils opèrent en liaison avec d'autres groupes proches par l'idéologie, tels que le M.I.L. (Mouvement Ibérique de Libération), aujourd'hui dissous, ou le G.A.R.I. (Groupe d'Action Révolutionnaire Internationale). La répression policière barcelonaise a durement frappé ces groupuscules activistes anarchistes, qui restent, avec l'E.T.A. basque et le F.R.A.P. (Front Révolutionnaire d'Action Patriotique), les groupes révolutionnaires de la violence.

La tolérance de la monarchie à l'égard du mouvement anarchiste (le P.C.E. s'est étonné d'entendre Abad de Santillan, revenu d'exil, « chanter les louanges de Juan Carlos ») [10] a permis à celui-ci de retrouver un peu de son ancienne force ; en six mois de l'année 1976, la C.N.T. aurait reçu vingt fois plus d'adhésions que jusqu'alors, et elle serait écoutée dans les milieux fédéralistes catalans. Elle est cependant très loin d'avoir repris sont ancienne place dans le syndicalisme espagnol. Ce qui lui a nui est son éloignement volontaire du jeu politique ([11]), qui a fini par être assimilé au chaos et à la désorganisation, alors qu'elle prône l'autodiscipline, c'est-à-dire l'ordre, à la condition qu'il ne soit pas imposé d'en haut. La C.N.T. reste un mouvement anarcho-syndicaliste, fédéraliste et autogestionnaire, opposé à l'Etat et aux partis politiques. Elle conçoit le syndicat comme un instrument, non de simple revendication, mais de transformation des structures capitalistes. Elle rejette l'idée du syndicat unique hiérarchisé à direction autoritaire ; elle veut un syndicat dans lequel la décision appartienne aux groupes de base librement constitués. Pour cette raison, elle s'est rapprochée de l'U.G.T., de l'U.S.O. (Union Syndicale Ouvrière) et du S.O.C. (Syndicat des Ouvriers Catalans), qui s'opposent, comme elle, à l'organisation des Commissions ouvrières selon la ligne communiste autoritaire.

La renaissance de la C.N.T. a été marquée par la tenue à Barcelone, en octobre 1976. de l'Assemblée plénière nationale des fédérations régionales C.N.T. La nouvelle organisation comprend beaucoup d'éléments jeunes, d'étudiants en particulier. Elle s'implante surtout en Catalogne, mais elle compte aussi des adhérents dans le Levant, et elle réunirait à Madrid plus d'une douzaine de syndicats.

En tout cas, dans la liste des partis politiques, l'anarchisme n'est plus représenté que par des groupuscules extrémistes (le G.A.R., le M.T.L., l'O.L.L.A., ou Organisation de Lutte Armée) qui n'ont pas de relation avec la C.N.T., et dont la survie n'est même pas certaine à l'heure présente.

les partis politiques en Catalogne : la situation actuelle

Les partis de Catalogne, les uns légalisés, les autres encore illégaux mais tolérés, appartiennent à deux catégories : les partis spécifiquement catalans, organisés exclusivement dans le cadre de la Catalogne, ayant leur centre de décision en Catalogne, et les partis organisés à l'échelle de l'Etat espagnol, avec filiales dans la région. La liste des premiers est donnée dans le tableau ci-joint. Celle des seconds figure dans le tableau général des partis politiques espagnols inséré dans le présent ouvrage. Les uns sont fédéralistes, d'autres autonomistes (certains, notamment les communistes, restent attachés au « centralisme démocratique »). En tout état de cause, une remarque s'impose : les partis « succursalistes », c'est-à-dire non exclusivement catalans, ont peu d'audience dans la région, beaucoup moins que les partis proprement catalans.

Seuls ces derniers sont représentés au *Conseil des Forces Politiques de Catalunya* : ils sont au nombre de 11, des démocrates-chrétiens et des libéraux aux communistes. D'autres font partie de l'*Assemblea de Catalunya* mais non du *Consell*, en raison de leur obédience madrilène : la Fédération socialiste de Catalogne, section catalane du P.S.O.E. ; l'O.R.T. (Organisation Révolutionnaire des Travailleurs), marxiste-léniniste-maoïste et partisan de la lutte armée ; le M.C.C. (Mouvement Communiste de Catalogne), filiale du M.C.E. (Mouvement Communiste d'Espagne), de même tendance que l'O.R.T. ; et le P.T.E. (Parti du Travail d'Espagne, marxiste-léniniste, partisan du « centralisme démocratique »). D'autres partis encore s'excluent volontairement du *Consell*, bien que spécifiquement catalans. Ce sont les trois groupes de la droite démocratique indiqués dans le tableau : le Club Catalonia, l'Association démocratique sociale chrétienne de Catalogne, et le Parti du centre catalan. Enfin, l'un des 11 membres

---

Les partis et les syndicats catalans.

Seuls, figurent dans ce tableau les partis et les syndicats spécifiquement catalans. En sont exclus les partis et syndicats « succursalistes », même s'ils ont donné des appellations catalanes à leurs filiales régionales. Ces indications sont valables fin décembre 1976.

Partis politiques catalans :

1. Partis de la droite démocratique (non régis par la loi sur les associations politiques, mais légaux). Ne font pas partie du « Conseil de Forces Politiques de Catalunya » :

— **Club Catalonia (1975). Bourgeoisie d'affaires catalane - Catalaniste, régionaliste, partisan de l'intégration à l'Europe.**

— **Association démocratique sociale-chrétienne de Catalogne (D.S.C.) - Fédéraliste.**

— **Parti de Centre Catalá (P.C.C.) (1976). Bourgeoisie d'affaires barcelonnaise - Fédéraliste.**

2. Partis spécifiquement catalans, faisant partie du « Conseil de Forces Politiques de Catalunya » :

— **« Parti socialiste unifié de Catalogne » (P.S.U.C.) ; en fait, version catalane du P.C.E. Formé en 1936. Autonomiste, non fédéraliste. Secrétaire général : M. López Raimundo.**

— **« Partit Socialista de Catalunya » (1976), formé de la Convergence Socialiste de Catalogne, du Parti populaire de Catalogne, du** secteur historique du P.O.U.M. (Parti Ouvrier d'Unification Marxiste), des dissidents du P.S.U.C. (fraction Comorera), du Groupe des Indépendants pour le socialisme, de la fraction socialiste de l'ex-« Reagrupament Socialista Democratic de Catalunya ». Le parti catalan le plus important après le P.S.U.C.

— Partit socialista de Catalunya (1976) de M. Josep Pallach. A ne pas confondre avec le précédent, malgré la similitude des noms. Formé par la plupart des éléments constitutifs de l'ancien « Reagrupament Socialista Democratic de Catalunya » créé en 1974. Fédéraliste. Social-démocrate.

— Partit Socialista d'Alliberament Nacional dels Paises Catalans (P.S.A.N.), socialiste marxiste. Demande la constitution d'un Etat socialiste formé de tous les pays catalans, après obtention de statuts d'autonomie pour la Catalogne, le Pays valencien et les Baléares.

— Partit Carli de Catalunya (P.C.C.), parti carliste du prince Charles-Hughes de Bourbon-Parme. Fédéraliste et autogestionnaire.

— Front national de Catalogne (1939), devenu en 1968 socialiste non marxiste : « pour le socialisme en liberté dans une Catalogne libre ».

— « Convergence démocratique de Catalogne (C.D.C.) », centre gauche (1974). Demande le statut de 1932, l'intégration à l'Europe, une démocratie avancée, la redistribution du pouvoir économique. Le « Conseil » a été créé sur son initiative. Son dirigeant est un homme politique dynamique, M. Jordi Pujol.

— Unio Democrática de Catalunya (U.D.C.) (1931), alliée au parti précédent. Fait partie de l'« Equipo Democrata-cristiano del Estado Espanol ». Fédéraliste, européiste.

— Parti populaire de Catalogne (P.P.C.) (1973). Nationaliste, social-démocrate (socialiste populiste).

— Esquerra Democratica de Catalunya (E.D.C.) (1975). Libérale, fédéraliste, européiste.

— Esquerra Republicana de Catalunya (E.R.C.) (1931). L'ancienne gauche républicaine de Maciá, aujourd'hui divisée.

Syndicats catalans :

— Solidaritat d'Obreros de Catalunya (S.O.C.) (1958). Socialiste démocratique autogestionnaire. Indépendant des partis politiques.

— Unio de Pageses (U.P.) (1974) ou Union paysanne. Plusieurs tendances politiques différentes y sont représentées, des démocrates-chrétiens aux trotskistes.

— Sindicato Agricola Catalan (S.A.C.) (1976), créé à La Seo de Urgel. Programme : la révision des structures agraires.

du *Consell*, l'Esquerra Democratica de Catalunya, ne fait volontairement pas partie de l'Assemblée.

Que signifient les termes *Consell* et *Assemblea* ?

Il faut rappeler d'abord que le président de la Généralité de Catalogne, en exil depuis 1939, reste l'autorité légitime suprême pour les partis catalans d'opposition. La fonction est exercée aujourd'hui par un vétéran de la Généralité de Catalogne : M. Josep Terradellas, qui réside à St Martin le Beau (Touraine). En Catalogne même, les partis ont opéré, pendant plusieurs années après la fin de la guerre, sans grande coordination et dans un contexte psychologique différent de celui des exilés. Puis des organismes ont été créés dans la clandestinité pour grouper les forces d'opposition dans la lutte contre le régime. La Commission de coordination des forces politiques de Catalogne (aujourd'hui disparue) commença cette tâche en 1969 et parvint à créer en 1971 l'Assemblée de Catalogne, regroupant la grande majorité des formations de gauche, exclusivement catalanes ou non. La police interrompit, en 1971 et 1973, ses réunions clandestines tenues dans des locaux ecclésiastiques, mais ces persécutions policières n'empêchèrent pas sa Commission permanente de tenir douze réunions jusqu'à la fin décembre 1975. Puis, le 23 décembre 1975, à Barcelone, les 11 principales formations catalanes de gauche et du centre gauche formèrent le *Consell de Forces Politiques de Catalunya.*

L'Assemblée et le Conseil sont définis comme des organismes se complétant l'un l'autre : la première serait un instrument de mobilisation populaire ; le second, une institution essentiellement politique représentant les partis, leurs buts étant naturellement identiques — la lutte pour les libertés démocratiques et nationales de la Catalogne. Un comité de liaison fonctionne entre le Conseil et l'Assemblée.

Les rapports entre ces trois rouages — président de la Généralité, Conseil, Assemblée — ont traversé récemment une période difficile. M. Terradellas voudrait supprimer les deux autres organismes et les remplacer par une Assemblée nationale provisoire, ouverte aux formations de la droite catalane ; toutes les forces catalanes formeraient ainsi un front unique pour discuter avec Madrid. Ce projet a dû être abandonné. M. Jordi Pujol, de la Convergence démocratique catalane, partagerait l'idée de supprimer Conseil et Assemblée au bénéfice d'un Conseil national catalan.

Pour sa part, le *Conseil* voudrait voir la Généralité fusionner avec lui. De leur côté, les communistes du P.S.U.C. préfèreraient un simple organisme coordinateur de toute l'opposition catalane.

Il est un point, en tout cas, sur lequel l'accord est réalisé : l'autonomie de la Catalogne. Fin 1976, le *Conseil* a fait un geste d'affirmation de son attitude : dans un communiqué, il a déclaré rejeter le projet de réforme politique de M. Suarez, président du gouvernement, puisque ce projet ne mentionne ni la Généralité de Catalogne, ni le statut de 1932. A vrai dire, on peut s'étonner que le *Conseil*, l'Assemblée, et les partis nationalistes, attachent un tel prix à ce fameux Statut qui définit une autonomie soigneusement dosée et a causé de telles déceptions aux vrais nationalistes, à son époque. Les Catalans répondent que la plupart d'entre eux sont fédéralistes, comme le furent Maciá en 1931 et Companys en octobre 1934. Si le *Conseil* et l'Assemblée, expliquent-ils, ne revendiquent aujourd'hui qu'un statut d'autonomie, c'est parce qu'ils envisagent d'atteindre leur but par étapes : d'abord, celle d'un gouvernement provisoire de la Généralité, avec le statut de 1932 adapté ; ensuite, l'étape de l'Etat fédéral.

C'est pourtant le Statut que l'on entend réclamer au cours des manifestations populaires à Barcelone et dans les villes de banlieue — peut-être simplement parce qu'*autonomia* rime avec *amnistia*. De telles manifestations sont devenues courantes depuis un an, tantôt interdites, tantôt autorisées, ou tolérées, suivant des critères difficiles à définir. Les Barcelonais vivent dans l'excitation. En 1975, par exemple, le collège des avocats de la capitale catalane parraine un congrès de la culture : 800 à 900 associations veulent y participer,... y compris celle des ramasseurs de champignons. Le 23 avril 1976, jour de la Sant Jordi, la fête nationale catalane, le premier numéro du quotidien *Avui* (Aujourd'hui), rédigé en catalan (le premier à paraître depuis la guerre civile), est vendu dans les rues de Barcelone : le public s'arrache 100.000 exemplaires en quelques heures. Les cortèges et défilés se succèdent ; la tombe de Maciá est fleurie en permanence ; la foule se presse au récital nationaliste de Lluis Llach au palais des Sports de Barcelone ; la *sardana* se danse avec plus de ferveur catalane que jamais ; les drapeaux catalans fleurissent en abondance. Ce n'est pas toujours par la douceur et la persuasion que la police disperse les manifestants. Il semble toutefois que, depuis la nomination d'un nouveau maire à Barcelone, fin 1976, la tolérance se soit accrue.

Le gouvernement a nommé une commission pour l'étude d'un régime spécial en Catalogne. Ce n'est qu'un geste. Le temps des régimes administratifs spéciaux est largement dépassé pour la Catalogne. Mais chacun sait que rien ne sera entrepris dans le domaine régionaliste avant la mise en place des premières institutions politiques de type démocratique, au niveau de l'Etat espagnol.

le pays valencien

Trois provinces, Valence, Alicante, Castellón de la Plana, forment le pays valencien proprement dit. Celle de Murcie fait également partie du Levant, du point de vue économique, sinon linguistique. Quant à Albacete, souvent considérée comme province levantine, elle appartient plutôt à la Mancha castillane.

Deux images apparaissent dès qu'on parle du pays valencien : une longue plage éblouissante de lumière le long de la Méditerranée très bleue, et une plaine-jardin admirablement fertile en agrumes, une *huerta*.

la côte de lumière

Un climat très sec, des pluies très rares et presque inconnues en été, un ensoleillement permanent, une luminosité rappelant la côte orientale de l'Andalousie : telles sont les caractéristiques de la longue plage du Levant, à peine interrompue par les ports et par des avancées rocheuses comme le cap Nao. Elle gagne lentement sur la mer, après avoir transformé l'ancien port romain de Sagonte en un Aigues-Mortes espagnol relégué à cinq kilomètres du rivage. Ses anses abritent des petits ports de pêcheurs, dont l'activité est modeste, mais dont les « criées » au poisson, à côté des filets séchant sur l'esplanade dans une odeur de marée fraîche et de goudron, ne manquent pas d'un pittoresque très vivant.

249

L'une des grandes ressources du littoral est naturellement le tourisme. La *Costa del Azahar,* qui est celle de Castellón et de Valence, tire son nom (*azahar* = fleur d'oranger, en arabe) de la présence des nombreux bois d'orangers qui couvrent l'arrière-pays. De Viñaroz à Oliva, se succèdent des stations en plein essor où croissent les immeubles et les villas. Peñiscola mérite une mention spéciale, à cause de son éperon rocheux, curieusement planté devant la plage ; sa forteresse abrita, au XVème siècle, le cardinal Pedro de Luna (le pape d'Avignon Benoît XIII) qui persista à affirmer sa légitimité contre les prétentions des papes romains ; l'écrivain valencien Blasco Ibáñez a raconté son histoire dans l'un de ses récits, *El Papa del Mar* (le pape de la mer). Naguère lieu de prédilection pour les jeunes mariés en voyage de noces, Peñiscola est aujourd'hui une plage de ruée estivale comme les autres. La côte d'Alicante, la *Costa Blanca* (*blanca* à cause de la blancheur aveuglante du sable, de la mer et du ciel) connaît aussi un bel essor touristique.

les « huertas »

Cette zone côtière privilégiée renferme la plupart des fameuses *huertas* du Levant (ou *hoyas,* ou *vegas*). Ce sont des petites plaines alluviales délimitées par le relief, arrosées chacune par l'un des nombreux fleuves côtiers de la région. Malgré la sécheresse du climat, elles sont renommées pour leur fertilité, qui se traduit par des récoltes pluriannuelles. Le pays valencien est la région d'Espagne la plus riche en agrumes et en cultures maraîchères. Il produit en abondance des oranges (50 millions d'orangers, paraît-il), des citrons, des pêches, des abricots, toutes les cultures maraîchères, des fleurs, et, au sud de Valence, le riz de l'Albufera et du Guardamar (le riz indispensable à la confection de la *paella* bien connue des touristes). Dans l'ordre d'importance, en valeur : agrumes, riz, autres produits agricoles. Une douzaine de *huertas* côtières jalonnent la région, les plus méridionales étant celles d'Elche et d'Orihuela, deux oasis à palmiers-dattiers. Il existe plusieurs autres *huertas* dans l'intérieur.

Toutes ces plaines pratiquent l'agriculture de *regadío,* la culture irriguée. La paternité de l'excellent système d'irrigation qui les fertilise a été attribuée tantôt aux hispano-romains, tantôt aux Arabes. Pour concilier ces deux thèses opposées, on a fait remonter aux premiers le système des grands canaux catalano-aragonais, tout en admettant que les Arabes ont, sinon introduit, du moins considérablement développé le *regadío* à base de petits canaux, de rigoles (les *acequías*) et de norias, qui étaient dans la tradition agricole de l'Egypte et de l'Asie occidentale. Les noms de plantes telles que l'*arroz* (le riz), l'*azafran* (le safran) sont incontestablement arabes, comme ceux des procédés d'irrigation : l'*acequía,* la *noria,* l'*aljibe* (le puits), l'*azuda* (la vanne de réglage de la distribution de l'eau sur les canaux). Certaines cultures introduites par les Musulmans ont disparu ou sont en déclin (le mûrier, le caroubier, la canne à sucre) ; d'autres ont connu le développement que l'on sait. Le pays valencien était le domaine des agriculteurs, sinon arabes, du moins musulmans. L'édit d'expulsion de 1609 frappa au moins 150.000 d'entre eux : une catastrophe économique dont il fallut des siècles pour effacer les conséquences. Un certain nombre de Morisques, il est vrai, était resté caché, et l'édit lui-même autorisait les propriétaires chrétiens à conserver « six familles morisques par cent demeures » pour entretenir le système d'irrigation et les moulins à sucre, et instruire les populations qui viendraient repeupler la contrée. Jusqu'à leur expulsion, les Morisques formaient à Valence des communautés se gouvernant elles-mêmes avec leurs magistrats municipaux, les *alfaquîs,* et beaucoup de noms toponymiques rappellent leur souvenir : Benicassim, Benibrahim, Beniaya, Beniali, etc.

L'aménagement du système d'irrigation des *huertas* a été une œuvre séculaire, rendue difficile par l'irrégularité des débits fluviaux. Les rares pluies sont des cataractes qui, en grossissant brutalement les courtes rivières littorales presque aussi desséchées que des oueds africains, provoquent des inondations catastrophiques et imposent, de ce fait, la construction de barrages bien étudiés. Par ailleurs, on a déjà indiqué, à propos de la Castille, que la région de Murcie reçoit aujourd'hui un appoint d'eau considérable, grâce au transvasement des eaux du Tage dans celles du système fluvial du Segura.

On comprend aisément que l'eau, condition de la survie dans cette région naturellement aride, ait fait l'objet, depuis des siècles, d'une réglementation rigoureuse. Les horticulteurs (les *huertanos*) étaient et demeurent groupés en communautés de *regantes* (irrigateurs), dont les membres se soumettent à l'inflexible discipline des usages en matière d'irrigation. Pour régler les contestations entre eux et punir les contrevenants, il existe à Valence une curieuse institution, officiellement reconnue comme juridiction particulière : le Tribunal des eaux. On ignore son origine exacte, mais on sait qu'il siégeait déjà au temps de la domination arabe. Il se compose de 8 juges, choisis parmi les chefs de famille honorablement connus, à raison d'un pour chacun des 8 canaux principaux. Il siège, en principe le jeudi, devant l'une des portes de la cathédrale de Valence, la porte des apôtres. L'audience est publique et se déroule sans codes, sans textes écrits, sans avocats : les juges décident selon l'usage, et leur décision est sans appel.

Les *huertas* irriguées ne sont pas le seul domaine de l'agriculture valencienne. Les cultures de *secano* sont pratiquées aussi dans la région montagneuse de l'intérieur. Ces terres moins favorisées vivent de l'élevage du mouton, mais aussi de la culture de l'amandier, de l'olivier, des céréales, de la vigne : le vin de Requena est connu, comme ceux d'Alicante (l'Aloque, le Belmete, le Fondellot), et le Levant est le second producteur espagnol de vins, après la Mancha. L'agriculture de *secano* se heurte ici aux mêmes difficultés que dans les autres régions : la rareté de plus en plus accusée de la main-d'œuvre agricole, les obstacles à la mécanisation. Les *huertas* fertiles à haut rendement connaissent aussi leur crise. Le freinage des prix agricoles conjugué avec la hausse des salaires ruraux a diminué les marges bénéficiaires des exploitants, en même temps que le chômage saisonnier sévit dans les contrées à monoculture. La « guerre des tomates » du sud traduit ce malaise.

Ces conditions expliquent que la population se répartisse inégalement entre les différentes zones du pays valencien. Sa densité est faible dans les zones montagneuses de l'intérieur, et exceptionnellement élevée dans les *huertas,* où la propriété se présente très divisée, ainsi que dans les zones portuaires et industrielles. Dans les zones fertiles, elle vit dans de grandes agglomérations rapprochées, nombreuses (Murcie, 250.000 habitants, n'est qu'un très grand bourg agricole). Elle habite aussi dans ces maisons paysannes aussi caractéristiques du paysage valencien que sont, dans leurs régions respectives, le *cortijo* andalou, le *caserio* basque ou la *masia* catalane : les *barrancas.* Ce sont des demeures d'adobes blanchies à la chaux et fleuries, avec toit à double pente, fait de roseaux et de tiges de tournesols. Elles représentent un type de construction très archaïque, dont l'origine est attribuée tantôt aux Celtes, tantôt aux Berbères. A côté de ces habitations rurales, le pays valencien offre d'autres types : la riche demeure à tourelles, entourée de jardins et sans *patio* intérieur, ou, dans l'intérieur, la grande maison seigneuriale à galerie supérieure, de style italien, ou encore, dans le Maestrazgo, la maison castellano-aragonaise en pierre.

Dans le paysage valencien classique — plages et *huertas,* bois d'orangers, vergers et jardins, — sont apparues depuis une époque récente d'autres silhouettes, celles des établissements sidérurgiques et pétrochimiques, des ateliers de toutes sortes, des centrales thermiques et hydroélectriques. La caractéristique de cette industrie valencienne est la variété et la dispersion.

l'industriali-sation

Des noyaux industriels isolés sont nés au siècle dernier à Alcoy, puis à Elche, à Valence, mais la plupart des centres industriels sont implantés dans la zone côtière. Les ressources minières du pays sont concentrées pour la plupart dans la zone de Carthagène, à Mazarrón, La Unión et dans la sierra Almenera, d'où l'on extrait du fer, du plomb, du cuivre, du zinc, du soufre, mais ces activités sont en déclin. En revanche, le pays dispose de bon nombre de centrales hydro-électriques (celle de Cofrentes est la plus importante) et de centrales thermiques (à Alicante et surtout à Escombreras). De plus, deux centrales nucléaires sont, l'une en construction à Cofrentes (Valence), l'autre en projet à Aguilas (Murcie). Cette zone de Carthagène, la plus méridionale et la plus aride du pays valencien, se trouve ainsi devenir l'un des grands centres industriels de l'Est espagnol. A ces mines déjà nommées, à sa future centrale nucléaire, elle ajoute la grande raffinerie de pétrole d'Escombreras, qui s'est annexé une centrale thermique. A une dizaine de kilomètres d'Escombreras, se trouve Cartagène (150.000 habitants), base navale de la marine espagnole et en particulier de ses forces sous-marines, important port de commerce aussi, accessible aux grands navires de fort tonnage ; Carthagène possède des chantiers de constructions navales, des fonderies.

Alcoy fabrique des textiles, du papier, des conserves de légumes, à côté de machines-outils et d'outillage agricole. Alicante (200.000 habitants) joint à son activité portuaire celle de ses industries métallurgiques, de ses usines d'aluminium, de ses industries chimiques. Murcie, la ville aux coupoles bleues et aux palmiers, produit surtout des conserves de fruits et de légumes. Manises est connue pour son industrie de la céramique. Elda, Vall de Uxo produisent des chaussures. Plusieurs centres fabriquent des jouets, des conserves végétales (le *turrón* de Jijona et d'Alicante est renommé). Deux autres villes possèdent une importante industrie lourde : Sagonte, dont les hauts-fourneaux utilisent le fer et le charbon d'importation, et Valence, la capitale de la région. Cette grande cité de 700.000 habitants, la troisième d'Espagne par la population, est à la fois un grand port (El Grao de Valencia), un centre de constructions navales, d'industrie métallurgique, d'industrie chimique, d'industries dérivées de l'agriculture, de fabrication de meubles, etc.

L'industrialisation du pays valencien a accru l'effectif des travailleurs industriels, dont une partie provient d'autres régions, et la revendication sociale s'ajoute à la revendication nationaliste valencienne, une revendication fondée sur l'ethnie, la langue, la culture, l'histoire du peuple valencien.

le peuple valencien

Lorsqu'on traverse les vergers et les jardins de Valence, on a le sentiment que l'homme valencien est un travailleur appliqué. La contrepartie de son acharnement au travail est la gaieté, le goût de la détente tumultueuse, explosive. Il aime les fêtes. Alcoy, pour la Saint-Georges, organise des simulacres de lutte entre *moros y cristianos*, avec défilé et rues pavoisées. Alicante fait brûler les feux de la Saint-Jean, *los hogueres*, une fête que les Morisques célébraient avec autant de solennité que les Chrétiens. La fête du printemps de Murcie, pendant la semaine de Quasimodo, est une sorte de carnaval tapageur, qui s'achève par l'enterrement de la sardine, symbole de la fin du Carême. Valence a aussi sa fête du printemps, en mai, une débauche de fleurs en l'honneur de la Vierge des Désemparés ; trois mois après, ce sont encore des batailles de fleurs, des corridas, des jeux floraux, pour la Saint-Jaime. Plus connues sont les *fallas* valenciennes, du 12 au 19 mars, au cours desquelles les quartiers rivalisent d'imagination et d'ostentation pour faire défiler dans les rues des mannequins et des ensembles en bois et carton-pâte, remarquables par leurs qualités artistiques et satiriques à la fois ; le dernier jour est celui de la *crema* (l'incinération) des mannequins, dans une ambiance déchaînée de musique, de pétards et de feux d'artifice, de défilés, de corridas.

On pourrait ajouter que le Valencien est volontiers impulsif, coléreux, prompt à la révolte, amoureux de l'indépendance de la communauté cantonale où il vit. Il a sa langue propre, dialecte qui est, comme le baléare, une variante du catalan.

La frontière linguistique entre le valencien et le castillan a été tracée par les circonstances de la Reconquête, au XIIIème siècle : l'Aragon, de langue castillane, a occupé la partie occidentale du pays valencien, la Catalogne a eu pour sa part la zone littorale, où l'on parle le valencien jusqu'au Segura et à Alcoy. En fait, toute la population ne parle pas le dialecte valencien. Sur les 3 millions d'habitants qui peuplent les trois provinces de Valence, Alicante et Castellón, 2.700.000 habitent des communes censées être de langue catalane. Mais, parmi eux, figure une proportion élevée d'autochtones et d'immigrés qui parlent le castillan. Le castillan prédomine à Valence, Sagonte, Elche, Alicante. A Castellón, près de 70 % sont catalanophones. Il est assez difficile de présenter ici des chiffres précis : depuis quatre siècles, le castillan a été la langue de la noblesse, du clergé, de la bourgeoisie, d'une partie du peuple ; le valencien a perdu du terrain après les décrets de castellanisation de Philippe V, puis avec l'arrivée d'immigrants venus d'autres régions, et il avait cessé d'être la langue littéraire qu'il avait été au XIVème siècle ; ce n'est que récemment, vers les années 1950, qu'un mouvement pour la renaissance de la langue et de la littérature valenciennes a été lancé par les intellectuels.

Ce mouvement préconise en même temps l'enseignement de l'histoire du Pays valencien : une histoire turbulente, comme celle de la Catalogne. A peine la Reconquête était-elle achevée dans l'Est que le royaume de Valence se battait avec ses voisins castillans et aragonais. Le royaume faisait partie de la Confédération catalano-aragonaise, mais il était autonome et possédait en propre ses Cortès et ses *fueros.* Les guerres intestines ne l'épargnèrent pas. Au début du règne de Charles-Quint, en 1520, le peuple des villes prit les armes contre la noblesse. Ce fut la révolte des *germanías,* ou fraternités, à la suite de laquelle la noblesse valencienne lia sa politique à celle de la Castille. En 1609, l'expulsion des Morisques fournit à la noblesse terrienne l'occasion d'imposer de lourdes charges aux colons chrétiens venus prendre leur place, ce qui provoqua des révoltes paysannes et favorisa le banditisme. Un siècle plus tard, dans l'affaire de la Succession d'Espagne, le Pays valencien suivit

une histoire agitée

l'exemple catalan et prit parti pour l'archiduc Charles contre Philippe d'Anjou, à la suite de quoi le royaume de Valence perdit son indépendance politique.

Il ne semble pas qu'il ait conservé longtemps le souvenir de son ancienne autonomie. L'agitation prit un autre caractère que celui d'une revendication des *fueros* abolis. Au XIXème siècle, la population, essentiellement paysanne, se trouvait dans une situation économique difficile, victime des épidémies et connaissant des périodes de famine. Elle se trouvait portée à mêler dans une même aversion les méfaits du centralisme et l'oppression par les maîtres de la terre, eux-mêmes liés à Madrid. C'est, du moins, l'interprétation que l'on peut donner du succès obtenu dans la région par les fédéralistes de 1873 et par les anarchistes qui, à la même époque, avaient fait des progrès dans le Levant comme en Andalousie ; la vieille mentalité de *taifa,* typiquement espagnole et particulièrement valencienne, favorisait ce succès. La proclamation de la Première République, en 1873, sous la présidence du fédéraliste Pi y Margall, déclencha ainsi le soulèvement cantonal sur le littoral méditerranéen et en Andalousie. Valence, Castellón, Jumilla, Murcie, Carthagène, se proclamèrent républiques indépendantes. Carthagène entreprit la réforme de la société et déclara la guerre à ses voisins. A cette époque, le Pays connaissait la surpopulation, et l'absence d'industries régionales contraignait l'excédent de main-d'œuvre rurale à émigrer, soit à Barcelone, soit en Algérie.

En 1931, la C.N.T. anarchiste était le syndicat le plus nombreux, mais l'U.G.T. socialiste était fortement représentée et les partis républicains avaient pour eux les classes moyennes et les paysans aisés des *huertas.* Le valencianisme politique ne comptait qu'un nombre infime de partisans.

la revendication régionaliste   C'est après la proclamation de la Deuxième République que se dessina un mouvement autonomiste valencien, encouragé par les exemples catalan et basque. Le Parti de l'Union Républicaine autonomiste, le P.U.R.A., de tendance radicale type Lerroux, se fit le champion d'un projet d'Etat valencien autonome et, dès 1931, une commission composée de représentants des partis et organismes de droite rédigea un premier avant-projet d'*Estatut.* Cependant, ni les efforts du P.U.R.A., ni ceux de ses concurrents de gauche, réunis

Le distributeur d'eau en Castille, où l'eau courante n'existe pas encore

Les danseurs de Sardane, à Barcelone (la Sardane se danse avec recueillement)

Rémouleur en Castille

A Burgos, pendant la fête des Rameaux

Orchestre populaire de Barcelone

Balayeurs publics à Tolède

Valence : les oranges

dans la *Conjunció de Partits pro Estatut,* n'éveillè-
rent beaucoup d'écho dans la masse. Les tentatives furent reprises au début de 1937, à la fois
par les anarchistes de la C.N.T. et par les modérés
de l'*Esquerra Valenciana* (la gauche valencienne),
mais aucun de leurs projets ne fut soutenu par
les autres partis du Front populaire.

Il ne fut plus question d'autonomie, naturellement, après la victoire franquiste. Cependant,
la situation économique et sociale évoluait, et cette
évolution entretenait le mécontentement ouvrier et
paysan. La modicité des salaires dans les premières
décennies de l'après-guerre permit une certaine
accumulation de capital agricole, grâce à laquelle
le Pays commença à s'industrialiser. Par voie de
conséquence, l'accroissement d'effectif des travailleurs industriels accentua la revendication ouvrière,
exprimée dans les griefs classiques dont la plupart
se retrouvent dans les autres régions.

Aujourd'hui, les fractions les plus radi-
calisées des partis clandestins sont entendues dans
les milieux ruraux mécontents. Les travailleurs industriels se regroupent notamment dans les syndicats U.S.O. (Union Syndicale Ouvrière) et Commissions ouvrières.

Quelques années plus tôt, était né un
mouvement nationaliste valencien animé par Joan
Fuster et propagé par les chansons du guitariste
populaire Ramón, qui cherchait à éveiller dans la
région une conscience nationale. D'abord purement
linguistique et culturel, œuvre d'intellectuels et
d'étudiants, ce mouvement prit promptement un
caractère politique.

Les partis et les syndicats valenciens
sont multiples. Aux syndicats organisés à l'échelle
espagnole, s'ajoutent des organisations paysannes
et ouvrières nées en 1976 : l'Union des agriculteurs et éleveurs de Murcie (U.A.G.), démocratique
et indépendante des partis ; — à Alicante, le Front
ouvrier uni (F.O.U.) et les Groupes unitaires syndi-
caux, « verticalistes réformistes », proches de l'Organisation syndicale officielle ; — à Valence, la
Commission ouvrière anticapitaliste, qui se réclame
de la démocratie directe, l'Union du peuple valencien, syndicat chrétien, l'Association ouvrière de
l'eau (A.O.A.), formée de travailleurs allogènes
employés dans les services d'irrigation de Valence.

Dans la gamme des partis, le P.C.E. répugne à la « valencianisation » et le P.S.O.E. demeure
« espagnoliste ». Les socialistes sont représentés,
en plus du P.S.O.E. proprement dit, par plusieurs
partis : le P.S.P.V. (Parti Socialiste du Pays Valen-

cien), les S.V.I. (Socialistes Valenciens Indépendants), la Fédération valencienne du P.S.O.E. Le Mouvement communiste espagnol (M.C.E.) a son organisation régionale (le M.C.P.V.), comme les démocrates-chrétiens (U.D.P.V. = Union Démocratique du Peuple Valencien), les carlistes (P.C.V.), les sociaux-démocrates (P.S.D.V.), les libéraux (P.D.V. = Parti Démocrate Valencien). Le P.S.A.N. (Parti Socialiste d'Alliberament Nacional dels Paises Catalans) est un parti nationaliste, socialiste révolutionnaire, commun à toutes les régions de langue catalane (Catalogne, Baléares, Pays valencien, et même Catalogne française). Il convient naturellement d'ajouter à la liste les partis constitués à l'échelle de l'Etat espagnol.

Un premier front commun d'opposition a été formé, sous le nom de *Taula Democratica,* par les démocrates-chrétiens, les carlistes, les socialistes et les communistes. Puis se sont créés : l'Assemblée démocratique du Pays valencien, la Junte démocratique du Pays valencien, dominée par les communistes, et le *Consell de Forces Politiques des Pais Valencia,* né en août 1975, et réunissant la majorité des forces politiques à l'exclusion du P.C.E.

Des incidents se produisent : en 1975 notamment, le F.R.A.P. (Front révolutionnaire d'action patriotique) a commis une série d'attentats en Pays valencien ; en mars 1976, les *fallas* de Valence ont été troublées par des manifestations *pour la liberté du Pays valencien* et *pour le statut d'autonomie,* avec contre-manifestations de groupes d'extrême-droite.

A vrai dire, les expressions « autonomie », « statut d'autonomie » ne sont pas entendues de la même façon par toutes les tendances de l'éventail politique valencien. Pour la droite, il n'est pas question d'autonomie véritable ; il ne peut s'agir que de régime spécial, tel qu'il a été préconisé récemment par les *procuradores* valenciens aux Cortès, ou de régionalisation, comme le souhaite la tendance démocrate-chrétienne de droite de M. Silva Muñoz. Parmi les partis représentés au *Consell,* certains demandent un Etat autonome, avec statut, Généralité, et co-officialité des langues catalane et castillane ; mais les uns souhaitent d'obtenir d'abord un statut en bonne et due forme avant d'aborder la période constituante avec autogouvernement, tandis que les autres (le P.C.E. notamment) préfèrent un simple énoncé de bases ou de principes qui prendraient une forme concrète pendant la période constituante. Un autre groupe est formé par les fédéralistes, partisans d'un Etat fédéral. Le cas particulier est celui du P.S.A.N., qui rêve d'un Etat de Grande Catalogne, rassemblant toutes les régions catalanophones. Les autonomistes ont rédigé un avant-projet de statut, dit « statut d'Elche », du nom de la ville où il a été élaboré, en octobre 1975, par l'U.D.V.P., les socialistes, l'U.S.O., le parti carliste, la Chambre de Commerce de Valence, et d'autres organismes professionnels. Ce document résoud de façon simple le problème de la nationalité valencienne : *sont citoyens valenciens*, énonce-t-il, *ceux qui, au moment de l'entrée en vigueur du présent statut, ont leur domicile administratif dans l'une des municipes, (du Pays valencien), ou qui l'y auraient par la suite.* Il dispose que les entités territoriales constitutives de la région autonome valencienne jouiront à leur tour de l'autonomie locale, la *Generalitat* étant l'*ensemble des organismes autonomes du Pays valencien.* Tous les organes législatifs et exécutifs seraient élus par le peuple. Deux langues officielles coexisteraient, le catalan et le castillan ; le castillan serait employé dans les relations avec l'Etat espagnol et avec les autres régions (sauf la Catalogne et les Baléares). Enfin, le texte envisage la possibilité d'une fédération avec la Catalogne et les Baléares, si le vote populaire en décidait ainsi.

Une dernière remarque : au référendum du 15 décembre 1976 sur la réforme politique, le Pays valencien se situe parmi les régions qui ont le moins suivi la consigne d'abstention donnée par le P.C.E. et le P.S.O.E., et dans lesquelles on enregistra les plus fortes proportions de oui (plus de 95 % des votants).

les baléares

L'archipel se nomme couramment les Baléares ; les Grecs l'appelaient les îles Pituyses, parce qu'il était couvert de forêts de pins. La dénomination des géographes est celle de Baléares pour Majorque, Minorque, Cabrera, et de Pityuses pour Ibiza et Formentera ; il faudrait ajouter « et autres lieux », car le nombre des îles et îlots de l'archipel est exactement de 199. L'ensemble est peuplé d'environ 600.000 habitants, dont près de 400.000 résident à Majorque. La cité de Palma, capitale de la province insulaire, absorbe à elle seule la moitié du total : 280.000 âmes.

Ces îles favorisées par la nature sont habitées depuis 40 siècles au moins. Si le souvenir scolaire des frondeurs baléares ne nous le rappelait déjà, la grande nécropole punique de Puig des Molins, à Ibiza, nous indiquerait que les Carthaginois ont occupé longtemps l'archipel, du moins les Pityuses. Les *talayots* de Minorque, ces cônes de pierres qui servaient de tombeaux et soutenaient sans doute aussi les demeures en bois, attestent que des êtres ont vécu sur ces terres dès la protohistoire. Les Musulmans y demeurèrent de 902 à 1229, année de la Reconquête par les Catalano-aragonais. Les Baléares sont de peuplement catalan, avec des apports juifs, gênois et autres. Leur langue est le dialecte baléare, variété locale du catalan.

On s'étonne aujourd'hui, lorsqu'on fréquente cette population paisible et accueillante, qu'elle ait pu être désagréable à l'égard des visiteurs célèbres que furent, en 1838, Chopin et George Sand, hôtes de la chartreuse de Valldemosa, et qu'elle ait inspiré à un voyageur, en 1847, des lignes aussi peu affectueuses que les suivantes : *Les Majorquins sont fanatiques à l'excès, superstitieux jusqu'à la démence, apathiques jusqu'à la stupidité, d'une ignorance phénoménale et d'une paresse digne de devenir proverbiale. La faute en est à leurs maîtres égoïstes et aux institutions sociales sous le joug desquelles ils restent courbés depuis des siècles, enfin aux autorités locales et au gouvernement de la métropole* ([12]). La philippique de l'auteur s'arrête faute de superlatifs. Il n'était pas mauvais de la citer, pour expliquer à certains Français pourquoi les Espagnols ne leur portent pas toujours une admiration sans bornes.

Les îles Baléares ont en commun la douceur du climat, la chaleur lumineuse de l'été suivie des bienfaisantes pluies d'automne, la transparence de la mer le long du rivage, un cadre naturel et humain à la fois élégant et langoureux. L'ensemble est à dominante catalane et valencienne, mais certains aspects rappellent la terre grecque, d'autres le monde arabe ; on décèle même une délicate touche anglaise sur la rade de Port-Mahon, à Georgetown. Il est naturel que la plus importante activité baléare soit l'industrie touristique. Avec plus de 6 millions de voyageurs par an, l'aéroport de

San Juan, à Palma, détient le record espagnol des mouvements de touristes par voie aérienne, avant Barajas, l'aéroport de Madrid (en été, les jours de pointe, San Juan enregistre 30.000 voyageurs par jour) ; en plus, près d'un million de passagers transitent par le port de Palma. Le tourisme fait vivre, non seulement l'hôtellerie et les activités connexes, mais aussi un artisanat florissant, à Minorque et surtout à Majorque. Les ateliers et les boutiques du vieux Palma offrent du fer forgé, du verre soufflé, des tapis, nappes et dentelles, des objets en filigrane, des poteries ; dans l'intérieur de l'île, Manacor est connu pour ses perles artificielles.

majorque

Majorque est l'île qui retient le plus grand nombre de visiteurs. La ville de Palma s'est considérablement étendue depuis la guerre. Le cœur de la cité est l'énorme cathédrale, dans le vieux quartier des ruelles et des palais : des palais aux *patios* célèbres d'où part le large escalier menant à l'étage, avec colonnes de marbres soutenant les longs arcs de pierre surbaissés, balustres de pierre ou de fer forgé. Le quartier sent son Moyen Age chrétien, maure et juif, la ville aristocratique et riche, sensible aux influences artistiques et au raffinement des mœurs. La zone du port se situe autour de la *Lonja* (la Bourse) et du *Paseo Maritimo*, le front de mer à palmiers et orangers. L'animation populaire y explose, haute en couleurs, fête et spectacle permanents, très méditerranéenne par le linge qui sèche et par le mélange des pénétrantes odeurs des ruelles et de celles de la mer. Tout est couleur : la Méditerranée bleue, les bois de pins verts de la colline de Bellver, le château ocre blond de Bellver (le belvédère).

Au-delà du *Paseo maritimo,* le long de la baie, s'étendent des kilomètres de sable fin, d'hôtels, de villas, de bars, au milieu des pins. Ce sont les « plages de Palma », rôtissoires humaines d'été : Palma, Nova, Magalluf, l'Arenal... Il est inutile d'en présenter la liste complète : on a recensé 102 plages à Majorque. Elles sont presque toutes de ravissantes enluminures : petites bandes de beau sable entre deux falaises, eaux aussi transparentes qu'à Chypre ou aux Bermudes, barques de pêche et bateaux de plaisance, routes en corniche ombragées de pins. Citons au moins les jolis noms de Porto Cristo et de Cala d'Or. Le circuit des grottes de l'Est est aussi classique que la route de La Calobra au cap Formentor, par le monastère de Lluch, la petite ville et le port de Pollensa et le belvédère côtier d'Es Colomer.

Entre les montagnes couvertes de pins, s'étend la plaine propice aux cultures. Ici, comme au Levant, le problème majeur est celui de l'eau ; la pluie alimente les citernes ; des éoliennes pompent l'eau des puits. Des murettes de pierres sèches délimitent les terres des petits propriétaires dont le labeur ingénieux assure le bon rendement. Sur les pentes des montagnes elles-mêmes, des terrasses ont été aménagées pour les cultures maraîchères. Toutes les possibilités agricoles sont utilisées ; le vent sert, à défaut d'eau, à faire fonctionner des moulins, dont les ailes confèrent un cachet particulier au paysage de la plaine centrale. Celle-ci produit des céréales, du vin (les crus d'Inca, Benisalem, Felanitx, Bañalbufar), de l'huile, des fruits, des légumes frais (beaucoup de tomates). Les oliviers de Majorque sont des arbres très anciens, noueux, tordus et tourmentés, dont les fruits, aux dires des autochtones, produisent la meilleure huile d'Espagne. A ces ressources, s'ajoutent celles d'un élevage non négligeable de bovins, de volailles et de porcs (la charcuterie de Palma est renommée). Elles entretiennent une industrie alimentaire, notamment des conserveries de fruits et légumes. Mais la branche la plus importante est représentée par l'industrie de la chaussure, qui est en pleine expansion malgré les difficultés rencontrées récemment par les exportateurs aux Etats-Unis et en Europe.

minorque

Il y a trois bons ports en Méditerranée, disait l'amiral Andrea Doria : *mai, juin et Port-Mahon.* Les Anglais s'en étaient aperçus aussi, et, lorsqu'ils eurent mis la main sur Port-Mahon pendant la guerre de succession d'Espagne, ils s'y accrochèrent pendant trois quarts de siècle, de 1708 à 1782. Cette rade, encaissée sur plus de trois milles, est l'une des meilleures de la Méditerranée.

L'île offre un aspect différent de celui de Majorque. Elle ne comporte pas de montagnes intérieures enserrant une plaine centrale ; son aspect est celui d'un plateau, qui surplombe la mer, au Sud, par une longue falaise, et dont la façade septentrionale est découpée par des calanques et des *rías.* Ce plateau, une lande battue par les vents, prend, au nord-ouest, un aspect verdoyant inattendu qui rappelle la Galice.

Les ressources de l'île sont analogues à celles de Majorque : du vin, de l'huile, des fruits, un peu de céréales, de l'élevage, (le fromage de Minorque est connu en Espagne), avec cette nuance que l'élevage du mouton, introduit par les Anglais pendant leur séjour dans l'île, a conservé ici une importance qu'il n'a pas dans le reste de l'archipel. Autre nuance : c'est à Minorque, en particulier à Fornells, que se pêchent les fameuses langoustes qui se dégustent avec la sauce « mahonnaise » ou « mayonnaise », inventée à cet usage, paraît-il, par un amiral anglais attentif aux plaisirs de la table (à moins que ce ne soit par le maréchal de Richelieu en 1756). Comme Majorque, l'île a développé l'industrie de la chaussure et l'artisanat, mais elle exerce moins d'attrait sur les touristes que sa grande voisine. A part Mahon et la petite ville fortifiée de Ciudadela, pleine de charme, elle ne renferme pas de centre urbain. La population de petits propriétaires vit sur la terre, dans des demeures qui ressemblent, comme celles de Majorque, à la *masia* catalane, et sont soigneusement blanchies à la chaux, y compris leurs toits et mêmes les murettes. Malgré l'absence d'industries importantes, la population des Baléares jouit d'un niveau de vie plutôt élevé : elle arrive à cet égard au 7ème ou 8ème rang des provinces espagnoles.

ibiza

La petite île d'Ibiza (environ 40.000 habitants) mérite quelques lignes. De toutes les îles de l'archipel, elle est celle qui évoque le plus fortement l'Egée et l'Afrique du Nord à la fois. La petite ville d'Ibiza, pour sa part, apparaît très médiévale d'aspect. Une première originalité locale est le type de la demeure, le *casament,* à un ou deux étages, *porchu* (ou grand hall) au rez-de-chaussée, toiture formée de couches superposées d'algues, terre et charbon, façade blanchie à la chaux et jardin avec puits. La seconde particularité est le vêtement encore porté par les femmes : longue jupe plissée et châle de couleur sombre, complétés, les jours de fête, par de lourds bijoux. L'île, encore peu fréquentée par les étrangers, est en cours de développement touristique. Comme sa petite voisine Formentera, elle possède d'importantes salines dont elle exporte le produit.

Les Baléares sont restées exposées pendant des siècles aux ravages des pirates barbaresques, comme en témoignent les tours de guet (les *atalayas*) et les murailles des villas (Ciudadela, à Minorque = la citadelle). Celui qu'on a appelé « le dernier pirate de la Méditerranée » [13], était, non un Barbaresque, mais un Majorquin. Il s'appelait Juan March. Son destin hors série en fit l'égal des grands conquérants d'affaires de notre siècle, de Basil Zaharoff à Onassis et Niarchos.

le dernier pirate

Juan March y Ordina naquit en 1880 à Sta Margarita (Majorque), d'une famille juive d'éleveurs de porcs. A l'âge de quatorze ans, il réalisait ses premiers bénéfices en spéculant sur les tabacs — la contrebande entrant dans la spéculation. A vingt-quatre ans, honnête négociant en tabacs de la place d'Alger, il s'était déjà fait un nom dans cette branche, à laquelle il ajouta le commerce des grains et du sucre, puis la spéculation immobilière à Majorque. A trente-quatre ans, il était le premier personnage des Baléares et entamait une carrière politique qui devait être longue et mouvementée. Des jaloux établirent des rapprochements entre ses succès en affaires et la disparition accidentelle de rivaux ; il fut même dénoncé au Sénat ; Primo de Rivera ordonna d'ouvrir une enquête sur ses agissements. Auparavant, la Première Guerre mondiale avait fait de lui l'homme fort de la Méditerranée : il était devenu un agent de l'Intelligence Service britannique, mais sa bonne conscience de neutre ne pouvait lui reprocher d'avoir aussi des contacts avec un représentant des services secrets allemands, le futur amiral Canaris, ni de conclure de fructueuses affaires avec l'Allemagne. En 1916, il acheta la grande compagnie espagnole de navigation maritime, la Trasmediterránea, puis créa des raffineries de pétrole, obtint le monopole des tabacs en Espagne, acquit de puissants intérêts financiers dans la banque, l'électricité, les chemins de fer, la construction navale, le textile, contrôla les journaux *Informaciones* et *La Libertad.*

Il se fit élire député de Majorque aux Cortès en 1923, devint l'ami de Primo de Rivera avant de contribuer à sa chute, prit parti tantôt pour les socialistes, tantôt pour les radicaux de Lerroux, pour les anarchistes et pour les phalangistes. Elu de nouveau député aux Cortès en 1931, il en fut exclu en raison de ses agissements politiques suspects, et emprisonné ; il s'évada, retrouva son siège de député à Majorque, et participa à la conspiration avortée du général Sanjurjo en 1932.

En 1936, il se rangea aux côtés des généraux soulevés et finança l'opération (avant le 18 juillet, il avait déjà versé, dit-on, 15 millions de livres sterling). Il avait des agents personnels auprès du gouvernement nationaliste à Burgos et à Salamanque ; d'autres achetaient des armes pour celui-ci à l'étranger. A titre de cadeau, il offrit à la Phalange des Baléares un hôpital et un journal. Il se trouva en difficultés avec le gouvernement franquiste après la guerre civile au sujet du paiement de certaines créances, et s'exila à Lisbonne, où il prit fait et cause pour Don Juan, comte de Barcelone. Mais l'Espagne n'était plus pour lui qu'un théâtre d'opérations secondaire : son empire économique s'était largement accru au cours de la Seconde Guerre mondiale et s'étendait aux cinq continents.

Devenu un magnat de la finance internationale, Juan March mourut en 1962 à l'âge de 82 ans, aussi énigmatique qu'il avait vécu — il n'avait jamais accordé d'interview à un journaliste. Il passait alors pour être la septième fortune du monde.

Un tel personnage, on peut le penser, n'aurait pas manqué d'exploiter à ses fins, s'il avait vécu assez longtemps, le mouvement autonomiste baléare.

le mouvement autonomiste

Ce mouvement, distinct de ceux de la Catalogne et du Pays valencien, a donné naissance, successivement, à l'Assemblée de Minorque, puis à l'Assemblée de Majorque, enfin à celle d'Ibiza, ces trois organismes devant former l'Assemblée des Iles, dont le programme est analogue à celui de la Coordination Démocratique à l'échelon de l'Etat espagnol, mais avec demande d'un statut d'autonomie pour l'archipel.

Il a fallu sept mois de négociations pour former l'Assemblée de Majorque. On peut comprendre, en effet, que l'élaboration d'un projet de statut pour l'archipel ne soit pas une tâche facile, si l'on se réfère à des incidents comme celui qui est survenu à Madrid le 23 octobre 1976, au cours d'une réunion de Coordination démocratique en vue de désigner une « Plateforme des organismes démocratiques » de l'opposition. Les représentants de l'Assemblée de Minorque y ont dénoncé le « centralisme » de Majorque dans le cadre de l'archipel baléare. Ils ont rappelé qu' « au temps des Carthaginois », Minorque montrait des idées politiques plus avancées que les autres îles, et qu'Ibiza et Formentera (les Pityuses) ne furent jamais colonies romaines, *bien qu'elles se fussent confédérées à l'empire.*

l'andorre, le val d'aran, llivia

On ne peut quitter la Catalogne sans mentionner trois singularités de sa frontière pyrénéenne : l'enclave de Llivia, le Val d'Aran et Andorre.

llivia

L'enclave de Llivia doit son existence à une subtilité de diplomates. L'article 42 du traité des Pyrénées de 1659 concédait à la France le Conflent et la vallée de Carol, avec 33 *villages* de la Cerdagne. Or Llivia, qui faisait partie du lot, avait rang de *villa.* Elle resta donc espagnole. Elle forme aujourd'hui un territoire de 12 kilomètres carrés, situé à 5 kilomètres de Puigcerdá à laquelle elle est reliée par une route neutre. Sa population ne dépasse guère le millier d'habitants.

le val d'aran

Le val d'Aran est français par la géographie, espagnol en vertu d'un traité. Il offre l'aspect d'un cirque entouré de hauts sommets de neige et de glace, parmi lesquels se détache la Maladetta, et ce cirque n'est autre chose que la haute vallée de la Garonne, enchâssée dans les Pyrénées. Il fit longtemps partie du Comminges, puis revint à l'Aragon, tout en demeurant sous la juridiction spirituelle de l'évêque de Comminges jusqu'en 1790. Le val d'Aran fut restitué à la France en 1808 et rattaché à l'arrondissement de Saint-Gaudens, mais fit retour à l'Espagne en 1815.

Les quelque 12.000 habitants du val d'Aran vivent dans 39 villages, dont la capitale est Viella. Ils parlent le castillan, le français, le catalan et un patois, l'aranais, très proche du patois de Luchon ou du Comminges. Seul, le castillan est enseigné dans les écoles. Longtemps attachés à leur constitution archaïque et à leurs privilèges immémoriaux, les Aranais avaient la réputation d'être particulièrement processifs, retors, rudes et irascibles, et prolongeant de génération en génération des vendettas sanglantes. La vallée a toujours entretenu des relations faciles avec la France, par le Pont du Roi, sur la Garonne. Elle en avait aussi avec l'Espagne, par le Plá de Berets, mais la neige rend les communications impossibles pendant huit mois de l'année ; encore de nos jours, la route carrossable du col de la Bonaigua, qui mène à Pobla de Segur, et qui a été ouverte en 1925, reste fermée d'octobre à mai. La situation s'est améliorée en 1948, date à laquelle a été ouvert au trafic le tunnel routier de Viella (5 km de longueur), qui relie directement le val d'Aran à Lérida. Ces nouvelles facilités ont modifié l'économie de ce petit canton, qui vit de l'exploitation de ses forêts de sapin et de hêtres, de l'élevage, de cultures maraîchères, mais dont la population trouve aussi quelques emplois dans les centrales hydroélectriques et les petites exploitations minières. Le tourisme lui apporte d'autres ressources, car ce pays, maintenant bien desservi, est extrêmement pittoresque. Le cadre naturel est formé de grasses prairies vertes, de forêts et d'eaux courantes, sur fond de glacier. Les villages sont délicieusement archaïques ; leurs maisons de granit couvertes de toits d'ardoise à longue pente entourent l'église romane, qui renferme presque partout des sculptures ou des peintures naïves, ou un Christ en bois polychrome. Salardú, Bosost, Aubert, Vilach, valent chacun une petite halte. Viella possède un parador et s'est équipé en vue de l'alpinisme.

La troisième survivance historique, dans la zone frontière catalane, est l'Andorre.   **l'andorre**

Ce géant des petits Etats d'Europe (Liechtenstein, Monaco, Vatican, St-Marin) couvre à peu près 500 kilomètres carrés et sa population s'élève à 25.000 habitants, dont moins de 6.000 possèdent la nationalité andorrane. Le pays est d'ethnie et de langue catalanes, et le catalan y est langue officielle. On l'appelle dans le langage courant République ou Principauté d'Andorre ; son nom officiel est « Vallées et souveraineté d'Andorre ».

L'Andorre est un canton montagneux d'aspect triste et rude, formé de quelques vallées encaissées entre des sommets abrupts ; la Valira du Nord et celle de l'Est s'y rencontrent, vers la petite capitale d'Andorre-la-Vieille, et la Valira ou Embalira se jette dans le Sègre, lui-même affluent de l'Ebre. Ce n'est qu'en 1934 que les Vallées ont cessé d'être un pays perdu : une bonne route les relie depuis cette année-là, au Nord à la France par le col d'Envalire (2.407 m), au Sud à la Seo de Urgell par la vallée de la Valira. Les Andorrans vivent de l'exploitation forestière (chênes, sapins, bouleaux), d'élevage, et de quelques cultures dans les vallées (la pomme de terre, un peu de céréales et de tabac, l'olivier dans le Sud). Mais les principales ressources des six « paroisses » andorranes sont celles que leur ont apportées les innovations de notre siècle : la centrale hydroélectrique, Radio-Andorre, et, par-dessus tout, le tourisme avec toutes les activités qui s'y rattachent, et la contrebande. A Andorre-la-Vieille et à la station thermale des Escaldes, qui ne forment pratiquement aujourd'hui qu'une seule et même agglomération, les immeubles neufs ont noyé les anciennes constructions typiquement andorranes et on compte une bonne vingtaine d'hôtels de toutes catégories ; cet ensemble est un vaste bazar-restaurant-café, qui offre aux visiteurs une gamme fort variée de produits (le régime douanier particulier à l'Andorre est favorable au commerce local). De novembre à mai, une station de ski fonctionne à Envalire.

Les forces de l'ordre des Vallées se composent de trente-sept gardes. Il est vrai qu'en cas de menace grave, les autorités auraient recours à la milice des chefs de famille, armée de fusils. Cette armée serait commandée par les deux viguiers, qui représentent les deux co-souverains d'Andorre : le gouvernement français et l'évêque d'Urgel, co-princes. La République française et l'évêché espagnol reçoivent des Vallées un tribut annuel : 960 francs (anciens) à la France, 450 pesetas à l'évêque. Ce statut particulier remonte au XIIIème siècle. En 1278, en effet, une sentence arbitrale, ou « paréage », mit fin au litige qui opposait les comtes de Foix et les évêques d'Urgel sur la question de la suzeraineté de l'Andorre, en l'attribuant aux uns et aux autres de façon indivise. Les droits du comte de Foix sont échus à la République française, représentée sur place par le préfet des Pyrénées-Orientales. Les Vallées sont administrées par un Conseil général de 24 membres (4 par paroisse), qui élit un Syndic général. Leur organisation judiciaire est originale (le tribunal des bayles, le « juge des appellations ») et leur droit, purement coutumier, conserve des dispositions très anciennes, telles que le droit pour le chef de famille de choisir son héritier parmi ses enfants. En avril 1976, le système judiciaire a subi d'importantes réformes : en particulier, les plaideurs peuvent désormais se faire assister par des avocats.

LES CANARIES

Les îles du rêve existent encore dans le monde. Il y en a dans le Pacifique, aux Antilles. Les Canaries sont parmi ces derniers paradis terrestres. Le surnom d'îles fortunées a été justement donné à cet archipel du perpétuel printemps, des paysages somptueux, de la lumière et de l'exotisme étrange.

La fiche géographique des Canaries enseigne qu'elles sont situées à un millier de kilomètres de Cadix. Elles forment administrativement deux provinces. Celle de Santa Cruz de Ténérife se compose des îles de Ténérife, Gomera, La Palma et Hierro. Celle de Las Palmas comprend la Grande Canarie, Fuerteventura et Lanzarote, avec les six îlots de l'archipel. Surface totale : celle d'une petite province espagnole — Population : 1.300.000 habitants, dont la moitié vit dans la Grande Canarie — Villes principales : Las Palmas (près de 300.000 habitants), Santa-Cruz de Ténérife, la capitale de l'archipel (160.000), La Laguna, la ville universitaire (70.000).

Ces indications géographiques ne sauraient dispenser de mentionner que les Canaries sont aussi l'archipel aux énigmes.

Le premier mystère est celui de l'Atlantide. Les Canaries sont-elles un vestige de l'hypothétique continent englouti dans les flots il y a une centaine de siècles ? Aucun des 5.000 volumes de la bibliothèque atlantidienne n'apporte de réponse irréfutable à la question de savoir s'il y a quelque chose de vrai dans l'histoire contée par Platon dans « le *Timée* » et « le *Critias* » : une île continent aurait existé il y a 9 ou 10.000 ans, « au-delà des colonnes d'Hercule », et aurait été le centre d'une civilisation maritime avancée. Platon a menti, affirmait déjà Aristote, et certains savants contemporains pensent comme lui : un effondrement de cette envergure, disent-ils, n'aurait pu se produire qu'à une époque très antérieure à l'apparition de l'homme sur la terre. Mais alors, répliquent leurs contradicteurs, comment expliquer qu'aux îles Bimini (Bahamas) on ait découvert récemment des jetées aujourd'hui submergées, de toute évidence construites de main d'homme et datant sûrement de 10.000 ans au moins ? De plus, ajoutent-ils, la théorie de Wegener sur la dérive des continents explique bien dans quelles conditions l'Atlantide est née et disparue (ou aurait pu naître et disparaître) : à mesure que l'Afrique et l'Amérique s'éloignaient l'une de l'autre, il s'est formé dans leur socle une longue cassure sous-marine par laquelle des éruptions de lave se sont produites, engendrant des îles au-dessus d'une mer alors peu profonde. Puis, à la fin de la glaciation dite de Wurm V (à une époque où l'homme était déjà apparu sur notre globe), la fonte de l'énorme banquise polaire a brusquement élevé le niveau des mers, engloutissant les surfaces insulaires les moins élevées, seules les parties hautes ayant subsisté sous forme d'îles.

Si l'on admet l'existence de l'Atlantide, où se trouvait-elle ? Réponses : dans le sud-tunisien, à Tartessos près de Cadix, à Safi au Maroc, au Groënland, en Baltique, en Iran, en Palestine, en Mongolie, en Crète, en Amérique, etc. Mais si l'on adopte l'hypothèse précitée, ce ne pouvait être que dans la zone des Açores et des Canaries. C'est impossible, a-t-on objecté. En effet, le fond de l'Atlantique ne porte aucune trace d'un tel bouleversement tellurique depuis une époque géologique très antérieure au dixième millénaire ; d'autre part, les Canaries ne peuvent être les restes d'un continent, car elles sont purement et simplement le produit d'éruptions volcaniques sous-marines, qui ont superposé jusqu'à émersion les laves des cratères abyssaux ; enfin, il est communément admis que les premiers habitants de l'archipel, les Guanches, ne sont pas arrivés avant le troisième millénaire. Ces arguments sont des plus contestables, répondent les partisans de l'Atlantide-Canaries. D'abord, l'archipel n'est pas entièrement volcanique ; dans les îles de La Palma et de Gomera, il existe des roches dures qui pourraient être les témoins d'un socle primitif plus étendu. En second lieu, la théorie de Wegener est confirmée par l'exploration sous-marine, qui a révélé l'existence de la fameuse fissure au milieu de l'Atlantique. Enfin, la description de l'Atlantide par Platon (le climat, la couleur des terres, les sources d'eau froide et chaude, etc.) pourrait très bien s'appliquer aux Canaries.

Scientifiquement, l'énigme reste entière. En feuilletant ce dossier, un nom apparaît à plusieurs reprises, celui des Guanches, qui pose une seconde énigme.

les Guanches

Ce n'est qu'en 1402 que les Européens s'établirent à demeure aux Canaries. Depuis vingt-quatre siècles, l'archipel avait reçu la visite de tous les peuples maritimes de la Méditerranée, et celle des pirates de toutes nationalités, qui en ramenaient le seul butin qu'offrait son dénuement : des esclaves.

Ces visiteurs rencontrèrent un peuple étrange : des hommes de haute taille (les plus grands atteignaient 2,40 mètres), à la peau claire, au poil blond ou roux, aux yeux bleus. Ils s'appelaient les Guanches. Ils vivaient comme à l'âge de pierre, dans des grottes ou sous des abris de pierraille. Leurs vêtements, lorsqu'ils en portaient, étaient faits de peaux de chèvres ; ils ignoraient les métaux, le tissage et les embarcations. Les chèvres et les brebis, la pêche, la culture du blé, subvenaient à leurs besoins. Les envahisseurs espagnols les ont décrits comme des êtres doux, aimant la musique et la danse, généreux et chevaleresques. On sait peu de chose de leur religion monothéiste. L'archipel n'avait pas d'autorité centrale (il n'existait pas de communications d'île à île) ; chaque île avait ses chefs, les « guanartèmes ».

Farouchement épris de liberté, courageux, les Guanches opposèrent pendant près d'un siècle une résistance désespérée aux Espagnols, avec leurs armes en pierre et en bois durci. Le premier qui se heurta à cette intrépidité fut le normand Jean de Béthencourt, dont le nom, aujourd'hui encore fort répandu dans l'archipel, a été donné à une localité de Fuerteventura : Betancuria. Il aborda à Lanzarote en 1402, et de cette base entreprit la conquête des autres îles pour le compte de la Castille. La Grande Canarie ne fut définitivement soumise qu'en 1483, et Ténérife, la dernière, en 1496. La guerre, les épidémies, avaient amené la population des îles au bord de l'extermination : les Guanches de la Grande Canarie n'étaient plus que 2.000.

Les survivants s'étaient réfugiés dans les cantons les moins accessibles. C'est là qu'on rencontre encore aujourd'hui quelques montagnards de haute taille et aux yeux clairs, derniers représentants de l'ancien peuple. Ce sont des exceptions. En règle générale, les sangs guanche et espagnol se sont mélangés ; les vaincus ont tous adopté la religion catholique et se sont entièrement assimilés aux occupants. Dans certaines îles toutefois, les noms de famille se sont conservés.

D'où venaient les Guanches ? A quelle famille linguistique se rattachait leur idiome ? Autant de questions restées sans réponse sûre. L'étude des quelque 2.000 squelettes recueillis dans l'archipel ne fournit que des indications incomplètes. Aucun d'eux, en effet, ne remonte très au-delà de notre ère, les éruptions volcaniques ayant enseveli les restes plus anciens ; or, il est admis que les premiers Guanches ont abordé aux Canaries il y a 4 ou 5.000 ans. Leur étude a révélé toutefois l'existence de deux ethnies différentes : les Guanches eux-mêmes et des Sémites, de taille plus modeste et d'arrivée sans doute plus récente. Un point sur lequel l'accord semble s'être fait est l'appartenance des Guanches au type cromagnonoïde : crâne au front bombé et à fort indice céphalique. Mais cette acquisition ne nous avance guère. Si l'on admet que les Guanches sont arrivés d'ailleurs, ils n'ont pu le faire que par mer. Or, ils ignoraient ce qu'était la pirogue la plus sommaire, bien que disposant de bois et d'outils de pierre (les Polynésiens, champions de la navigation, n'en avaient pas plus). Faut-il conclure qu'ils avaient perdu jusqu'au souvenir de l'embarcation, ou bien qu'ils étaient autochtones ?

Autre question : d'où venait la langue guanche ? D'après le peu qui nous en est parvenu, on sait que c'était une langue agglutinante, et qu'elle comportait des variantes d'une île à l'autre. On lui a trouvé des affinités avec les dialectes berbères de l'Atlas, avec les dialectes haïtiens, avec le basque. On a même avancé que le vocable « Canarie », s'il vient peut-être de l'abondance des cannes qui y poussaient, ou de la race des chiens indigènes, pourrait aussi bien venir du basque *guanherri,* le pays des Guanches. Toutes ces affinités ont été un peu trop sollicitées pour être probantes, de même qu'on ne peut voir qu'une hypothèse dans la théorie de l'origine méditerranéenne de l'idiome guanche.

Faute de mieux, on doit se borner à récapituler quelques données éparses qui, si elles ne font pas avancer la solution de l'énigme guanche, ont servi de support à des hypothèses ingénieuses. En voici quelques-unes. Les conquérants espagnols déclaraient avoir rencontré aux Canaries un peuple *qui se croyait le dernier du monde, tous les autres ayant péri* : — les Guanches enterraient leurs morts dans des nécropoles souterraines après les avoir momifiés selon la coutume égyptienne ; — ils se teignaient le corps à l'aide de sceaux en terre cuite identiques à ceux qui ont été découverts au Mexique ; — dans l'île de Gomera, pour communiquer d'une vallée à l'autre, ils utilisaient un langage sifflé qui fait songer aux cris modulés à l'aide desquels les Basques, jusqu'à une époque récente, se transmettaient des messages de crête à crête ; — enfin, l'examen des momies canariennes a révélé que les Guanches étaient, de tous les peuples occidentaux, celui qui avait la plus forte proportion de groupe sanguin O (jusqu'à 95 % dans la Grande Canarie), prédominance qui se retrouve chez d'autres cromagnonoïdes (Berbères de l'Atlas, Basques).

les îles fortunées

Les Canaries frôlent le tropique du Cancer, et l'île la plus orientale, Lanzarote, n'est qu'à un peu plus de 100 km du cap Juby et du cap Bojador, dont les vents lui apportent le sable du Sahara occidental et des vols de sauterelles ravageurs. Les jeux de lumière y sont sahariens. La nuit, la Croix du Sud brille dans le ciel. Les vents alizés, le courant froid des Canaries, donnent aux îles un climat subtropical à faibles écarts — les températures oscillent entre 18 et 30°.

Suivant l'exposition et l'altitude, dans la même île, on passe des Alpes au Poitou, aux Tropiques et au Sahara, des paysages humides du versant Nord aux montagnes tantôt boisées et tantôt lunaires du centre, puis à l'ambiance sèche et quasi-africaine du versant Sud. Aux pins, aux bruyères géantes, aux lauriers, aux vignes et aux bananiers, succèdent les eucalyptus, les cactus et le nopal. On rencontre aussi — à Icod (Ténérife) et au *barranco del Dragonal* (Grande Canarie) — quelques rares spécimens d'un arbre qui n'existe qu'aux Canaries, le dragonnier.

Toute ville vue de la mer est belle, mais contemplé du pont d'un navire, le panorama de Santa Cruz de Ténérfie, dominé par le pic neigeux du Teide et par un second plan de villages à flanc de montagne, est un spectacle incomparable. Le cône du pic de Ténérife, flottant sur une mer de nuages, se voit de très loin à l'horizon ; il était célèbre chez les marins des navires à voiles. De son sommet, la vue s'étend par temps clair sur la quasi-totalité des sept îles. Il est le plus connu des volcans de l'archipel, par sa beauté et son altitude (3.718 m) ; mais il en existe beaucoup d'autres. La seule île de Lanzarote est trouée d'une centaine de cratères. Certains sont en activité. Dans l'île de La Palma, la dernière éruption ne remonte qu'à 1971 ; c'est là que se trouve le plus grand cratère du monde, la Caldera de Taburiente, dont les crêtes roses plaquées de neige s'élèvent à 2.500 m au-dessus de la forêt des pins géants. A Lanzarote, on montre aux touristes comment on peut faire cuire un œuf dans le sable brûlant de la Montaña de Fuego, surgie en 1730. Partout, sur ces terres volcaniques, abondent les sources thermales.

Comme à l'époque des Guanches, dont l'histoire reste inscrite dans le paysage, dans les nécropoles et dans les sites sacrés, il existe en plusieurs endroits des troglodytes : dans la Grande Canarie, par exemple, à Juncanillo, à l'Atalaya. Mais l'une des surprises les plus frappantes, peut-être, dans ces îles où tout est étrange, est le contraste entre cette terre exotique et l'architecture espagnole : les *casas solariegas,* ces demeures castillanes à blasons sculptés dans la pierre, les églises ogivales et leurs retables flamands.

Pour préserver les beautés naturelles des îles, ont été créés trois parcs nationaux : le Teide (Ténérife), la Caldera de Taburiente (La Palma) et Timanfaya (Lanzarote), auxquels s'ajoutera bientôt celui de Garajonay (Gomera). Ces cratères volcaniques sont avant tout des parcs géologiques, conservateurs de paysages splendides.

Ce régal des yeux n'est pas le seul attrait de l'archipel. Le tourisme, grande industrie canarienne — il s'agit surtout d'un tourisme d'hiver — est favorisé par les plages de sable blanc, ou doré, ou noir, à Maspalomas (Grande Canarie), aux playas de los Cristianos et de las Americas (Ténérife), à Lanzarote, et par les facilités que les côtes de Fuerteventura offrent à la pêche sous-marine. Las Palmas étale sur une large surface ses trois cités : Vegueta, la vieille ville des colonisateurs, la Ciudad Jardin, que son nom suffit à définir, et Puerto de la Cruz, la ville touristique. Tout y est fait pour le tourisme : l'équipement hôtelier, un grand aéroport (Gando) et un grand port, un front de mer fleuri où abondent les marchands d'exotisme levantins et indiens, les petites plages et les grandes piscines, des musées en quantité, un « village canarien » aménagé pour le folkore à l'usage des étrangers, des excursions organisées. On a le droit de ne pas se passionner pour les défilés de costumes locaux ou les séances de danses folkloriques. Mais on ne peut s'empêcher de ressentir l'euphorie que créent la douceur de l'air, la lumière royale du ciel canarien, les fleurs et l'océan, la mollesse d'une existence facile.

Le tourisme n'est pas la seule richesse. L'agriculture, le trafic maritime et aérien, demain sans doute l'industrie, font partie aussi des ressources de l'archipel.

L'économie canarienne est presque exclusivement agricole. Trois traits caractérisent actuellement l'agriculture : la faible dimension des exploitations, le manque de capitaux et surtout le problème de l'eau.

l'économie canarienne : tomates et bananes

Le problème de l'eau est majeur. Les rares précipitations sont souvent des averses violentes ; les îles orientales connaissent, à certaines périodes, des années de sécheresse consécutives, et les cours d'eau sont de faibles dimensions et de faible débit. Le sol volcanique, cependant, est fertile, et le climat propice aux cultures. Dès qu'un peu d'eau imprègne la terre, la fertilité devient explosive. Les Canariens ont fait, surtout depuis une centaine d'années, un remarquable effort d'irrigation. Les sources qui alimentent les torrents des montagnes centrales ont été captées, conduites dans des lacs-réservoirs ou directement drainées vers les zones de culture par des systèmes de canaux. Une règlementation stricte discipline l'usage de l'eau. A Fuerteventura, des éoliennes puisent l'eau dans des puits profonds creusés dans le sous-sol. A Lanzarote, l'île la plus déshydratée, les paysans ont imaginé un procédé ingénieux : ils recouvrent le sol d'une couche de cendres et de graviers tirés des cratères, dans laquelle ils font leurs semis et leurs plantations ; cette couche retient l'humidité de l'air en quantité suffisante pour obtenir des récoltes sans le secours de la pluie.

Les Canariens cultivent les céréales — l'orge, et surtout le blé, avec lequel ils fabriquent la bouillie nationale, le *gofio* —, les pommes de terre, le tabac, les agrumes, les cultures maraîchères, le figuier, les arbres fruitiers tropicaux, les plantes florales. Ils ont développé leurs vignobles, qui produisent des vins excellents : le vin blanc poivré de Hierro, le vin rouge de Ténériffe, le vin blanc léger et parfumé de Lanzarote, les vins de La Palma, les crus de Tafira Alta en Grande Canarie. Mais, en tête de liste, viennent les deux grandes productions de l'archipel : les bananes et les tomates. Les bananeraies s'étendent à perte de vue le long des côtes Nord, où elles descendent vers la mer en une immense nappe verte : à Ténérife, dans la vallée d'Orotova, réputée l'une des plus fertiles du monde, à La Palma, dans la région de Los Sauces, ou encore dans la Grande Canarie. Les champs de tomates couvrent la zone Sud des îles, plus sèche, qui était quasi-désertique avant l'effort d'irrigation.

Bananes, tomates, tabac, primeurs et fleurs, sont les principaux produits d'exportation. Les autres ressources agricoles sont moins importantes : l'élevage de la cochenille sur les nopals a beaucoup diminué ; le cheptel est faible (moutons, chèvres, dromadaires). La pêche pourrait être développée dans les eaux poissonneuses de l'archipel, notamment dans les parages du Sahara.

L'industrie n'est représentée aujourd'hui que par la grande raffinerie de pétrole de la Cepsa à Sta Cruz de Ténérife, par les chantiers navals de Las Palmas, par une usine de produits chimiques, des manufactures de cigares et des conserveries de poisson. Le gouvernement espagnol projette d'industrialiser les Canaries en offrant des facilités aux entreprises exerçant certaines activités : déshydratation des produits agricoles, production de froid industriel, industrie forestière et de transformation du bois, industries dérivées de la pêche, confections textiles et bonneterie, plastiques et résines. Ces dispositions ont été prises en 1972, au moment où était publié le nouveau régime économique et fiscal des Canaries.

le régime particulier des canaries

L'éloignement de la métropole et la dispersion des îles a conduit l'Espagne à donner à l'archipel une organisation administrative particulière. Chacune des deux provinces est gérée par une *mancomunidad,* composée des représentants des *cabildos* de la province. Les *cabildos* sont des assemblées insulaires (elles existent depuis 1912) dotées des mêmes pouvoirs que les députations provinciales métropolitaines, à l'exception des attributions réservées aux *mancomunidades.*

Une autre originalité est le statut économique et fiscal des Canaries.

Le statut économique et fiscal de 1972, entré en vigueur le 1er janvier 1973, confirme et étend les franchises et privilèges déjà existants.

Les Canariens paient les mêmes impôts directs que leurs concitoyens de la métropole, et les recettes correspondantes vont à l'Etat espagnol. En revanche, il n'existe ni impôts indirects d'Etat, ni droits de douane, et l'impôt sur le chiffre d'affaires des entreprises ne frappe que certaines opérations ; le produit des taxes à l'importation va aux finances locales, non métropolitaines.

L'archipel est un territoire *exento,* une zone franche extérieure au territoire douanier de l'Espagne péninsulaire et des Baléares, jouissant de la liberté commerciale avec l'étranger et du régime des ports francs, sous certaines conditions. Les importations sont libres ; elles sont frappées de deux taxes (*arbitrios*) perçues par l'administration locale. Les exportations de la métropole vers les Canaries sont dégrevées de tous droits ; les exportations Canaries-métropole sont également exemptes de droits, sauf quelques exceptions.

A ces confirmations et extensions de privilèges, le régime de 1972 a ajouté une série de mesures destinées à *promouvoir le développement économique et social.* En matière agricole, le marché espagnol est réservé aux bananes canariennes. L'exportation des tomates est protégée contre la concurrence des producteurs d'Alicante ; la Régie espagnole des Tabacs (la Tabacalera) se fournira le plus possible aux Canaries. Des transports aériens spéciaux faciliteront l'exportation des primeurs et des fleurs. La nouvelle Junte inter-provinciale des Canaries, véritable Conseil économique, est chargée d'exposer au gouvernement les besoins économiques et financiers des îles.

l'autonomisme canarien

Les privilèges précités ne satisfont pas tous les habitants. L'archipel, disent-ils, est une région sous-développée. Il est saigné à blanc par les commerçants étrangers, les caisses d'épargne, les banques et les entreprises touristiques. Les commerçants — les « Indiens » — placeraient leurs gains dans des banques anglaises au lieu de les investir sur place. De même, les caisses d'épargne sont tenues d'investir en métropole 43 % de leurs valeurs à revenu fixe, et les banques investiraient 55 à 70 % de leurs ressources en Catalogne, au pays basque ou à Madrid. Quant au tourisme, en grande partie contrôlé par des sociétés étrangères, il ne rapporterait aux îles que peu de devises, car le paiement des voyages se fait, pour l'essentiel, à l'étranger. De plus, ajoutent les mécontents, il faudrait réformer le régime de la propriété et celui de l'usage des eaux, créer une université à Las Palmas (il n'existe actuellement que celle de la Laguna, à Ténérife), etc.

En 1976, a été créée à Madrid une *commission spéciale des Canaries* dont la mission est d'étudier un statut régional pour l'archipel. Elle a été aussitôt l'objet de critiques. Les griefs sont les suivants. C'est sur place et non à Madrid que cette commission devrait siéger ; elle est faiblement représentative, car les deux provinces n'y sont pas démocratiquement représentées par des délégués librement élus ; en tout état de cause, un régime spécial octroyé est inacceptable ; il faut mettre fin au « centralisme à outrance », et élaborer un authentique statut d'autonomie, avec organes de gouvernement et d'administration élus au suffrage universel. Le P.S.O.E. canarien a déjà élaboré un avant-projet de statut.

En réalité, les mouvements pour l'indépendance des Canaries existent depuis longtemps. Déjà au début du XIXème siècle, des émigrants canariens prirent part aux guerres d'indépendance des colonies espagnoles, aux côtés des insurgés. En 1820-1823, une tentative de séparatisme eut lieu à Ténérife, en vue d'intégrer l'archipel au sous-continent latino-américain, suivant le vieux rêve de Simon Bolivar. En 1873, c'est par l'Angleterre que les séparatistes canariens voulaient être annexés. En 1898, le premier mouvement pour l'indépendance fit son apparition sous forme de parti organisé. Il fut fondé par Secundino González Delgado, dans l'île de Palma. González Delgado avait guerroyé à Cuba dans le camp des insurgés. Il créa le journal *Vacaguaré* (en guanche : je préfère mourir), puis le Parti populaire indépendantiste, et se présenta aux élections allié aux anarchistes. Arrêté, il dut s'exiler au Mexique ([14]). En 1920-1930, le Parti nationaliste canarien, dont le siège était à Cuba, édita le journal *El Guanche* et chercha à développer la conscience nationale canarienne parmi les émigrés venant de l'archipel. Le gouvernement cubain prononça la dissolution de ce parti, dont les membres rallièrent un groupe formé à Las Palmas par des autonomistes appartenant surtout aux classes moyennes : le Parti républicain fédéraliste. A l'heure actuelle, les séparatistes canariens tirent argument du passé ethnique (ils affirment que certaines caractéristiques de la race guanche ont subsisté) ainsi que du caractère colonial de l'archipel.

Leurs partis sont les suivants :

— *R.I.A.* (República Independiente Atlántica). Parti intellectuel universitaire et bourgeois, nostalgique plus que révolutionnaire, il est né il y a une vingtaine d'années à l'université de La Laguna. Il a demandé à l'O.N.U. de reconnaître le droit des Canaries à l'indépendance.

— *Canarias libres.* Ce groupe a été fondé en 1960 par des intellectuels. Il réclame une large autonomie et un régime démocratique.

— *F.L.N.* (Front de Libération Nationale), 1969. Son siège est à Rome. Né d'une scission du M.P.A.I.A.C. (voir ci-dessous), il cherche aujourd'hui à réintégrer ce parti.

— *M.I.C.* (Movimiento por la Independencia de Canarias). Il est né au Venezuela, en 1965 environ, et ses membres se recrutent parmi les 300.000 personnes qui forment la colonie canarienne dans ce pays. Proche du M.P.A.I.A.C., il est partisan de la lutte armée.

— *Guanac-Canario.* C'est également un groupe de Canariens établis au Vénézuéla. Il opère aussi en liaison avec le M.P.A.I.A.C. Il réclame l'expulsion du pouvoir « goth » et le retour aux « tagoror » guanches (assemblées insulaires).

— *M.P.A.I.A.C.* (Mouvement pour l'Autodétermination et l'Indépendance de l'Archipel Canarien). Ce groupe est le plus connu de toutes les formations séparatistes canariennes. Son secrétaire général, l'avocat Antonio Cubillo, a son siège à Alger depuis 1964. Depuis le 2 décembre 1975, il s'adresse aux Canariens sur les antennes de Radio Alger (programme *La Voz de Canarias libre*). « Les îles Canaries, a déclaré l'Organisation de l'Unité Africaine (O.U.A.) en 1968, font partie intégrante de l'Afrique et ne sont pas un prolongement de l'Espagne. Nous déclarons que le peuple canarien a droit à l'autodétermination, comme tous les autres peuples sous domination colonialiste ». Le M.P.A.I.A.C. recevrait des subsides du gouvernement algérien et de l'O.U.A.

— *FRELICAN* (Frente de Liberacion de Canarias), en cours de réorganisation.

A côté de ces partis séparatistes canariens, les partis politiques espagnols sont représentés dans l'archipel. D'autres se sont créés par scission locale de ces derniers : le P.C.C. (Parti Communiste Canarien), marxiste-léniniste, qui reproche au P.C.E. de nier le fait national canarien et d'être « révisionniste, droitiste et réactionnaire », et l'O.P.I. (Oposición de Izquierdas de Canarias), également dissident du P.C.E., qui veut l'indépendance par la révolution armée. Il existe aux Canaries, depuis 1976, une Coordination Démocratique, dont la composition et le but sont analogues à ceux d'autres régions espagnoles ou de l'Etat espagnol ; le M.P.A.I.A.C. n'en fait pas partie.

Par ailleurs, les principaux syndicats espagnols ont des adhérents aux Canaries : Commissions ouvrières, C.N.T., U.G.T., U.S.O. Il existe aussi un syndicat chrétien, le P.O.U.B. (Plataforma Obrera Unitaria de Base), et, depuis septembre 1976, le S.O.C. (Syndicat ouvrier des Canaries), qui veut grouper dans une même formation les Commissions ouvrières, l'U.G.T., l'U.S.O. et le P.O.U.B. Ces organisations syndicales lancent des grèves souvent fort agitées et largement suivies par une population ouvrière dont près de 10 % sont au chômage en 1976 (50.000 chômeurs). Des incidents sérieux et même des meurtres (affaire d'Eufimiano Fuentes, richissime industriel et négociant en tabacs, enlevé et assassiné en 1976) témoignent de la tension qui règne actuellement dans l'archipel. La présence d'immigrés marocains arrivés par centaines dans les îles quelques mois après les réfugiés saharaouis, n'a fait qu'aggraver l'insécurité. Les forces de l'ordre, il est vrai, sont aujourd'hui en nombre dans l'archipel : en 1976, les 3.000 hommes du *tercio* Juan de Austria, de la légion étrangère espagnole, venant du Sahara occidental, ont installé leur nouveau camp à Fuerteventura.

LA MUTATION
POLITIQUE
ET SOCIALE

LE REGIME CONSTITU- TIONNEL DU FRANQUISME

La Constitution espagnole, telle qu'elle a été élaborée par le régime franquiste, est l'ensemble des *7 lois fondamentales* suivantes :

— La Charte du Travail (*Fuero del Trabajo*) du 9 mars 1938 ;

— La loi du 17 juillet 1942 portant création des Cortès espagnoles, modifiée par celle du 9 mars 1949 ;

— La Charte des Espagnols (*Fuero de los Españoles*) du 17 juillet 1945 ;

— La loi sur le référendum national, du 22 octobre 1945 ;

— La loi de succession du 26 juillet 1947 (dont l'article 10 confère le caractère de lois fondamentales aux lois ci-dessus) ;

— La loi du 17 mai 1958 sur les Principes du Mouvement national ;

— La loi organique de l'Etat, du 10 janvier 1967.

(Une huitième loi « pour la réforme politique » a été approuvée, sous le règne de Juan Carlos Ier, par le référendum du 15 décembre 1976).

Le système institutionnel défini par ces

sept lois comporte les organismes ci-après :

— Le chef de l'Etat - le gouvernement - le Conseil du Royaume - les Cortès - le Conseil national. (1)

Le chef de l'Etat. A la tête d'un royaume sans roi, dont il était le chef « par la grâce de Dieu », comme en portent inscription les pièces espagnoles d'une peseta, le généralissime Franco réunissait à vie tous les pouvoirs, et n'était responsable que « devant Dieu et devant l'histoire ». La formule était très simple : elle était celle d'une « monarchie tranquillement absolue ». Mais elle n'était valable que pour le général Franco lui-même.

Son successeur « à titre de roi », Juan Carlos de Bourbon, prince d'Espagne, reçoit de la Constitution des attributions beaucoup moins étendues. Il ne cumule plus les fonctions de chef de l'Etat, de président de gouvernement et de chef national du Mouvement. La monarchie est volontairement limitée. Le roi ne peut renvoyer le président du gouvernement qu'avec l'accord du Conseil du Royaume, et les ministres qu'avec l'accord du président. Il ne peut choisir celui-ci que parmi les trois noms d'une liste (la *terna*) que lui propose le Conseil du Royaume. Il pourrait modifier la composition du Conseil du Royaume, mais seulement par décret, c'est-à-dire avec le contreseing ministériel. Et c'est encore l'agrément de ce haut organisme qui lui serait nécessaire s'il voulait prendre des mesures exceptionnelles ou recourir au référendum. En somme, il suffirait au président du gouvernement d'avoir partie liée avec neuf conseillers du Royaume pour imposer au roi une politique. Le roi ne pourrait même pas changer de personnel politique à son gré, puisqu'il lui faudrait, non seulement le contreseing ministériel, mais, pour la nomination de hauts fonctionnaires, l'accord du Conseil du Royaume. D'autre part, le gouvernement peut, à la majorité des deux tiers de ses membres, déclarer que le monarque est, à son avis, incapable de régner, donc mettre en marche la procédure de destitution, en accord avec le Conseil du Royaume et les Cortès.

Le roi n'est cependant pas désarmé. S'il ne peut agir sans l'accord du gouvernement et du Conseil du Royaume, l'inverse est également vrai. Il peut refuser de signer un décret ou de promulguer une loi, menaçant ainsi de provoquer une crise politique. Avec l'assentiment du Conseil du Royaume, il peut se débarrasser d'un président du gouvernement devenu indésirable et, en sens inverse, modifier la composition nominative du Conseil en accord avec le président. Par ailleurs, en vertu de la loi du 14 juillet 1972 sur la « coordination des fonctions des hauts organismes de l'Etat », il a le pouvoir, suivant la procédure prévue par ce texte, de trancher « toutes les questions pouvant se poser entre les hauts organismes de l'Etat pour garantir et assurer leur fonctionnement régulier et la coordination voulue entre eux ».

En somme, le général Franco s'est efforcé de tout prévoir pour que le roi, son successeur, règne sans trop gouverner, ou, plus précisément, ne puisse toucher aux fondements du système. En fait, on va le voir, les barrières que ces précautions juridiques étaient censées représenter, ont cédé sous la pression des nécessités politiques : la force de l'opinion publique, la ferme atttiude du roi à l'égard du Conseil du Royaume, ont constitué des facteurs plus décisifs que les plus subtiles dispositions des lois fondamentales, et le roi Juan Carlos a conduit une politique personnelle qui n'entrait pas dans le cadre des prévisions.

Le gouvernement se compose du président du gouvernement, du (ou des) vice-président, et des ministres. Le président est nommé par le chef de l'Etat, en principe pour cinq ans, sur une liste de trois noms présentée par le Conseil du Royaume, et peut être révoqué par lui avec l'accord de ce haut organisme ou sur proposition de celui-ci (pour incapacité constatée par les deux tiers de ses membres). Il est, de droit, président du Conseil national. Les ministres sont nommés et révoqués par le chef de l'Etat, sur proposition du président ; ils sont, de droit, députés aux Cortès.

Parmi les attributions du Conseil des ministres, figurent l'exercice du pouvoir réglementaire et le contreseing des actes du chef de l'Etat. Le pouvoir réglementaire s'étend à des domaines proprement législatifs, le pouvoir législatif étant partagé entre les Cortès et l'exécutif, selon des règles qui rappellent celles de la Constitution française de 1958.

Le président et les ministres peuvent voir leur responsabilité pénale et civile mise en cause devant le Tribunal suprême siégeant toutes chambres réunies. Mais ils ne sont pas politiquement responsables devant les Cortès. Seul le chef de l'Etat peut les révoquer.

Le général Franco a cumulé les fonctions de chef de l'Etat et de président du gouvernement jusqu'au 8 juin 1973, date à laquelle il a confié ces dernières à l'amiral Carrero Blanco, vice-président. Le ministère formé le 12 juin 1973 par l'amiral était le sixième depuis 1938, soit une longévité moyenne de 3 ½ ans par combinaison ministérielle.

Le Conseil du Royaume. Institution originale, le Conseil du Royaume est un organisme-clé du système constitutionnel franquiste. Présidé par le président des Cortès, il se compose de 16 membres : 6 membres de droit et 10 membres élus. Les 6 conseillers de droit (en raison de leurs fonctions) sont les suivants : le prélat le plus haut placé dans la hiérarchie ecclésiastique et le plus ancien parmi les prélats députés aux Cortès ; le capitaine général, ou, à défaut, le lieutenant général (ou officier de grade équivalent) des armées de terre, de mer et de l'air le plus ancien dans ce grade ; le général chef du haut état-major ou, à défaut, le plus ancien en grade des trois chefs d'état-major des armées de terre, de mer et de l'air ; le président du Tribunal suprême de justice ; le président du Conseil d'Etat ; le président de l'Institut d'Espagne. Les 10 autres conseillers sont élus par les Cortès, à raison de 2 pour chacun des 4 groupes suivants : députés représentant la famille, les collectivités locales, l'Organisation syndicale, les conseillers nationaux, plus un pour le groupe des recteurs d'universités, et un pour les ordres et collèges professionnels.

Les attributions du Conseil du Royaume sont des plus importantes. Il est d'abord un donneur d'avis, tantôt facultatifs, tantôt obligatoires pour le chef de l'Etat, qui a seul le droit de le consulter. Son avis est requis dans les cas où le roi est appelé à prendre certaines décisions importantes : prorogation d'une législature des Cortès, soumission des projets de loi au référendum lorsque cette procédure n'est pas obligatoire pour le chef de l'Etat ; renvoi d'une loi aux Cortès pour nouvelle délibération ; demande d'approbation par les Cortès d'actes exigeant leur accord (déclaration de guerre, conclusion de la paix, ratification de traités ou accords internationaux touchant la souveraineté et l'intégrité du territoire) ; adoption de mesures exceptionnelles lorsque la sécurité intérieure, l'indépendance nationale, l'intégrité territoriale ou le système institutionnel sont soumis à une menace grave et immédiate. En outre, on l'a déjà dit, l'avis conforme du Conseil est obligatoire avant nomination du président du gouvernement, des présidents des Cortès, du Tribunal suprême de justice, du Conseil d'Etat, du Tribunal des Comptes et du Conseil économique (le Conseil du Royaume présente alors au roi des *ternas*). Enfin, il est seul juge de la constitutionnalité des lois et des « décisions à caractère général du gouvernement ».

C'est parmi les conseillers du Royaume que se recrutent les trois membres du *Conseil de régence*. Cet organisme collégial exerce le pouvoir exécutif en cas de vacance de la magistrature suprême, lorsqu'il n'existe pas d'héritier de la Couronne âgé de trente ans au moins. Les trois membres du Conseil de régence sont les suivants : le président des Cortès et du Conseil du Royaume (président), le prélat conseiller du Royaume le plus haut placé dans la hiérarchie ecclésiastique et le plus ancien dans cette charge, et le Capitaine général (ou, à défaut, le lieutenant général en activité le plus ancien des trois armées).

Les Cortès. Les Cortès espagnoles du système franquiste constituent l'une des pièces de la démocratie organique, mais offrent peu de caractéristiques communes avec les parlements des pays d'Occident :

— Elles n'exercent pas le pouvoir législatif, mais une fonction de l'Etat. (Le régime franquiste ne comporte pas, en effet, de pouvoirs séparés, comme les systèmes démocratiques d'Occident. Le pouvoir ne se dissocie pas ; seules sont différenciées les fonctions de l'Etat, exercées par des organismes distincts, dans le cadre de l'unité du pouvoir). Les débats en assemblée plénière n'existent pratiquement pas : les séances plénières sont rares et brèves, et les textes de lois soumis en grande série au vote sont approuvés à la chaîne, le véritable travail s'effectuant dans les commissions des Cortès, où les débats sont souvent passionnés. Pratiquement, l'initiative des lois appartient au gouvernement.

— Les Cortès ne sont ni représentatives, ni politiques. Sur leurs 560 membres (*procuradores*), 100 seulement, soit 17 %, sont élus au suffrage direct des chefs de famille et des femmes mariées, et dans des conditions qui n'offrent pas de choix politique en dehors des formations du Mouvement. Ce sont les députés élus en représentation du *tercio* familial. D'autres députés sont membres de droit en raison de leurs fonctions : tous les conseillers nationaux, soit 96 (non compris les 12 provenant des Cortès), les 12 recteurs d'universités, les membres du gouvernement (environ 20), les présidents des 5 hauts organismes de l'Etat (Conseil d'Etat, Tribunal suprême de justice, Conseil suprême de justice militaire,

Tribunal des comptes du royaume, et Conseil de l'économie nationale), les 6 présidents et représentants de l'Institut d'Espagne et du Conseil supérieur de la recherche scientifique. Une autre catégorie provient d'élections indirectes, au second degré (les 150 représentants de l'Organisation Syndicale Espagnole, les 110 représentants des municipalités et des députations provinciales) ou représente les corporations professionnelles d'avocats, médecins, ingénieurs civils, etc. (30 *procuradores*). Enfin, 25 députés et, naturellement le président des Cortès lui-même, sont nommés directement par le chef de l'Etat. Il n'est pas besoin d'insister sur les implications d'une telle composition des Cortès, dont les membres sont en majorité des fonctionnaires.

Cette composition a été profondément modifiée par la « loi pour la réforme politique » approuvée par le référendum du 15 décembre 1976 (voir plus loin). Désormais les membres des deux chambres des Cortès, le Congrès des députés et le Sénat, seront élus au suffrage universel, direct et secret. On peut penser que les Cortès constituantes dont l'élection est prévue en 1977 introduiront dans la Constitution des modifications profondes en matière de pouvoir législatif des Cortès (aujourd'hui partagé avec le gouvernement, et que la loi précitée de décembre 1976 réserve aux deux futures chambres) et en matière de contrôle de l'action gouvernementale. c'est-à-dire de responsabilité politique du ministère devant les Cortès.

Le Conseil national se compose de 109 membres : 50 élus par les provinces, au second degré, 40 initialement désignés par le Caudillo (les vacances sont comblées par cooptation) et 6 par le chef national du Mouvement (le président du gouvernement), les 12 autres étant élus par les Cortès parmi les *procuradores* représentant la famille, les collectivités locales et l'Organisation syndicale (4 pour chacun de ces trois groupes). Le président du Conseil national est le président du gouvernement, son vice-président était le ministre secrétaire général du Mouvement.

Cet organisme n'est pas un Sénat, comme on l'a écrit. Il est la chambre politique chargée de défendre l'intégrité des principes du Mouvement et de veiller à leur développement. A ce titre, il exerce le recours d'inconstitutionnalité, devant le Conseil du Royaume, contre toute décision portant atteinte aux lois fondamentales. Il suggère au gouvernement les mesures propres à rendre celles-ci plus efficaces, formule son avis sur les projets de lois fondamentales ou de mo-

Visage buriné de Valencien

A Valladolid
Sur le passage de la procession

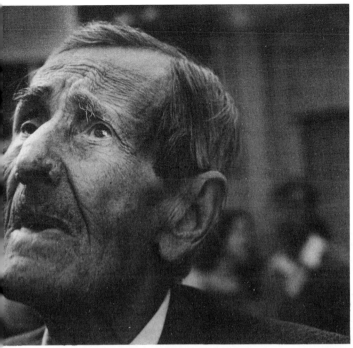

A Séville

Vieux paysan basque

Vieil Andalou

dification de ces textes avant leur envoi aux Cortès. Il adresse au gouvernement les mémoires qu'il juge utiles pour guider son action politique au nom des principes du Mouvement, et répond aux demandes d'avis du gouvernement. Comme on le voit, le Conseil national est un organisme purement consultatif, un donneur d'avis et de conseils. Il n'engage pas de débats avec le gouvernement, ne légifère pas. Ses séances ont lieu à huis clos. On peut se demander quel sera le sort de cet organisme, créé pour « *veiller à la permanence de l'esprit de la Croisade de 1936* ».

Pour résumer en quelques mots ce système institutionnel, on peut énoncer les remarques suivantes :

— Il n'existe pas, on l'a vu, de pouvoirs publics, mais des fonctions de l'Etat.

— Aucune institution n'est l'émanation directe du suffrage populaire ; la représentation est « organique » et non, comme dans les systèmes démocratiques d'Occident, « inorganique » ; les partis sont interdits.

— Le gouvernement n'est responsable politiquement que vis-à-vis du chef de l'Etat.

— Les mêmes hommes se retrouvent dans deux ou plusieurs organismes, et ce sont en majorité des fonctionnaires ou des personnes que le pouvoir tient en mains. En réalité, le personnel politique en place n'a pas un effectif égal à la somme des effectifs des différentes institutions ; il est sensiblement moins nombreux que ce total. Par exemple, le président des Cortès préside aussi le Conseil du Royaume et le Conseil de régence ; le président du gouvernement préside aussi le Conseil national ; tous les conseillers nationaux sont députés de droit aux Cortès ; les membres du Conseil du Royaume sont issus des Cortès ; les ministres sont *procuradores* de droit, etc. L'une des conséquences de cet état de choses est qu'en cas de recours pour inconstitutionnalité, les mêmes personnes sont à la fois juges, contrôleurs et parties ; en effet, les conseillers nationaux forment ce recours contre une loi qu'ils ont votée en qualité de députés aux Cortès, et les conseillers du Royaume jugent ce recours après avoir voté la loi en la même qualité.

— Dernière remarque : les lois fondamentales renferment les dispositions les plus minutieuses pour assurer une sorte d'équilibre entre les cinq institutions fondamentales qui viennent d'être définies. Le Caudillo a entendu visiblement instituer après lui une monarchie tenue en tutelle par un conseil de patrices, les conseillers du Royaume, gardiens de l'esprit du système. Après quarante ans de pouvoir absolu, pouvait-il ignorer que les institutions valent ce que les hommes en font ? Quelles arrière-pensées ont été les siennes ?

Mentionnons que les lois fondamentales règlent aussi le mécanisme de succession à la Couronne : succession par ordre de primogéniture, en ligne directe de préférence, les femmes n'étant pas appelées à régner mais pouvant transmettre les droits à la Couronne ; âge minimum de 30 ans (si l'héritier n'a pas atteint cet âge à l'ouverture de la succession, un régent est désigné). Autres conditions : professer la religion catholique, avoir les qualités requises pour exercer le métier de roi, prêter serment aux lois fondamentales.

Après ce tour d'horizon, on se pose la question qui a fait l'objet de maints débats à la grande époque du franquisme et dont on dispute toujours : comment définir un tel système, qu'est-ce que le franquisme ? (étant entendu que nous utilisons ici le mot « franquisme » à défaut d'autre, bien qu'il ne soit pas admis par tous les Espagnols). [2]

définition du franquisme

On s'interroge encore aujourd'hui sur la nature du régime franquiste. A-t-il été un régime fasciste ?

Par-delà les acceptions passionnelles données au mot, le fascisme apparaît comme une doctrine politique aux nombreuses variantes, dont la définition la plus générale, sans doute, est celle de « troisième voie socialiste entre le communisme et le capitalisme » [3]. On énumérera, en établissant des comparaisons, plusieurs traits particuliers de cette doctrine. Sans plus attendre, on citera la conclusion à laquelle est arrivée une table ronde organisée sur ce sujet en 1976 par la revue espagnole *Historia 16* (n° 4, août 1976, p. 17) avec la participation d'historiens espagnols et anglo-saxons : « la majorité des historiens, lit-on dans le compte-rendu, se refusent à qualifier de fasciste le régime de Franco, même à ses débuts ». Quant aux traités français de droit constitutionnel, ils ne sont pas unanimes sur la qualification à attribuer au franquisme : « un régime autoritaire *sui generis* » est une de leurs formules ; il y en a d'autres.

En réalité, le seul élément constitutif du franquisme qui fût authentiquement fasciste était la Phalange, et le franquisme ne s'est jamais confondu avec elle.

José Antonio Primo de Rivera, le fondateur de la Phalange espagnole, détestait le nazisme allemand et se défiait du fascisme italien. Il n'aimait pas l'épithète « fasciste » et préférait celle de national-syndicaliste, ajoutant que son mouvement était spécifiquement espagnol (4). Aujourd'hui encore, nombreux sont les phalangistes qui s'efforcent de démontrer qu'ils ne sont pas fascistes. Il existait certainement des différences entre la Phalange et les régimes totalitaires allemand et italien : ce n'était pas le Parti qui s'était emparé du pouvoir avec la collaboration de l'armée, mais l'armée qui avait conduit le soulèvement en s'adjoignant les mouvements politiques, de sorte que le Parti n'absorba jamais l'Etat. Par ailleurs, la Phalange ne fut jamais un parti de masse. Son sentiment religieux était en opposition avec l'antichristianisme nazi et l'anticléricalisme italien. « L'humanisme organique » de José Antonio introduisait dans sa doctrine une note de générosité sociale authentique.

Cependant, ni ces différences, ni d'autres, n'ôtent à la Phalange son caractère fasciste : ses éléments constitutifs apportés par Giménez Caballero, Onésimo Redondo, Ledesma Ramos (auteur du *Fascisme en Espagne*), José Antonio (fondateur de l'éphémère journal *El Fascio*), offrent manifestement ce caractère, et les néofascistes reconnaissent aujourd'hui dans José Antonio l'un de leurs véritables doctrinaires. Phalangisme et fascisme européen avaient de nombreux traits communs : le charisme du chef, la notion de démocratie organique, la « croisade » anticommuniste, l'obsession de l'ordre public, le rôle dirigeant d'une élite militante issue du parti unique, le sens de la grandeur du passé national, la terminologie révolutionnaire anti-capitaliste et anti-marxiste. Du reste, les partis du Front populaire de 1936 ne s'y sont pas trompés : sinon, rien n'expliquerait leur acharnement à détruire un parti numériquement si faible qu'il n'obtint même pas un siège de député aux élections législatives de février 1936.

Cet élément fasciste du franquisme n'a jamais dominé le régime. Celui-ci est né de la coalition, autour du général Franco, de forces conservatrices diverses : l'armée, l'Eglise, les traditionalistes (carlistes), les monarchistes alphonsistes de la *Renovación Española*, les catholiques de droite de la C.E.D.A. (Confédération Espagnole des Droites Autonomes). La Phalange s'est jointe à elle *in extremis* et à contre-cœur. José Antonio n'aimait pas la droite, avec laquelle il s'était refusé à pactiser. Il aurait voulu faire de son parti une formation politique de centre-gauche, capable de « nationaliser » la gauche, de concilier des formules économiques et sociales avancées avec la préservation de certaines valeurs nationales traditionnelles. Il avait même cherché le dialogue avec la C.N.T. et la F.A.I. anarchistes (ses miliciens, en 1935, faisaient le coup de feu dans la rue aux côtés des anarchistes pendant le conflit qui opposait la C.N.T. à l'U.G.T. : d'où le jeu de mots FAllange). Il avait tenté aussi de pactiser avec le dirigeant socialiste modéré Indalecio Prieto. A peine le soulèvement militaire était-il lancé que les adhésions à la Phalange se produisirent par dizaines de milliers. C'était, en effet, le seul parti qui, par sa structure et ses formations paramilitaires, avait une capacité de mobilisation de masse, les carlistes exceptés. Mais il se trouvait qu'à ce moment-là, la Phalange était décapitée : José Antonio, emprisonné à Alicante, devait y être exécuté le 20 novembre 1936 ; Onésimo Redondo fut tué à l'Alto de León, Ledesma Ramos massacré ; la plupart des autres chefs étaient emprisonnés, et le successeur de José Antonio, Manuel Hedilla, fut condamné à mort par Franco et grâcié de justesse (Franco ne supportait pas plus les velléités d'autonomie politique de la Phalange que celles des carlistes). De sorte que, dans cette Phalange brusquement gonflée, les « vieilles chemises » du début se trouvèrent submergées par des gens de droite qui n'avaient rien de phalangistes ni de fascistes, d'autant plus que le Caudillo donna pour chef à ce parti son beau-frère Serrano Suñer. un conservateur, non un disciple de José Antonio.

Dès lors, la Phalange fut un instrument aux mains du général Franco : à l'intérieur, elle faisait contrepoids aux monarchistes et aux catholiques ; à l'extérieur, elle offrait aux puissances de l'Axe l'image d'une Espagne fascisante. La chemise bleue, le salut de la main levée, l'hymne *Cara al sol*, le joug et les flèches, la phraséologie phalangiste, étaient des signes extérieurs utiles à montrer à Rome et à Berlin. Mais l'application du programme de la Phalange fasciste aurait été une source de difficultés que Franco ne pouvait affronter : difficultés avec les forces capitalistes et conservatrices de droite, qu'inquiétaient la conception autarcique et les idées syndicalistes de la Phalange, et difficultés avec les Alliés, pour lesquels le fascisme était l'adversaire à abattre et que préoccupait la revendication de Tanger par les disciples de José Antonio. Alors Franco « déphalangisa » autant qu'il put : suppression de la Milice dès 1939, appellation de « démocratie organique » donnée au régime, et surtout, dès le printemps 1937, on l'a vu, fusion de la Phalange et des Requetés. Les quelques réformes syndicales de Girón ne représentèrent qu'une application très partielle du programme phalangiste. On comprend que, tout au long de la dictature franquiste, les phalangistes authentiques (« vieilles chemises » et jeunes « joseantonistes ») aient manifesté de façon violente leur hostilité à Franco, qu'ils qualifiaient de traître.

Comment, dans ces conditions, classer le régime franquiste ? Il représentait évidemment l'antithèse de la démocratie libérale telle que l'entend l'Occident. L'aversion que Franco ressentait pour le libéralisme et le parlementarisme était probablement son seul principe inaltérable, car sa conduite, par ailleurs, était des plus pragmatiques. Les formules les plus couramment employées pour définir son régime ont été les suivantes : « despotisme éclairé », « régime intermédiaire entre l'autoritarisme et la dictature », « totalitarisme classique de droite ayant évolué vers une autocratie technocratique », « dictature conservatrice implacable à caractère pragmatique », « autoritarisme conservateur modernisateur, proche du bonapartisme ou du bismarckisme ». Un terme a été inventé, qui indique le caractère originalement espagnol du régime franquiste : le *caudillaje,* qu'on pourrait traduire par « le gouvernement du chef ».

LA MONARCHIE

l'héritage

Au moment où le nouveau monarque est monté sur le trône, sa position pouvait être schématisée de la façon suivante :

les apparences

En premier lieu, sa légitimité n'était pas dynastique, son père Don Juan, comte de Barcelone, n'ayant pas encore renoncé au trône en sa faveur. Elle n'était pas démocratique, Juan Carlos n'ayant pas été choisi par le vote populaire. Elle était uniquement celle que le franquisme lui avait conférée par l'instauration,en échange de son serment de continuer le régime.

Officiellement, le nouveau roi était donc le défenseur des principes du Mouvement. Avant sa mort, le général Franco avait déclaré *Todo es atado y bien atado* (« Tout est solidement amarré »), entendant par là que toutes les dispositions constitutionnelles étaient prises pour assurer la continuité du franquisme, même en cas d'une éventuelle volonté contraire du monarque. Il avait d'abord désigné comme président du gouvernement l'un de ses fidèles inconditionnels, l'amiral Luís Carrero Blanco, l'homme fort dont l'autorité devait maintenir le pays et le roi dans les voies orthodoxes du régime : l'expression « roi de paille et chancelier de fer » avait été utilisée pour résumer la situation ([5]). Après l'assassinat de l'amiral, le Caudillo avait choisi M. Carlos Arias Navarro, un autre fidèle de toujours. Mais l'homme

---

Juan Carlos 1er, roi d'Espagne.

Fils de Don Juan de Bourbon et Battenberg, comte de Barcelone (lui-même fils de l'ancien roi d'Espagne Alphonse XIII), le prince Juan Carlos de Bourbon et Bourbon est né à Rome le 5 janvier 1938. Il avait moins de dix ans lorsqu'il fut envoyé faire ses études en Espagne. La question de son éducation fut discutée entre son père et le général Franco au cours de trois entrevues échelonnées entre 1948 et 1960. Le prince reçut une formation militaire dans les académies des trois armées de terre, de mer et de l'air, suivit des cours à l'Université de Madrid, effectua des stages dans les ministères et des visites officielles dans les provinces espagnoles et divers pays du monde (il parle six langues).Le 14 mai 1962, il épousa à Athènes la princesse Sophie de Grèce. Trois enfants sont nés de ce mariage. Depuis le vote des Cortès du 22 juillet 1969, qui le désignait comme successeur du Caudillo, le jour venu, à titre de roi, Juan Carlos portait le titre de prince d'Espagne. Chef d'Etat par intérim pendant quelques semaines, à la suite de l'hospitalisation du général Franco, la mort de celui-ci, le 20 novembre 1975, lui a ouvert le chemin du trône.

Le nouveau monarque a acquis dans le pays une popularité qu'il n'avait pas toujours connue en qualité de prince d'Espagne. Au début, en effet, certains Espagnols jugeaient qu'un souverain instauré par le régime franquiste ne pouvait avoir pour mission que de continuer celui-ci. Le monarque s'est attaché, sur ce point, à apaiser ses compatriotes et à établir entre eux et lui un courant de confiance. Prudent et nuancé dans ses propos et dans ses actes, réfléchi et ferme à la fois, il a su concilier la préservation de valeurs traditionnelles auxquelles la majorité des Espagnols demeurent attachés, avec une politique de démocratisation qui rappelle peut-être les idées de son père Don Juan et qui n'hésite pas à battre en brèche l'édifice institutionnel du franquisme. Il a su s'entourer d'hommes politiques dévoués à sa personne et à sa politique, tels que Fernandez Miranda, président des Cortès et du Conseil du Royaume, et Adolfo Suárez, président du gouvernement. Tout en donnant le sentiment qu'il se tient au-dessus des partis, il conduit une politique personnelle de démocratisation authentique, qui semble s'appliquer, jusqu'à ce jour, sans provoquer de heurts sérieux.

n'avait sans doute pas le poids politique de son prédécesseur.

Les institutions, on l'a vu, plaçaient la monarchie limitée sous l'autorité de tutelle de hauts organismes gardiens du régime.

Certains indices, néanmoins, donnaient à penser que le futur roi ne serait peut-être pas le successeur docile, élevé dans le sérail, qui servirait de façade à un système autoritaire élitiste prolongeant celui de Franco. Lorsque le Caudillo revêtait la chemise bleue de la Phalange, le prince, à ses côtés, portait l'uniforme militaire. Ses rapports avec son père Don Juan. l'ancien prétendant démocrate, n'avaient pas cessé d'être confiants. De plus, les déclarations rares et mesurées qu'on lui laissait accorder à la presse lorsqu'il n'était encore que prince d'Espagne, donnaient à entendre que, s'il souhaitait préserver les traditions respectables, il était conscient aussi de la nécessité d'adapter les institutions aux changements de la société. Dans quelle mesure l'évolution politique dirigée par le nouveau roi est-elle une innovation inattendue, dans quelle mesure a-t-elle été prévue par le général Franco et les têtes pensantes du régime ? Une réponse exacte à cette question ne manquerait pas d'intérêt.

la démocratisation inéluctable

En tout état de cause, si le prince a pris ainsi du recul par rapport au régime, c'est parce qu'une fois sur le trône il lui serait devenu impossible de cautionner une politique immobiliste. Plusieurs raisons s'y opposaient :

Tout d'abord, une raison historique. En approuvant la dictature de Primo de Rivera en 1923, son grand-père Alphonse XIII avait accru l'impopularité de la monarchie et préparé sa chute. Juan Carlos se serait exposé au même risque en liant son sort à celui d'un autre régime autoritaire. C'était déjà la pensée de son père Don Juan, qui préconisait pour l'Espagne, après la Seconde Guerre mondiale, un régime démocratique en remplacement du franquisme. Il n'est pas excessif de dire que, si Juan Carlos entend assurer une continuité, ce n'est pas celle du franquisme, mais bien celle de la pensée de Don Juan.

D'autres facteurs ont orienté le choix du monarque. Né dans des circonstances exceptionnelles, le franquisme a peu évolué. Il ne pouvait pas évoluer davantage, à moins de renoncer à rester lui-même. Une fois épuisées les possibilités de développement ouvertes par la loi organique de l'Etat de 1967, il aurait achevé son involution sans pouvoir dépasser ce stade. Or, il était manifeste que l'opposition de gauche — anciens vaincus et nouveaux contestataires —. en accord avec la masse des travailleurs et avec les mouvements nationalistes régionaux, demandait autre chose que la « démocratie organique ». Si sujets à caution qu'ils soient dans les conditions actuelles de l'Espagne, les sondages d'opinion laissent apparaître que la faveur du plus grand nombre va aux partis se réclamant de la démocratie libérale (bien qu'on ignore encore la dose exacte de démocratie souhaitée).

Une autre raison était et demeure le besoin d'intégrer l'Espagne à la Communauté européenne. Beaucoup d'Espagnols, il est vrai, ne sont pas d'accord sur cette nécessité. Les difficultés auxquelles se heurte le Marché commun, disent-ils, ne sont pas encourageantes, et l'on peut prévoir que certains intérêts économiques espagnols souffriraient de l'intégration. De plus, l'orgueil national est blessé par la prétention de certains membres du Club des Neuf d'imposer à l'Espagne un régime politique analogue au leur : l'Espagne n'a pas à mendier sa carte d'entrée. Enfin, s'intégrer à l'Europe, c'est opter pour un certain ordre politico-économique, caractérisé par le néo-capitalisme et le règne des multinationales. Cet ordre sera-t-il encore en vigueur dans dix ans, lorsque les institutions démocratiques espagnoles, peut-on penser, auront à peine atteint leur régime de croisière ?... Ces objections sont dépassées. Ni le vieux rêve autarcique, ni la recherche d'hypothétiques marchés hispano-américains ou arabes, ne sont des formules sérieuses. La C.E.E. est l'avenir. Mais, pour y entrer, il faut d'abord libéraliser les institutions.

Les intentions libérales du monarque **les obstacles** sont sans nul doute sincères, mais il lui eût été difficile de brusquer les choses dès le lendemain de son accession au trône.

En premier lieu, il était lié par son serment. Sur ce point, il est vrai, nul en Espagne ne pouvait nourrir d'illusions excessives. L'histoire nous apprend ce que valent les déclarations solennelles de principes « immuables ». Ce qu'une loi a fait, une loi de même rang peut le défaire, selon l'opportunité du moment.

Une autre incitation à la prudence était l'attitude de la droite franquiste. Dans l'état psychologique où elle se trouvait après les funérailles de Franco, cette droite franquiste encore puissante n'aurait pas manqué d'être dangereusement exaspérée par le lancement immédiat d'un train de réformes profondes bouleversant le régime. Il convenait aussi de ne pas donner de la monarchie une image trop autoritaire, dont l'opposition elle-même aurait pu s'alarmer pour l'avenir. Enfin, il était prudent de ménager les franquistes, pour faire contrepoids aux éléments radicaux de l'opposition démocratique. Il était manifeste que les franquistes s'apprêtaient à défendre le régime avec résolution. Par exemple, sur les *ternas,* ou listes de trois noms, qu'il soumit au roi pour la désignation de titulaires aux postes de président des Cortès et de président du gouvernement, le Conseil du Royaume ne fit figurer que des noms de personnalités rassurantes pour le régime. De même, lorsque M. Martin Sanz fut nommé conseiller du Royaume au titre de l'Organisation syndicale, il déclara : « *Je défendrai cette maison de toutes mes forces avant qu'on en enlève la moindre brique* ».

les facteurs favorables

Ces conditions laissaient présager que la politique de démocratisation se heurterait à l'hostilité des conservateurs ; mais le roi n'était pas dépourvu de moyens pour forcer la main aux récalcitrants.

On a vu plus haut, en effet, comment les précautions constitutionnelles prises en faveur du régime pouvaient se retourner contre celui-ci, si le contexte politique était propice.

Mieux encore, il avait l'approbation tacite d'une bonne part du peuple espagnol. Sans la présence du roi, la mort du général Franco aurait créé un vide du pouvoir dans un moment difficile. Le pays n'oubliait pas qu'en 1936 l'équipe d'intellectuels et de professeurs qui dirigeait la République avait été impuissante à établir une autorité crédible et ferme : elle n'avait pu arrêter ni le débordement par la gauche révolutionnaire, ni la réaction armée de la droite. La peur de devoir assister aux mêmes événements quarante ans plus tard a été certainement ressentie à la fin de 1975 par une partie de la population ; encore en mars 1976, selon une enquête dont *Cambio 16* a rapporté les résultats en avril, 13 % des Espagnols interrogés déclaraient croire au danger d'une guerre civile. Assurer la continuité de la magistrature suprême de l'Etat est un souci que partagent bon nombre d'Espagnols. C'est pourquoi des projets ont été présentés pour faire désigner par avance le jeune infant Don Felipe, âgé de neuf ans, comme successeur de son père Juan Carlos, avec le titre de prince des Asturies, traditionnellement porté par les héritiers du trône (décision que le roi a prise le 21 janvier 1977).

Le pays attend du roi le service de prendre en main le flambeau de l'autorité, et d'utiliser celle-ci pour conduire l'Espagne sur le chemin d'une réforme démocratique. On a défini Juan Carlos « *l'homme d'une génération plus que d'une continuité* », « *le commun dénominateur de la majorité des Espagnols, le trait d'union entre le passé et l'avenir* » ([6]). Sa popularité est attestée par l'accueil qu'il a reçu en 1976 dans des régions aussi agitées que la Catalogne, l'Andalousie, la Galice, les Asturies. Ce jeune prince, que l'on disait être un élève appliqué, sans plus, auquel le féroce humour madrilène ne ménageait pas les épigrammes, a étonné tout le monde par ses qualités d'habileté, de jugement et de décision. Il plaît par la simplicité et la dignité de son existence familiale dans le petit palais de la Zarzuela, sans cour, sans grand état-major politique. Certains indices montrent que le peuple espagnol a eu confiance en lui, par une sorte d'instinct, dès avant son accession au trône. Selon un sondage d'opinion effectué en juillet 1975, (voir l'hebdomadaire *Europeo,* 18-7-75), 51 % des personnes interrogées souhaitaient, à cette époque, une transmission rapide des pouvoirs du général Franco, malade, au prince Juan Carlos. C'est aussi un fait que la Bourse n'a cessé de monter depuis que Juan Carlos est devenu chef de l'Etat à titre provisoire, et qu'elle n'a même pas réagi à la mort de Franco, auquel le prince succédait sans heurt.

L'appui de l'armée est encore un élément favorable pour le roi. En grande majorité hostile aux extrémistes de droite et de gauche et au séparatisme, l'armée n'hésiterait vraisemblablement pas à sortir de son apolitisme voulu si l'ordre venait à être gravement troublé dans le pays. On peut comprendre que, si des manœuvres politiques tentaient d'arrêter par la violence l'œuvre monarchique de démocratisation, l'armée descendrait dans l'arène, comme elle le ferait si, à l'inverse, le bouleversement allait trop loin. Certains observateurs s'étaient étonnés, à l'époque, que l'éducation du prince Juan Carlos, futur chef d'Etat, ait été avant tout militaire : en réalité, elle ne visait pas à le préparer au commandement des armées, mais à le faire reconnaître par les militaires de carrière comme l'un des leurs, à lui ménager des camaraderies précieuses.

Tous les partis politiques, en revanche, n'admettent pas la forme monarchique du gouvernement. Par conviction phalangiste, par rancune remontant à 1931, ou pour cause d'appartenance à l'extrême-gauche, certains partis, on le verra plus loin, ne veulent entendre parler que de République. Apparemment, ils ne représentent pas une majorité. Le secrétaire général du P.C.E., M. Santiago Carrillo lui-même, a déclaré qu'il lui serait indifférent de voir un roi à la tête de l'Etat si le peuple en décidait ainsi. Le dilemme ne semble plus être « République ou Monarchie », mais « autoritarisme ou démocratie ».

Le roi et le gouvernement, enfin, se trouvent avantagés par les divisions de l'opposition (il n'est question ici que de l'opposition démocratique, à l'exclusion de l'opposition ultra de M. Blas Piñar). Il serait extraordinaire qu'il en soit autrement dans une coalition dont l'éventail va de l'extrême-gauche aux libéraux et aux démocrates-chrétiens modérés. Sous les apparences d'une entente tactique contre le système franquiste, se dissimulent les vieilles haines de 1939, les refus de faire alliance avec les communistes, les luttes d'influence pour le *leadership* de la Coordination démocratique, les défections prêtes à se manifester pour accepter une participation à un prochain gouvernement plus ouvert que celui d'aujourd'hui. La fusion de la Junte démocratique et de la Plate-forme de convergence démocratique, le 20 mars 1976, dans la Coordination démocratique, n'a supprimé ni les divergences de conception de l'unité d'action, ni les arrière-pensées de chaque parti.

La première déclaration du nouveau roi a été son message du 22 novembre 1975, deux jours après son avènement : un discours aux termes soigneusement mesurés, mais annonciateur de changements. Il parlait des « *perfectionnements profonds qu'exige un grand peuple comme le nôtre en pleine période de développement culturel, de changement générationnel, et de croissance matérielle* », et faisait allusion à Don Juan, le prince démocrate.

Quelques jours après, le 2 décembre, Juan Carlos Ier nomme à la présidence des Cortès et du Conseil du Royaume, en remplacement de M. Alejandro Rodríguez de Valcárcel, son ancien précepteur M. Torcuato Fernández-Miranda. Celui-ci est un de ses fidèles. Il est manifeste que le roi lui a confié la mission de faire accepter ses futurs projets de réforme par les Cortès réticentes.

La réforme envisagée par le roi est une « démocratisation contrôlée », qu'il faut conduire rapidement et pousser assez loin pour calmer les impatiences de l'opposition. La véritable question n'est déjà plus de savoir si l'on conservera intact l'édifice du franquisme, mais jusqu'où l'on démocratisera sans toucher trop gravement aux intérêts acquis, sans bouleverser la société.

Cette œuvre, le roi va la conduire de haut, en donnant le sentiment de se tenir au-dessus de la mêlée. Dans cette tâche, il va montrer, à la fois, la prudence que lui ont apprise ses conseillers et sa formation de chef d'Etat, et la fermeté de décision qu'il doit à son éducation militaire.

Le premier exécuteur de sa politique est M. Arias Navarro, que le roi reprend comme président du gouvernement, dès le 5 décembre 1975.

Dans son discours aux Cortès du 28 janvier 1976, M. Arias Navarro expose les grandes lignes du programme de réformes, qu'il fera approuver en grande partie au cours des mois suivants par le roi et les Cortès : abolition d'une partie du décret-loi anti-terroriste du 27 août 1975, suppression des juridictions d'exception, nouvelle réglementation du droit de réunion et de manifestation, réforme du Code pénal et de la loi sur le droit d'association politique (qui permet, dans certaines conditions, la légalisation des partis, à l'exception du Parti communiste et des partis séparatistes), loi du 8 avril 1976 sur les relations du travail ; s'y ajoute le projet sur la réforme des Cortès et la création de deux chambres.

le ministère Arias Navarro

C'est là une mini-réforme, aux yeux de l'opposition démocratique, mais c'est aussi une brèche considérable ouverte dans l'édifice institutionnel du franquisme : les principes fondamentaux de l'interdiction des partis politiques, de la démocratie « organique », de l'unité syndicale, sont oubliés du jour au lendemain, sans abrogation préalable des textes qui les formulent. Parce que ce programme n'est qu'une mini-réforme, l'opposition démocratique protestera et réclamera la « rupture » ; parce qu'il démolit l'institution franquiste, le bunker fera de l'obstruction.

L'opposition s'est saisie de la phrase de M. Arias Navarro — « On ne réforme que ce que l'on veut conserver » — pour reprocher à celui-ci de ne chercher autre chose que la continuité du régime, sous couvert de concessions mineures. Elle exige la rupture radicale, une sorte de revanche de 1939. C'est, du moins, sa prise de position initiale. En réalité, il n'échappe à personne que si les deux camps se raidissent dans des attitudes intransigeantes, on risquera de revoir l'affrontement de 1936, Front populaire contre Front national. Or, à l'exception des extrémistes, personne ne tient à prendre ce risque. L'opposition cherche, au contraire, depuis plusieurs années déjà, à se donner un visage pacifique ; elle s'abstient même de convoquer toutes ses troupes à l'occasion du 1er mai, afin de prévenir les possibilités de troubles. Elle n'ignore pas, non plus, que le roi ne peut pas effacer d'emblée quarante années d'histoire nationale sans courir le danger de provoquer une explosion. Elle sait enfin que l'Espagne est un enjeu politique ; ni les Etats-Unis, ni l'Europe des Neuf dans laquelle elle veut entrer, ne peuvent admettre, sur ce point du « ventre mou » de l'Europe, un régime trop proche de celui de l'Union soviétique (les propos du chancelier ouest-allemand Schmidt et du président américain Ford ont été sans ambiguïté sur ce point). La gauche devra donc être prudente, négocier, compromettre. Le Parti communiste donne l'exemple : en mars 1976, M. Santiago Carrillo, son secrétaire général, abandonne le thème de la rupture radicale et parle de rupture négociée (*pactada*).

La droite franquiste, en revanche, défend ses positions avec âpreté. Fin mars 1976, à peine le ministre Martín Villa a-t-il esquissé la réforme syndicale devant la Commission permanente du Congrès syndical, que le *bunker* se dresse contre son projet. En mai, 126 députés aux Cortès signent un mémoire critiquant sévèrement les réformistes du gouvernement. Le 8 juin, aux Cortès, la droite franquiste fait échouer le projet de réforme du Code pénal, sans laquelle la nouvelle loi sur les associations politiques est lettre morte. Et le Conseil national émet un avis défavorable au projet de réforme constitutionnelle. M. Arias Navarro transige avec le *bunker*. Le bruit court même qu'il prend prétexte de cette situation pour réduire la portée de la réforme, qu'il présenterait, dit-on, à contre-cœur. De fait, le changement paraît limité : quelques atténuations apportées le 6 février 1976 au décret-loi anti-terroriste de 1975, pas d'amnistie politique générale, exclusion du P.C.E. du droit d'association, maintien du Conseil du Royaume (avec une légère modification du mode d'élection de ses dix membres élus).

Par ailleurs, certains ministres de M. Arias Navarro, tout particulièrement MM. de Areilza et Fraga Iribarne, s'engagent plus avant que leur président dans la voie de la démocratisation, et l'on assiste au spectacle peu courant d'un chef de gouvernement qui désavoue l'un de ses ministres tout en le conservant : le 2 avril 1976, il interdit la diffusion de l'interview télévisée dans laquelle M. de Areilza a préconisé la mise en place immédiate des réformes. M. de Areilza n'en poursuit pas moins ses conversations avec les partis d'opposition : le 10 mai suivant, au cours d'une réunion au club *Siglo XXI*, il offre à ceux-ci un « pacte national pour la réforme ». M. Fraga Iribarne en fait autant le 2 juin. Il n'a d'ailleurs pas cessé de s'entretenir avec des représentants de l'opposition et des nationalistes catalans ; il a eu des conversations, notamment, avec des dirigeants du P.C.E.

C'est dans cette ambiance confuse que M. Arias Navarro, le 1er juillet 1976, présenta sa démission au roi. Pour quelle raison ? Des explications différentes ont été données. Selon la version la plus courante, le roi aurait jugé trop timide l'action de son président de gouvernement et aurait, notamment, désapprouvé le contenu de son discours télévisé du 28 avril. D'après une autre thèse, qui sera exposée plus loin, aucune divergence sur le fond n'aurait existé entre eux ; seules les manœuvres et les propos maladroits de M. Arias Navarro auraient conduit le roi à lui demander sa démission. Le 3 juillet, le nouveau président du gouvernement entre en fonctions : M. Adolfo Suárez, ministre secrétaire général du Mouvement dans le ministère de son prédécesseur. Le nouveau président, dont le nom est peu connu du grand public, est un ami personnel du roi, dont il a compris la pensée.

En arrivant au pouvoir, M. Suárez ne propose guère plus de réformes que son prédécesseur, mais il les présente dans un esprit différent et avec des formes inspirant la confiance. La souplesse et l'habileté manœuvrière caractérisent son action politique.

le ministère Adolfo Suárez

Tout d'abord, la résistance du *bunker* perd de sa virulence. Elle s'est manifestée au Conseil national, au Conseil du Royaume, aux Cortès : lorsque le président des Cortès, M. Fernández Miranda, a salué le nouveau ministère Suárez, les *procuradores* se sont abstenus d'applaudir ; en revanche, ils font une ovation à M. Arias Navarro. M. Suárez s'emploie à désarmer cette Fronde par la transaction et la menace. La transaction consiste à donner à la droite des apaisements : par exemple, l'interdiction du congrès du P.S.O.E. qui devait avoir lieu à Madrid le 4 novembre 1976, ou l'annulation de la mise en réserve des généraux de Santiago et Iniesta Cano, hostiles aux réformes démocratiques. Contre les combats de retardement livrés par le *bunker*, la menace d'emploi de certains moyens est agitée : par exemple, mettre fin à la prorogation des Cortès (elles ont été prorogées jusqu'au 30 juin 1977), ou gouverner par décret-loi (*decreto-ley, decreto-rey*), ou de soumettre directement les projets de réforme au référendum populaire, ou recourir à la procédure d'urgence, etc. Obtenu par concession ou par contrainte, le résultat a été celui que voulait le gouvernement : le 18 novembre, passant outre à l'avis défavorable du Conseil national, le ministère fait voter par les Cortès, à la majorité requise des quatre cinquièmes, son projet de loi sur la réforme politique.

En tout cas, s'il fait des concessions à la droite franquiste, M. Suárez se garde soigneusement, à la différence de son prédécesseur, de se référer au franquisme et à la conservation de certaines institutions, d'employer la phraséologie sur le danger des partis liés à l'étranger, sur la corruption des dirigeants syndicalistes, sur la conspiration internationale contre l'Espagne. Dans toute la mesure du possible (il n'y parviendra pas toujours), il cherche à éviter les épreuves de force entre les syndicats toujours illégaux et la police, telles que

---

Adolfo Suárez.

Adolfo Suárez González, né en 1933, est le plus jeune chef de gouvernement que l'Espagne ait connu depuis longtemps. Issu de la petite bourgeoisie, de formation juridique, il a commencé très tôt une carrière politique dans les cabinets ministréiels, dans le corps des gouverneurs civils de province, puis comme directeur général de la Radio-Télévision. Il fut ministre secrétaire général du Mouvement dans le premier gouvernement de la monarchie (Arias Navarro), après avoir contribué à organiser l'U.D.P.E. (Union Démocratique du Peuple Espagnol). Jeune, bénéficiant d'un réel coefficient de sympathie, peu connu du grand public lorsque le roi lui a confié les fonctions de président du gouvernement, le 3 juillet 1976, Suárez fait la preuve de ses qualités de souplesse et d'habileté manœuvrière au service de la politique de démocratisation voulue par le monarque, dont il est l'ami personnel.

les grèves sanglantes de février-mars 1976 à Vitoria, en Pays basque, en Navarre et en Catalogne. Il aura de moins en moins recours aux mesures discriminatoires défavorables au P.C.E., aux Commissions ouvrières, au P.S.O.E., aux nationalistes basques, et instaurera un régime de tolérance pour les partis politiques et les syndicats avant d'en arriver à les légaliser pour la plupart. Il est visible qu'il cherche à désamorcer, à inspirer confiance en montrant, dans les faits plus encore que dans les textes, un esprit libéral, authentiquement démocratique, et en proclamant le principe que « la souveraineté réside dans le peuple ».

Le dialogue s'institue alors avec une opposition devenue elle-même moins radicale. Le roi reçoit certains dirigeants de l'opposition qui n'admettent pas l'alliance avec les communistes et restent en-dehors de la Coordination démocratique : MM. Gil Robles, Pío Cabanillas, Alvárez de Miranda, Antonio García López. De son côté, M. Suárez poursuit des conversations avec d'autres dirigeants, tels M. Felipe González, le jeune secrétaire général du P.S.O.E. ; et M. de la Mata, ministre des Relations syndicales, prend contact, en septembre 1976, avec une délégation des Commissions ouvrières, toujours censées illégales. On apprend aussi, au cours de l'été 1976, que M. Santiago Carrillo, secrétaire général du P.C.E., séjourne en Espagne depuis le mois de février, sans passeport, et qu'il a eu des entretiens secrets avec des représentants du gouvernement.

Ce dialogue est facilité par l'action personnelle du monarque. Le 2 juin de cette même année 1976, au Congrès des Etats-Unis, à Washington, il a annoncé que l'Espagne allait devenir une démocratie de type occidental. Il a nommé vice-président du gouvernement un général de réputation libérale, Guttierez Mellado, en remplacement du général de Santiago, qui a été écarté des postes actifs, ainsi que son collègue Iniesta Cano, en raison de son hostilité aux réformes. Les généraux José Vega Rodriguez et marquis de Valenzuela, de tendance libérale, sont nommés respectivement chef de l'état-major général et chef de la maison militaire du roi. Enfin, le 30 juillet, le roi proclame l'amnistie pour crimes et délits politiques (à l'exception de certaines catégories d'infractions).

Par ailleurs, les circonstances servent la cause de la négociation pacifique. En se livrant à des actes de violence ,les extrémistes rapprochent l'opposition du roi et de son gouvernement. Du 23 au 28 janvier 1977, des attentats ont fait dix morts à Madrid : deux étudiants tués au cours d'une manifestation, cinq avocats communistes assassinés à leur domicile par un groupe s'intitulant « Alliance apostolique anticommuniste », trois gardes civils et policiers abattus. Au cours de la même période, le G.R.A.P.O. (Groupe Révolutionnaire Antifasciste du Premier Octobre) a revendiqué la séquestration de M. de Oriol y Urquijo, président du Conseil d'Etat, et du général Villaescusa, président du Tribunal suprême de Justice Militaire. Le communiqué commun, dans lequel les partis d'opposition et le gouvernement condamnent les attentats et invitent la population à conserver son calme, atteste chez eux une même volonté de parvenir à une solution négociée, en dépit des obstacles et des provocations.

Enfin, M. Adolfo Suárez offre du gouvernement une image nouvelle, en ce sens que les pas en avant ne sont plus suivis de pas en arrière, comme c'était souvent le cas au cours des années précédentes. Par exemple, le 30 décembre 1976, le gouvernement supprime les tribunaux d'exception (en particulier le tribunal de l'Ordre public) et enlève à la Justice militaire la connaissance des délits de terrorisme commis par des civils. Un décret du 13 janvier 1977 étend aux anciens combattants républicains de 1936-1939 le bénéfice des pensions d'invalidité. L'amnistie du 30 juillet 1976 est complétée par celle du 11 mars 1977, qui n'excepte que les auteurs de crimes de sang ayant directement attenté à l'intégrité physique des personnes, ce qui permet d'élargir la plupart des 170 détenus politiques (dont 98 membres de l'E.T.A.) recensés à cette date. De même, un décret du 17 mars rétablit les Juntes générales de Biscaye et du Guipúzcoa (elles seront composées de délégués des conseils municipaux, se réuniront au moins une fois par an pour voter le budget et délibérer de la politique locale, et éliront le Conseil provincial, chargé de l'administration courante). Un décret du même jour crée un Conseil général de Catalogne, dont la mission sera d'élaborer un projet de statut d'autonomie qui sera ensuite soumis au vote des futures Cortès espagnoles.

Le 15 mars, un décret porte réglementation du futur régime électoral, dont les dispositions les plus caractéristiques sont les suivantes : inéligibilité des militaires, magistrats, ministres et hauts fonctionnaires ; droit de vote à partir de 21 ans ; durée de la campagne électorale : trois semaines ; égalité de tous les partis en matière de temps de parole à la radio et à la télévision, et de place dans la presse officielle ; contrôle des élections par des conseils (national, provinciaux, locaux) composés de magistrats et de représentants des partis ; subvention pécuniaire aux partis ayant recueilli plus de 3 % des suffrages. Les partis d'opposition ont formulé quelques objections secondaires, mais, dans l'ensemble, ne paraissent pas mécontents de ces dispositions.

Enfin, on prête au gouvernement l'intention de supprimer deux institutions rappelant le franquisme : le ministère du Mouvement et celui des Relations syndicales.

Ainsi, les négociations entre le gouvernement et l'opposition se déroulent dans un climat moins tendu. Dans un communiqué commun dit « manifeste des trente-deux », des dirigeants de l'opposition donnent acte à M. Suárez de son « langage différent », affirment la nécessité de la concorde (on parlera, à cette occasion de « marxisme royaliste »). Les partis d'opposition, qui s'étaient refusés à demander leur légalisation sous le régime des associations politiques contrôlées par le pouvoir, formulent aujourd'hui la même demande sans tenir compte de la loi sur les associations : en février 1977, le P.S.O.E. et le P.C.E., notamment, ont présenté cette requête.

En mars 1977, la question de la reconnaissance officielle du P.C.E. reste sans réponse. De l'avis général, celle-ci sera affirmative et interviendra avant les élections générales de juin (peut-être, pensent certains, la reconnaissance sera-t-elle indirecte et non formelle, sans interdire cependant les candidatures individuelles de communistes). La majorité du pays serait favorable à la légalisation du P.C.E., si l'on en croit un sondage de 1976 (cf. *Le Monde* du 2-7-76) : 43 % des personnes interrogées, soit la majorité relative, se sont déclarées favorables à la reconnaissance de tous les partis sans distinction. Beaucoup pensent que ce serait le moyen de connaître la force réelle du P.C.E., et qu'il serait peu politique d'en faire un parti martyr en le reléguant dans l'illégalité. Certains sont d'avis de ne pas brusquer les choses, pour des raisons diverses dont l'une est que cette reconnaissance servirait de monnaie d'échange dans les négociations avec la Coordination démocratique. En tout état de cause, le P.C.E. jouit d'une grande liberté d'action, publie et diffuse librement son quotidien *Mundo Obrero* ; les trois Partis communistes espagnol, français et italien, tiennent leur congrès commun à Madrid, au début de mars 1977, sous la protection de la police. M. Santiago Car-

la question de la légalisation du P.C.E.

rillo séjourne en Espagne depuis février 1976, « clandestinement » (sous l'œil d'une des meilleures polices du monde) et tient une conférence de presse « clandestine » dans un grand hôtel madrilène, le 10 décembre 1976. La « Commission des Neuf » formée par la Coordination démocratique, a désigné une délégation de quatre membres, le 4 janvier 1977, pour négocier avec le gouvernement, et aucun communiste n'y figure ; mais le P.C.E. participe aux travaux de cette Commission, et prend directement, avec le gouvernement, les contacts officieux nécessaires. L'exemple de M. Alvaro Cunhal, le voisin portugais, lui a montré ce qu'il ne faut pas faire (brusquer les choses), et celui de M. Berlinguer, secrétaire général du P.C. italien, ce qu'il faut faire (rester calme et fort, rassurant et parfaitement organisé).

une analyse socialiste de l'évolution en 1976-77

Un socialiste indépendant, M. José Vidal-Beneyto, professeur à l'université de Madrid, a donné de la politique gouvernementale, en 1976-77, une explication qui est résumée ci-après (cf. *Le Monde diplomatique,* février 77) :

Le choix de M. Arias Navarro n'était pas contraire aux vues personnelles du roi. Il a, au contraire, « affirmé la détermination de Juan Carlos de mettre en mouvement un dispositif de changement progressif et contrôlé, seul capable d'assurer que la situation au point d'arrivée sera substantiellement identique à celle du point de départ », c'est-à-dire la réforme telle que la conçoivent, selon l'auteur, le roi et MM. Arias Navarro, de Areilza et Fraga Iribarne.

Il n'a jamais existé de divergence sur le fond entre le roi et M. Arias Navarro, auquel le premier reprochait seulement son manque de souplesse, ses maladresses et ses imprudences de langage. Avec M. Suárez, l'idée maîtresse reste celle de la continuité, mais avec des ministres non

La loi « pour la réforme politique ».

Le 15 décembre 1976, le peuple espagnol a approuvé par référendum le projet de loi « pour la réforme politique » qui lui était soumis par le roi. La participation a atteint 77,4 % du corps électoral, et la proportion des oui a été de 94 %, contre 2,6 % seulement de non (l'extrême-droite avait recommandé de voter non ; l'abstention avait été préconisée par le P.C.E., le P.S.O.E., le Parti carliste et l'extrême-gauche).

Après avoir proclamé que « la loi est l'expression de la volonté souveraine du peuple » et que les droits fondamentaux de la personne sont inviolables, la loi dispose que les futures Cortès seront composées de deux chambres, le Congrès des députés et le Sénat, toutes deux élues pour quatre ans au suffrage universel, direct et secret. Le Congrès et le Sénat établissent eux-mêmes leur règlement intérieur et choisissent leur président. Le président des Cortès est nommé par le roi. Le Congrès est composé de 350 députés, le Sénat de 207 sénateurs.

Les députés sont élus à raison de deux par province, plus un par tranche de 144.500 électeurs (avec minimum de trois par province), au scrutin de liste avec représentation proportionnelle. Les sénateurs sont élus au scrutin majoritaire, à raison de quatre par province continentale, plus deux pour Ceuta, deux pour Melilla, et cinq pour chacune des trois provinces insulaires. En outre, le roi peut désigner librement, pour chaque législature, des sénateurs en nombre égal au cinquième de leurs collègues élus, soit 41.

Désormais, le pouvoir législatif appartient aux Cortès. Le roi sanctionne et promulgue les lois. Il peut aussi « soumettre directement au peuple un choix politique d'intérêt national, qu'il ait ou non le caractère constitutionnel, pour qu'il fasse connaître sa décision par référendum ». En matière de lois constitutionnelles, l'initiative appartient conjointement au gouvernement et au Congrès des députés, et le vote est acquis à la majorité absolue des membres composant le Congrès et le Sénat, mais, avant de donner sa promulgation, le roi doit soumettre le projet au référendum national. En matière de lois ordinaires, le Congrès discute le projet le premier, puis le Sénat en est saisi : en cas de divergence de vues entre les deux chambres, une commission mixte essaie de résoudre le conflit, le dernier mot appartenant au Congrès des députés votant à la majorité absolue de ses membres.

Telle est l'économie de cette nouvelle loi fondamentale (la huitième). Comme on le voit, le statut des Cortès est profondément modifié, mais il n'est rien dit des autres organismes, sauf, incidemment, du Conseil du Royaume, qui se trouve maintenu. Il n'est fait aucune allusion, non plus, à la responsabilité du gouvernement devant les Cortès, ni, plus généralement, aux rapports des pouvoirs publics. La nouvelle loi se borne, en somme, à mettre en place l'organe législatif qui aura à assumer la responsabilité de refaire la constitution de l'Espagne, étant entendu que la décision suprême en la matière appartiendra au corps électoral qui devra approuver ou rejeter, par référendum, tous les projets constitutionnels.

marqués par des antécédents franquistes, et dans un style plus habile et plus nuancé. Rien, au fond, n'a changé, et M. Suárez n'a fait que reprendre la réforme au point où son prédécesseur l'avait laissée. L'auteur de l'analyse admet qu'un langage nouveau est tenu (l'affirmation de la souveraineté populaire, par exemple), mais il observe que vingt gouverneurs civils d'origine nettement franquiste ont été nommés en août 1976. Les élections de juin 1977, dit-il, se dérouleront « dans un cadre hérité du franquisme, que permettra de mobiliser. au service des choix gouvernementaux, la force organisée du Mouvement, avec ses chefs locaux, les maires des communes, les gouverneurs de province, la presse et la radio contrôlées par le Mouvement, ainsi qu'une bonne partie de l'immense bureaucratie des syndicats et de la Sécurité Sociale ».

L'analyse prévoit des élections favorables aux centristes et aux modérés, après quoi le gouvernement poursuivra la modification constitutionnelle selon ses vues, tandis qu'à la base, « les forces populaires continueront à se développer pour conquérir des positions sociales et des centres de pouvoir aux niveaux locaux et professionnels, laissant aux héritiers du franquisme, à la droite et à ses compagnons de route, les jeux et les poisons de la politique parlementaire ».

L'avenir montrera si ces prévisions à long terme sont exactes.

L'EVOLUTION SOCIALE ET ECONOMIQUE

Les changements de structure, de conception des rapports sociaux, d'idées morales, qui affectent toutes les sociétés dites de consommation depuis une génération, n'ont pas épargné l'Espagne. Ils ont été chez elle plus sensibles peut-être qu'ailleurs, parce que le passage d'une société essentiellement agricole à une société industrielle s'y est effectué plus brutalement.

L'industrialisation de l'Espagne s'est trouvée favorisée par l'action du capitalisme d'Etat, conduite par l'Institut national de l'industrie (l'I.N.I.). Elle l'a été aussi par l'abondance de la main-d'œuvre agricole excédentaire, à la recherche d'emplois dans l'industrie, qui a permis aux entreprises de maintenir les salaires à un bas niveau et, par là-même, d'accumuler du capital. Ce fut le début d'un processus irréversible : de la bourgeoisie agricole, historiquement détentrice du pouvoir et de tendance conservatrice, le pouvoir est passé à la bourgeoisie industrielle, jusqu'alors faiblement représentée dans l'ensemble du pays, et de tendance plus libérale. L'alliance classique de la première avec l'oligarchie financière a fait place au rapprochement de celle-ci avec la seconde.

la mutation de la société espagnole

311

L'industrialisation a engendré deux autres conséquences non moins décisives : d'une part, le dépeuplement des campagnes et l'accroissement massif de la population ouvrière urbaine ; d'autre part, la formation de ces classes moyennes dont on a longtemps répété comme une vérité première qu'elles faisaient défaut à l'Espagne.

Le monde agricole représentait les deux-tiers de la population en 1900 et près de la moitié en 1950. A l'heure actuelle, la paysannerie espagnole n'en forme plus que 23 %, et cette proportion diminue régulièrement ; on prévoit qu'avant l'an 2000, elle se sera stabilisée à peu près au niveau français actuel. Un tel exode vers les villes au cours des années 1950 a été généralement la conséquence de la demande de main-d'œuvre industrielle. Dans certains cas, cependant, il a précédé et causé l'expansion industrielle au lieu de la suivre : à Madrid, par exemple. Il a acquis un rythme accéléré lorsque les pays d'Europe occidentale se sont mis à absorber à leur tour de la main-d'œuvre étrangère. Et il est devenu à ce point intense dans certaines provinces que celles-ci se sont « désertifiées », avec une densité de population tombant au-dessous de 8 habitants au kilomètre carré, comme c'est le cas dans la région de Soria, par exemple.

Les classes moyennes d'employés, fonctionnaires, cadres, techniciens, petits commerçants, artisans, patrons de petites entreprises, ont acquis aujourd'hui une importance numérique relative comparable à celle que connaissent les classes moyennes des pays plus développés. Ces couches sociales aspirent à un régime plus libéral, sans trop savoir lequel, mais redoutent un bouleversement de l'ordre social qui compromettrait leur condition péniblement acquise, rendue précaire par l'instabilité de la situation économique de l'Espagne. Devenus de petits épargnants préoccupés de l'état de la Bourse, les Espagnols de ces catégories sociales préfèrent leur prestige social à leurs intérêts de classe. Classes moyennes et petite bourgeoisie ne parviennent bien souvent à tenir leur rang dans la société que par le subterfuge du pluriemploi. Elles ne sont pas dépourvues d'aspirations sociales, mais l'opposition au régime leur reproche leur manque de conscience de classe, à la différence de la classe ouvrière et de la classe capitaliste. Proches, par certains côtés, de la catégorie des *hidalgos* dont il a été question à plusieurs reprises dans ce livre, elles représentent un terrain favorable aussi bien au recrutement des partis d'extrême-droite, voire néo-fascistes, qu'à celui d'un centre-gauche ou d'un socialisme modéré.

Le profond changement de structure de la société espagnole s'est accompagné d'un double phénomène trop connu pour exiger de longs développements : l'élévation du niveau de vie moyen et l'évolution de la mentalité.

Il y a moins de dix ans, un revenu moyen de 1.000 dollars par tête était considéré par les technocrates au pouvoir comme la barre au-dessus de laquelle la priorité absolue jusqu'alors accordée aux problèmes économiques pouvait laisser la place à l'étude des problèmes politiques. Fin décembre 1975, le revenu moyen par tête avait déjà atteint, en gros, 2.500 dollars. Il s'agit là d'une moyenne : les écarts restent fortement accusés entre régions, on l'a vu, et entre catégories professionnelles. Par exemple, le salaire horaire maximum dans les puits de charbon atteignait 261,97 pesetas fin 1975, alors que le salaire horaire minimum d'un ouvrier de la chaussure ou du vêtement ne dépassait pas 66,0 pesetas, soit 4 fois moins. Ces chiffres devenaient respectivement 227,62 pesetas dans la banque et 93,33 dans le commerce. L'élévation du niveau de vie n'en reste pas moins, dans l'ensemble, une réalité, illustrée par de très nombreux exemples toujours cités, dont on n'en retiendra ici que deux : le nombre des postes téléphoniques en service est plus élevé en Espagne qu'en France proportionnellement au chiffre de la population, et celui des voitures de tourisme s'élèvera à 8 millions d'unités en 1981 selon les prévisions, pour une population de l'ordre de 38 millions d'âmes.

Quant à l'évolution des mœurs, il en a été dit un mot à propos du tempérament national espagnol. On n'ajoutera ici que deux remarques. D'une part les apparences ne doivent pas conduire à généraliser. Il existe, en effet, toute une gamme d'états intermédiaires entre la pudibonderie officielle des premiers temps du franquisme (l'interdiction du baiser en public et du maillot féminin deux-pièces sur les plages) et la morne pornographie récente de certaines publications madrilènes. D'autre part, les travailleurs espagnols à l'étranger, même lorsqu'ils ne vivent pas en ghetto étanche, conservent le plus souvent intacts leurs habitudes de pensée et leurs modes de vie.

En tout cas, il est un point de ressemblance entre la société espagnole actuelle et celle des autres pays d'Occident : le caractère préoccupant de la situation économique et l'agitation sociale.

Il n'entre pas dans le cadre de ce livre de présenter une analyse de la situation économique espagnole. On ne peut s'abstenir néanmoins, pour la compréhension de l'ensemble, d'en évoquer les aspects les plus caractéristiques.

Les chiffres les plus frappants sont ceux de la hausse du coût de la vie et de l'augmentation des salaires (7) :

Légalement, les augmentations de salaires n'auraient pas dû excéder celles du coût de la vie (sauf de 3 % dans certains cas exceptionnels), mais cette disposition n'a pas été toujours observée et l'on a vu des augmentations atteignant 30 %. La masse salariale a augmenté de 22 % (en pesetas courantes) en 1975 par rapport à 1974, et la rémunération par heure de travail a progressé en moyenne de 30 % (en pesetas courantes) contre 27 % en 1974.

L'inflation a atteint des taux élevés : les chiffres les plus couramment avancés ont été de 13,8 % de février 1975 à février 1976, et de 22 % de janvier à septembre 1976.

La croissance du produit national brut (P.N.B.) a sensiblement fléchi. Elle était de 7,8 % en 1972, de 7,9 % en 1973 ; en 1974, elle était tombée à 4,7 % et à 0,8 % seulement en 1975. On pense qu'elle aura remonté de 2 à 4 % en 1976. Quant au revenu national par tête, il est passé (en pesetas courantes) de 122.750 pesetas en 1974 à 142.930 en 1975, ce qui représente un accroissement de 16,5 %.

La peseta a été dévaluée, le 9 février 1976, de 11 % environ. Cette décision, qui a soulevé en Espagne de vives critiques, a eu pour but de réduire le déficit de la balance des paiements (les exportations ne représentent encore que 54,1 % des importations, en juillet 1976, et ni les recettes touristiques, ni les envois de fonds des travailleurs émigrés ne sont en augmentation). Elle a été prise pour stimuler les exportations, accroître les recettes touristiques, et provoquer des investissements productifs grâce au développement des exportations.

La situation du tourisme étranger en Espagne n'est pas alarmante, malgré la diminution du nombre des visiteurs (un peu plus de 30 millions en 1975 contre 34 en 1973) ; en 1975, les recettes touristiques ont atteint le chiffre de 152 milliards de pesetas. Les envois de fonds des travailleurs espagnols émigrés baissent d'année en année (en 1976, l'Allemagne fédérale, à elle seule, a renvoyé 70.000 travailleurs espagnols, faute d'emploi). Ils se sont élevés à 67 milliards de pesetas en 1974, à 65,7 en 1975, à moins encore, certainement, en 1976. On notera ici la terminologie : la « remise » est l'envoi de fonds individuel inférieur à 50.000 pesetas, le « transfert » est l'envoi d'un montant supérieur à cette somme. Pendant les quatre premiers mois de 1976, les remises ont fléchi de 9,4 % par rapport à la période correspondante de 1975, et les transferts de 7 %.

Une remarque sur la sécheresse en 1976 : le déficit des récoltes imputable à la sécheresse a été évalué en Espagne à 300 millions de dollars.

Le chômage, dont le taux officiel était resté longtemps inférieur à 2 % de la population active (celle-ci comprend 13.300.000 personnes en 1976), s'est accru brusquement et dans des proportions préoccupantes. Cette élévation du taux de chômage est due pour une part à la croissance démographique, bien entendu, mais aussi à l'accroissement constant de la main-d'œuvre féminine, à l'exode de la main-d'œuvre rurale vers les villes (les grandes vagues migratoires sont taries, mais le courant migratoire demeure continu), à la fermeture progressive du débouché représenté par les emplois dans les pays d'Europe, enfin par la récession qui a atteint certaines branches de l'industrie (la sidérurgie et surtout le bâtiment). Suivant les sources, officielles ou officieuses, les chiffres sont très différents. Fin 1974, le taux aurait été de 1,8 % de la population active (224.600), et de 2,8 % fin 1975 (366.500) — mais de 5 % selon des sources officieuses (600.000). En juillet 1976, le chiffre officiel était de 437.600 chômeurs (3,29 %) tandis que l'Institut national de la statistique (I.N.E.) en déclarait 622.000, plus 107.000 sans-travail temporaires, et que l'opposition en annonçait 840.000 en septembre 1976 (6 %). Le secteur le plus atteint est, on l'a dit, celui du bâtiment, avant le secteur agricole, et la région la plus affectée est l'Andalousie. Le gouvernement emploie le palliatif classique des grands travaux d'équipement dans le domaine de la santé publique, des services sociaux, de l'éducation, du logement et de l'urbanisme (par exemple, le programme de construction de 65.000 logements en Andalousie). (On observera que la part du secteur public dans le P.N.B. n'est que de 20 %, contre 30 % dans les autres pays de l'Europe occidentale). De sorte que le chômage a, du moins, pour effet indirect d'améliorer par des faci-

le chômage

lités sociales le niveau général du bien-être. Il faut malheureusement constater aussi que la proportion de chômeurs secourus est inférieure à celle d'autres pays d'Occident, et que les allocations reçues ne sont pas très élevées.

les conflits   Pour cette raison et pour d'autres, les conflits sociaux ont été multiples en 1976, comme le montrent les quelques chiffres suivants choisis dans la masse des statistiques. De janvier à juillet 1976, les grèves auraient fait perdre 70 millions d'heures de travail, contre 11 millions pour les douze mois de 1975, et la perte de production correspondante a été évaluée à 28 milliards de pesetas (exemple : chez F.A.S.A.-Renault, les grèves ont empêché la construction de 20.000 voitures, soit 9 % de la production prévue). Certaines d'entre elles ont eu des effets que leurs promoteurs n'avaient pas prévus : elles ont arrangé les affaires des entreprises qui accumulaient de gros stocks d'invendus ou qui se trouvaient aux prises avec des difficultés de trésorerie.

Les causes professionnelles des grèves sont naturellement les revendications salariales et l'exigence de conditions de travail améliorées. La législation espagnole du travail avait besoin, il est vrai, d'être reprise et alignée sur celles des pays d'Occident. Un pas important a été fait dans cette voie par la loi du 8 avril 1976 sur les relations du travail, texte très important que l'on a appelé la « déclaration des droits du travailleur », et dont l'exposé des motifs annonce qu'il n'est qu'une plateforme minimum. Cette loi a pourtant été critiquée, aussi bien par les organisations syndicales que par le patronat, de sorte qu'elle a reçu un autre qualificatif : « la loi de la discorde ». Elle n'a pas empêché la série des grèves de se poursuivre, ni le patronat de durcir son attitude. A Madrid, en janvier 1976, les patrons ont décidé le lock-out, qui s'est prolongé pendant plusieurs mois dans des cas comme celui de la Motor Ibérica. Il en a été de même au cours de l'été 1976, en risposte à une série de grèves perlées. Il n'est pas surprenant que, dans un tel climat social, le nombre des conventions collectives signées pendant le premier trimestre 1976 ait été le plus bas enregistré jusqu'à ce jour. Des voix se sont élevées pour demander la suspension des négociations collectives, sources de conflits (mais ce serait ouvrir la voie à des protestations ouvrières plus graves encore). Beaucoup de patrons ont demandé aussi l'assouplissement des règles relatives au respect de l'effectif fixé (mais une telle mesure signifierait la fin de la sécurité de l'emploi, et entraînerait des protestations et des troubles).

Les doléances patronales se sont exprimées avec vigueur, en juillet 1976, au Conseil national du patronat réuni à Madrid. Les chefs d'entreprise ont décidé de se grouper en organisations unitaires ; un premier syndicat patronal indépendant réunissant les patrons espagnols de cafés, bars, restaurants, cafeterías, s'est déjà formé à Málaga, sous forme de société anonyme ; d'autres organismes de ce genre sont en cours de création. Au cours de cette même session de juillet 1976, le Conseil national du patronat a formulé de sévères critiques contre la loi du 8 avril 1976 que nous avons citée plus haut : des orateurs ont déclaré qu'elle n'était autre chose qu'un « code pénal punissant le délit d'être patron ». Le nouveau système de sécurité sociale a été également jugé trop lourd pour les entreprises, et la légalisation du lock-out a été demandée comme contrepartie du droit de grève.

les forces syndicales

Le gouvernement n'en poursuit pas moins sa politique de libéralisation dans le domaine social : au cours de sa séance du 4 mars 1977, le Conseil des ministres a décidé de reconnaître le droit de grève (sauf les grèves tournantes, les grèves du zèle et les grèves à motivation purement politique).

Face aux conflits du travail, l'Organisation Syndicale Espagnole (O.S.E.), la seule légale, révèle son impuissance. Les patrons eux-mêmes recherchent leurs interlocuteurs dans les organisations jusqu'à ce jour illégales parce que ce sont les seules qui soient réellement représentatives. L'Organisation « verticale » officielle est une formule qui se trouve dépassée par les faits. Les anciennes centrales syndicales C.N.T. et U.G.T. d'avant 1939, bien que très diminuées par rapport à leur ancienne puissance, conservent encore une clientèle appréciable parmi les travailleurs espagnols ; d'autres organisations se sont créées récemment dans la clandestinité. Mais celle qui recueille aujourd'hui la plus large audience auprès des travailleurs est représentée par les *Commissions ouvrières*.

Celles-ci sont nées spontanément dans certaines entreprises, sans doute au début des années 1960. Elles ont été déclarées illégales, puis des discussions officieuses ont eu lieu, un moment, entre les représentants de l'Organisation syndicale officielle et ceux des Commissions ouvrières. Après l'échec de ces entretiens, les dirigeants des C.O. ont été poursuivis en justice (par exemple le fameux procès dit 1001, du 29 décembre 1973, au cours duquel fut condamné à une lourde peine de prison le dirigeant le plus connu des C.O., M. Marcelino Camacho). Il existe aujourd'hui un Comité de coordination des C.O., dont le même Marcelino Camacho vient d'être réélu président. Ces organismes seraient contrôlés à 60 ou 80 % par le P.C.E., bien qu'on y trouve des membres appartenant à d'autres partis politiques. Les centrales U.G.T. et U.S.O., minoritaires, tentent de lutter contre la mainmise du P.C.E. sur les C.O.

En septembre 1976, a été fondée la *C.O.S.* (Coordinadora de Organizaciones sindicales), en vue de constituer un front commun pour le soutien d'un minimum de revendications professionnelles. L'U.G.T., l'U.S.O. et les Commissions ouvrières, sont les trois centrales formant la C.O.S.

Les conflits sociaux n'affectent pas seulement le secteur industriel. Il existe aussi un mécontentement paysan. Ce n'est pas ici le lieu d'évoquer le problème agraire espagnol, toujours posé et jamais résolu, dont les données se modifient de nos jours avec l'apparition de *nouveaux* facteurs, notamment le dépeuplement des campagnes, la mécanisation, le besoin de capitaux impor-

---

Marcelino Camacho.

Camacho, actuellement président de la Commission nationale de coordination des Commissions ouvrières, est probablement l'un des membres de l'opposition espagnole qui a passé le plus grand nombre d'années en prison : une vingtaine. Sa dernière condamnation par le Tribunal de l'ordre public (le « procès 1001 ») remonte à 1973 : vingt ans de prison. Par la suite, Camacho, bénéficiant de l' « indulto » royal du 29 novembre 1975, sortit de la prison de Carabanchel, où il fut renvoyé une semaine plus tard, avant d'être élargi à nouveau au bout de quelques jours sur décision personnelle du roi. Avec une équipe dans laquelle figurent notamment Julian Ariza, José Hernández Sánchez, Angel Rozas, il a assuré le contrôle du P.C.E. sur 80 %, dit-on, des Commissions ouvrières. Son action fut assez habile pour laisser ignorer longtemps à certains de ses alliés de l'opposition démocrate qu'il appartenait au P.C.E. Camacho est aujourd'hui l'un des principaux personnages du syndicalisme espagnol.

tants pour mettre convenablement en valeur les grands domaines. Sur le plan proprement agricole, les paysans formulent des plaintes dont certaines ne manquent pas, semble-t-il, de fondement. Ils voudraient que les prix de vente de leurs produits soient mis en harmonie avec la hausse du coût de la main-d'œuvre, des machines agricoles, des insecticides et des engrais. Ils s'indignent de voir importer des produits agricoles que le pays peut fournir en abondance, ce qui lèse les intérêts des agriculteurs et accélère la désertification des campagnes. L'Espagne a une production d'oranges excédentaire, disent-ils, et l'on importe des jus de fruits américains ; autres exemples : la betterave sucrière, le maïs... Ils exigent de meilleures structures commerciales, et certains réclament la suppression de l'Organisation syndicale agricole officielle, qu'ils jugent inefficace. La « guerre des tracteurs » (50.000 tracteurs placés sur les routes par 200.000 paysans) en février-mars 1977, déclarée à l'occasion de la décision gouvernementale d'interdire l'exportation des pommes de terre, n'a pas traduit une volonté de lutte politique contre le gouvernement : conduite par des cadres du syndicat officiel, non par les Commissions paysannes, elle a représenté une manifestation sérieuse, bien que disciplinée et calme, du profond mécontentement de la paysannerie espagnole, un peu oubliée aujourd'hui, semble-t-il, par le gouvernement.

Cette conjoncture économique et sociale médiocre a incité plusieurs possesseurs de capitaux à constituer des réserves à l'étranger, en Suisse ou aux Philippines. Cette fuite de capitaux a été évaluée officieusement à 60 milliards de pese-

---

Les syndicats espagnols. (*)

— **U.G.T. (Union Générale des Travailleurs), socialiste, proche du P.S.O.E. (Parti Socialiste Ouvrier Espagnol).**
— **C.N.T. (Confédération Nationale du Travail), anarcho-syndicaliste. Avant 1936, le syndicat espagnol comptant le plus grand nombre d'adhérents. Aujourd'hui en cours de reconstitution.**
— **U.S.O. (Union Syndicale Ouvrière), socialiste autogestionnaire.**
— **Commissions ouvrières.**

Représentent les principales centrales syndicales.

— C.O.N.S. (Central Obrera Nacional Sindicalista), syndicat phalangiste (branche « hédilliste »). Né en 1934, disparu en 1937, réapparu en 1968. Rejette le syndicalisme vertical officiel. Importance réelle inconnue.

— Frente Obrero du Parti carliste, intégré dans les Commissions ouvrières depuis 4 ans. Aurait 10.000 militants. Son programme est le socialisme autogestionnaire.

— F. S. R. (Frente Sindicalista Revolucionario) (1963), d'origine phalangiste. Vient de fonder le Parti Syndicaliste Autogestionnaire (P.S.A.). A abandonné le symbolisme phalangiste, tout en conservant « une ligne syndicaliste révolutionnaire authentique ».

— O.S.O. (Oposicion Sindical Obrera). Fait partie du F.R.A.P. (Front Révolutionnaire Antifasciste et Patriotique) qu'on retrouvera au chapitre des partis politiques. Peu de militants.

— J.O.C. (Juventud Obrera Católica) (1927) ; mouvement apostolique international de moins en moins contrôlé par la hiérarchie ecclésiastique, et qui ne prétend pas représenter un syndicat d'inspiration uniquement chrétienne.

— H.O.A.C. (Hermandad Obrera de Acción Católica), mouvement apostolique international comme la J.O.C. ; elle a fourni des militants aux Commissions ouvrières, à l'U.S.O., à l'U.G.T., etc...

— S.L.M.M. (Sindicato Libre de la Marina Mercante), composé de salariés de la Marine marchande. Syndicat libre, autonome et indépendant, démocratique et unitaire.

— M.O.A. (Movimiento Obrero Autogestionario) (1976), socialiste autogestionnaire.

— A.S.O. (Alianza Sindical Obrera), fondée par des membres de l'Organisation syndicale officielle, à l'intention des travailleurs « indépendants et sans parti ».

— C.S.O. (Confederación Sindical Obrera) (1976). Socialisme « non militant ». Programme : organisation ouvrière apolitique, ouverte à tous les salariés. Demande les libertés individuelles et syndicales complètes.

— Hermandades del Trabajo España, mouvement apostolique sans finalité politique ou sociale. 200.000 affiliés. Ont envisagé, en 1976, de former un syndicat d'inspiration chrétienne.

Syndicats particuliers au Pays basque :
— E.L.A.-S.T.V. (Solidarité des travailleurs basques) (1911). Demande l'indépendance totale à l'égard des groupes politiques et patronaux. Membre de la Confédération Internationale des Organisations Syndicales Libres, et de la C.E.S. (Confédération Européenne des Syndicats).

L'aveugle, vendeur de billets de la loterie nationale

Les dernières lavandières

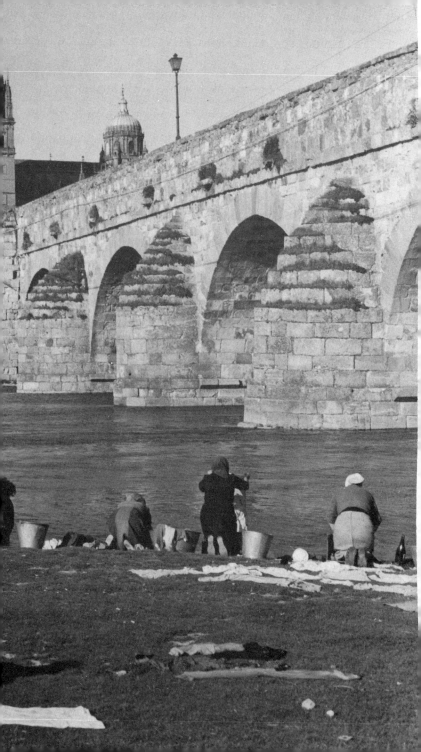

Discussion sur la place publique

Repas du pêcheur à Valence

- **L.A.B. (Assemblée des travailleurs patriotes) et L.A.K. (Comité des travailleurs communistes patriotes), nés en 1974.**
- **Comités ouvriers et Plate-formes des Commissions ouvrières anticapitalistes d'Alava, réunis en 1976 dans les Commissions ouvrières anticapitalistes d'Euzkadi (C.O.A.E.).**

Syndicats particuliers à la Catalogne :
- **S.O.C. (Solidaritat d'Obrers de Catalunya) (1958), socialiste autogestionnaire.**
- **Union de Pagesos (U.P.) (1974), 2.000 agriculteurs de tous partis.**
- **S.A.C. (Syndicat agricole catalan), de la Seo de Urgell (1976).**

Syndicats particuliers à la Galice :
- **Sindicato Obreiro Galego et Comisiones Labregas, proches du parti politique galicien Unio do Pobo Galego, nationaliste.**
- **Comisiones campesinas (Commissions paysannes) d'Orense, communistes.**

Syndicats particuliers à l'Andalousie :
- **Commissions de Journaliers, liées au Parti du Travail (P.T.E.) et à l'Organisation révolutionnaire des travailleurs (O.R.T.), partis d'extrême-gauche.**

Syndicats particuliers à la Castille :
- **Plate-forme des travailleurs anticapitalistes (Valladolid et Burgos).**
- **Lucha Obrera (Lutte Ouvrière), de Valladolid. Dissidente de l'U.S.O.**
- **Comité ouvrier antipolitique, d'origine Organisation syndicale officielle.**

Syndicats particuliers aux Asturies, à l'Aragon et à Murcie :
- **Union de Campesinos Asturianos (U.C.A.), Union de Agricultores y Ganaderos de Aragón (Union des agriculteurs et éleveurs), Unión de Agricultores y Ganaderos de la Región Murciana (U.A.G.).**

Syndicats particuliers à Alicante et Valence :
- **Frente Obrero Unido (F.O.U.) (1976) d'Alicante.**
- **Trabajadores autogestionarios independientes (T.A.I.) d'Alicante.**
- **Agrupaciones Unitarias Sindicales, d'Alicante.**
- **Comisión Obrera Anticapitalista de la Ford (Valence).**
- **Asociación Obrera del Agua (A.O.A.), de Valence.**

(*) D'après « Cambio 16 », no 253, des 11-17 octobre 1976.

tas pour le premier semestre 1976 (environ un milliard de dollars).

Il ne semble pas cependant que la confiance dans le redressement économique du pays et dans son avenir politique ait été altérée dans les milieux financiers. Malgré de confortables réserves d'or et de devises (5,3 milliards de dollars en juin 1976), l'Espagne a dû faire appel à l'aide étrangère, et cette aide a été accordée sans difficultés. En juin 1976, le roi Juan Carlos obtenait à Washington un prêt de 340 millions de dollars ; le 9 août, un prêt d'un milliard de dollars était consenti à l'Espagne par un syndicat comprenant les 8 plus importantes banques espagnoles (15 %) et 17 banques étrangères ou leurs filiales (85 %), dont trois françaises (Banque Nationale de Paris, Crédit Lyonnais, Société Générale).

Ce n'est pourtant pas le P.M.E. (Paquet de Mesures Economiques) décidé en octobre 1976 par le gouvernement Suarez pour lutter contre l'inflation, qui était de nature à provoquer l'exaltation. Il s'agissait d'une série de dispositions temporaires s'apparentant davantage au colmatage de première urgence qu'à une politique de redressement à long ou moyen terme. Parmi ces mesures, figuraient notamment le gel des prix pendant deux mois, la limitation théorique du taux de croissance des salaires, diverses dispositions d'économie publique, ainsi que la suspension pendant un an de l'article 35 de la loi du 8 avril 1976 sur les relations de travail (en d'autres termes, on rétablissait le libre licenciement moyennant indemnité) et l'interdiction de réduire la durée du travail hebdomadaire (ces deux dernières mesures auront nécessairement pour incidence un accroissement du taux de chômage, bien qu'elles allègent les charges financières des entreprises).

La pression exercée par les syndicats encore théoriquement illégaux sur la politique du gouvernement n'est que l'une de celles que subit celui-ci. Parmi ces forces de pression, figurent l'Eglise, l'Opus Dei, le *bunker*, les forces armées, l'opinion, la presse, les partis politiques, les mouvements régionalistes.

LES FORCES
DE PRESSION

La liberté religieuse a été proclamée en Espagne par une loi de 1967. A vrai dire, les non-catholiques sont peu nombreux : environ 10.000 Israélites, quelques centaines de Musulmans, et 300.000 Protestants (moins de 1 % de la population) appartenant à un grand nombre de groupes et sectes (Eglise évangélique espagnole, Eglise espagnole réformée épiscopale, Union baptiste espagnole, Communautés de fraternité, Communautés baptistes indépendantes, Communautés de Pentecôte, Adventistes, Mormons, etc.). La quasi-totalité de la population est de confession catholique.

On a dit quelques mots, plus haut, du sentiment religieux des Espagnols à l'heure actuelle. Quant à l'anticléricalisme haineux manifesté en 1936 par une fraction des couches populaires, il semble appartenir aujourd'hui au passé, mais il a pris une autre forme dans d'autres classes sociales : l'anticléricalisme de droite, qui a explosé en violentes invectives contre Mgr Enrique y Tarancon et la hiérarchie en général, au cours des obsèques de l'amiral Carrero Blanco, fin décembre 1973. Ce changement correspond à l'évolution de l'attitude de l'Eglise vis-à-vis du régime. Le reproche classique, adressé à l'Eglise par le peu-

323

ple, de prendre le parti des classes possédantes, a continué à être formulé après la guerre civile. A cette époque, en effet, l'Eglise espagnole a pratiqué ce qu'on a nommé le « national-catholicisme », politique de collusion avec le régime franquiste, qui a trouvé sa consécration dans le Concordat de 1953. L'Eglise et le régime, à cette époque, y voyaient tous deux des avantages. Après les destructions et les massacres de la guerre civile, l'Eglise avait besoin de se reconstituer matériellement et de retrouver sa place dans la société espagnole. L'Etat franquiste lui en assurait les moyens par une série d'avantages et privilèges financiers (300 milliards de pesetas de 1939 à 1972, d'après le calcul de l'amiral Carrero Blanco), fiscaux, éducatifs, juridictionnels, politiques : une longue liste de *fueros,* en contrepartie desquels le régime, satisfait de recevoir la caution morale de l'Eglise ne retenait pour lui, pratiquement, qu'un seul privilège : le droit de présentation des évêques par le chef de l'Etat espagnol.

Assez tôt, cependant, une partie du clergé s'est montrée réticente à l'égard de la politique sociale du gouvernement. Son importance numérique ne fit que s'accroître après le Concile Vatican II, et les critiques n'ont pas été ménagées au gouvernement, ni par une partie de la hiérarchie, ni par certains prêtres de paroisse, tant en matière économique et sociale que dans le domaine des libertés régionales, basques et catalanes surtout. Il serait inexact de parler de crise interne de l'Eglise espagnole, si l'on entend par là des divergences dogmatiques. Les divergences portent sur l'interprétation historique et sociologique du dogme ; elles sont essentiellement politiques.

Trois courants, à cet égard, se partagent l'Eglise espagnole. L'Eglise pré-conciliaire, traditionaliste et intégriste, celle de la « Croisade » ou du 18 juillet, dont se réclament les groupes politiques d'extrême-droite, proclame sa fidélité au passé, au nom de Léon XIII et de Pie XII. Mgr González Martín, cardinal-archevêque de Tolède et primat d'Espagne, est le principal représentant de cette tendance à laquelle se rallie aussi, en particulier, la *Hermandad Sacerdotal Española* (celle-ci a fait entendre sa voix, notamment, aux Journées Sacerdotales de Saragosse en 1972 et à l'Assemblée de Cuenca en 1974). Une autre fraction est représentée par l'Eglise post-conciliaire ou progressiste. Beaucoup de membres des mouvements catholiques ont rallié les organisations politiques de l'opposition de gauche, considérant que l'Eglise demeure encore trop étroitement liée au régime. Ceux qui continuent à faire partie des mouvements catholiques croient qu'il ne saurait exister d'autre christianisme que celui de la solidarité dans la lutte des « pauvres ». Cette église populaire, organisée, jusqu'à ces derniers temps semi-clandestine, fait parler d'elle de plus en plus. Mgr Palenzuela, évêque de Ségovie, Mgr Cirarda, évêque de Cordoue (qui eut la vedette, comme évêque de Bilabo, lors du procès de Burgos), Mgr Añoveros, évêque de Bilbao, appartiennent à cette fraction de la hiérarchie qui donne des soucis au gouvernement, (« une subversion cléricale », disait le général Franco). Et depuis plusieurs années, la presse parle périodiquement des grèves de la faim du P. Garcia Salve, et du P. Luís María Xirinachs, des amendes et des peines de prison infligées au P. Díez Alegria (le frère du général) et au P. Gamo, curé du faubourg ouvrier madrilène de Moratalaz. La troisième tendance est celle des modérés, des conciliateurs. Elle ne voudrait pas faire perdre à l'Eglise sa crédibilité en donnant au peuple le sentiment qu'elle continue à cautionner la politique du régime, mais affirme qu'elle souhaite vivement la collaboration avec le pouvoir temporel, dans le cadre du respect mutuel. Elle ne voudrait pas, non plus, diviser les fidèles en avalisant l'action d'un gouvernement catholique contre les catholiques de l'opposition et inversément. Le représentant de cette troisième voie est Mgr Enrique y Tarancón, cardinal-archevêque de Madrid-Alcalá et président de la Conférence épiscopale espagnole. Ce prélat habile et nuancé souhaite que l'Eglise espagnole *aggiornata* préside à une prudente démocratisation du pays.

Sa tâche de conciliateur a été difficile, ces dernières années. Certaines affaires ont illustré la tension des rapports entre l'Eglise et l'Etat. Les plus connues ont été celle de la prison pour prêtres de Zamora et l'incident de Mgr Añoveros, évêque de Bilbao. En novembre 1973, les six prêtres incarcérés dans la prison ecclésiastique spéciale de Zamora se mutinèrent, réclamant leur incarcération avec les détenus ordinaires. Des manifestations de solidarité se déroulèrent dans plusieurs villes ; la nonciature fut occupée par un groupe de prêtres et de laïcs ; les évêques de Bilbao, St Sébastien et Ségovie prirent publiquement parti pour les mutins, qui faisaient la grève de la faim. Le gouvernement dut sévir et le cardinal Enrique y Tarancón intervint pour arranger l'affaire, mais la fronde des prêtres ne cessa pas : des prêtres refusaient de célébrer des services religieux commémorant la victoire franquiste de 1939 ; d'autres refusaient de dire des messes pour le repos de l'âme de l'amiral Carrero Blanco. Trois mois plus tard, Mgr Añoveros, déjà nommé, fit parler de lui à nouveau. Le 24 février 1974, dans toutes les paroisses du diocèse de Bilbao, était lue en chaire une homélie sur les droits du peuple basque et la répression gouvernementale des menées nationalistes. Deux jours après, jugeant ce texte attentatoire à l'unité nationale, M. Arias Navarro, président du gouvernement, assignait l'évêque à résidence dans son propre palais épiscopal. L'affaire prit aussitôt des proportions considérables. Le nonce, Mgr Dadaglio, alla rendre compte au Vatican, tandis que Mgr Añoveros, invité par le gouvernement à gagner Rome dans un avion spécial, décidait qu'il ne quitterait Bilbao que sous la contrainte ou sur ordre du Saint-Siège. Le prélat reçut des centaines de messages de solidarité signés de prêtres conciliaires et nationalistes basques. La Commission permanente de la Conférence épiscopale espagnole se déclara « en fraternelle et cordiale communion » avec lui, affirmant le droit des évêques de « projeter la lumière des principes chrétiens » sur les problèmes temporels « demandant une orientation pastorale ». Le Pape envoya à Mgr Añoveros un message personnel lui exprimant sa confiance ; Radio-Vatican et l'*Osservatore Romano* diffusèrent une note du Saint-Siège louant l'œuvre pastorale du prélat. Celui-ci se laissa convaincre de prendre quelques jours de vacances à Málaga, à l'autre bout de l'Espagne, mais conserva son poste. On comprend que ce contexte n'ait pas facilité la négociation des modifications à apporter au Concordat.

Déjà, la négociation du Concordat du 21 août 1953 avait duré onze années. Celle de sa révision, sans être aussi longue, a néanmoins traîné en longueur (encore ne s'agit-il pas d'une révision d'ensemble). L'Eglise espagnole souhaitait reprendre son indépendance à l'égard du régime franquiste, dont elle jugeait les jours comptés. Mais le refus du général Franco de renoncer à son droit de présentation des évêques sans recevoir de contrepartie représenta une difficulté majeure dans ces conversations. Le 15 juillet 1976, le roi Juan Carlos fit le geste attendu : il renonça au fameux droit. Le même mois, une modification du Concordat était signée. Le 28 juillet, à Rome, M. Marcelino Oreja, ministre des Affaires étrangères du gouvernement Suárez, signa avec le cardinal Villot, secrétaire d'Etat du Vatican, un accord modifiant le Concordat sur deux points : l'abrogation du droit de présentation, et, en contrepartie, celle du *fuero* ecclésiastique, c'est-à-dire du droit des prêtres espagnols de n'être poursuivis en justice qu'avec l'accord de leur évêque.

La signature de cet accord marque sans doute le début d'une série d'autres protocoles qui règleront sur des points particuliers les rapports de l'Eglise et de l'Etat en Espagne, sans avoir recours à une révision d'ensemble systématique du Concordat de 1953. Beaucoup d'autres questions se posent, en effet, ou pourront se poser. Le Concordat ne prévoit pas moins de 35 privilèges particuliers de l'Eglise espagnole : confessionalité de l'Etat ; législation inspirée par la foi catholique ; présence d'évêques au Conseil du Royaume, au Conseil d'Etat, au Conseil de régence et aux Cortès ; exemption de service militaire pour les prêtres et les séminaristes ; enseignement religieux obligatoire dans les écoles ; effets civils du mariage religieux ; exemption de la censure et des charges fiscales pour les publications ecclésiastiques ; exemption de charges fiscales pour le patrimoine ecclésiastique ; traitement des prêtres, etc... L'Eglise espagnole, dans sa majorité, semble vouloir se dégager de ce texte qui, tout en lui étant favorable, la lie à l'Etat, et l'on peut penser que le Saint-Siège adoptera son point de vue, par crainte de la voir suivre la voie de l'Eglise hollandaise (déjà, le memorandum en neuf points remis au gouvernement espagnol par Mgr Casaroli, chargé des affaires publiques de l'Eglise à la Secrétairerie d'Etat du Vatican, reproduisait presque exactement la note rédigée sur le même sujet par la Conférence épiscopale espagnole au début de 1973). Il y a cependant un point sur lequel la négociation sera peut-être difficile : l'Eglise espagnole renoncera-t-elle aux avantages économiques accordés par l'Etat au culte et au clergé ?

L'Eglise représente encore en Espagne une force avec laquelle le gouvernement doit compter, en particulier dans les régions du nord, de la Galice à la Navarre et à l'Aragon, y compris le León et la vieille Castille

C'est une force de pression de nature différente qui va être évoquée maintenant sous une rubrique distincte, bien que son caractère religieux puisse donner à penser que l'une et l'autre sont étroitement apparentées. Il s'agit de l'Opus Dei, qui est, en réalité, une institution laïque, comme on va le voir, et dont l'influence sur la vie politique espagnole s'est manifestée, par l'intermédiaire de ses membres, d'une façon très différente de celle de l'Eglise.

l'Opus Dei Présenter l'Opus Dei sous la rubrique des groupes de pression, c'est aller à l'encontre de l'affirmation réitérée de ses dirigeants qu'elle n'a pas de politique propre et qu'elle laisse à ses membres une liberté d'opinion absolue. Il est donc entendu que, lorsqu'il sera ici question de l'Opus Dei, il faudra entendre par là « les membres de l'Opus Dei ». Pour ses détracteurs, en revanche, si elle déclare ne pas faire de politique, c'est pour en faire plus librement. Il faut reconnaître que l'extrême discrétion observée par l'Opus sur son organisation et ses activités prête le flanc à l'accusation d'être une société secrète — « franc-maçonnerie blanche » ou « sainte Maffia ». (8)

Comment se définit l'Opus Dei ?

En 1925, à Madrid, un jeune prêtre aragonais, José Mariá Escrivá de Balaguer, rassembla autour de lui une douzaine d'étudiants attirés par la vie spirituelle et, trois ans plus tard, forma de ce groupe une association à laquelle le nom de l'Opus Dei (l'Œuvre de Dieu) devait être donné par la suite. L'approbation pontificale accordée en 1947 à l'Opus (de son nom complet : Société sacerdotale de la Sainte-Croix et de l'Opus Dei), qui devint ainsi le premier institut séculier de droit pontifical. La confirmation définitive fut donnée en 1950 par décret de la Sacrée Congrégation des religieux.

Son fondateur, le P. Escrivá de Balaguer (le titre de Monseigneur lui fut conféré en 1947), né à Barbastro en 1902, mort en 1976, a exposé sa conception du comportement quotidien du chrétien dans un opuscule publié en 1934, l'un des *best-sellers* du monde entier : près de 3 millions d'exemplaires vendus, 104 éditions, traduction en 24 langues. Sous le titre de *Consideraciones espirituales,* puis de *Camino* (le chemin), il se présente comme un recueil de 999 maximes, dont l'originalité, l'élévation de pensée, le fondement théologique, n'ont pas fait l'objet de l'admiration unanime des critiques. Les ennemis de l'Opus Dei l'ont définie comme *« une petite Bible moderne gorgée de toute la mythologie fasciste ambiante de son époque »*.

Contrairement à une croyance répandue, l'Opus Dei n'est pas un ordre religieux. Ses membres ne sont pas soumis à une véritable règle monastique ; ils vivent comme des citoyens ordinaires dans leur milieu professionnel, ne prononcent pas de vœux à proprement parler, s'engageant seulement à pratiquer certaines « vertus ». Certains sont des prêtres ; la plupart sont des laïcs. L'Opus n'est pas davantage un tiers ordre. En droit, elle est un institut séculier de droit pontifical. En fait, elle n'aime pas être classée parmi les instituts séculiers, trop étroitement soumis au contrôle de la curie romaine ; elle veut être simplement une association de fidèles *sui generis* gouvernée par des laïcs.

Son idée maîtresse est la suivante. Les crises mondiales sont imputables au manque de saints, et chacune d'elles fait éclore dans une élite intellectuelle la vocation de consacrer au service de Dieu une vie exemplaire. Témoins : les Franciscains et les Dominicains après l'hérésie cathare, la Société de Jésus après la Réforme. L'Opus se propose de montrer à ses membres une voie analogue dans un siècle déchristianisé. Tous les chemins peuvent être divins : celui que l'Opus a choisi est la perfection du travail professionnel quotidien, quel qu'il soit. Le travail devient prière, moyen d'union à Dieu : *« Dieu veut une poignée d'hommes à Lui dans chaque activité humaine »*.

Les règles de vie dérivées de cette idée de base ne s'imposent pas avec la même rigueur à tous les membres de l'Opus. Ceux-ci comprennent 4 classes : les numéraires, titulaires des plus hauts diplômes universitaires, prêts à recevoir le sacerdoce ; ils promettent de pratiquer les « vertus » de célibat, d'obéissance et de pauvreté (une pauvreté toute relative : ils remettent leurs biens à l'Opus, mais celle-ci leur fournit les moyens de tenir un rang correspondant à leur situation sociale, ce qui correspond souvent à une existence luxueuse) ; — les oblats ou agrégés, également tenus au célibat, non astreints à la vie communautaire, et de formation intellectuelle généralement moins poussée ; — les surnuméraires, non astreints au célibat et qui ne se doivent que partiellement à l'Opus ; — et les coopérateurs, sympathisants extérieurs qui peuvent ne pas être catholiques.

Le nombre des associés de l'Opus dans le monde entier serait de 56.000, hommes et femmes, appartenant à 80 nationalités différentes et répartis dans 73 pays ; celui des coopérateurs serait analogue. Le pays se classant en tête est, de loin, l'Espagne, avec 37.000 associés, dont 12.000 femmes ; la France compterait 1.000 associés. L'Œuvre dispose de 250 instituts, collèges, centres culturels ouvriers, foyers et résidences d'étudiants, répartis sur tous les continents jusqu'au Kenya, au Nigéria, au Japon et en Australie. L'institution est gouvernée, à Rome, par un président-général, assisté d'un Conseil général et d'une sorte d'organe exécutif composé du secrétaire général et de sept membres

C'est en Espagne, son berceau, que l'Opus Dei exerce surtout son influence. Ses membres occupent des postes-clés dans la politique, l'administration, le Plan de développement, la finance, l'économie. Combien sont-ils ? Des listes nominatives impressionnantes ont été publiées par des informateurs qui ne faisaient pas mystère de leur profonde aversion pour l'Opus. Lorsqu'ils ont eu accès au pouvoir politique, on en voyait partout : 10 ministres sur 19, affirmaient certains journaux au moment du remaniement ministériel d'octobre 1969 (en réalité, 3 seulement étaient certains). Les plus connus des hommes politiques appartenant à l'Œuvre sont MM. Ullastres, López Rodó, López Bravo, Vicente Mortes, anciens ministres, Calvo Serer, Antonio Fontán, qui se rangent dans l'opposition au régime franquiste. Des membres de l'Opus contrôlent, dit-on, plusieurs banques (Banco Atlántico, et Banco Popular Español, notamment), l'agence d'information Europa Press, les éditions RIALP, DOPESA, SALVAT, les chaînes privées de la puissante Sociedad Española de Radio-difusión, le quotidien *Madrid* de M. Calvo Serer (qui doit reparaître après 6 ans d'interdiction), et plusieurs autres journaux et revues (*Mundo, El Noticiero Universal, La Actualidad Española*, etc.). L'Opus possède à Pampelune l'Université de Navarre, créée en 1952 et dont les diplômes ont, depuis 1962, la même valeur que les diplômes d'Etat, etc. Cette liste est ridiculement au-dessous de la vérité, affirment les adversaires de l'Opus — ils sont fort nombreux —, qui prêtent à ses membres une volonté de puissance temporelle illimitée. Il faut constater, en effet, que ces technocrates de haute formation universitaire, astreints à une discipline intellectuelle et morale rigoureuse, soucieux de sanctifier la vie par le travail bien fait, rendent des services de qualité dans les fonctions qu'ils remplissent, et s'imposent par leur valeur personnelle. Par ailleurs, leur milieu d'origine, les hauts postes auxquels ils ont accédé, leur technique du prosélytisme, leur ouvrent beaucoup de portes utiles. On peut aussi penser que ces hommes qui ont reçu au sein de l'Opus la même formation spirituelle, qui se réunissent chaque semaine pour échanger des idées et recevoir des conseils — ou des directives — de leurs supérieurs, sont unis par un esprit de corps qui les porte à se faciliter mutuellement l'accès à des postes convoités. Des exemples d'une telle solidarité active, inspirée par un sentiment élitiste commun, ne sont pas rares chez les anciens élèves des grandes écoles, dans d'autres pays que l'Espagne. Vu par les adversaires de l'Oeuvre, le membre de l'Opus est *« l'image étincelante du surhomme, fier, arrogant, volontaire, figé dans l'idolâtrie de ses chefs et dans un mépris de fer pour le reste ; spadassin de Dieu, efficace et dépersonnalisé, discipliné à l'extrême, intolérant, inquisiteur, il est en quête de son absolu »*.

Les Phalangistes, les Jésuites, les militants de l'Action catholique, les milieux de l'opposition de gauche, ont dénoncé les manœuvres des membres de l'Opus pour conquérir le pouvoir en Espagne. Ceux-ci ont d'abord tenté, mais avec un succès limité, de conquérir l'Université, puis ils se sont rendus maîtres du Conseil supérieur de la recherche scientifique, et auraient tenté de noyauter l'administration et les jurys des concours d'entrée dans les corps de fonctionnaires de l'Etat. En 1953, M. Calvo Serer, déjà nommé, aurait été l'instigateur d'une manœuvre politique tendant à mettre sur pied une « troisième force » qui aurait préparé la restauration monarchique en faveur de Don Juan, comte de Barcelone. En décembre 1956, un membre influent de l'Opus Dei, M. Laureano López Rodó, est installé dans les milieux industriels, comme secrétaire technique à la présidence du gouvernement, poste que lui a confié (peut-être par suite d'un jeu fortuit de circonstances) l'amiral Carrero Blanco, ministre secrétaire d'Etat à la présidence. C'est le moment où la coalition gouvernementale est en crise, où l'agitation universitaire commence, où l'économie fondée sur l'autarcie se dégrade, où des grèves éclatent un peu partout, où les capitalistes américains qui soutiennent l'économie espagnole exigent un développement « à l'occidentale ». Il faut changer les méthodes. Quelques semaines plus tard, en février 1957, un remaniement ministériel marque le recul de la Phalange et des démocrates-chrétiens et l'arrivée au pouvoir des membres de l'Opus, avec MM. Ullastres (Commerce), Navarro Rubio (Finances) et trois autres ministres qu'on dit liés à l'Opus : MM. Canovas (Agriculture), Planell (Industrie), Jorge Vigon (Travaux publics). Désormais, les combinaisons ministérielles successives renforcent la position de l'Opus. En juillet 1962, à la suite de l'affaire de Munich, le général Franco nomme deux ministres militaires proches de l'Opus (l'amiral Carrero Blanco et le général Alonso Vega) et trois ministres civils membres de l'Œuvre (les deux déjà en place, plus M. López Bravo). En 1965, M. López Rodó devient ministre du Plan ; trois autres membres de l'Opus reçoivent des portefeuilles ; les deux ministres militaires précités restent en place ; deux autres ministres sont des sympathisants de l'Opus ; M. Navarro Rubio devient gouverneur de la Banque d'Espagne et M. Ullastres ambassadeur auprès de la C.E.E. Le 29 octobre 1969, les journaux présentent la nouvelle combinaison ministérielle comme entièrement formée de gens de l'Opus ou contrôlés par elle, « à l'exception d'un seul » : ce n'est même plus un gouvernement homogène, déclarent les commentateurs, mais une seule et même équipe, le triomphe des technocrates de l'Opus Dei.

L'influence politique de l'Opus a subi une éclipse au cours des années 70, du moins en apparence. Il convient toutefois de rappeler que le prince Juan Carlos a eu pour précepteur M. Angel López Amo, « *un des hommes les plus dévots et les plus intelligents de l'Opus Dei* », et

López Bravo et López Rodó.

Gregorio López Bravo de Castro, né à Madrid en 1923, provient du corps des ingénieurs navals. Il commença une brillante carrière politique, à l'âge de trente-six ans, comme directeur du commerce extérieur. En 1962, il fut ministre de l'Industrie, puis, en 1969, des Affaires Etrangères. Membre de l'Opus Dei, surnommé le « Kennedy espagnol », il laissa de son passage à la tête de la diplomatie espagnole le souvenir d'un homme souriant et habile. Il fut, notamment, l'un des artisans du rapprochement de son pays avec l'Union soviétique et l'Est.

Il a en commun avec **Laureano López Rodó** l'appartenance à l'Opus Dei. Dès 1957, López Rodó, avocat de talent, fut nommé par l'amiral Carrero Blanco secrétaire technique à la présidence du gouvernement. Cette date marqua l'arrivée au pouvoir des « technocrates de l'Opus Dei », dont les figures les plus marquantes furent Ullastres (ministre du Commerce, aujourd'hui ambassadeur d'Espagne auprès des Communautés européennes), Navarro Rubio (Finances), Vicente Mortes (Logement), et López Bravo, déjà nommé. Cette équipe appliqua un plan de déflation et de compression, en vue de stabiliser l'économie avant d'organiser sa relance grâce aux Plans de développement économique et social. López Rodó est président du groupe parlementaire régionaliste des Cortès et fait partie de l' « Alianza Popular » de Fraga Iribarne.

que des représentants de l'Opus ont toujours figuré parmi les conseillers du prince. Ce seraient également des membres de l'Opus qui auraient décidé Don Juan à laisser le général Franco se charger de l'éducation du prince, qui auraient poussé Franco à désigner Juan Carlos pour son successeur, et incité celui-ci à accepter. A l'heure actuelle, des membres de l'Opus font partie de l'état-major du roi, à la Zarzuela.

En résumé, il est incontestable que les associés de l'Oeuvre occupent des positions-clés do la politique et de l'économie, du secteur public et du secteur privé. Ils ne forment peut être pas un groupe monolithique recevant des consignes d'action d'un organisme central poursuivant une politique déterminée. Ils se situent néanmoins, par leur comportement religieux, leur philosophie de la vie, leur conception de la société, dans une ligne de pensée plus ou moins homogène, qui les fait apparaître comme des *technocrates* ayant introduit la notion de *néocapitalisme du développement.* Leur action a consisté à faire passer le pays d'un capitalisme agricole autarcique désormais périmé, à un néocapitalisme industriel d'aspect nouveau, comportant des alliances internationales. A cet égard, ils ont contribué à la création de la *nouvelle droite* espagnole, dite aussi « doite civilisée ». C'est le lieu de rappeler que l'*Alianza Popular,* nouvelle droite formée en 1976 par M. Fraga Iribarne et six autres anciens ministres, comprend, parmi ses éléments constitutifs, le groupe parlementaire indépendant de M. Laureano López Rodó, l'un des membres les plus en vue de l'Opus Dei.

le bunker

Le mot *bunker* — le réduit fortifié — a fait fortune en Espagne. Il est devenu la dénomination générique sous laquelle on a pris l'habitude de ranger les forces conservatrices du franquisme. Le *bunker* est une oligarchie antiréformiste, un ensemble d'intérêts économiques, de situations personnelles acquises dans le cadre du régime franquiste, ainsi que de positions idéologiques inspirées par « l'esprit du 18 juillet ».

En feraient partie (⁹) : la grande banque et les grosses sociétés qui en dépendent, les financiers qui contrôlent les monopoles d'Etat ou mixtes (l'I.N.I., la R.E.N.F.E., la Telefónica, etc.), les spéculateurs immobiliers et les intermédiaires des intérêts étrangers, la bureaucratie des syndicats officiels, une partie du haut commandement des forces armées, de la Garde civile et de la police, le

Mouvement et les associations qui relèvent de lui, y compris les associations d'anciens combattants de la guerre civile. Figureraient aussi sur cette liste l'Opus Dei et l'Action nationale catholique des propagandistes, ce qui peut sans doute prêter à discussion.

Le *bunker* a ses intérêts économiques liés au capital américain, de sorte qu'il est présenté par ses adversaires comme une minorité oligarchique associée à « l'impérialisme étranger ». 130 membres de cette oligarchie, a-t-on écrit, domineraient les 8 ou 10 plus grandes banques espagnoles et contrôleraient les quelque 1.000 entreprises les plus importantes du pays, représentant 70 % du revenu national. Le *bunker* s'oppose à toute atteinte aux monopoles industriels privés, au système fiscal en place, à la réforme agraire (les tentatives de réforme du système fiscal lancées sous le régime franquiste ont coûté leurs portefeuilles ministériels à MM. Monreal Luque, Barrera de Irimo et Villar Mir). La thèse du *bunker* est celle de l'incapacité politique du peuple, de la priorité de l'ordre sur les droits de l'individu, de la primauté de l'Etat, de la nécessité d'un régime autoritaire.

Ces groupes ont accédé au pouvoir par la victoire militaire, c'est-à-dire par la force, circonstance qui accroît leur besoin de sécurité, leur crainte de se voir débordés par l'opposition pour peu que la porte soit entrouverte à la tolérance et à la participation politique. D'où la tendance à l'immobilisme, à la défense de principes réputés immuables et de privilèges tenus pour naturels. Toute tolérance devient trahison. C'est la position intransigeante de la revue madrilène *Fuerza Nueva*, que dirige le notaire Blas Piñar, considéré comme le porte-parole des ultras. Pour ceux-ci, les projets d'ouverture politique frustrent les vrais Espagnols de la victoire de 1939 ; la guerre civile n'est pas finie, les forces de l'anti-Espagne continuent leur assaut ; elles ont nom communisme, anarchisme, « démolibéralisme », et mènent le pays à la « chaocratie ». Le 20 mai 1974, M. Blas Piñar a publié dans sa revue un article traitant la presse espagnole de « canaille antinationale » ; dans un second article paru le 26 septembre suivant sous le titre « Señor Presidente », il a violemment critiqué la politique d'ouverture de M. Arias Navarro et déclaré à celui-ci : « *Nous ne pouvons plus collaborer avec vous* ». Son groupe représente l'opposition d'extrême-droite à l'intérieur du système. Il a recommandé aux Espagnols de voter non au référendum du 15 décembre 1976

sur la réforme politique, manifestant ainsi sa réprobation de la politique du roi, qui a été désigné
pour continuer le régime, non pour le liquider.

M. Blas Piñar est rejoint dans le *bunker*
par les « patrices » du régime, les notables de
l'*establishment* franquiste, au nombre desquels figurent, entre autres, Melle Pilar Primo de Rivera,
la sœur de José Antonio, M. Girón, M. Fernández-
Cuesta, les lieutenants-généraux García Rebull et
Iniesta Cano. Ces forces de résistance aux réformes du régime ont mené l'âpre combat de retardement que l'on a dit contre M. Arias Navarro,
puis contre M. Suárez. I 'opposition a proclamé, à
cette occasion, l'inutilité de négociations avec le
bunker, qui ne pourraient conduire qu'à une pseu-
do-réforme conservant l'essentiel des institutions
franquistes (« *On ne réforme que ce que l'on veut
conserver* », avait déclaré, on l'a déjà rappelé, M.
Arias Navarro). L'opposition va même jusqu'à dé-
nier toute légitimité au *bunker*, qui, selon elle,
« usurpe la souveraineté » puisqu'il ne tient pas
son investiture du peuple.

Le *bunker* n'ignore pas qu'il n'est pas
assez fort, dans la conjoncture politique actuelle,
pour s'opposer indéfiniment à la réforme, courant
irréversible. Mais il s'efforce, grâce aux leviers
de commande qu'il tient encore, de freiner le mouvement réformiste, de conserver le plus possible
d'avantages économiques et d'influence politique.
Par exemple, la loi sur la réforme politique approuvée par référendum le 15 décembre 1976
apparaît comme le résultat d'un compromis entre
le gouvernement Suárez et les forces de résistance aux réformes démocratiques. Le *bunker* ne
pourra que retarder et atténuer. Mais il serait
imprudent, comme l'ont observé des dirigeants de
l'opposition, de considérer que son influence politique et économique a pris fin. Il représente encore une force de pression qu'il convient de ne
pas sous-estimer.

On a indiqué plus haut que le Mouvement et ses associations étaient considérés comme des éléments constitutifs du *bunker*. Les associations politiques en cause seront énumérées
dans le tableau des partis. D'autres organisations
du Mouvement se présentent, non comme des
partis, mais comme des groupes d'anciens combattants de la guerre civile ou de fidèles de
Franco, restés attachés « *aux idéaux du 18 juillet* » et à « *l'esprit de la Croisade* ». Ce sont les
fraternités (*hermandades*) d'anciens combattants
nationalistes : anciens officiers de réserve (*alféreces provisionales*), au nombre de 60 ou 70.000,

qui participaient aux grandes manifestations de rues organisées pour acclamer Franco et l'armée ; les anciens sous-officiers de réserve, les anciens marins, les anciens légionnaires, les anciens *requetés* carlistes de la *Hermandad del Maestrazgo,* les anciens de la division *Azul.* La Confédération nationale des anciens combattants, créée sous la présidence de M. José Antonio Girón, regrouperait 500.000 membres, dont 180.000 anciens officiers et sous-officiers de réserve. La personnalité de son président indique dans quel esprit elle fait sentir son action. Ces vétérans sont, on le voit, encore nombreux, mais beaucoup sont vieillis et tous ne manifestent pas, semble-t-il, le même dynamisme.

Une organisation distincte de ces fraternités est la Garde de Franco, qui comprendrait 100.000 membres (?). Elle disposerait de véritables unités paramilitaires, armées, prêtes à intervenir en cas de troubles menaçant l'ordre franquiste (elle était sur le point d'être mise en état d'alerte après l'assassinat de l'amiral Carrero Blanco, en 1973). La Garde de Franco fait partie du Mouvement.

les forces armées

La loi organique de l'Etat, article 37, définit les forces armées comme l'ensemble des armées de terre, de mer et de l'air et des forces de l'ordre.

Les forces de l'ordre, qui relèvent du ministère de l'Intérieur, comprennent la Garde civile, la police armée et le corps général de la

José Antonio Girón de Velasco.

Girón a battu les records de longévité ministérielle : il a conservé le ministère du Travail pendant seize années ininterrompues, jusqu'en 1957. Son passage dans ce ministère a été marqué, notamment, par la création des comités d'entreprise et par un début de législation sociale. Ambitieux, Girón eut, un moment, l'intention de créer une légion d'anciens combattants de la Phalange, idée que le général Franco reprit à son propre compte en instituant l'Association nationale des « alféreces provisionales ». Resté profondément phalangiste, dans l'« esprit du 18 juillet », il a fait connaître en termes très vifs son hostilité aux amorces de réformes annoncées par les derniers gouvernements du franquisme. Il est considéré comme l'un des principaux personnages du bunker.

police. La Garde civile (63.000 hommes) est une troupe d'élite, recrutée en grande partie parmi les sous-officiers et soldats de l'armée ; disciplinée, très entraînée, elle dispose du matériel le plus moderne. La police armée (les *grises*, dans le langage familier, par allusion à la couleur de leur uniforme) est un corps militarisé de 34.000 hommes, pourvu d'un matériel moderne de lutte anti-subversive. Quant au corps général de la police (fonctionnaires en civil), son effectif atteint 10.000 hommes. Cet ensemble de plus de 100.000 hommes a constitué jusqu'à ce jour un instrument docile aux mains du régime.

Les forces armées proprement dites représentent un effectif global de 300.000 hommes, dont 220.000 pour les forces terrestres, 45.000 pour la marine, 35.000 pour les forces aériennes. L'objet de cet exposé n'est pas d'analyser la composition de ces trois armées, ni de présenter l'état de leur matériel. On observe seulement que l'Espagne est l'un des rares pays où il n'existe pas de ministère de la Défense (les 3 ministères militaires autonomes ont été conservés). Notons encore que les forces armées espagnoles se sont beaucoup modernisées depuis quelques années en ce qui concerne leur matériel, et que les Forces d'intervention immédiate de l'armée de terre peuvent être comparées aux meilleures unités de l'O.T.A.N. La question est de savoir quel comportement l'armée espagnole entend observer dans le jeu politique.

Les éléments de réponse sont fournis par deux ouvrages devenus des références quasi-obligatoires : le livre du capitaine J. Busquets Bragulat, aujourd'hui professeur à l'université de Barcelone, sur *El militar de carrera en España* (1967), et celui du lieutenant-général Díez-Alegría, intitulé *Ejército y sociedad* (L'armée et la société) (1971).

La première de ces études constate que tous les officiers appartenant à la génération de la guerre civile auront quitté l'armée en 1980. Les commandements importants, détenus par des officiers généraux partisans d'une monarchie autoritaire prolongeant le franquisme, passeront alors aux mains d'officiers généraux d'une autre génération. Or, observe le capitaine Busquets, les officiers de cette génération ne sont pas issus de la même classe sociale que leurs aînés : ils sont, pour plus de 50 %, fils de sous-officiers ou d'officiers sortis du rang. « *Cette situation correspond à une dynamique sociale ascendante, qui pousse les familles de cette catégorie militaire à élever leur niveau de vie sans abandonner l'état militaire,*

*et incite les familles des couches militaires supé-
rieures à abandonner cet état lorsqu'il n'est plus
possible d'y trouver une promotion sociale. Une
autre raison est la gêne économique dans laquelle
vivent les sous-officiers et les officiers sortis du
rang. Elle ne leur permet guère de payer à leurs
fils la préparation à une carrière civile, et ils se
voient contraints de profiter des facilités pécuniai-
res que leur offre l'armée pour élever leurs enfants dans les académies militaires ».* L'auteur
déclare que cette nouvelle couche d'officiers se
caractérise par sa compétence technique et son
goût pour les études universitaires, par son esprit
critique et son penchant pour le dialogue, par ses
préoccupations sociales, traits que l'on remarque
surtout, dit-il, chez les officiers d'état-major pos-
sédant un diplôme universitaire.

Cette analyse écarte l'idée d'une armée
aux opinions politiques homogènes. Elle comprend
des monarchistes (dont les préférences, avant
l'avènement du roi Juan Carlos, allaient à Don Juan,
comte de Barcelone), des nasséristes (partisans
d'un gouvernement personnel de type présidentiel,
animé de préoccupations sociales), des réformistes
(qui souhaitent un retour à la démocratie libérale),
et aussi des phalangistes de toutes nuances, des
traditionnalistes.

Un tel panachage explique pourquoi l'armée n'a pas toujours manifesté un enthousiasme
inconditionnel à l'égard du régime. A différentes
reprises, Franco a dû relever des généraux de leur
commandement, soit parce qu'ils exigeaient la restauration immédiate de Don Juan, soit parce qu'ils
complotaient contre lui, tel le lieutenant-général
Yagüe, l'un des plus connus parmi les chefs nationalistes de la guerre civile ; pareille mésaventure est survenue en 1970 à deux d'entre eux à
l'occasion du procès de Burgos.

A l'heure actuelle, l'armée espagnole se
déclare apolitique. La tradition des pronunciamentos
— on en a dénombré 43 de 1814 à 1923 — lui
paraît dépassée. C'est l'attitude que l'un de ses
représentants les plus autorisés, le lieutenant-
général Díez-Alegría, ancien chef du haut état-
major, a définie dans le livre auquel il a été fait
allusion plus haut. Il n'était pas inutile de le préciser car, d'une part les militaires sont représentés
dans les plus hautes institutions politiques de l'Etat
franquiste (Conseil de régence, Conseil du Royaume, Cortès, gouvernement), d'autre part les lois
fondamentales du Royaume confèrent aux forces
armées une mission à implications politiques, la
défense de l'ordre institutionnel.

Le général Díez-Alegría n'exclut pas la posssibilité d'une intervention politique de l'armée dans certains cas exceptionnels. Elle pourrait, en particulier, « *se faisant l'écho du sentiment général du pays, recueillir de la rue les attributs du pouvoir pour empêcher la perte de la nation* [10], *sans toutefois s'affilier à un courant d'opinion déterminé* », situation, en somme, qui serait celle d'un chaos général. En d'autres termes, l'armée n'hésiterait pas à intervenir pour maintenir l'ordre, si celui-ci se trouvait gravement menacé. C'est ce qui s'est passé après l'assassinat de l'amiral Carrero Blanco, le 20 décembre 1973, lorsque les organisations d'extrême-droite firent preuve d'une nervosité pouvant laisser craindre des troubles sérieux : le commandement fit savoir qu'il conseillait à chacun de conserver son calme.

Tous les officiers donneraient-ils la même interprétation à l'expression « maintien de l'ordre » ? En 1936, l'Union militaire espagnole et l'Union militaire républicaine espagnole ne concevaient pas de la même façon la légaltié, ou plus exactement la légitimité. Aujourd'hui, certaines informations pourraient conduire à se demander si l'armée n'est pas divisée en factions opposées. Au début de l'année 1975, des incidents se sont produits, notamment à Barcelone :

Le 18 février 1975, le commandant Julio Busquets, cité plus haut, et un autre officier, étaient mis aux arrêts de forteresse à Figueras, pour avoir manifesté leur solidarité avec deux de leurs camarades eux-mêmes mis aux arrêts pour propos déplacés. Cette décision fut suivie de l'envoi au capitaine général de Catalogne et au ministre de la guerre, le général Coloma Gallegos, d'une lettre signée de 25 officiers, dans laquelle ceux-ci déclaraient que « *L'armée n'est pas une force de maintien de l'ordre public, mais de défense du peuple* », qu'elle « *n'a pas d'objectif politique concret* », et que la sanction infligée aux deux officiers était injuste. Ramenés à leurs proportions véritables, ces incidents d'ordre disciplinaire ne méritaient sans doute pas une telle publicité. Ils révélaient cependant au public l'existence d'une organisation non autorisée, l'Union militaire démocratique (U.M.D.). Cette association, selon ses porte-paroles, compterait environ 300 affiliés et, au total, un millier de sympathisants ; ils seraient antifranquistes, sans parti, et souhaiteraient pour l'Espagne un régime de liberté démocratique [11]. Le gouvernement a réagi contre les déclarations publiques et les agissements d'officiers appartenant à l'U.M.D. En mars 1976, le conseil de guerre de Hoyo de Manzanares a condamné 9 commandants et capitaines membres de l'U.M.D. à des peines de 2,5 à 8 ans de prison, et exclu sept d'entre eux de l'armée. Le 23 mars, la presse a reproduit les propos d'un porte-parole de l'U.M.D. selon lesquels cette organisation aurait donné un délai de deux mois au gouvernement pour « *réaliser une véritable démocratisation sous peine d'intervention de l'armée* ». Puis le silence s'est fait sur cette affaire dont les informateurs se demandent sur quelles bases réelles elle repose.

En tout état de cause, rien ne permet de penser que l'armée espagnole se trouve divisée en deux camps prêts à s'affronter : d'un côté les « bleu Phalange », anciens de la guerre civile et de la division *Azul*, ayant conservé l'esprit du 18 juillet, immobilistes et antidémocratiques ; de l'autre, de jeunes officiers présentés par les porteparole de l'U.M.D. comme les plus brillants et servant dans les unités d'élite, ouverts aux idées démocratiques, prêts à s'opposer par la force à toute tentative de putsch contre la démocratisation annoncée. Si tous ses cadres se réclamaient du même credo politique, l'armée espagnole serait la seule au monde à être monolithique. Elle n'est certainement pas plus homogène politiquement qu'elle ne l'était en 1936 ou même sous l'autorité du général Franco. Il n'y a rien de spécifiquement espagnol, non plus, dans les tentatives des partis de l'opposition pour s'infiltrer dans les forces armées, ni dans la lutte pour les hauts commandements. Les libéraux ont obtenu, en 1976, le remplacement du général Fernando de Santiago, comme ministre de la guerre, par le général Gutierrez Mellado, ainsi que la nomination du général José Vega Rodriguez aux fonctions de chef d'état-major général de l'armée.

Cette pluralité d'opinions chez les militaires de carrière ne doit pas donner à penser qu'une partie seulement de l'armée soutient la politique du roi Juan Carlos Ier. Celui-ci semble, au contraire, pouvoir compter sur elle pour empêcher toute tentative de coup de force contre l'œuvre de réforme qu'il a entreprise — éventualité, à vrai dire, peu probable dans la conjoncture présente —, de même que pour empêcher des tentatives de séparatisme, auxquelles l'armée a toujours été vivement hostile.

L'armée est certainement l'une des forces sur lesquelles la monarchie peut aujourd'hui s'appuyer. Et son intervention, de l'avis unanime, serait décisive.

Nul ne sait comment les voix du corps électoral espagnol se partageraient entre les partis en cas d'élections législatives générales. Depuis février 1936, le peuple espagnol n'a pas été consulté, si ce n'est pour se prononcer par référendum sur des questions constitutionnelles (1947, 1966, 1976), et pour élire, au suffrage des chefs de famille et des femmes mariées, les conseillers municipaux et les députés aux Cortès représentant le *tercio* de la famille (élections sans grand intérêt, en raison des choix restreints proposés aux électeurs). Il faut donc attendre les prochaines élections générales, prévues pour juin 1977. En attendant de connaître les résultats de cette consultation, on en est réduit aux sondages d'opinion et aux pronostics.

Par ailleurs, les partis sont restés interdits pendant quarante ans et la radio-télévision, on le verra, est sous le contrôle de l'Etat. Pour guider leurs futurs choix politiques, les Espagnols ne disposaient jusqu'à ce jour que de la presse écrite (12).

Il est vrai que les Espagnols ont l'embarras du choix en matière de presse : plus de 100 quotidiens, 200 hebdomadaires, 3.000 revues de toute nature. L'année 1976 a été l'année de naissance de trois grands quotidiens : à Madrid *El Pais* et *Cambio 16*, à Barcelone *Avui* (Aujourd'hui) rédigé en langue catalane. Le nombre des lecteurs a augmenté et, malgré les difficultés économiques, de nouvelles publications prennent la place de celles qui, pour des raisons diverses, cessent de paraître. L'âpreté et le caractère systématique des critiques adressées au gouvernement ou au régime en général, peuvent étonner le lecteur de certains journaux et surtout de certaines revues espagnoles, auquel la presse étrangère apprenait, hier encore, qu'ils étaient soumis au régime de la censure. La lecture de *Cuadernos para el dialogo*, de *Cambio 16* ou de *Triunfo* rétablit la réalité.

Il n'en a pas toujours été ainsi. Avant 1966, l'Espagne vivait sous le régime de la censure et de la « consigne préalable », celle-ci étant la recommandation (lisez : *l'obligation*) de publier certains articles. Puis la loi sur la presse, due aux efforts de M. Fraga Iribarne, alors ministre de l'Information et du Tourisme, libéralisa sensiblement le régime en 1966, mais sans rétablir la liberté totale de l'information : les deux quotidiens *Madrid* et *El Alcâzar* en firent la cruelle expérience. Appliquées par l'administration dans un esprit souvent étroit, les clauses restrictives de la liberté (en particulier le fameux article 2 de la loi sur la presse, sur les informations contraires à la vérité, etc..., qui permettait une appréciation subjective de l'information) servirent à des saisies, suspensions, amendes et sanctions diverses, dont certaines eurent pour résultat la ruine de certaines publications et leur disparition. Jusqu'en 1975 environ, la presse espagnole connut une période de liberté plus ou moins surveillée, marquée notamment par deux tentatives de lancement qui se traduisirent par des échecs : celle du quotidien phalangiste indépendant *S.P.,* issu de la revue du même nom, et celle du quotidien *N.D.,* proche des milieux de l'Opus Dei. Les grands quotidiens étaient *A.B.C.* (monarchiste) de Madrid, la *Vanguardia* de Barcelone, *El Correo español — El Pueblo vasco* de Bilbao, *La Gaceta del Norte,* également de Bilbao. La Presse du Mouvement (une cinquantaine de publications) avec *Arriba* et l'organe des syndicats, *Pueblo,* constituait la chaîne la plus importante, mais la plupart de ses publications n'avaient qu'une faible audience dans le pays. L'Editorial Católica édite le quotidien madrilène *Ya* et quatre journaux locaux importants : *La Verdad* de Murcie, *El Ideal Gallego* de La Corogne, *El Ideal* de Grenade et *Hoy* de Badajoz ; elle possède sa propre agence de presse, Logos. Parmi les journaux isolés, plus ou moins indépendants, il faut citer *Informaciones, La Voz de Galicia* de La Corogne, *El Norte de Castilla* de Valladolid, *La Voz de Asturias* d'Oviedo, *El correo de Andalucia* de Séville. Deux agences de presse officielles diffusaient les nouvelles de l'étranger (agence Efe) et de l'intérieur (agence Cifra), tandis que l'agence Europa Press, liée aux milieux de l'Opus Dei, prenait de plus en plus d'extension.

On retrouve les mêmes titres au début de 1977, avec les trois noms supplémentaires indiqués plus haut : les quotidiens madrilènes *El Pais* et *Cambio 16* et le quotidien barcelonais *Avui.*

En 1975, un événement se produisit dans la presse madrilène : l'hebdomadaire *Cambio 16,* présentant l'information selon une formule vivante et mettant à profit la période de libéralisation marquée par le passage de M. Pío Cabanillas au ministère de l'Information, vit son tirage passer en quelques mois de 20.000 à 400.000 exemplaires. Cette réussite a relancé la presse espagnole, qui réclame une liberté totale permettant l'information plurale et indépendante impliquée par la démocratisation politique du pays actuellement en cours.

On a fait allusion ci-dessus au rôle de formation de l'opinion que jouent en Espagne les revues. Une vingtaine d'hebdomadaires d'information générale se partagent la grande majorité des lecteurs. Ce sont les suivants :

A l'extrême-droite, *Fuerza Nueva*, de M. Blas Piñar, déjà nommée. *La Actualidad Española* d'Antonio Fontan, revue conservatrice, plutôt neutre, un peu moins répandue, semble-t-il qu'il y a quelques années. *La Actualidad Económica*, proche des milieux de l'Opus Dei. *Blanco y Negro*, du même groupe que le quotidien *A.B.C.*, vieille revue madrilène. *La Gaceta Illustrada*, du groupe de *La Vanguardia* précitée, tantôt critique, tantôt nettement conservatrice. *Destino*, revue essentiellement catalane, libérale, modérée, catalaniste, de haut niveau culturel. *Discusión y Convivencia*, revue bien faite, de tendances démocrate-chrétiennes, à diffusion limitée. *Vida nueva*, revue d'information religieuse, d'esprit postconciliaire. *Mundo*, revue contrôlée par l'Opus Dei, *Guadiana*, ex-*Gentleman*, de tendance libérale, diffusion encore assez limitée, bien présentée, un peu chère. *Sábado gráfico*, de tendance politique assez confuse, mais très dure, à l'occasion, pour le gouvernement, ce qui lui a valu de multiples saisies. *Cambio 16*, déjà citée : revue d'idéal social-démocrate et anticommuniste, bien documentée, soucieuse de gagner de nouveaux lecteurs (elle est la revue espagnole jouissant actuellement de la diffusion la plus importante ; elle vient de lancer une publication filiale, *Historia 16 ;* depuis le 18 octobre 1976, elle a donné naissance à un quotidien portant le même nom qu'elle). *Posible*, plus à gauche que *Cambio 16* et moins connue. *Doblón*, également plus à gauche que *Cambio 16* dont elle s'est inspirée. *Cuadernos para el dialogo*, qui a été comparée au *Nouvel Observateur* français, revue socialiste, bien faite, ayant une large diffusion. *Triunfo*, revue progressiste, de teinte marxiste, très critique pour le gouvernement, objet de nombreuses poursuites pour délit de presse. *Realidades*, politiquement la plus à gauche des revues espagnoles, ne semble pas avoir un fort tirage.

On mentionnera enfin, parmi les revues humoristiques, *La Codorniz, Hermano Lobo* (du groupe *Triunfo* ; semble appelée à disparaître) et *Por favor* (très contestataire, d'un humour jugé douteux par certains critiques).

Ce survol de la presse espagnole demande à être complété par les quelques indications suivantes :

— Il est difficile de préciser, depuis ces derniers mois, quels sont les journaux et revues d'opposition irréductible et ceux qui figurent dans les rangs d'une opposition prête à partager les responsabilités du gouvernement. On peut dire simplement que, si l'on trouve encore des critiques très acerbes dans les revues comme *Sâbado grâfico,* d'autres ont adopté un ton de critique moins âprement systématique, comme *Cuadernos para el dialogo.* Les positions des journaux et revues se clarifieront probablement suivant celles que prendront demain les partis politiques dont ces publications partagent l'idéologie.

— La position des grands journaux et revues sur la question régionale n'est pas très arrêtée. Aucun ne prône le séparatisme, aucun non plus ne se déclare hostile à la régionalisation, avec toute la gamme de nuances que ce terme comporte. Il est vraisemblable que les points de vue s'exprimeront de façon plus précise lorsque la question sera débattue aux Cortès. Des indications sur les thèses nationalistes des mouvements régionaux peuvent être tirées de la lecture des très nombreux bulletins jusqu'ici clandestins que publient les nationalistes galiciens, catalans, basques, canariens, andalous, généralement en langue vernaculaire (on en trouvera une liste dans la revue *Cambio 16* n° 243 des 2-8 août 1976).

— Le rôle de la presse écrite, et tout particulièrement des hebdomadaires d'information générale, est beaucoup plus important en Espagne que dans les autres pays pour la formation de l'opinion publique, en raison du contrôle étroit exercé sur la télévision par l'Etat, contrôle qui a ôté à ses émissions une partie de leur intérêt politique, et confère en contrepartie une fonction de première grandeur dans ce domaine à la presse écrite, aujourd'hui libérée de la plupart de ses contraintes.

LES REGIONS ET LE REGIONALISME

le problème régional

Les termes de régionalisme, autonomie, fédéralisme, séparatisme, depuis longtemps familiers aux Espagnols, expriment des notions différentes qu'on tentera de préciser plus loin, mais ils traduisent tous, à des degrés divers, un sentiment profondément espagnol : l'anticentralisme.

Il existe un fait régional, qu'il ne faut ni surestimer ni sous-estimer. Ce serait aller loin que de parler d'aliénation ou de génocide culturel parce qu'on n'a pas accordé l'autogestion et le bilinguisme officiel à un district où quelques vieillards utilisent encore un patois pittoresque, et dont le comte trancha la tête d'un prince musulman en bataille rangée au temps de Joffre le Poilu. En sens inverse, il peut paraître choquant de voir ramener

les causes du régionalisme

345

la question régionale au tir des dernières cartouches d'une oligarchie médiévale accrochée à ses
privilèges, ou encore aux manœuvres de l'organisation ecclésiastique visant à s'assurer un pouvoir
supranational. [13]

L'anticentralisme a des causes multiples,
les unes communes à toutes les régions, les autres
particulières à quelques-unes ou à une seule.

**les tendances
centrifuges**

La plus évidente de ces causes est le
vieil esprit d'indépendance, toujours prêt à s'éveiller lorsque les circonstances sont propices. Il
était resté assoupi pendant cent cinquante ans,
entre l'abolition des *fueros* catalans par Philippe V
et le milieu du XIXème siècle. Le pouvoir royal
était fort et la forme du gouvernement hors de
question. De plus, aucune forme de contestation
économico-sociale n'apparaissait encore ; la société régionale restait dominée par des classes dirigeantes ayant partie liée avec celles de Madrid.

En revanche, les tendances centrifuges
se manifestèrent avec force lorsque l'Etat espagnol s'affaiblit et que la lutte de classe fit son
apparition. Les convulsions subies par l'Espagne
au XIXème siècle avaient conduit l'Etat espagnol
à une situation d'extrême faiblesse à l'extérieur
comme à l'intérieur. L'impuissance de la Première
République avait rendu possible le cantonalisme.
Le désastre de 1898 acheva de ruiner dans un certain nombre d'esprits la notion de patrie espagnole.
A la place de celle-ci, naquit ou se confirma une
tendance à laquelle on donnait alors en Espagne
le nom générique de séparatisme. Les raisons allé-
guées étaient simples : l'Etat espagnol est devenu
un poids mort qui menace de nous entraîner dans
le gouffre si nous restons accrochés à lui, alors
que nous, Catalans et Basques, formons des nations bien vivantes. Les Catalans profitèrent de la
conjoncture pour faire retentir leurs griefs : pourquoi payer l'impôt de l'or et celui du sang pour
soutenir des guerres perdues d'avance par l'incapacité de l'Etat ? Pourquoi se laisser conduire par
un gouvernement qui achève de ruiner l'Espagne ?
La flambée cataliste, allumée par Prat de la Riba,
encouragea le jeune nationalisme basque de Sabino
Arana. Par la suite, chaque fois qu'une occasion
favorable se présentera, l'offensive nationaliste sera relancée : en 1918, lorsque le président américain Wilson proclama le principe des nationalités,
puis, après la Deuxième Guerre mondiale, lorsque
fut relancée l'idée de l'Europe des cent nations,
enfin, on l'a vu, lors de l'avènement de la Deuxième

République. En 1932, le président du Conseil, Manuel Azaña, constatait avec inquiétude « l'existence réelle d'une volonté sécessionniste dans plusieurs régions ».

Après la guerre civile, la question demeura en sommeil pendant une vingtaine d'années. La police franquiste veillait : l'autonomisme était un crime. Le mouvement régionaliste reprit peu à peu la lutte dans la clandestinité en Catalogne et aux Canaries, dans le style terroriste en Pays basque. L'approche de la fin de Franco, un début de desserrement des contraintes, intensifièrent l'agitation autonomiste et favorisèrent la proclamation au grand jour de revendications particularistes dans la plupart des autres régions. Cependant, les tendances centrifuges ne suffisent pas à expliquer l'extension du mouvement. D'autres facteurs ont joué un rôle et, parmi eux, l'éveil des consciences régionales suscité par des catégories sociales qui entendaient les utiliser à leurs fins particulières.

l'éveil des consciences nationales

Lorsqu'une revue espagnole publie une étude sur l'éclosion du nationalisme dans une région donnée, il est rare que la rubrique de la correspondance des lecteurs ne renferme pas, dans le numéro suivant, une lettre contestant le rôle des classes bourgeoises dans cette éclosion et en attribuant le mérite aux couches populaires. Ce point demande un mot d'explication. A l'aube des nationalismes, on trouve des manifestations littéraires, linguistiques, folkloriques, volontiers romantiques, qui sont le fait d'intellectuels, de poètes et d'étudiants, souvent rejoints par des membres de la petite bourgeoisie ou des classes moyennes. Le peuple reste généralement étranger à ces mouvements. Chez lui la conscience nationale est assoupie ou a pris d'autres formes, et ce nationalisme dont il voit mal le but lui inspire de la défiance en raison de l'origine bourgeoise de ses adhérents. Les classes dirigeantes cherchent cependant à y associer la masse, soit pour la détourner de la lutte sociale, soit pour la mobiliser afin de faire pression sur le gouvernement central et d'obtenir satisfaction de leurs intérêts de groupe. Le carlisme y a réussi en Pays basque au siècle dernier ; pour sa part, le catalanisme a gagné à sa cause les classes moyennes, mais non la classe des travailleurs.

Parallèlement à ce nationalisme intéressé et au nationalisme romantique, se situe le nationalisme populaire ou culturel (au sens du folklore). Il pourrait se définir comme l'attachement à un mode de vie, à des coutumes familiales, sociales et juridiques, à une langue, voire même à un simple patois, à un culte local, à des traditions, parfois même à des haines locales : en somme un sentiment chatouilleux d'appartenance à une communauté différenciée, sentiment d'autant plus vif que l'ethnie et la langue confèrent à la région une originalité plus marquée (toujours interprétée comme une supériorité sur les autres). Lorsqu'il est blessé par des décisions du pouvoir central visant à « castillaniser », ce sentiment populaire s'associe à la renvendication sociale, dont il devient difficile de le distinguer. On a cité plus haut le cas des formations politiques et syndicales *abertzales* du Pays basque, dont les tendances s'apparentent à celle des partis homologues constitués à l'échelle nationale, mais qui voient ceux-ci d'un mauvais œil parce que leur recrutement n'est pas exclusivement autochtone. En regard, les travailleurs allogènes, avant leur assimilation, n'ont pas d'attaches profondes dans la région à laquelle ils louent leurs services. Le seul combat qui les intéresse est celui des salaires, des conditions de travail, de la liberté syndicale. Peu leur importe que les lois soient élaborées par un Conseil régional plutôt que par les Cortès et qu'elles soient rédigées en deux langues au lieu d'une seule. Leur ralliement à la cause nationaliste régionale ne peut être que tactique et superficiel. La question se pose surtout dans les zones de Barcelone, de Bilbao et de Vitoria, où la population allogène est plus nombreuse que la population indigène.

un centralisme abusif

Il vient d'être fait allusion aux blessures portées au sentiment régionaliste par les mesures maladroites du pouvoir central. Ces maladresses doivent être rangées au nombre des causes de la résurgence du régionalisme. Pendant quarante ans, le centralisme franquiste s'est montré intransigeant. Quelles qu'aient été ses raisons, une telle politique entraîna deux conséquences néfastes :

La première est qu'elle fit des martyrs. Tout ce qui était en droit de revendiquer une originalité nationale, dénonça clandestinement d'abord, puis de plus en plus haut, l'ethnocide, le génocide culturel, l'aliénation, et fit publiquement le bilan des dommages moraux, culturels, intellectuels, subis par les régions. Il faut reconnaître que beaucoup de mesures imposées par Madrid avaient le caractère de brimades — les Espagnols sensés sont les premiers à le reconnaître — et souvent de brimades ridicules. On en a parlé plus haut à propos de la Catalogne. La masse admet plus aisément une diminution de compétence législative imposée aux collectivités locales ou l'interdiction de publier un traité de philosophie en langue catalane, que l'interdiction de danser la sardane ou de faire inscrire son fils sur les registres d'état-civil sous le nom de Francesc au lieu de Francisco. Beaucoup de Catalans (pour ne parler que de leur cas) se seraient sans doute satisfaits de la liberté linguistique et culturelle ; en revanche, l'obligation d'écrire « catalan » au lieu do « catala », « partido » au lieu de « partit », traduisait un mépris intolérable de la supériorité culturelle catalane

Le centralisme madrilène excessif entraîne une autre grave conséquence. En Espagne, les inégalités régionales étaient et demeurent fortement accusées. Rappelons seulement quelques chiffres devenus classiques. En 1971, le revenu par tête de la Biscaye était près de 2,5 fois supérieur à celui de la province de Ciudad Real (Mancha). La même année, les cinq provinces de Madrid, Barcelone, Biscaye, Guipúzcoa et Alava, soit 28,4 % de la population totale de l'Espagne, représentaient à elles seules 38,7 % du P.N.B. des 50 provinces. En Espagne, le régime a rejeté aussi bien la formule de la régionalisation que celle du régionalisme. Il a tenté d'élever le niveau de vie des régions sous-développées, par une action administrative centralisée. Ses efforts ne se sont pas tous traduits par des échecs, comme on l'a écrit un peu hâtivement ; beaucoup, néanmoins, n'ont pas été des réussites. Le revenu par tête de certaines régions s'est élevé, mais le plus souvent parce qu'une zone privilégiée de la région s'est industrialisée au détriment des autres. L'exemple classique est celui de la région Centre, dans laquelle l'effort d'industrialisation a bénéficié à Madrid, un peu à Valladolid et à Saragosse, non aux autres secteurs. Les populations demeurent contraintes d'émigrer loin de leur canton d'origine. En d'autres termes, il subsiste des régions riches et des régions pauvres et le problème régional ne se pose pas dans les mêmes termes pour les unes et pour les autres.

Les régions riches accusent un complexe de supériorité, les régions pauvres un complexe d'infériorité.

Les seules régions versant à l'Etat espagnol des sommes supérieures à celles qu'elles en reçoivent sont les premières : Catalogne, Pays valencien, Baléares, Pays basque. La Catalogne,

régions riches et régions pauvres ; régions-nations et régions-territoires

par exemple, paie à l'Etat, chaque année, une somme nette de 50 milliards de pesetas. La région Centre reçoit à peu près autant qu'elle verse, mais uniquement à cause du grand nombre de contribuables madrilènes. Ces régions, dans lesquelles le minimum vital est largement dépassé, exigent plus de facilités, plus de confort ; elles en veulent, en somme, pour l'argent qu'elles fournissent à l'Etat. Et elles se plaignent du manque d'équité dans la répartition des crédits budgétaires par l'administration centrale. On a cité plus haut quelques-uns des griefs de la Catalogne en la matière.

Non seulement nous sommes les plus riches, ajoutent ces régions, mais notre culture, notre mode de vie sont plus évolués que ceux de l'intérieur. On a voulu nous faire perdre notre identité nationale. On nous restitue aujourd'hui une certaine liberté culturelle, mais ces mesures sont insuffisantes. Nous exigeons le bilinguisme officiel, l'enseignement obligatoire et prioritaire de la langue vernaculaire, l'entière autonomie de nos universités. Nous demandons aussi qu'il soit mis fin à une situation paradoxale : les régions les plus riches, les plus cultivées, les plus européennes de l'Espagne, celles qui font vivre le reste du pays, sont tenues à l'écart des décisions politiques par un régime ultra-centraliste, alors qu'elles devraient prendre une part prépondérante dans les décisions.

Ce que les régions riches ne disent pas — les régions pauvres le disent à leur place —, c'est que des régimes d'autonomie leur permettraient de régler à leur guise, en acceptant ou en refusant les travailleurs d'autres régions, l'offre et la demande de travail au nom de leurs intérêts particuliers. Elles pourraient ainsi maintenir les salaires à un bas niveau en période d'expansion (les travailleurs des régions surpeuplées seraient trop heureux de trouver des emplois) aussi bien que de dépression (elles interdiraient alors les importations de main-d'œuvre, qui ne feraient que grossir la foule des mécontents, le chômage intérieur à la région suffisant à maintenir bas le taux des salaires).

C'est là l'un des griefs des régions pauvres. Elles jugent anormal que leurs voisines riches bénéficient de grands travaux à caractère somptuaire (par exemple, les autoroutes de Catalogne, du Pays basque et de la Guadarrama), alors que ces sommes devraient être consacrées à la satisfaction prioritaire des besoins vitaux des zones déshéritées. La régionalisation permettrait de définir exactement les besoins locaux, d'établir les priorités voulues, d'abolir le plus largement possible les inégalités entre régions riches et pauvres, pour aboutir, entre autres conséquences sociales souhaitables, à conférer aux habitants le droit de ne pas émigrer.

C'est ici que le problème régional se complique pour les régions pauvres : il faut trouver dans la diversité des statuts régionaux le moyen de rétablir une certaine égalité, en traitant inégalement les inégalités. Il est de toute évidence, en effet, que l'octroi pur et simple de la seule autonomie économique serait inefficace. En premier lieu, les tarifs douaniers protectionnistes obligent les régions pauvres à acheter cher les produits fabriqués par les régions riches. En second lieu, les capitaux privés ne vont guère s'investir dans les régions pauvres, et les capitaux accumulés localement s'en vont tous vers l'extérieur, canalisés par les grandes banques et les caisses d'épargne. Il ne faut pas compter sur la bourgeoisie locale pour mettre un terme à cet état de choses : ses intérêts économiques ne sont pas ceux de la région, mais ceux des grandes entreprises financières et industrielles de Barcelone, Bilbao et Madrid. En troisième lieu, les régions riches auront toujours intérêt à maintenir en régime « colonialiste » les régions sous-développées, source de main-d'œuvre et de matières premières bon marché, et marchés pour leurs produits industriels protégés. Le transfert de main-d'œuvre aux régions riches reste le signe de cette « colonisation », et la région continuera à s'appauvrir en formant à ses frais des spécialistes et des techniciens qui iront s'employer ailleurs. En résumé, l'une des conditions de mise en œuvre de la nécessaire régionalisation est la protection des régions pauvres contre les régions riches, dont les contributions leur sont indispensables pour financer leur développement, mais dont elles doivent redouter la politique d'exploitation. Sous peine de légaliser des abus que la régionalisation a précisément pour but de faire disparaître, les statuts régionaux devront donc être adaptés aux cas particuliers et prévoir l'intervention de l'Etat dans la répartition des ressources générales du pays entre les régions.

Encore faut-il distinguer, parmi les régions pauvres, celles qui peuvent revendiquer le caractère de nation et celles qui, tout en offrant des particularités, ne peuvent y prétendre. Les premières rejoignent les régions riches sur le terrain de la revendication linguistique, culturelle et historique. Les particularités que peuvent invoquer les secondes, insuffisantes en soi pour justifier l'octroi d'un statut spécial, renforcent les arguments tirés du sous-développement économique et social. En réalité, la distinction n'est pas d'un intérêt majeur. Le facteur décisif est la volonté d'autonomie de la population d'une région donnée, son consensus à l'idée d'autogestion administrative, culturelle et économique.

Il n'en reste pas moins que certaines régions ont une personnalité plus profondément accusée que d'autres. Ce sont celles dont l'ethnie et la langue ont conservé leur singularité, et surtout leur personnalité bien vivante, même si les immigrations massives leur font perdre leur caractère majoritaire. Pour ces régions, des statuts personnalisés seront nécessaires. On rappellera toutefois le parallèle, devenu presque de style, entre l'autonomisme basque et l'autonomisme catalan ([14]) :

Le nationalisme basque, né de l'exemple catalan, est plus agressif que le catalanisme à l'égard du reste de l'Espagne. *« Il se présente comme un chapitre de plus de la lutte, séculaire par ses antécédents carlistes, contre cette Castille née de la Vasconie, mais dont, selon certains Basques exaltés, « même le vent est mauvais ».* L'autonomisme catalan a perdu ses racines religieuses ; le nationalisme basque les a renforcées, au point que la défense de la religion menacée par la République laïque a été son principal drapeau en 1931. Malgré ses divisions, le catalanisme ignore les profondes scissions entre provinces qui se manifestèrent avant 1936 entre la Biscaye et le Guipúzcoa d'une part, la Navarre et l'Álava de l'autre, et qui n'ont peut-être pas disparu à l'heure actuelle. L'autonomisme catalan ignore le racisme des autonomistes basques. La violence et le terrorisme de certains nationalistes basques ne sont pas des méthodes familières aux catalanistes. D'autres comparaisons pourraient être établies, en particulier, en matière de recrutement social des mouvements nationalistes dans les deux régions.

Les remarques sommaires qui précèdent donnent à penser que le problème régional espagnol présente des aspects divers et ne comporte pas de solution unique.

Franco en 1973

Juan Carlos Ier

Adolfo Suárez,
président du gouvernement

M. de Areilza,
comte de Motrico,
ancien ministre des Affaires étrangères

José Maria Gil Robles,
un des chefs
de la démocratie chrétienne espagnole

Santiago Carrillo,
secrétaire général
du Parti Communiste espagnol

López Bravo,
membre de l'Opus Dei,
ancien ministre

Felipe Gonzáles,
secrétaire général
du Parti Socialiste Ouvrier espagnol

Manuel Fraga Iribarna,
ancien ministre de l'Intérieur

López Rodó,
membre de l'Opus Dei,
ancien ministre

Tierno Galván,
président du Parti Socialiste Populaire

Ruéz Giménez,
un des chefs
de la démocratie chrétienne espagnole

Le prince Charles-Hughes
de Bourbon-Parme,
chef du Parti Carliste

Marcelino Camacho,
président de coordination
des commissions ouvrières

La Semaine Sainte : scène de la procession

Les éléments de solution

les vicissitudes de l'idée de région

L'idée de découper l'Espagne en régions n'est pas nouvelle. On sait que, depuis les Rois Catholiques, l'Espagne formait, sous un même sceptre, une fédération de royaumes autonomes. Philippe V en fit un Etat unitaire, dans lequel seules les quatre provinces vasco-navarraises conservèrent jusqu'en 1876 tout ou partie de leurs *fueros*. Puis, la Constitution libérale de 1812 proclama l'unité de l'Etat et, en novembre 1834, le ministre Javier Burgos découpa le territoire en 49 provinces, les mêmes que de nos jours, à la différence près qu'une seconde province ayant été créée entre-temps aux Canaries, le nombre est actuellement de 50.

La question de la région ne tarda pas à se poser. On peut dire qu'elle n'a pas cessé d'être soulevée jusqu'à nos jours. Le décret du 29 septembre 1847 (cf. tableau en annexe) créa 11 gouvernements généraux (non compris Baléares et Canaries) ; à vrai dire, il visait à renforcer l'autorité du gouvernement sur le territoire, non à instituer des organismes représentatifs locaux ; mais il est intéressant par sa délimitation géographique des régions. Plus profonde était la réforme proposée par le projet de Constitution fédérale de Pi y Margall, du 17 juillet 1873, qui instituait trois niveaux de pouvoir : le municipe, l'Etat régional et l'Etat fédéral. Le projet n'eut pas de suite, mais l'idée fut reprise par celui du 5 janvier 1884, du ministre Segismundo Moret, qui proposait de découper le territoire en 15 gouvernements. Une innovation inattendue fut suggérée le 25 décembre de la même année par un autre ministre, Romero y Robledo : devenue simple subdivision de la province, la région se serait confondue avec la circonscription judiciaire (*partido judicial*). Autre projet, élaboré en 1891 par Silvela et Sánchez de la Toca : 13 régions, ayant chacune son Conseil régional, sa commission exécutive et son gouverneur général. L'écrivain Ortega y Gasset, en 1928, envisageait une Espagne formée de 10 régions autonomes.

En 1892, le mouvement l'Union Catalane donna une forme concrète à l'idée d'autonomie régionale en ce qui concerne la Catalogne : les bases de Manresa définissaient un pouvoir catalan fort étendu, puisqu'il allait jusqu'au droit de battre monnaie, d'entretenir une armée de volontaires catalans et d'avoir une flotte catalane.

Après 1898, la mode fut aux *mancomu-*

nidades, ou associations de provinces constituées en vue de gérer leurs intérêts communs. C'est la formule que le gouvernement Silvela-Polavieja-Durán y Bas proposa aux Cortès en 1899, puis que Prat de la Riba recommanda à l'Assemblée des députations catalanes réunie à Barcelone en 1906. Repris par le gouvernement Maura en 1907, et par celui de Canalejas en 1911, le projet finit par aboutir sous le gouvernement conservateur Dato : en vertu du décret du 18 décembre 1913, la *mancomunidad* catalane se constitua le 26 mars 1914, sous la présidence de Prat de la Riba. Son existence fut brève : le Statut provincial du 20 mars 1925, élaboré par Calvo Sotelo sous la dictature de Primo de Rivera, autorisait bien la formation de *mancomunidades* provinciales à des fins purement administratives, mais déclarait nul le statut de celle de la Catalogne de 1914. Aucune autre ne fut créée sur la base du Statut de 1925.

La Constitution républicaine du 9 décembre 1931 autorisait explicitement la création de régions autonomes. Son article 11 déclarait : « *Si une ou plusieurs provinces limitrophes, aux caractéristiques historiques, culturelles et économiques communes, décident de s'organiser en régions autonomes pour former un noyau politico-administratif au sein de l'Etat espagnol, elles présenteront un projet de statut conformément aux dispositions de l'article 12* ». Ce dernier article définissait la procédure à suivre : proposition émanant de la majorité des conseils municipaux, approbation par les deux tiers au moins des électeurs de la région, enfin vote par les Cortès. La région recevait une compétence étendue, en particulier le pouvoir législatif et réglementaire dans toutes les matières ne relevant pas de la compétence exclusive de l'Etat. Les matières réservées de l'Etat étaient la représentation diplomatique et consulaire, la défense nationale, les douanes, le système monétaire, la sécurité publique extra-régionale et la police des frontières, les pêches maritimes, la dette de l'Etat, la juridiction du Tribunal suprême.

En application de ce texte constitutionnel, une loi du 15 septembre 1932 approuva le Statut catalan, après des marchandages et réticences de part et d'autre, le résultat ne satisfaisant pleinement personne. La loi du 4 octobre 1936 approuva ensuite le Statut du Pays basque. Quant au Statut galicien, on le sait, il avait été rédigé, mais il fut présenté aux Cortès à une date mal choisie (au moment où éclata le soulèvement militaire). On remarquera que la Constitution de 1932 ne définissait pas les régions formant le territoire national. En revanche, la loi du 14 juin 1933 sur le Tribunal des garanties constitutionnelles, qui prévoyait que ce haut organisme serait composé de membres représentant les régions, énumérait à cette fin, mais à cette fin seulement, 14 régions métropolitaines et insulaires.

L'expérience autonomiste catalane et basque, qui s'est déroulée, il est vrai, dans des conditions très particulières, n'a pas laissé d'excellents souvenirs aux hommes d'Etat espagnols. Il faut rappeler que ceux-ci redoutaient par-dessus tout de la voir tourner au séparatisme. L'un d'entre eux, l'écrivain et homme politique Salvador de Madariaga, l'a déclaré nettement : *« Ceux qui, comme l'auteur de ces lignes, ont toujours soutenu le catalanisme, doivent se rendre à l'évidence et constater que l'expérience tentée par la République est concluante ; bien que profondément espagnol chez les meilleurs Catalans, le catalanisme tombe souvent dans un séparatisme politiquement réactionnaire, négateur de l'Espagne »*. Casares Quiroga lui-même, qui était le chef de l'O.R.G.A. (Organisation Régionale Galicienne Autonomiste), modifia son point de vue lorsqu'il devint ministre de la Deuxième République et tenta de détourner ses compatriotes de leurs velléités autonomistes. Et pendant la bataille de l'Ebre de 1938, le président du Conseil socialiste Negrín déclarait, désabusé, à Manuel Azaña, président de la République, qui rapporte le propos dans ses Mémoires : *« A la fin de la guerre, nous devrons hisser le drapeau de l'unitarisme »*.

Après la guerre civile, la question régionale reste en sommeil jusqu'à la loi organique de l'Etat du 10 janvier 1967, dont l'article 45 - 2° ouvre la possibilité de créer des divisions territoriales différentes de la province, sans donner toutefois d'autres précisions. Puis, la loi du 19 novembre 1975 sur le régime local précise que des *mancomunidades* provinciales pourront être autorisées, mais ces entités régionales ne pourront recevoir que des attributions administratives courantes, ou économiques.

A l'heure actuelle, il n'existe entre les régions que des différences administratives infimes, qui ont plutôt le caractère de nuances isolées ou secondaires : des particularités de droit privé dans certaines régions (Navarre, Baléares, Aragon...), un statut économique et administratif quelque peu particularisé aux Canaries, le *concierto económico* de la Navarre et de l'Alava, dont il a été parlé plus haut.

La question régionale n'en revient pas moins à l'ordre du jour avec une vigueur accrue. Lorsque le projet de loi sur le régime local a été discuté en commission des Cortès en 1975, plusieurs *procuradores* ont demandé le rétablissement des régions. Des députations provinciales ont sollicité la création de *mancomunidades* sur la base de la loi de 1975, prélude à des statuts régionaux ; des municipalités et députations provinciales basques ont réclamé le rétablissement des vieux *fueros* abolis en 1876, des mouvements régionaux exigent des statuts particuliers, ou un Etat autonome, ou un Etat fédéral, ou, comme c'est le cas pour les Canaries, la séparation pure et simple. Il existe même aux Cortès un groupe dit régionaliste.

Quel est, aujourd'hui, l'écho de ces revendications dans le gouvernement, l'administration, l'opinion publique et les partis politiques ?

l'attitude nouvelle du gouvernement

Après avoir sévèrement réprimé pendant toute sa vie les tentatives d'atteinte à l'unité espagnole, le général Franco a écrit les lignes suivantes dans son testament politique du 20 novembre 1975 (voir supra) : « *Maintenez l'unité des terres d'Espagne en exaltant la riche multiplicité de ses régions comme source de la puissance de l'unité de la patrie* ». Deux jours plus tard, le roi Juan Carlos Ier déclarait dans son premier message : « *Un ordre juste, égal pour tous, permettra de reconnaître, dans le cadre de l'unité du Royaume et de l'Etat, les particularités régionales comme expression de la diversité des peuples qui constituent la réalité sacrée de l'Espagne* ».

Le 15 décembre 1975, M. Carlos Arias Navarro, président du gouvernement, posait en principe que *l'unité de l'Espagne sera renforcée par la reconnaissance institutionnelle de toutes les régions et, en général, des autonomies locales,* et son discours aux Cortès du 28 janvier 1976 précisait comme suit cette déclaration capitale : « *Notre dessein est que toutes les régions d'Espagne disposent d'une organisation constitutionnelle leur permettant de mieux veiller à leurs besoins spécifiques, de conserver leurs traditions et leurs particularités qui enrichissent l'ensemble de la nation et ainsi de mieux servir l'unité et la grandeur de la patrie* ».

Le fait régional a donc retenu l'attention du roi et de son gouvernement. Ce sont les régions les plus troublées par l'agitation nationaliste (les Provinces basques exceptées) qui ont reçu la visite officielle du nouveau souverain en 1976 : Barcelone, l'Andalousie, la Galice, les Asturies. Le décret de 1976 sur les langues vernaculaires n'introduit pas le bilinguisme officiel, mais aborde la question de l'enseignement des idiomes régionaux à l'école ; ces dispositions un peu ambiguës ouvrent, en tout cas, la porte à des développements ultérieurs. Les drapeaux catalan, basque et autres, ont cessé d'être réputés emblèmes séditieux. Les livres, publications, disques, émissions télévisées, en langues vernaculaires, ne sont aujourd'hui soumis à d'autres restrictions qu'aux interdictions générales encore valables sur l'ensemble du territoire. Des commissions ont été constituées pour l'étude d'éventuels « régimes administratifs spéciaux » aux Canaries, dans les provinces de Biscaye et de Guipúzcoa, et dans les quatre provinces de Catalogne, *en vue de la future institutionalisation de la région catalane.* Cette dernière décision a été l'une de celles qu'a prises le Conseil des ministres au cours de sa réunion à Barcelone, le 20 février 1976. L'expression *régime administratif spécial* ne fait sans doute illusion à personne. Après avoir goûté à l'autonomie en 1932, ce n'est probablement pas d'une simple décentralisation administrative que se satisferait aujourd'hui la Catalogne. Mais il fallait montrer par un geste que la nouvelle monarchie a bien l'intention de trouver une formule de coexistence dans la reconnaissance du fait catalan.

Le gouvernement ne s'est pas borné à des déclarations d'intention : par décret du 17 mars 1977, a été créé un Conseil général de Catalogne, qui aura pour tâche d'élaborer un statut d'autonomie pour cette région.

Entre autres études sur la question régionale, il convient de citer celles que la présidence du gouvernement a publiées dans les numéros de 1976 de la revue *Documentación Administrativa.* Il s'agit d'une exploration du problème du point de vue du technicien et de l'administrateur, non de l'homme politique.

Selon cette publication, il conviendrait de procéder à la régionalisation en trois phases :
En premier lieu, l'autoaffirmation et l'autodéfinition. Chaque région désirant recevoir un statut spécial affirmerait sa volonté par la voix des députations provinciales intéressées qui, en application de la loi de 1975 sur le régime local, demanderaient à Madrid de se constituer en *mancomunidades* provinciales. Le fait même de for-

l'administration face au problème régional

357

muler une telle requête apporterait la réponse à la question de savoir comment définir la région, c'est-à-dire quelles en seraient les limites géographiques (question qui peut être difficile dans quelques cas, et à laquelle, par cette procédure, le gouvernement laisse aux collectivités locales elles-mêmes la responsabilité de répondre).

Dans une seconde phase, l'Etat décentraliserait certaines de ses fonctions en faveur des nouvelles *mancomunidades*. Remarquons que les six décrets pris par le Conseil des ministres tenu à Barcelone le 20 février 1976 ont, sans plus attendre, décentralisé dans la province de Barcelone diverses attributions des ministères de l'Intérieur, des Travaux publics, de l'Industrie, du Travail, du Logement et de l'Education.

Après cette phase de transition, en quelque sorte, les régions seraient institutionnalisées, non sur une base uniforme, mais en partant des statuts d'autonomie élaborés entre-temps par les organes représentatifs des *mancomunidades*. Les statuts d'autonomie seraient approuvés par des lois spéciales ,peut-être par des lois constitutionnelles. C'est au cours de cette troisième phase (organisation), que seraient définies précisément les fonctions décentralisées, l'administration périphérique de l'Etat étant alors éliminée en quasi-totalité.

Dans cette procédure, le fait de laisser à chaque région le soin de se délimiter elle-même et de demander son autonomie répond au désir de la laisser libre de son propre destin, sans qu'un régime spécial soit jamais imposé par le pouvoir central sur sa seule initiative. De plus, la diversité des statuts qui est envisagée est un moyen souple de rétablir une certaine égalité entre des régions encore très inégales. C'est encore faire preuve de souplesse que d'envisager, comme le fait l'étude en cause, une différence de traitement entre les régions ordinaires et les régions spéciales, celles-ci devant s'éloigner davantage du régime général en raison de leur conscience régionale plus accentuée, de leurs particularités plus accusées, ou d'une plus grande conflictivité dans les rapports Etat-région.

Dans le statut régional minimum, les attributions suivantes seraient conférées aux institutions régionales : tutelle des entités locales inférieures, en matière juridique, administrative, économique et financière ; participation active à l'élaboration des plans économiques régionaux, et affectation des fonds correspondants ; santé et prévoyance sociale ; ponts et chaussées (sauf les autoroutes) ; transports terrestres ; travaux hydrauliques d'intérêt régional, formation professionnelle et constructions scolaires ; promotion de la culture populaire et du tourisme ; promotion de la richesse industrielle, du logement, etc. Le régionalisme politique n'inspire pas ce statut minimum, qui ne comporte pas de pouvoir législatif régional.

En règle générale, toujours selon les mêmes études, les institutions régionales pourraient être les suivantes : un Conseil ou une Assemblée régionale, élu, dont le mode d'élection et la composition ne seraient pas nécessairement les mêmes partout ; un gouverneur général, ou délégué gouvernemental, sorte de commissaire du gouvernement ; un président, élu au suffrage universel direct ; enfin, une Commission permanente, assurant la gestion dans l'intervalle des sessions de l'Assemblée.

La formule de la libre initiative des intéressés, préférée par l'administration à la décision venue d'en-haut, épargnerait au gouvernement des choix difficiles. Comment délimiter les régions ? Suivant les propositions enregistrées depuis cent cinquante ans, leur nombre varierait de 10 à 26. Sur quel critère se fonder ? la région historique, ou naturelle, ou économique, ou encore la région urbaine configurée d'après sa cohésion par rapport à un centre urbain (une sorte de résurrection de la cité antique, une zone d'influence urbaine) ? Comment choisir la métropole régionale dans certains cas ardus, par exemple : en Galice, La Corogne ou Vigo ; en Andalousie orientale, Grenade ou Málaga ; aux Canaries, Las Palmas ou Santa Cruz ?

Les études en cause insistent sur la nécessité de créer, dans la région, des districts (*comarcas*), afin d'éviter le péril d'un centralisme excessif de la métropole régionale ou du pôle régional de développement. Ce fut, en effet, le défaut des premiers pôles, on l'a vu. Entre autres inconvénients, ils ont attiré, non seulement la population rurale excédentaire, mais aussi la population non excédentaire des petites villes, et ils ont connu des problèmes (le plus souvent mal ou pas résolus) de logement, d'écoles, de circulation. Au contraire, le développement a été meilleur en Navarre et Álava. Dans ces deux provinces, l'industrialisation s'est opérée, non seulement dans les capitales, mais encore dans les chefs-lieux de *comarcas* (Tafalla, Tudela, Estella). Il s'est produit un exode rural, par suite de la mécanisation de l'agriculture, mais les paysans ont pu n'émigrer que tout près de leur domicile (que beaucoup, du reste, n'ont même pas quitté, ayant la possibilité de faire deux fois par jour le trajet entre leur maison et leur lieu de travail). Le chef-lieu de *comarca* serait la petite ville de 10.000 à 50.000 habitants. Le réactiver économiquement serait le moyen d'empêcher la désertification de l'Espagne intérieure.

l'opinion publique et les partis

Ces intentions régionalistes du gouvernement sont-elles approuvées par l'opinion publique ? C'est une question que l'on peut se poser. Il serait certainement téméraire d'y répondre de façon catégorique. Nous disposons néanmoins d'un sondage d'opinion effectué, au début de 1976, par l'Institut espagnol des techniques sociales, et publié par la revue *Cambio 16* (29 mars - 4 avril 1976). Un premier point à retenir de cette enquête est la façon dont la majorité des interlocuteurs définit les traits caractéristiques d'une région : le caractère et la manière d'être des habitants, la langue, l'économie, le passé historique, le sentiment religieux, les idées politiques. Second point intéressant : ce sont les jeunes qui sont le plus fortement sensibilisés à la question régionale, et les classes supérieures et moyennes qui ont la conscience régionale la plus développée, les ouvriers non qualifiés et les journaliers agricoles formant le groupe le plus indifférent à ces questions. Cela dit, on constate que 45 % des personnes interrogées ont déclaré préférer l'actuelle division en provinces, tandis que 30 % ont opté pour un régime tenant compte de la *réalité régionale historique,* 10 % pour le fédéralisme, 2 % pour le séparatisme.

En ce qui concerne les partis et les organisations régionalistes, on ne peut qu'être très prudent, dans la conjoncture présente, lorsqu'on essaie d'exposer leurs positions. La première remarque à faire est que les courants idéologiques les moins réceptifs aux autonomismes et aux nationalismes sont ceux dont les fondements sont le plus internationalistes, nommément les communistes et les socialistes espagnols. Les courants d'inspiration marxiste sont négateurs de l'autonomisme. Ils assimilent le combat des autonomistes à une simple lutte de classes, et retiennent seulement que les masses ouvrières de telle région combattent l'oppresseur capitaliste. Lorsque les organisations autonomistes ont, en grand nombre, cherché à gauche un appui qu'elles ne trouvaient pas ailleurs, cette démarche de caractère tactique conduit à se poser la question : le militant basque ou catalan lutte-t-il contre le régime parce que celui-ci asservit son ethnie, ou parce que le régime est « fasciste » ? L'appel de la gauche aux nationalistes est, en substance, le suivant : aidez-nous à faire l'Etat espagnol selon notre doctrine et, une fois au pouvoir, nous vous accorderons votre statut ; votre libération passe par la socialisation de l'Etat espagnol. En sens inverse, aucun parti ne peut sans risque grave se déclarer antirégionaliste, même s'il est un parti « succursaliste », c'est-à-dire ayant son siège à Madrid et en recevant ses directives. On peut se demander, dans l'hypothèse où l'opposition de gauche arriverait demain au pouvoir, si les nationalités de l'Espagne recevraient une autonomie supérieure à celle que les deux statuts de 1932 et 1936 leur avaient conférée, ou même si elles en recevraient autant.

[note manuscrite : l'appel de gauche]

Pour des raisons différentes, l'extrême-droite et les tendances phalangistes sont également hostiles à l'autonomie des régions. Encore une question qui se pose : comme la lutte des partis d'opposition à laquelle il est presque toujours uni, le combat nationaliste vise un but négatif : abattre le régime ; à l'heure actuelle, la mise à mort du régime a commencé ; que feront les régions de la possibilité qui leur sera donnée de devenir plus ou moins largement autonomes ? Jusqu'à ce jour, les programmes constructifs auxquels on a entendu les régionalistes faire allusion sont les anciens statuts catalan et basque de 1932 et 1931, ou les projets de statut galicien et aragonais datant l'un et l'autre d'avant 1936. Les régions n'ont pas élaboré beaucoup de nouveaux projets concrets. Elles ne l'ont pas fait pour plusieurs raisons. En premier lieu, chacun comprend que le problème dépasse chaque région prise individuellement. Il a un caractère espagnol, castillan comme on l'entend dire, parce que ce sont toutes les régions d'Espagne qui sont intéressées. Il faudra donc la concertation de tous les demandeurs d'autonomie sur la question de leurs futures relations réciproques et de leurs rapports avec des régions qui, comme la Mancha, la Rioja, l'Estramadure, Santander, la Navarre, Murcie, n'ont encore rien demandé. Le lieu de concertation étant les futures Cortès, il faut attendre leur élection et leur réunion ; il faut aussi se préparer à transiger sur ses exigences, et à transiger moins peut-être avec l'Etat espagnol qu'avec les régions voisines, car il est évident que demander pour soi-même un statut particulier revient à solliciter des privilèges, c'est-à-dire un peu plus que l'autre demandeur. Il est possible que ce soit là une raison d'attendre encore pour

[note manuscrite : e-n Vogleich treffen]

mettre au point les revendications particulières.

Une autre raison est qu'à l'intérieur d'une région donnée, les partis nationalistes ne sont pas toujours d'accord entre eux sur la procédure à suivre. Les uns veulent tout de suite la proclamation d'indépendance ; les autres admettent une procédure par étapes : un premier éloignement du centralisme grâce à un statut de *mancomunidad* (gouvernement provisoire, disent certains), puis l'autodétermination précédant le statut définitif d'autonomie. Car c'est une autre constatation à faire : l'ardeur nationaliste, ou régionaliste n'a pas réussi à créer l'union sacrée. On a vu, en 1976, quelles divergences avaient opposé en Catalogne le Président Terradellas, le Conseil et l'Assemblée. En Pays basque, il existe trois instances unitaires dont on ne sait pas très bien quelle est celle qui est vraiment qualifiée pour parler au nom de la nation basque : le gouvernement d'Euzkadi en exil, l'Assemblée démocratique d'Euzkadi ou le groupement des forces *abertzales* K.A.S.

En conclusion, le problème régional ne sera sans doute pas résolu dans les premiers mois à venir, mais le gouvernement sait que l'équilibre intérieur de l'Espagne ne sera pas obtenu avant sa solution.

LES PARTIS POLITIQUES

Persécution, tolérance, légalisation, telles sont les phrases par lesquelles les partis espagnols sont passés depuis le début du régime franquiste ou par lesquelles ils vont passer. Le régime franquiste avait interdit les partis. La seule formation légale, couramment appelée « parti unique », était le Mouvement, rassemblement de tendances autour des principes généraux énoncés dans les lois fondamentales du Royaume. L'interdiction légale n'empêchait pas les anciens partis de continuer à vivre dans la clandestinité ou en exil, ni de nouveaux partis de se créer dans le même contexte d'illégalité. La tolérance plus ou moins étendue observée par le gouvernement depuis le début de 1976, et, avant elle, l'approche de la succession de Franco, ont provoqué une nouvelle floraison de formations politiques. Combien en existe-t-il exactement ? 250, 350 ? Il est difficile de le dire, parce que certains groupuscules activistes demeurent discrets sur leur existence, ou parce que d'autres ont des effectifs si faibles qu'on peut hésiter à les compter comme partis ou groupes, ou encore parce que des partis disparaissent par suite de fusions qui en font apparaître de nouveaux, etc. Le chiffre de 250 est un ordre de grandeur vraisemblable, mais le nombre des partis qui pourront envisager de présenter des candidats aux élections législatives prévues pour juin 1977 ne dépassera probablement pas 80, ce qui représente une belle floraison.

Une telle multiplicité peut être interprétée comme un signe de vitalité politique ou de confusion. Probablement les deux à la fois. Il est naturel qu'après quarante ans d'illégalité, d'action clandestine et de répression policière, les groupes politiques se présentent en ordre dispersé et cherchent leur voie. Les négociations se poursuivent activement depuis deux ans environ : des alliances se concluent, des regroupements s'opèrent. Les partis de toutes tendances ont conscience que le temps presse : les élections législatives doivent avoir lieu le 15 juin 1977. On dira plus loin quelques mots de ces négociations et regroupements. Mais il faut observer que la période de transition qui a suivi la disparition du général Franco n'a été marquée par aucun incident sérieux, contrairement à certains pronostics pessimistes. Les conversations ont été fréquentes entre les dirigeants de l'opposition démocratique qui exigent la « rupture » avec le régime franquiste, et le président du gouvernement ou le monarque lui-même, qui offrent la « réforme ». Il est même permis de se demander où se trouve la limite entre cette réforme qui est en train de pulvériser les fondements du franquisme, et la rupture concertée (*pactada*) telle que l'entendent bon nombre de partis de l'opposition.

L'exposé qui suit ne présente pas les partis sous les deux rubriques auxquelles on aurait pu s'attendre : partis de gouvernement et partis d'opposition. Il est difficile, en effet, de savoir exactement qui est qui : il n'existe pas de partis dans les Cortès actuelles, et on ignore encore quels groupes seront disposés, après les élections de juin 1977, à collaborer avec le gouvernement de la monarchie. Les formations politiques seront donc énumérées ici de la droite à la gauche, sans que ce classement doive être tenu pour rigoureusement conforme à ce qu'il sera dans les futures Cortès.

l'extrême-droite, la phalange et la droite

L'un des plus connus parmi les nombreux groupuscules d'extrême-droite est celui des *Guerrilleros de Cristo Rey*. Ses membres, intégristes, anticommunistes, antiséparatistes, se livrent à des actes de violence contre le clergé conciliaire, et la plupart des attentats anti-E.T.A. commis en pays basque leur ont été attribués. Un autre groupe connu est le *C.E.D.A.D.E.* (Cercle Espagnol des Amis de l'Europe), reconnu en 1965 comme *« association culturelle wagnérienne »* ; de tendance national-socialiste, il prône une Europe unie composée d'Etats totalitaires ; il compterait environ 2.500 adhérents, pour la plupart étudiants ; bien que partisan de l'action légale, il a cependant des « sections de défense ». Le P.E.N.S. (Parti Espagnol National-Syndicaliste), né en Catalogne en 1970, est également d'idéologie national-socialiste ; il se livre à des actes de violence ; ses membres portent la croix gammée.

Dans le tableau ci-joint, ces formations figurent sous la rubrique de la Phalange. Il convient de préciser que la Phalange n'existe plus depuis 1937 en tant que parti organisé, mais qu'elle n'a jamais cessé d'exister en tant que rassemblement de tendances diverses se réclamant pour la plupart de la pensée de José Antonio, certaines de Ledesma Ramos ou de Hedilla. D'autre part, certains des groupuscules d'extrême-droite indiqués ci-dessus se composent d'éléments hétérogènes qui ne sont pas nécessairement d'origine phalangiste.

Une partie des groupes d'extrême-droite est rassemblée dans le Comité coordinateur d'affirmation nationale, né en décembre 1970 et qui se tient en liaison avec *Fuerza Nueva,* le F.E. N.S., l'U.N.E., le F.N.E., la Confédération nationale des anciens combattants, etc. L'idée a été lancée de former un parti unique d'extrême-droite, que la presse appelle déjà *« la platajunta fascista ».*

la phalange

Lorsque les formations du Mouvement se sont constituées en associations politiques, il y a quelques années, le nom de « Falange Española de las J.O.N.S. » (*Phalange Espagnole des J.O.N.S.*) a été revendiqué par deux groupes dont chacun se prétendait le seul dépositaire authentique de la doctrine josé-antonienne : le F.N.E. de M. Raimundo Fernández-Cuesta et le groupe hédilliste (v. tableau ci-joint). Le F.N.E. a obtenu officiellement le droit de porter ce titre.

Les Phalangistes hédillistes qui n'ont jamais accepté la fusion avec les traditionnalistes imposée par Franco en 1937, forment le Front national d'alliance libre, les Jeunesses phalangistes unifiées, et la Centrale Ouvrière National-Syndicaliste (C.O.N.S.). Ils veulent la rupture, mais révolutionnaire et non « bourgeoise » comme celle de la coordination démocratique, et leur doctrine offre des points communs avec l'anarcho-syndicalisme d'Angel Pestaña. La Coordination national-syndicaliste est un organisme récent, créé en juin 1976 à Madrid avec une partie des éléments phalangistes ; présidée par M. Marquez Horrillo, des Cercles doctrinaux José Antonio, elle se refuse à toute alliance avec M. Blas Piñar. On observera qu'un courant se dessine au sein de la Phalange, contre l'assimilation de celle-ci à l'« esprit du 18 juillet ». C'est ce qu'a déclaré M. Siegfredo Hillers de Luque, de la F.E.I. (Phalange Espagnole Indépendante) au palais des congrès de Madrid le 29 octobre 1976 : « La Phalange n'est pas destinée à défendre le 18 juillet ; elle ne veut pas être une maffia bleue ».

La Phalange, qui n'est plus un parti depuis 1937, demeure comme un état d'esprit, bien que son nom désigne aujourd'hui des tendances politiques extrêmement variées : de l'extrême-droite de M. Blas Piñar aux hedillistes les plus révolutionnaires. La naissance et l'évolution de cette formation politique spécifiquement espagnole méritent quelques mots d'explication. C'est en 1934 qu'elle est née, sous le nom de « Phalange espagnole et des J.O.N.S. », par fusion de la Phalange espagnole de José Antonio Primo de Rivera, flis du général dictateur, et des « Juntas ofensivas nacional-sindicalistas » (J.O.N.S.) de Ledesma Ramos et d'Onésimo Redondo : un mélange de fascisme et de syndicalisme chrétien. Son chef fut celui de la Phalange, José Antonio, ses emblèmes furent ceux des J.O.N.S. (le joug et les flèches, le drapeau rouge et noir, la chemise bleu foncé).

Ce parti naissait trop tard : dans une Espagne déjà divisée en deux grands camps, dont chacun était le fief de puissants partis ou alliances, il n'y avait plus de place pour ce tard-venu qu'était la Phalange. Celle-ci ne put être autre chose qu'un parti marginal, qui ne parvint même pas à obtenir un siège de député aux Cortès issues de la consultation électorale de février 1936. Par ailleurs, elle ne fut jamais un parti de masse ; ses militants venaient de la classe moyenne, des populations rurales, des milieux d'étudiants. Du reste, par sa mystique de l'Espagne castillane, elle s'aliénait les masses industrielles périphériques. Mal située sur l'échiquier politique, vouée à l'isolement pour conserver intacte sa doctrine, la Phalange se condamnait, comme tous les groupes minoritaires activistes, à être un parti de violence. Mais, par là-même, elle se trouvait être un instrument dont la droite conservatrice fut tentée de se servir. Elle fut donc entraînée à s'allier à la droite, malgré elle et après avoir en vain cherché le rapprochement avec le socialiste Indalecio Prieto ([15]). En juin 1936, dans sa prison d'Alicante, José Antonio avait aperçu ce danger du noyautage par les forces conservatrices, alors qu'il se voulait un parti de centre gauche. Ses craintes étaient fondées : la droite mit la main sur son parti, l'empêcha de réaliser les réformes sociales et économiques qui menaçaient ses intérêts.

Telle fut la première cause de faiblesse de la Phalange, trop tardive, sans troupes suffisantes, sans puissance économique. En outre, sa doctrine, encore incomplètement définie dans l'esprit de José Antonio, était contradictoire. Sa première contradiction interne résidait dans son exaltation de l' « Espagne éternelle » symbolisée par la Castille rurale, seule capable à ses yeux de rénover le pays, alors que l'Espagne était déjà entrée dans la voie de l'industrialisation. En affirmant la supériorité des zones centrales sur la périphérie, elle introduisait dans l'idéologie phalangiste un élément de discrimination raciale ; lorsqu'elle a été appelée à participer au pouvoir, elle a dû, en contradiction avec elle-même, prendre à son compte ce qu'elle avait initialement combattu : le progrès technique, l'industrialisation, le bien-être matériel. Autre grave contradiction : le contraste entre la doctrine politique économique et sociale de l'autarcie, de l'étatisme, du syndicat vertical, de la démocratie organique, et la réalité européenne contemporaine, dans laquelle ces notions paraissent entièrement périmées.

Enfin, la Phalange est restée marquée du « péché originel de fascisme », selon l'expression de l'écrivain Brian Crozier dans son ouvrage sur Franco. Pour cette raison, Franco après s'être servi de la Phalange pour faire contrepoids aux autres forces politiques de son régime, s'est empressé de « déphalangiser » les institutions espagnoles, ne laissant aux Phalangistes que l'illusion du pouvoir, et les bureaucratisant le plus possible, comme on l'a observé plus haut. Les « vieilles chemises », c'est-à-dire les Phalangistes se considérant comme les véritables dépositaires de la pensée de José Antonio, protestèrent à plusieurs reprises, en termes souvent très vifs, mais toujours en vain. Franco leur préféra les technocrates de l'Opus Dei, pour lancer le développement économique en remplacement du système autarcique. Peu à peu, la Phalange, divisée, a été réduite à vivre dans la nostalgie du combat et des espoirs passés. Elle reste néanmoins un état d'esprit : le chant de guerre de ses membres, *Cara al sol* (Face au soleil) accompagne toujours les manifestations des

Espagnols qui ont conservé « l'esprit du 18 juillet ».

*
**

Un grand parti de droite a été fondé le 9 octobre 1976 sous le nom d'*Alianza Popular* (*Federación de Alianza Popular*, ou *F.A.P.*, depuis le début de mars 1977), par six anciens ministres (voir tableau ci-joint) : MM. Fraga Iribarne, Fernández de la Mora, Laureano López Rodó, Cruz Martínez Esteruelas, Federico Silva Muñoz et Licinio de la Fuente, M. Fraga Iribarne est le secrétaire général de la F.A.P. Ce parti a été qualifié par la presse d'opposition de néo-franquiste, et appelé par elle « Sainte Alliance » ou « Front impopulaire ». L'un de ses principaux organes d'expression est le quotidien madrilène *El Alcazar*. La F.A.P. se compare au Parti conservateur britannique et au Parti des républicains indépendants français. Au cours de son congrès du 5 mars 1977, la F.A.P. a décidé que cinq sur sept de ses éléments constitutifs fusionneraient en un seul parti, les deux autres (U.N.E. et A.D.E.) devant s'allier à ce futur parti, tout en conservant leur identité. Au cours de ce même congrès, M. Fraga Iribarne a défini le programme de la F.A.P. : refus de laisser abolir « l'œuvre gigantesque des quarante dernières années », défense de l'unité espagnole, Etat fort, défense du « système économique et social fondé sur l'économie du marché », « modernisation croissante de la société espagnole, sans la détruire ni ébranler sa morale », consolidation de l'institution monarchique, réforme sociale (semaine de

---

Manuel Fraga Iribarne.

Né en Galice en 1922, Fraga Iribarne est un brillant professeur de sciences politiques. Travailleur acharné, autoritaire, parfois cassant, il a exercé notamment, dans sa carrière politique, les fonctions de ministre de l'Information et du Tourisme, de 1962 à 1969, et fait voter, en cette qualité, la loi sur la presse qui porte son nom et demeure aujourd'hui en vigueur. Non repris dans la combinaison ministérielle de 1969, il fut nommé ambassadeur à Londres en 1973, puis devint ministre de l'Intérieur et vice-président du gouvernement dans le cabinet Arias (décembre 1975). Partisan de réformes modérées, se déclarant centriste, mais hostile au communisme, il a fondé avec six autres ministres le parti dit Alianza Popular, généralement classé dans la « droite civilisée ».

quarante heures, extension de la Sécurité sociale à tous les Espagnols, syndicalisme « libre, indépendant et démocratique »), adhésion à la Déclaration universelle des droits de l'homme.

La démocratie chrétienne est représentée par plusieurs partis, les uns reconnus par l'Union démocrate chrétienne européenne (ce sont les cinq partis formant l'*Equipo del Estado Español* de cette Union) ; les autres, non reconnus par elle. Les cinq partis de l'*Equipo* sont les suivants : La Fédération Populaire Démocratique (F.P.D.) de M. Gil Robles, l'Union Démocratique de Catalogne (U.D.C.), l'Union Démocratique du Pays valencien (U.D.P.V.), le Parti Nationaliste Basque (P.N.V.) et la Gauche Démocratique (I.D.) de M. Ruíz-Giménez. En dehors de ce groupe, l'UD.E. (Union Démocratique Espagnole) de M. Silva Muñoz et l'I.D.C. (Gauche Démocrate-Chrétienne) de M. Alvárez de Miranda, dissidente de l'I.D., refusent toute collaboration avec les communistes. Des conversations ont eu lieu entre les diverses formations de la démocratie-chrétienne espagnole en vue de la création d'un grand parti démocrate-chrétien unique, dont beaucoup d'observateurs pensent qu'il pourrait être le premier parti d'Espagne. En fait, les démocrates-chrétiens sont divisés en deux tendances : une tendance minoritaire de droite représentée notamment par l'U.D.C. (Union Démocrate-Chrétienne) et une tendance majoritaire, qui voudrait réaliser un parti démocrate-chrétien excluant les éléments les plus conservateurs, afin de ne pas reconstituer une C.E.D.A. du type 1936.

démocrates-chrétiens, libéraux et sociaux-démocrates

Les groupes d'extrême-droite et la Phalange (*). La droite.

1. **Organisations d'extrême-droite et Phalange de droite.**
   — **Fuerza Nueva (M. Blas Piñar).**
   — **U.D.P.E. (Unión del Pueblo Espanol) (M. Rodriguez de Valcárcel, décédé en 1976, puis M. Cruz Martinez Esteruelas).**
   — **F.N.E. (Frente Nacional Español) (M. Raimundo Fernández-Cuesta).**
   — **Hermandad del Maestrazgo (Fraternité du Maestrazgo).**
   — **Guardia de Franco, organisation du Mouvement.**
   — **C.E.D.A.D.E. (Cercle Espagnol Des Amis De l'Europe).**

- Guerrilleros de Cristo Rey.
- G.A.S. (Groupes d'Action Syndicaliste).
- P.E.N.S. (Parti Espagnol National Syndicaliste).
- M.S.E. (Mouvement Social Espagnol).
- M.N.R. (Mouvement National Révolutionnaire).

    (P.E.N.S., M.S.E. et M.N.R. sont en liaison étroite avec Orden Nuevo ou Ordre Nouveau).

2. Phalange du Centre.
   (Coordinacion Nacional Sindicalista de F.E. y J.O.N.S.)
   - Cercles Doctrinaux José Antonio (C.D.J.A.) (M. Márquez Horrillo).
   - F.E.I. (Falange Española Independiente), formée par
     - l'A.J.O. (Asociación Juvenil Octubre),
     - les C.D.R.A. (Circulos Doctrinales Ruíz de Alda),
     - le F.E.S. (Frente Estudiantes Sindicalistas).
   - A.J.A. (Asociación Juvenil Amanecer).
   - Circulo 4 de Marzo.
   - Anciens membres du S.E.U. (Syndicat universitaire espagnol).
   - Bandera Roja y Negra (Drapeau rouge et noir).

3. Phalange de gauche.
   (Phalange hédilliste)
   - F.E.N.A.L. (Frente Nacional de Alianza Libre) (fondé par Manuel Hedilla).
   - C.O.N.S. (Central Obrera Nacional Sindicalista).
   - F.S.U. (Frente Sindicalista Unificado) (Miguel Hedilla), y compris le F.E.N.S. (Frente de Estudiantes nacional sindicalistas).
   - A.R.S. (Acción Revolucionaria Sindicalista).

4. Federación de Alianza Popular (M. Fraga Iribarne).
   - Unión del Pueblo Español (U.D.P.E.) (M. Cruz Martínez Esteruelas).
   - Unión Nacional Española (U.N.E.) (M. Gonzálo Fernández de la Mora).
   - Acción Régional (M. López Rodó).
   - Acción Democrática Española (A.D.E.) (M. Federico Silva Muñoz).
   - Unión Social Popular.
   - Democracia Social (en cours de formation en mars 1977).
   - Reforma Democrática Española (M. Fraga Iribarne).

(*) D'après la revue « Cambio 16 », no 245, des 16-22 août 1976, et la revue « Índice », no 389-390 des 1er-15 janvier 1976.

Gil Robles.

José María Gil Robles n'avait que 35 ans lorsqu'en 1931, avocat madrilène, président de la Confédération des Droites Autonomes (C.E.D.A.), acclamé par les Jeunesses d'Action Pulaire (J.A.P.), du nom de « Jefe » (chef), il pouvait se voir déjà le chef de l'Etat espagnol. L'histoire de ce monarchiste admirateur de Hitler est celle d'un destin manqué. Ministre de la Guerre de la Deuxième République, puis chef de l'opposition aux Cortès, avec Calvo Sotelo, il s'exila volontairement en juillet 1936 et passa à l'étranger les années de la guerre civile et de l'après-guerre, jusqu'en 1954. En 1948, chef de la Confédération des Forces monarchiques, il conclut avec le socialiste Indalecio Prieto le pacte de St Jean-de-Luz, dirigé à la fois contre Franco et le gouvernement républicain Giral en exil. A la suite du Congrès de Munich de juin 1962, qui avait réuni des opposants au régime, il dut s'exiler de nouveau sur ordre de Franco ; également désavoué par Don Juan, il démissionna de son Conseil privé. Gil Robles, président de la Fédération Populaire Démocratique (F.D.P.), groupe démocrate-chrétien, s'est retiré en 1977 pour que, a-t-il déclaré, son attitude irrévocablement hostile au franquisme et à ses représentants ne fasse pas obstacle aux négociations de la démocratie chrétienne espagnole avec la monarchie.

Joaquín Ruíz-Giménez.

Ce leader démocrate-chrétien est l'un des hommes politiques espagnols qui réunit le nombre le plus impressionnant de titres et d'honneurs : ancien ambassadeur d'Espagne auprès du Saint-Siège, l'un des principaux négociateurs du Concordat en 1953, ministre de l'Education nationale en 1951, ancien directeur de l'Institut de la culture hispanique, ancien membre de l'Institut d'études politiques, procurador aux Cortès et membre du Conseil national, président du mouvement catholique international Pax Romana, ancien directeur de la revue « Cuadernos para el diálogo ». Il est le fondateur de l' « Izquierda Democrática », (gauche démocratique), l'aile la plus à gauche de la démocratie chrétienne espagnole, le seul groupe démocrate-chrétien qui fasse partie de la Coordination démocratique. Il se définit lui-même comme un chrétien progressiste. Passé à l'opposition après que Franco lui eût retiré le portefeuille de l'Education, il a assuré à maintes reprises, comme avocat, la défense en justice des opposants au régime ; l'une de ses dernières causes importantes a été la défense de Luís Corvalán, secrétaire général du P.C. chilien, devant le Tribunal militaire de Santiago du Chili.

En mars 1977, M. José María Gil Robles, alors âgé de 82 ans, a quitté volontairement la présidence de la Fédération Populaire Démocratique, afin de ne pas faire obstacle à l'union de tous les groupes chrétiens-démocrates. Le vieux chef de la C.E.D.A. et de la démocratie-chrétienne reste, en effet, intransigeant dans son refus de rapprochement avec des hommes politiques ayant servi le régime franquiste.

La presse a annoncé, le 20 janvier 1977, la création d'une coalition électorale dite *Centre démocratique,* formée par des partis libéraux, sociaux-démocrates et démocrates-chrétiens. Cette coalition réunit les partis suivants, qui figurent dans les tableaux ci-dessous : le Parti populaire de MM. Pío Cabanillas et de Areilza, anciens ministres, la Fédération des partis démocrates de M. Garrigues Walker, le Parti démocratique populaire (P.D.P.), l'U.D.E., l'I.D.C. de M. Alvárez de Miranda, et le groupe libéral de M. Larroque. Le Centre démocratique aurait pour but de rassembler les groupes politiques situés entre l'Alliance populaire de M. Fraga Iribarne et le P.S.D.E. *Le Monde* (21 janvier 1977) ajoute que, selon des sondages effectués par la présidence du gouvernement, « cette coalition centriste pourrait attirer 42 % de l'électorat espagnol ». On observera au passage une coïncidence qui mérite d'être notée : cette proportion de 42 % est celle que M. Ruíz-Giménez avait indiquée au *Giornale d'Italia,* le 3 avril 1976, comme devant être atteinte par l'ensemble des formations du centre et de la droite en cas d'élections législatives.

José Maria de Areilza, comte de Motrico.

Basque énergique et habile, grand seigneur, Areilza a été ambassadeur d'Espagne à Buenos-Aires, Paris et Washington, avant d'être ministre des Affaires étrangères dans le ministère formé par Arias Navarro en décembre 1975. Une des autres fonctions importantes qu'il a occupées fut celle de chef du secrétariat politique de Don Juan, comte de Barcelone. Cet ancien franquiste déçu, qui fait figure de monarchiste libéral et de membre de la « droite civilisée », a été suspect pendant plusieurs années aux yeux des dirigeants du régime, qui lui infligèrent des amendes, l'accusèrent d'intelligence avec les Commissions ouvrières illégales, lui refusèrent ses passeports. Areilza, qui a créé le Parti Populaire (démocrate-chrétien) avec Pío Cabanillas, est l'un des dirigeants du Centre Démocratique, dont le Parti Populaire est un élément constitutif.

Autre observation : depuis l'été 1976, la présidence du gouvernement s'est efforcée de former un grand parti se situant, comme le Centre démocratique, à la gauche de l'Alliance populaire. Elle a réussi à constituer, en mars 1977, une *Fédération sociale indépendante,* composée de députés aux Cortès proches de M. Adolfo Suárez, et de petites formations social-démocrates (celle de M. Lasuen, notamment) ; des projets de rapprochement avec le P.S.O.E. « historique » auraient été élaborés. La Fédération se déclare de centre gauche, proche de la social-démocratie suédoise ou allemande, et anticommuniste. M. Adolfo Suárez se proposerait d'utiliser cette nouvelle formation pour soutenir sa politique dans les futures Cortès et enlever des voix à l'*Alianza Popular.*

Les groupes démocrates-chrétiens. (*)

1. **Non reconnus par l'Union démocrate-chrétienne européenne :**
   - **U.D.E. (Union Démocrate Espagnole), de M. Monreal Luque. Plusieurs ministres (parmi lesquels M. Alfonso Osorio, nommé en 1976 ministre Secrétaire d'État à la présidence) et anciens ministres, font partie de ce groupe, ainsi que de nombreux membres des Cortès et du Conseil du Royaume.**
   - **U.D.C. (Union Démocrate-Chrétienne) de M. Barros de Lis.**
   - **I.D.C. (Gauche Démocrate-Chrétienne) de M. Alvárez de Miranda.**
   - **Démocratie Sociale Chrétienne de Catalogne, de M. Antonio Miserachs.**
   - **Groupes D.C. de Saragosse et de Galice.**
   - **Parti Populaire, créé en 1976, par fusion du groupe de M. Pío Cabanillas, du groupe « Tacito » (ainsi nommé d'après le pseudonyme dont ses membres signaient leurs articles dans le quotidien catholique madrilène « Ya » ; ses membres, catholiques libéraux, appartiennent pour la plupart à l'A.N.C.P., Association Nationale Catholique des Propagandistes), et de l'I.D.C. de M. Alvárez de Miranda, déjà nommée. Autre personnalité : M. de Areilza.**

2. **Reconnus par l'Union démocrate-chrétienne européenne :**
   - **F.P.D. (Fédération Populaire Démocratique) de M. Gil Robles, portant ce nom depuis 1975, mais existant depuis 1954.**
   - **P.N.V. (Parti Nationaliste Basque), créé à la fin du siècle dernier.**
   - **U.D.C. (Union Démocratique de Catalogne), vieux parti, resté en marge du Front populaire pendant la guerre civile.**

— U.D.P.V. (Union Démocratique du Pays Valencien), composée d'anciens militants de la F.P.D. précitée.
— I.D. (Gauche Démocratique) de M. Joaquín Ruíz-Giménez, fondée en 1951. Elle est la formation D.C. la plus à gauche. A la différence des autres groupes ci-dessus, elle fait partie de la Coordination Démocratique.

(*) D'après la revue « Cambio 16 », no 248, des 6-12 septembre 1976 (indications mises à jour en ce qui concerne le Parti Populaire).

Libéraux et sociaux-démocrates. (*)

1. Partis libéraux.
— Alianza liberal, formée en août 1976, par la réunion des groupes suivants :
  - Fédération des partis démocrates de M. Garrigues Walker (11 partis régionaux, qui auraient groupé plus de 10.000 membres fin 1976).
  - Union espagnole de M. Joaquín Satrústegui, monarchiste libérale.
  - Groupe Enrique Larroque (Club culturel 1980), ou parti libéral.
  L'Alianza se réclame de la déclaration de 1967 de l'Internationale libérale. Elle veut la reconnaissance de tous les partis sans exception, la liberté des organisations syndicales, les libertés politiques reconnues dans l'Europe occidentale.
— P.D.P. (Parti Démocrate Populaire) (M. Ignacio Camunas).
— Gauche Démocratique de Catalogne (E.D.C.), fondée en 1975.

2. Parti sociaux-démocrates.
— Fédération social-démocrate (juillet 1976), ainsi composée :
  - U.S.D.E. (Union Social-Démocrate Espagnole), créée par Dionisio Ridruejo, mort en 1976.
  - P.S.D. (Parti Social-Démocrate).
  - I.S.D.E. (Gauche Social-Démocrate Espagnole), de M. Fernández Ordonez (celui-ci est également président de la Fédération social-démocrate).
  - Convergence Social-Démocrate, Solidarité Social-Démocrate, Groupes Sociaux-Démocrates Indépendants.
— P.S.D.E. (Parti Social-Démocrate Espagnol).
— Partit Socialista Catala, de M. Pallach.
— Parti social-démocrate galicien.
— Partis sociaux-démocrates du Pays Valencien, des Baléares, de Navarre et d'Aragon.
— A la liste ci-dessus, est ajoutée parfois la R.S.E. (Réforme Sociale Espagnole), de M. Cantarero del Castillo, qui est constituée en association du Mouvement.

(*) D'après « Cuadernos para el dialogo », no 182, des 23-29 octobre 1976, et « Cambio 16 », no 254, des 18-24 octobre 1976.

Le P.S.O.E. (Parti Socialiste Ouvrier Espagnol) a mis du temps à reprendre la place qu'il occupait dans la vie politique espagnole en 1936. Interdit en 1939 comme tous les autres partis, ses organisations en Espagne démantelées, son état-major en exil en France, moins bien préparé que le Parti communiste à la lutte clandestine, il a été longtemps divisé entre exilés et militants de l'intérieur, entre socialistes dits « historiques » de la tendance modérée Indalecio Prieto et jeunes militants plus révolutionnaires. La rupture a été consommée en septembre 1972, au 12ème congrès du P.S.O.E. à Toulouse. La tendance minoritaire, restée fidèle à la ligne politique représentée par son ancien dirigeant, ancien chef du gouvernement républicain en exil, M. Rodolfo Llopis, et dont le secrétaire général est M. Victor Salazar, n'a pas oublié ses griefs contre les communistes et les exprime encore aujourd'hui, quarante ans après. M. Sánchez Albornoz, qui fut chef du gouvernement espagnol en exil à Paris de 1962 à 1971, déclarait à *Arriba* le 4 avril 1975, avant son retour en Espagne : « *Si nous avions gagné la guerre, le communisme se serait installé en Espagne. On s'étonnera de lire que je ne désirais pas gagner la guerre civile, mais Azaña ne le souhaitait certai-*

Felipe González.

Cet avocat sévillan est l'un des plus jeunes dirigeants politiques espagnols : il est âgé de 37 ans en 1977. Il a été élu premier secrétaire du Parti Socialiste Ouvrier Espagnol (P.S.O.E.) en octobre 1974, au cours du 13ème congrès du P.S.O.E. tenu à Suresnes, dans la banlieue parisienne. Dans la clandestinité, il portait le surnom d'Isidoro. La tâche de ce jeune leader du Parti qui fut, en 1936, le premier d'Espagne et aspire à le redevenir, est aujourd'hui difficile. Le P.S.O.E. est scindé en deux — le P.S.O.E. dit « historique », et le P.S.O.E. « rénové » (celui de Felipe González) — ; par ailleurs, beaucoup d'autres socialistes espagnols appartiennent à d'autres formations (le P.S.P. de Tierno Galván, la Fédération des partis socialistes régionaux, sans compter les sociaux-démocrates) ; enfin, il existe, à l'intérieur du P.S.O.E. « rénové », une aile gauche dont González a contenu, jusqu'à ce jour, la poussée, mais qui semblerait gagner du terrain. González a eu, comme plusieurs autres chefs des partis d'opposition, des entretiens avec Adolfo Suárez, président au gouvernement. Jusqu'à ce jour, le P.C.E. et le P.S.O.E. font opposition commune à l'intérieur de la Coordination Démocratique créée en 1976.

nement pas non plus, car nous aurions dû quitter l'Espagne ».

La tendance majoritaire est celle du P.S.O.E. « rénové », dont le secrétaire général est un jeune avocat, M. Felipe González, dit Isidoro au temps de la clandestinité. Ce parti rajeuni ne rejette pas la collaboration avec les communistes, mais observe une certaine prudence à leur égard et veille à ne pas leur laisser prendre la direction de l'opposition : à la Junte démocratique contrôlée par le P.C.E., il a riposté par la Convergence démocratique, dont celui-ci ne fait pas partie.

Sur le plan régionaliste, il considère l'autonomie des partis socialistes locaux comme dangereuse pour la nécessaire unité de la classe ouvrière, dont il craint qu'en s'atomisant elle ne devienne perméable aux idéologies bourgeoises. C'est pourquoi, il souhaite créer une organisation unique au niveau de l'Etat espagnol, avec congrès commun à tous les partis socialistes régionaux. (Sur la situation du P.S.O.E. dans les régions, en particulier en Catalogne, on voudra bien se reporter à ce qui a été exposé dans les chapitres régionaux).

Le P.S.O.E. a réussi à créer, en juin 1976, la Fédération des partis socialistes, qui groupe 11 partis régionaux. Il a convaincu aussi la

Enrique Tierno Galván.

Tierno Galván, d'origine castillane (Soria), est professeur de droit à l'université de Salamanque et avocat. Au début des années 1960, ses prises de position en faveur de l'agitation universitaire dirigée contre le régime lui valurent d'être radié à vie de ses fonctions professorales. Il ne cachait ni ses sympathies pour les idées libérales de Don Juan, comte de Barcelone, ni sa condamnation des mesures prises par le régime, tant en matière de statut des associations politiques que de proclamation de l'état d'exception, qu'il jugeait être des « erreurs graves ». Avec un autre professeur, Raúl Morodo, il fonda le Parti Socialiste Populaire (P.S.P.), ouvert aux tendances libérales. Avec Calvo Serer, monarchiste libéral, il adhéra à la Junte démocratique créée en juillet 1974 par Santiago Carrillo, secrétaire général du P.C.E. ; par la suite, il a eu des entretiens avec les ministres de la monarchie, notamment avec Fraga Iribarne, et il semble qu'il fasse aujourd'hui confiance au gouvernement pour mener à bien un programme d'authentiques réformes démocratiques.

plupart des jeunes du P.S.O.E. « historique » de se rallier à lui, les autres ayant suivi M. Murillo qui a opté pour les sociaux-démocrates. Ce n'est pas, du reste, une ligne dure que M. Felipe González a choisie pour définir la politique du P.S.O.E. Au congrès de son parti, qui s'est tenu à Madrid le 8 décembre 1976, il a calmé l'impatience des éléments jeunes du P.S.O.E. et fait adopter une ligne d'action modérée, que l'on entend qualifier de « priétiste » ou de social-démocrate, et qui devrait faciliter les négociations avec le gouvernement Suárez. Il semble toutefois que depuis décembre 1976, l'aile gaucho du P.S.O.E. ait tendance à prendre le dessus.

Il reste maintenant au P.S.O.E., pour compléter l'unité du socialisme espagnol, à attirer à lui le P.S.P. (Parti Socialiste Populaire) de MM. Tierno Galván et Raúl Morodo, une formation politique de professeurs dont on ignore quel serait l'impact réel dans la masse aux élections générales.

Selon ses propres déclarations, le P.S.O.E. compterait aujourd'hui 40.000 militants en Espagne.

Les groupes socialistes.

— **P.S.O.E. (Parti Socialiste Ouvrier Espagnol), créé en 1879 par Pablo Iglesias.**

— **Fédération des partis socialistes (1976), qui rassemble :**
  - **Parti socialiste d'Andalousie.**
  - **Parti socialiste d'Aragon.**
  - **Parti socialiste de Catalogne.**
  - **Convergence socialiste de Madrid-région.**
  - **Eusko Sozialistak (Pays basque).**
  - **Parti communiste socialiste des Canaries.**
  - **Parti socialiste galicien.**
  - **Partit Socialista de las Illes (Baléares).**
  - **Partit Socialista del Païs Valenciá.**
  - **Reconstruction socialiste des Asturies.**
  - **Reconstruction socialiste de Murcie.**

— **P.S.O.E. « historique » (fraction Victor Salazar).**

— **Centrale syndicale U.G.T. (Union Générale des Travailleurs), socialiste.**

— **Centrale syndicale U.S.O. (Union Syndicale Ouvrière), socialiste autogestionnaire.**

— **P.S.P. (Parti Socialiste Populaire) (MM. Tierno Galván et Raúl Morodo).**

— **Pour les régions, se reporter aux chapitres correspondants.**

Les groupes communistes et anarchistes. (*)

1. **Partis de la tendance Santiago Carrillo :**
   — P.C.E. (Parti Communiste Espagnol).
   — P.S.U.C. (Parti Socialiste Unifié de Catalogne).
   — Parti communiste d'Euskadi.
   — Parti communiste galicien.
   — Coordination nationale des Commissions ouvrières (dominante communiste).

2. **Autres partis communistes :**
   — M.C.E. (Mouvement Communiste Espagnol), marxiste-léniniste maoïste.
   — P.T.E. (Parti du Travail), marxiste-léniniste, ancien Parti communiste international (P.C.I.).
   — P.C.O.E. (Parti Communiste Ouvrier Espagnol), tendance Lister.
   — P.C.O.E. (Parti Communiste Ouvrier Espagnol), tendance Eduardo García.
   — O.P.I. (Opposition de gauche du P.C.E.).
   — Organisation communiste « Bandera Roja » (Drapeau Rouge), marxiste-léniniste.
   — O.R.T. (Organisation Révolutionnaire des Travailleurs), marxiste-léniniste maoïste.
   — C.O.A.R. (Commando Ouvrier d'Action Révolutionnaire).
   — P.C.E. (m.l.) (Parti Communiste Marxiste-Léniniste) et F.R.A.P. (Front Révolutionnaire d'Action Patriotique). L'O.S.O. (Opposition Syndicale Ouvrière), en dépend.
   — P.C.E. (r.) (Parti Communiste Espagnol Reconstitué), 1975, ex-O.M.L.E. (Organisation Marxiste-Léniniste d'Espagne).

3. **Groupes trotskystes :**
   — P.O.R. (Parti Ouvrier Révolutionnaire).
   — O.I.C. (Organisation de la Gauche Communiste).
   — L.C.R. (Ligue Communiste Révolutionnaire) (L.C.R.-E.T.A.VIème).
   — P.O.U.M. (Parti Ouvrier d'Unification Marxiste).

4. **Groupes anarchistes :**
   — G.A.R.I. (Groupe d'Action Révolutionnaire Internationale).
   — O.L.L.A. (Organisation de Lutte Armée).
   — C.N.T. (Confédération Nationale du Travail).
   — M.I.L. (Mouvement Ibérique de Libération).

(*) D'après « Índice », nos 389-390, des 1er-15 janvier 1976, et « Problèmes politiques et sociaux », no 280, du 19 mars 1976 (La Documentation Française).

De toutes les formations communistes, le P.C.E. (Parti communiste espagnol), de la tendance majoritaire Santiago Carrillo, est le plus fortement structuré et le plus nombreux. Il a pour présidente Mme Dolores Ibarruri, dite *La Pasionaria,* qui joua son rôle pendant la guerre civile, et pour secrétaire général M. Santiago Carrillo, l'ancien chef des Jeunesses socialistes en 1936. Si l'on en croit le quotidien *Arriba* (4-4-75) qui fait état d'informations recueillies pendant le congrès du P.C. italien de 1975, le P.C.E. serait le plus riche des partis communistes européens, avec un budget annuel de 2,5 milliards de pesetas, supérieur même à celui du puissant P.C. italien, et infiniment plus gros que celui du P.S.O.E. Il fait entendre sa voix sur 4 postes émetteurs étrangers, parmi lesquels Radio-Moscou et Radio-Prague (Radio-España Independiente). Parmi ses publications figurent *Mundo Obrero* et *Nuestra Bandera.* Il aurait compté en Espagne, en 1974, près de 20.000 militants et environ 10 fois plus de sympathisants. On a vu plus haut à quel point les appréciations relatives à son audience dans la masse sont variables. Il n'est pas le seul parti à être présent dans les Commissions ouvrières, mais il exerce sur elles l'action la plus influente (60 à 80 % de ces organismes seraient entre ses mains). Après avoir cru pendant longtemps que la chute du régime franquiste était imminente — il n'était pas la seule formation politique à le penser —, le P.C.E. a procédé à une analyse plus « objective » de la situation politique. Il a été ainsi conduit à renoncer à la lutte armée et à la violence, qui ne pouvaient le mener à aucun résultat, et à adopter la méthode de la lutte pacifique aux côtés des autres formations de l'opposition, de toutes les autres, même de droite. Il s'est dit prêt à collaborer avec « les banquiers et les gros industriels », imitant l'exemple des P.C. italien et portugais, et offrant au pays l'image rassurante d'un parti bien organisé, lucide et calme, sûr de sa force. Cette méthode, n'est pas, en réalité, absolument neuve. Pendant la guerre civile, déjà, le P.C.E. s'était posé en défenseur de la petite propriété, en parti presque militariste (celui, en tout cas, dont les unités combattantes étaient les mieux disciplinées et les plus efficaces), en partisan fanatique de l'ordre. D'autre part, sa ténacité en face de la longue répression policière qui l'a frappé, et le courage de ses militants qui opéraient dans la clandestinité, lui ont permis, non seulement de survivre, mais de poursuivre son œuvre patiente d'infiltration.

Depuis l'avènement de la royauté, le P.C.E. a joué habilement. Il a pris l'initiative de la Junte démocratique afin de déjouer des manœuvres d'autres partis d'opposition qui auraient pu prendre les devants et l'isoler. En 1976, le long séjour officieux de M. Santiago Carrillo en Espagne a eu pour objectif d'obliger le gouvernement à prendre position à l'égard du P.E.C. : reconnaissance ou interdiction ? Une conférence de presse dite « clandestine », un emprisonnement de quelques jours, ont faite parti d'un scénario dont le dénouement est connu (la reconnaissance du P.C.E.), et dont seule la date est ignorée : le P.C.E. sera-t-il admis à présenter des candidats sous son nom aux prochaines élections, ou bien sera-t-il invité à changer de nom, ou encore ses candidats seront-ils autorisés à se présenter à titre individuel ? Ces subtilités de procédure traduisent la gêne du gouvernement dans cette affaire : d'un côté, les partis de l'opposition démocratique font de la reconnaissance du P.C.E. une condition préalable de leur participation aux réformes annoncées (il leur est difficile d'agir autrement, même si tous ne sont pas exaltés à la pensée de devoir collaborer avec

---

Santiago Carrillo.

Secrétaire général du Parti communiste espagnol depuis 1960, Santiago Carrillo est un Asturien qui a commencé très jeune à s'intéresser à la politique. Déjà, en octobre 1934, il prit une part artive à la révolte des Asturies. D'abord membre de l'aile gauche du Parti socialiste (P.S.O.E.) et secrétaire général des Jeunesses socialistes unifiées, il s'inscrivit au Parti communiste et exerça, pendant la guerre civile, des fonctions de commissaire politique. Exilé après 1939, il voyagea en Amérique, s'installa en France après la fin de la Deuxième Guerre mondiale et fut membre du gouvernement républicain en exil de Giral.

Après avoir été un stalinien inconditionnel, il se dégagea peu à peu de l'attraction soviétique, ce qui provoqua, au sein du P.C.E., la scission du groupe Lister et conduisit Santiago Carrillo à écrire son livre-programme « Après Franco, quoi ? » (1966). Il a orienté le P.C.E. vers la non-violence, l'union avec toutes les forces de gauche, les procédés pacifiques de lutte, la réconciliation. En juillet 1974, il fonda à Paris la Junte démocratique, avec le socialiste Tierno Galván et le monarchiste libéral Calvo Serer. Au cours de l'année 1976, il a passé plusieurs mois en Espagne dans une soi-disant clandestinité qui ressemblait plutôt à un séjour incognito.

ce redoutable allié) ; d'un autre côté, il y a la résistance du *bunker,* qui a toujours considéré le P.C.E. comme l'un des ennemis majeurs de l'Espagne, et il y a aussi les appréhensions des Etats-Unis, l'ami américain soucieux de préserver « le ventre mou de l'Europe » de l'approche soviétique, directement ou par parti interposé. Il sera intéressant, en tout cas, d'observer la force réelle du P.C.E. dans l'opinion publique espagnole, après ses efforts méthodiques de mainmise sur les Commissions ouvrières, les commissions de quartier dans les villes, et les Commissions paysannes.

La lecture du tableau ci-joint montre la multiplicité des groupes politiques se réclamant du marxisme-léninisme ou du trotskysme. Parmi eux, figure le *P.C.E. (m.l.),* parti communiste marxiste-léniniste d'Espagne, née en 1963, à la suite d'une scission survenue au sein du Directoire de libération ibérique, avec l'apport d'anarchistes de la F.A.I. et de la C.N.T., et du Front révolutionnaire d'action populaire, fraction pro-chinoise du P.C.E. orthodoxe. Ses organes de presse, clandestins, sont *Vanguardia Obrera* et *Revolución Española.* Un autre groupe de la liste est le *P.C.E. (r.),* parti communiste espagnol reconstitué, né en 1975 d'une scission du P.C.E. qu'il accuse de révisionnisme et de soutien à l'impérialisme ; il semble avoir peu d'audience dans les milieux ouvriers. Le *P.T.E.* (parti du travail) est le parti le plus à gauche de la Coordination Démocratique. Il a été fondé en 1970 par Ramon Lobato, sous le nom de Parti communiste international (P.C.I.), devenu P.T.E. en 1975 et représentant la ligne léniniste pure. Le P.T.E. n'est pas hostile au dialogue avec le gouvernement, mais exige la reconnaissance de toutes les forces politiques. La Coordination Démocratique, déclare-t-il, n'est pas un front populaire ; quant à l'eurocommunisme, il le considère comme une erreur, les « classes dominantes » devant fatalement, selon lui, l'anéantir. Il a pour programme le combat contre le capitalisme et le pouvoir américain, et juge que la conquête d'une majorité parlementaire est un objectif secondaire. Il paraît que le P.T.E. compterait 10.000 militants et exercerait une influence marquée sur la Jeune Garde Rouge, les Mouvements d'étudiants, et le Mouvement féminin. Le P.T.E. et l'O.R.T. ont décidé, en octobre 1976, de former un parti révolutionnaire marxiste-léniniste-maoïste, auquel ils cherchent à rallier le P.C. unifié canarien et l'Unification communiste de Valence. Ils reprochent au

extrême-gauche, anarchistes et divers

P.C.E. d'être révisionniste et de renoncer à la lutte des classes.

Les groupes anarchistes énumérés dans le tableau ci-joint représentent des tendances extrémistes de l'anarchisme, qui considèrent la violence comme un moyen d'action normal (se référer aux développements correspondants, au chapitre de la Catalogne). En réalité, la grande tradition de la C.N.T. d'avant la guerre civile se retrouve dans la C.N.T. actuelle, qui, après une longue éclipse imputable au découragement de la défaite et à une répression plus dure pour les anarchistes que pour tout autre parti, s'est reconstituée depuis quelques années en Espagne. A son retour d'exil en mars 1976, interviewé par la revue *Cambio 16* (n° 224), l'ancien dirigeant libertaire Abad de Santillan manifestait son étonnement de constater « *la force de la C.N.T. dans l'Espagne d'aujourd'hui* », la jeunesse de la plupart de ses membres, le nombre de ses syndicats organisés, à Madrid (au nombre de huit) et surtout à Barcelone. Il faisait justice des critiques qui méconnaissent l'ordre anarchiste, et déclarait que « *Saint Jean de la Croix aurait pu être membre de la F.A.I., par sa mentalité, par sa morale* ». Il est vraisemblable que l'anarchisme, cette tendance si conforme au tempérament national espagnol, reprendra dans le pays une place importante à la faveur des libertés politiques retrouvées. Les dernières réunions anarchistes madrilènes rassemblent déjà jusqu'à 40.000 personnes.

Avant d'achever ce tour d'horizon des partis, il convient de mentionner deux formations dont le classement est difficile : le Parti carliste et les Républicains. Sur le *Parti carliste,* on se reportera à l'exposé qui lui a été consacré dans le chapitre du Pays basque et de la Navarre. Divers groupes se sont réunis dans une *Convention républicaine des peuples d'Espagne,* qui demande une république populaire et fédérale, et réprouve la politique négociatrice de la Coordination Démocratique. Ces groupes sont les suivants : le P.C.E. (m.l.), le F.R.A.P., l'Union socialiste espagnole d'Alvárez del Vayo, divers groupes nationalistes basques, galiciens et catalans, et l'A.R.D.E. (Action républicaine démocratique espagnole, de tendance radicale-socialiste). C'est dans l'A.R.D.E., qui compte encore quelques membres en Espagne, au Mexique et en France, que se recrutent les membres du gouvernement en exil de la Deuxième République, actuellement présidé par M. Fernando

Valera (le président de la République en exil est M. José Maldonado).

En vue de faire pression sur le gouvernement et de négocier avec lui la « rupture démocratique », la plupart des partis et groupes ci-dessus énumérés ont formé des organismes de coordination. En juillet 1975, le P.C.E. de M. Santiago Carrillo, le P.S.P. de M. Tierno Calván, M. Calvo Serer et un certain nombre de personnalités monarchistes, et les Commissions ouvrières, ont fondé la Junte démocratique, tandis que le P.S.O.E. de M. Felipe González, le syndicat U.G.T., la Gauche démocratique de M. Ruíz-Giménez, le Parti social-démocrate, le Parti carliste, le P.N.V., se réunissaient dans la Plate-forme de convergence démocratique. Le 20 mars 1976, Junte et Plate-forme ont fusionné dans la *Coordination Démocratique,* la *Platajunta* en langage courant. Les formations politiques d'opposition de Catalogne, du Pays basque, de Galice, du Pays valencien et des Baléares, restent en dehors de ce groupement, mais, fin octobre, huit organismes décident de fonder une Plate-forme des organismes démocratiques, en vue de négocier avec le gouvernement l'organisation des élections aux Cortès. Ce sont : la Coordination démocratique, *la Taula de forces politiques i sindicales del Pais Valencia,* les quatre Assemblées de Catalogne, Majorque, Minorque et Ibiza, la Coordination des Forces démocratiques des Canaries, et la *Taboa de Galiza.* La région dans laquelle il est le plus difficile d'obtenir une représentation unitaire est le Pays basque, où l'on compte trois instances : le gouvernement basque en exil de M. Leizaola (P.N.V.-P.S.O.E.-U.G.T.-S.T.V.-E.L.A.), l'Assemblée démocratique d'Euzkadi (P.C. d'Euzkadi, P.T.E., P.S.P., U.S.O. et Commissions ouvrières) et le K.A.S., qui groupe les forces *abertzales* ou patriotiques (Parti carliste d'Euzkadi, O.R.T., M.C., E.T.A.-VI). (Sur la signification de ces sigles, cf. les tableaux qui précèdent et le chapitre du Pays basque).

coalitions et négociations

La coalition que représente la Coordination Démocratique a un caractère tactique temporaire. Elle rassemble des programmes et des intérêts trop divergents pour n'être pas fragile, instable. Elle a enregistré des retraits — les partis de droite et du centre droit se situant dans l'opposition. A certains moments (par exemple lorsque MM. Camacho, Garciá-Trevijano, Dorronsoro et Aguada ont été arrêtés pendant quelques jours, en 1976), elle a encouru le reproche d'avoir montré

383

peu d'énergie pour prendre leur défense ; certains de ses membres songent à se rapprocher du gouvernement. Dans ce conglomérat de partis, quatre formations se sont groupées pour donner plus d'efficacité à l'action commune : le P.C.E., le P.S.O.E., le P.S.P. et la I.D., et une commission de cinq membres, représentant les membres les plus importants de la Coordination, a reçu pour mission de négocier avec le gouvernement Suárez. Le programme minimum est le suivant : légalisation de tous les partis sans exclusive, amnistie totale, liberté syndicale, statuts d'autonomie pour les nationalités, gouvernement de large représentation démocratique qui convoquerait les électeurs pour la désignation des députés aux Cortès constituantes. Aucun programme concret et complet n'a été élaboré : l'opposition n'arrive pas à se dégager tout à fait de la mentalité d'action clandestine acquise depuis quarante ans, et, par ailleurs, chaque parti songe d'abord à lui-même et à ses chances.

On a vu que d'autres regroupements s'étaient opérés : notamment le Centre Démocratique, la Fédération de l'Alliance Populaire, la Fédération des Partis Socialistes.

Peut-on d'ores et déjà, en mai 1977, se former une opinion sur les orientations de vote des Espagnols, au mois de juin suivant ? Un homme politique espagnol a affirmé que 80 % du corps électoral ignoraient encore à quelles formations iraient leurs préférences. D'après des sondages et pronostics dont les dates s'étagent entre novembre 1974 et février 1977, et qui sont cités ici à titre simplement indicatif, les voix des électeurs se répartiraient peut-être de la façon suivante ([16]) :

— Front National, comprenant l'Alliance Populaire et l'extrême-droite (Force Nouvelle de M. Blas Piñar, Anciens combattants de M. J.A. Girón, Phalange espagnole de F. Fernández Cuesta)) : 10 %. Une autre estimation donne 33 % des voix à la seule Alliance Populaire. ([17])

— Centre et centre-gauche (Parti Populaire ou Centre Démocratique, Alliance libérale, Parti Populaire Démocrate-Chrétien, Fédération Social-Démocrate, Equipe de la Démocratie Chrétienne) : 60 %. D'après certaines estimations : 12 à 30 % pour les seules formations démocrates-chrétiennes.

— Socialistes (P.S.O.E., P.S.P., Fédération des Partis Socialistes) : 20 %. Autre pronostic : 13 à 30 %.

— P.C.E. Ici, les affirmations relèvent de la boule

de cristal. En voici quelques-unes : 21 % (selon la revue américaine *Newsweek* en 1974), 2 % (selon une enquête effectuée par Metra Seis pour le quotidien espagnol *El Norte de Castilla*, 31-3-76), de 5 à 12 %, de 5 à 10 %, 8 %, 10 %, 12 %, 15 %. Le chiffre le plus couramment avancé est celui de 10 %.

CONCLUSION

L'ESPAGNE VERS SON EQUILIBRE

Il serait illusoire d'imaginer que l'esprit de vengeance des vaincus de 1939 et l'esprit triomphaliste des vainqueurs ne sont plus que des souvenirs depuis l'arrivée à l'âge adulte de la génération d'après guerre. L'Espagne se trouve dans la même situation que les autres pays d'Europe occidentale : France, Italie, Angleterre, Allemagne de l'Ouest ou Suède. Elle est divisée en deux blocs d'idéologies et d'intérêts différents, avec cette circonstance aggravante qu'ils appartiennent à l'histoire, c'est-à-dire, selon le mot d'André Malraux, à la haine. Cependant, des événements aussi capitaux que l'assassinat de l'amiral Carrero Blanco, le 20 décembre 1973, et la mort du général Franco, le 20 novembre 1975, n'ont provoqué aucun trouble dans le pays. L'Espagne, quelquefois représentée comme une chaudière en ébullition, dont le couvercle, maintenu en place par la pression des contraintes, n'attendait que la mort de Franco pour exploser, cette Espagne n'était pas la vraie et peut-être les Espagnols eux-mêmes, les premiers étonnés de leur propre sagesse, n'étaient-ils pas encore conscients de leur degré de maturité politique.

Rien, naturellement, ne permet d'affirmer qu'aucune convulsion ne troublera le changement de régime qui s'opère sous nos yeux. On ne récitera pas ici le couplet classique sur les « démons familiers » des Espagnols, mais il faut bien constater que, depuis 1793, les périodes calmes ont été exceptionnelles dans ce pays. On assiste, notamment depuis la fin de l'année 1976 et le début de 1977, à une série d'actes de violence, détentions d'otages et meurtres qui soulèvent une indignation compréhensible. Ils ne sont cependant que le fait de groupes terroristes numériquement infimes, et leur bilan n'a rien de comparable à celui des désordres meurtriers que l'Espagne a connus de la fin du siècle dernier à 1939. Si ces actes ont paru particulièrement odieux, c'est parce que le pays commençait à s'habituer à ce que tout se passât avec le minimum de violence. Une sorte de pacte tacite s'était établi entre le gouvernement de la monarchie et l'opposition de gauche, pour exclure la violence physique pendant la négociation de la « rupture » démocratique. Instruits par des désillusions répétées, les partis d'opposition, les communistes les premiers, avaient procédé à une analyse objective de la situation en Espagne ; ils avaient conclu à l'inefficacité de la violence lorsqu'on a contre soi l'armée, les forces de l'ordre, des formations franquistes organisées pour la lutte, une fraction inconnue de l'opinion. Non violence, collaboration avec tous les opposants, même ceux de droite, acceptation du régime monarchique, eurocommunisme : telle était devenue la consigne.

En versant de nouveau le sang, les équipes d'extrémistes, quel que soit le parti pour lequel elles opèrent en réalité, ont engendré une situation à laquelle personne ne s'attendait : l'union du roi, de son gouvernement et de l'opposition démocratique pour exprimer la réprobation et demander conjointement au peuple de conserver son calme. La portée de ces gestes de circonstance ne doit pas être exagérée ; ils ont cependant authentifié la bonne foi réformatrice du souverain. Celui-ci était déjà populaire dans le pays, contrairement aux pronostics pessimistes de ceux dont le métier est de prédire. Il a su s'imposer par sa prudence, son habileté de manœuvre, une opportune fermeté. Ses visites officielles aux régions agitées de Catalogne, Andalousie, Galice, Asturies, ont apporté la preuve qu'il était accepté par le peuple. Sur le plan politique, il a joué avec les partis un jeu efficace. La monarchie restera-t-elle le régime de l'Espagne ? Oui, sans doute, si elle continue à s'imposer par les services rendus, une fois franchie l'actuelle étape de transition, durant laquelle elle se révèle nécessaire au bien commun. Il existe en Espagne d'intransigeants républicains de doctrine, mais la forme monarchique ou républicaine du gouvernement ne représente peut-être plus une question majeure pour la masse, si la monarchie se montre démocratique.

Dans l'œuvre de transformation politique que conduit actuellement la monarchie, on est frappé par la facilité avec laquelle les principes fondamentaux du Mouvement ont été oubliés. Les partis politiques sont presque tous légalisés et le roi lui-même confère avec leurs dirigeants ès-qualités. Il en est de même pour les syndicats. Le suffrage universel direct est rétabli. M. Adolfo Suárez, président du gouvernement, a proclamé le principe de la souveraineté populaire. La phraséologie d'hier fait place à celle des démocraties européennes sans choquer apparemment la masse. Peut-on encore parler de démocratie organique ?

De ce démantèlement de l'édifice institutionnel du franquiste, il serait cependant risqué de conclure à l'anéantissement des forces de conservation. On l'a dit à plusieurs reprises dans ce livre : elles demeurent puissantes en Espagne. Elles sont représentées d'abord par ce que l'on nomme le *bunker*, réduit fortifié des idéologues irréductibles, des gens d'affaires et des gens en place, maison des dernières cartouches tirées sur la démocratie en marche. D'autres forces de conservation se retrouvent dans la droite classique, libérale et conservatrice à la fois. Elles se composent de membres de la bourgeoisie et de la classe moyenne, animés par la peur du changement qui s'annonce, par l'appréhension de l'inconnu, par le souci de ne pas laisser compromettre les avantages matériels procurés par le développement économique.

Au cas où les futures Cortès seraient plutôt orientées à droite, l'écueil à éviter serait de ralentir le cours des réformes entreprises, en laissant entendre que le pays lui-même aurait, par son vote, manifesté l'intention de ne pas aller très loin. Il ne faudrait pas que la droite donne le sentiment qu'elle cherche à hériter d'elle-même, qu'elle désire arrêter le rétablissement de la démocratie. L'espoir déçu pourrait alors conduire à l'affrontement, peut-être à une authentique dictature de signe inconnu. La coexistence espagnole est aujourd'hui trop fragile pour que la conclusion d'un pacte social puisse être longtemps différée. Un tel pacte est nécessaire, qu'il s'agisse du monde industriel ou du monde agricole. Les caractéristiques des entreprises espagnoles, la structure économique du pays, rendent sa conclusion difficile. Il faudra cependant y parvenir, réviser le statut juridique des relations de travail, des syndicats, de la sécurité sociale, de l'emploi. Les conflits sociaux ont pris en 1976 une ampleur inusitée, préoccupante. Il était urgent de lancer la réforme qui en diminuera l'intensité, et permettra de continuer à élever le niveau de vie.

Aux conflits sociaux, s'ajoutent les revendications régionalistes. Dans ce domaine comme dans le précédent, il serait difficile d'éluder un changement de système. Le gouvernement s'est déjà engagé dans cette voie, en Catalogne et en Pays basque. On ignore ce que sera l'Espagne des régions, dont l'organisation comportera sans doute des statuts différenciés suivant les nations ou les circonscriptions de la Péninsule, chacune ou presque constituant un cas particulier. On peut néanmoins penser sans grand risque d'erreur que la réforme excluera résolument tout séparatisme. Déjà familière à l'Europe où elle est la règle presque générale sous des formes variées, la régionalisation représentera une innovation en Espagne après quarante années de centralisme. Pour qu'elle soit réalisée dans le calme, un gouvernement fort est nécessaire. La Première République n'était pas forte, et le régionalisme a dégénéré dans le cantonalisme que l'on sait ; la Deuxième République ne l'était guère, et ses dirigeants ont vu grandir le séparatisme. La monarchie a montré assez de fermeté pour donner à penser qu'elle aura l'autorité nécessaire.

Les modèles européens en place pourront servir à l'élaboration de cette future organisation régionale. Serviront-ils aussi à construire le régime démocratique de demain ? On pense généralement, comme si la chose allait de soi, que le régime qui succèdera au franquisme sera la démocratie parlementaire du type Europe occidentale, celle que la C.E.E. propose en modèle aux pays désireux d'entrer dans son club. En réalité, personne ne peut savoir ce que seront exactement les futures institutions de l'Espagne. Il n'est pas exclu, mais il n'est pas certain non plus, qu'elles soient la copie servile des régimes politiques d'Occident. Ces régimes parlementaires comportent classiquement un chef d'Etat (roi ou président) aux attributions limitées, et un gouvernement responsable devant une chambre souveraine. Avec le temps, leur définition s'est modifiée. L'évolution vers le régime présidentiel — contrat de confiance entre un homme censé fort et le peuple censé souverain qui l'a élu directement — s'est conjuguée avec d'autres caractéristiques : le débordement des institutions parlementaires par la technicité accrue des problèmes de gouvernement, l'affaiblissement du règne de la loi au profit de la souveraineté de fait de l'administration, et l'apparition d'un nouveau partenaire, le pouvoir syndical. On peut se poser la question : l'Espagne de 1977 adoptera-t-elle purement et simplement ce modèle, ou cherchera-t-elle, après avoir porté un jugement critique sur les expériences européennes, à se donner un système original, suffisamment démocratique pour se faire admettre par la C.E.E., mais typiquement espagnol ? Il serait décevant de la voir adopter avidement, comme un privilège longtemps refusé, le système un peu poussif des démocraties de l'Ouest, même avec de soi-disant perfectionnements internes présentés comme devant conduire à une société sereine et heureuse. L'Espagne trouverait dans la richesse de son histoire assez d'idées pour bâtir l'édifice politique adapté à son génie propre. Il faut souhaiter qu'elle invente une formule répondant au vœu formulé par le roi Juan Carlos Ier : la combinaison de la tradition authentiquement espagnole et des techniques sociales les plus modernes.

C'est là un problème qu'aborderont les Cortès constituantes de 1977. Les élections générales auront permis, entre-temps, de dégager les tendances actuelles de l'opinion publique. Les conclusions risquent toutefois d'être faussées ou obscurcies par les votes des partis nationalistes régionaux, pour lesquels l'autonomie passe avant l'appartenance à une idéologie politique, et par l'abstention possible des libertaires, dont on ne sait quelle force réelle ils représentent dans l'Espagne d'aujourd'hui. De toute façon, l'électeur espagnol sera hanté, consciemment ou inconsciemment, par un nom qu'on ne prononce plus que rarement, celui de Franco, vénéré par les uns jusqu'à l'idolâtrie convulsionnaire, haï d'une haine rouge, viscérale, par d'autres. Pour les premiers, il représente toujours la tradition et surtout l'ordre, dont il est devenu la personnification, l'ordre maintenu par la contrainte, mais apprécié, sous la férocité des mots frondeurs, par de larges couches de la société. Pour les seconds, il est celui dont le régime doit être complètement et définitivement aboli, le dictateur impitoyable sous la tyrannie duquel on a subi l'humiliation des vaincus et souffert pour le triomphe de la liberté. L'ombre de Franco était présente aux funérailles des victimes d'attentats, à Madrid, en janvier 1977. Dans un sens ou dans l'autre, l'homme qui a tenu l'Espagne dans sa main pendant quarante années reste pour beaucoup d'Espagnols, malgré eux, une référence.

Ce livre n'entend pas prophétiser. Dans l'étape de transition que parcourt aujourd'hui l'Espagne, dans le contexte général de l'Europe occidentale et particulièrement méditerranéenne, dont le proche avenir n'est qu'incertitude, tout pronostic sur le destin de l'Espagne serait singulièrement risqué.

C'est pourquoi, au lieu de tenter de définir le futur, nous préférons terminer cet itinéraire espagnol en jetant un dernier regard sur le proche passé. Trois scènes de cette rétrospective se détachent avec plus de relief que les autres.

La première se passe au Mexique en 1956, dans l'exil : le président du Conseil de l'Espagne républicaine de 1939, le socialiste Negrín, repose sur son lit de mort. Son dernier geste a été d'envoyer au général Franco — ennemi mortel, mais Espagnol — les documents devant permettre de récupérer l'or de la Banque d'Espagne, expédié dix-huit ans plus tôt à Odessa : une version espagnole, en vraie grandeur, de *Tovaritch*.

Le cadre de la seconde scène est le Valle de los Caidos. Un homme de taille modeste, solitaire, se tint dans l'attitude du recueillement devant la tombe du Caudillo. C'est en juillet 1976 ; l'homme est M. Arias Navarro, qui vient de remettre sa démission au roi. Il adresse à celui qui demeure son maître un compte rendu muet : il a fait ce qu'il a pu, mais les jeunes piétinent allègrement le passé, au galop de leurs illusions. L'œuvre de quarante années, pour eux, n'est plus grand-chose... Le président rêve sur le passé ; son rôle politique a pris fin ; une génération nouvelle saisit les leviers de commande, autour d'un jeune roi. Pour lui, pour beaucoup de camarades de combat, une ère de l'histoire d'Espagne s'est achevée ; il reste la nostalgie.

La troisième scène a pour théâtre, quelques semaines plus tard, la gare madrilène de Chamartin. C'est le matin. Le rapide *La Puerta del Sol*, venant de Paris, entre en gare. Dans le couloir d'un wagon de deuxième classe, un homme d'une soixantaine d'années, complet fripé, mains calleuses de mineur, regarde avidement à travers la glace. Ses mâchoires grises de barbe se crispent, le regard fixe est humide. L'amnistie de juillet lui permet de revoir l'Espagne, après trente années d'exil dans les mines du Nord de la France. Trente années si longues ! Pourtant, lui et ses camarades de la C.N.T. étaient partis dans l'enthousiasme, de Mieres en Asturies, un jour de cet été royal de 1936, où le sacrifice pour la cause paraissait si exaltant. Ils s'étaient battus à Ponferrada contre ceux de la Phalange, des petits jeunes, mais des braves, eux aussi, braves de cette héroïque folie des vrais Espagnols ; eux aussi portaient dans leur cœur l'image d'une Espagne plus juste ; il n'est pas toujours facile de se comprendre. Et puis, la défaite, le maquis... Le train s'est arrêté. L'homme ne reconnaît plus les lieux, mais, sur le quai, cet homme seul qui cherche quelqu'un des yeux, oui c'est bien Paco, ce cher vieux Paco. Les deux hommes se serrent fort, dans l'étreinte virile de l'*abrazo*. Le voyageur a la gorge trop serrée pour articuler une parole, mais Paco a compris son interrogation muette, à laquelle il répond par un hochement de tête : les autres, les camarades, non, aucun n'est vivant ; le combat, les exécutions, et puis l'âge, la maladie. Il va commencer l'appel des disparus lorsqu'il voit une larme rouler sur la joue de l'arrivant : « Viens, *amigo,* la voiture nous attend à la sortie. Nous passerons par le col de Leitariegos, tu te souviens ? ». Les deux hommes s'éloignent, vers leur passé. Ils sont de ceux qui vont faire l'Espagne nouvelle.

L'Espagne est un grand pays.

Le 31 mars 1977

André DESSENS.

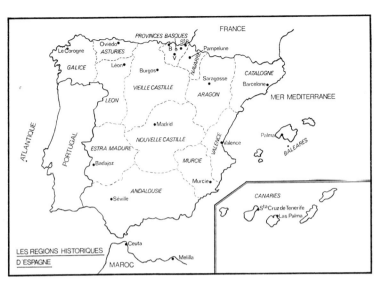

L'Espagne et la Reconquête

LES REGIONS HISTORIQUES

(Les noms en accolade sont ceux des provinces formant la région. Les noms entre parenthèses désignent les capitales de régions.)

	Décret du 29-9-1847	Projet de loi du 8-1-1884	Projet de loi de 1891	Projet Ortega y Gasset (1925)	Loi du 14-6-1933 (Tribunal des garanties constitutionnelles)
— Andalousie (Séville)	Séville Cadix Cordoue Huelva	— Séville Séville Cadix Cordoue Huelva	— Séville Séville Cadix Cordoue Huelva	— Andalousie	— Andalousie
— Grenade (Grenade)	Grenade Jaén Málaga Almeria	— Grenade Grenade Jaén Málaga Almeria	— Grenade Grenade Jaén Málaga Almeria		
— Aragon (Saragosse)	Saragosse Huesca Teruel	— Aragon Saragosse Huesca Logroño	— Aragon Saragosse Huesca Teruel Soria	— Aragon	— Aragon
		— Asturies León Oviedo	— Asturies Oviedo Gijón Santander	— Asturies	— Asturies
— Cantabrie (Pampelune)	Navarre Alava Guipúzcoa Biscaye	— Pays basque Navarre Alava Guipúzcoa Biscaye	— Provinces basques Navarre Alava Guipúzcoa Biscaye	— Provinces basques	— Provinces basques — Navarre
— Castille (Nouvelle) (Madrid)	Madrid Cuenca Ségovie Guadalajara Tolède Ciudad Real	— Madrid Madrid Tolède Guadalajara	— Castille (Nouvelle) Madrid Cuenca Guadalajara Tolède Ségovie Avila	— Castille (Nouvelle)	— Castille (Nouvelle)

Colonne 1

- Castille (Vieille) (Valladolid)
- Burgos
- Catalogne
- Estramadure (Badajoz)
- Galice (La Corogne)
- Valence et Murcie
- Baléares (Palma)
- Canaries (Sta Cruz)

Colonne 2

- Valladolid, León, Palencia, Salamanque, Zamora, Avila, Oviedo
- Burgos, Logroño, Santander, Soria
- Barcelone, Lérida, Gérone, Tarragone
- Badajoz, Cáceres
- La Corogne, Lugo, Orense, Pontevedra
- Valence, Murcie, Alicante, Albacete, Castellón
- Baléares
- Canaries (Sta Cruz)

Colonne 3

- Vieille Castille
- Valladolid
- Catalogne
- Estramadure
- Galice
- Valence
- Murcie
- Baléares (Palma)
- Canaries (Sta Cruz)

Colonne 4

- Burgos, Palencia, Santander, Soria
- Valladolid, Avila, Salamanque, Ségovie, Zamora
- Barcelone, Lérida, Gérone, Tarragone
- Badajoz, Cáceres, Ciudad Real
- La Corogne, Lugo, Orense, Pontevedra
- Valence, Castellón, Teruel, Cuenca
- Murcie, Alicante, Albacete
- Baléares
- Canaries (Sta Cruz)

Colonne 5

- Castille (Vieille)
- Catalogne
- Estramadure
- Galice
- Valence
- Baléares (Palma)
- Canaries (Sta Cruz)

Colonne 6

- Valladolid, Burgos, León, Palencia, Salamanque, Zamora
- Barcelone, Lérida, Gérone, Tarragone
- Badajoz, Cáceres, Ciudad Real
- La Corogne, Lugo, Orense, Pontevedra
- Valence, Alicante, Murcie, Castellón, Albacete
- Baléares
- Canaries (Sta Cruz)

Colonne 7

- Castille (Vieille)
- Catalogne
- Estramadure
- Galice
- Levant
- Baléares
- Canaries

Colonne 8

- Castille (Vieille)
- León
- Catalogne
- Estramadure
- Galice
- Murcie
- Valence
- Baléares
- Canaries

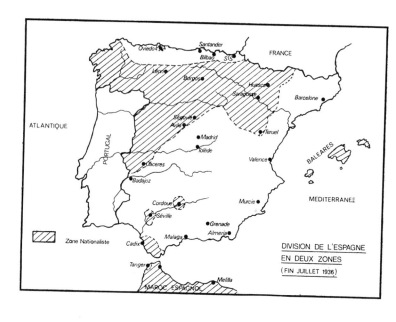

Oviedo · Santander · Bilbao · FRANCE
SIS
León · Burgos · Huesca · Barcelone
Saragosse
Ségovie · Avila · Teruel
ATLANTIQUE
PORTUGAL
Madrid · Tolède
Valence
BALEARES
Cáceres
Badajoz
Cordoue · Murcie · MEDITERRANEE
Séville
Grenade
Malaga · Almería
Cadix
Tanger
Melilla
MAROC ESPAGNOL

Zone Nationaliste

DIVISION DE L'ESPAGNE
EN DEUX ZONES
(FIN JUILLET 1936)

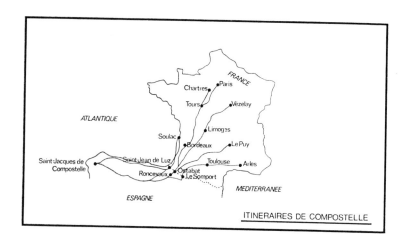

FRANCE
Chartres · Paris
Tours · Vézelay
ATLANTIQUE
Limoges
Soulac
Saint-Jacques de · Bordeaux · Le Puy
Compostelle · Saint-Jean de Luz
Toulouse · Arles
Roncevaux · Ostabat
Le Somport
MEDITERRANEE
ESPAGNE

ITINERAIRES DE COMPOSTELLE

LA POPULATION DES REGIONS ESPAGNOLES EN 1970

	Régions	Habitants	
	Andalousie	5.971.277	
	Aragon	1.152.708	
	Asturies	1.045.635	
	Baléares	558.287	
	Canaries	1.170.224	
Régions	Catalogne	5.122.567	24.320.598
périphériques	Galice	1.583.674	
	Murcie	1.167.339	
	Navarre	464.867	
	Valence	3.073.255	
	Provinces basques	1.878.636	
	Ceuta et Melilla	132.129	
	Vieille Castille	2.153.785	
Espagne de	Nouvelle Castille	5.164.026	9.635.449
la Meseta	Estramadure	1.145.376	
	León	1.172.262	
	Total Espagne =	33.956.047	

Source : Salustiano del Campo : Analisis de la población de España, editorial Ariel, Barcelone, 2ème édition, 1975, p. 15.

Geographisches Institut
der Universität Kiel
Neue Universität

LES REGIONS NATURELLES ET ECONOMIQUES

Etude Plaza Prieto 1961	Etude González Paz et Plaza Prieto 1964	Etude Sampedro et Martínez Cortina 1966
Galice	Galice	Galice
Cantabrie	Cantabrie	Asturies-León
Bassin de l'Ebre	Aragon	Aragon
Pyrénées		Baléares
Catalogne-Baléares	Catalogne	Catalogne
Bassin du Duero	Duero	Duero
Zone de Madrid	Centre	Centre
Massif ibérique		Nord-Ebre
Tage-Guadiana	Estramadure	Estramadure
Levant	Levant	Levant
Bassin du Guadalquivir	Andalousie	Guadalquivir
Pénibétique		Sud
Canaries	Canaries	Canaries
(13 régions)	(10 régions)	(13 régions)

Source : Vicente Bielza de Ory : **Las acciones necessarias para una regionalización eficaz y el area de influencia urbana,** in **Documentación administrativa,** revue de la présidence du gouvernement, n° 169, janvier-mars 1976, Madrid.

**LES CIRCONSCRIPTIONS TERRITORIALES ADMINISTRATIVES
DE L'ESPAGNE (AUTRES QUE LES PROVINCES)**

1. **Districts universitaires** (17)

   Santander - Santiago - Oviedo - Salamanque - Valladolid - Saragosse - Barcelone - Valence - Murcie - Madrid - Grenade - Séville - La Laguna (Canaries) - Bilbao - Cordoue - Málaga - Estramadure.

2. **Cours d'appel (Audiencias territoriales)** (15)

   La Corogne (La Corogne, Lugo, Orense, Pontevedra)

   Oviedo (Asturies)

   Valladolid (Valladolid, León, Palencia, Zamora, Salamanque)

   Burgos (Burgos, Santander, Logroño, Soria, Biscaye, Álava)

   Pampelune (Navarre, Guipúzcoa)

   Saragosse (Saragosse, Huesca, Teruel)

   Barcelone (Barcelone, Gérone, Lérida, Tarragone)

   Cáceres (Cáceres, Badajoz)

   Madrid (Madrid, Ávila, Ségovie, Guadalajara, Tolède)

   Albacete (Albacete, Murcie, Cuenca, Ciudad Real)

   Valence (Valence, Alicante, Castellón)

   Palma (Baléares)

   Séville (Andalousie occidentale : Séville, Cadix, Huelva, Cordoue)

   Grenade (Andalousie orientale : Grenade, Jaén, Málaga, Almería)

   Las Palmas (Canaries : 2 provinces)

3. **Régions militaires** (Capitaineries générales) : 11
   Madrid - Séville - Valence - Barcelone - Saragosse - Burgos - Valladolid - La Corogne - Grenade - Palma - Santa Cruz de Tenerife.

   . **Régions maritimes** (zones) : 4
   Centre (Le Ferrol) - Détroit (San Fernando) - Méditerranée (Carthagène) - Canaries.

   . **Régions aériennes** : 3 = Centre (Madrid) - Pyrénées (Saragosse) - Détroit (Séville) - Et la « zone » des Canaries.

4. **Archidiocèses** : 11

   Santiago - Oviedo - Burgos - Pampelune - Saragosse - Tarragone - Valence - Valladolid - Tolède - Séville - Grenade.

LA POPULATION DE L'ESPAGNE

I. - **Evolution de la population** (chiffres arrondis) :

1598 : 10 millions	1935 : 24 millions	
1685 : 6,5 »	1940 : 26 »	1977 : 36 millions
1770 : 10 »	1950 : 28 »	(estimation)
1800 : 11,6 »	1960 : 30 »	
1900 : 18,6 »	1970 : 34 »	

II. - **Les principales villes d'Espagne** (1973) (chiffres arrondis) :

Madrid	3.146.000	Santander	150.000	Jaén	78.000
Barcelone	1.740.000 (1)	Pampelune	147.000	Orense	73.000
Valence	653.000	Carthagène	147.000	Compostelle	71.000
Séville	548.000	Tarrassa	139.000	Lugo	69.000
Saragosse	480.000	Vitoria	137.000	Palencia	58.000
Bilbao	410.000	Cadix	136.000	Cáceres	56.000
Málaga	374.000	Salamanque	125.000	Pontevedra	52.000
— — — — — — —		Burgos	120.000	Gérone	50.000
Las Palmas	287.000	Almería	114.000		
Murcie	244.000	León	105.000	— — — — — —	
Cordoue	236.000	Badajoz	102.000		
Valladolid	236.000	— — — — — — —		Zamora	49.000
Palma	234.000			Tortose	46.000
Vigo	197.000	Huelva	97.000	Tolède	44.000
Grenade	190.000	Castellón	94.000	Ségovie	42.000
La Corogne	190.000	Albacete	92.000	Ciudad Real	41.000
Gijón	188.000	Lérida	91.000	Cuenca	34.000
Alicante	185.000	Le Ferrol	88.000	Huesca	33.000
St Sébastien	166.000	Logroño	84.000	Guadalajara	32.000
Oviedo	154.000	Avilés	82.000	Ávila	31.000
Sta Cruz de		Algésiras	82.000	Soria	25.000
Tenerife	151.000	Tarragone	78.000	Teruel	21.000

(1) Pour la municipalité de Barcelone seulement. L'ensemble de l'agglomération bar-celonaise, avec ses grands centres industriels, représente une concentration humaine plus importante (cf. le chapitre Catalogne, sous-titre Barcelone).

**LA PRATIQUE RELIGIEUSE DOMINICALE EN ESPAGNE, PAR REGION
(PERIODE 1965-1974)**

Région	Population totale	Nombre de personnes assistant à la messe dominicale	% d'assist. à la messe dominicale
Provinces basques et Navarre	2.455.643	1.489.101	71,3
Vieille Castille et León	3.392.000	1.882.283	65,3
Aragon	1.096.000	518.989	61,2
Baléares	522.000	258.981	58,3
Galice et Asturies	3.547.008	1.230.274	40,8
Valence et Murcie	4.264.950	1.093.270	30,2
Estramadure	1.225.809	278.632	26,7
Andalousie	5.906.730	1.311.856	22,4
Canaries	1.224.720	274.337	22,4
Catalogne	5.457.441	1.004.769	21,7
Nouvelle Castille	5.492.165	820.275	17,6
Total	34.585.096	10.162.767	34,6

Source : Revue **Historia 16,** n° 4, août 1976, p. 37.

HAUSSE DU COUT DE LA VIE ET DES SALAIRES

		1972	1973	1974	1975	6 premiers mois de 1976
Hausse du coût de la vie	%	7,2	14,2	17,9	14,1	11,02
Augmentation des salaires	%	14,76	19,23	20,96	24,44	11,02

NOTES

La carte d'Espagne. Quelques notes sur le passé.

(1) Les chiffres relatifs à la démographie sont extraits pour la plupart des sources ci-après : publications de l'Institut espagnol de la statistique (I.N.E.); — revue **Información comercial española** (n° de décembre 1974); — Salustiano del Campo : **Analisis de la población de España,** Ariel (2ème édit. 1975).

(2) Ricardo de la Cierva : **Historia básica de la España actual** (1800-1974), Editorial Planeta, Barcelone, 1974, p. 35.

(3) Pierre Vilar, **Historia de España,** trad. espagnole, librairie espagnole, Paris 1975, p. 20.

(4) Le maravedis de billon valait 0,00785 franc français de 1847. Il fallait 34 maravedis pour faire un réal de billon.

(5) La révolte des Alpujarras avait pour chef un personnage que l'on disait descendre des anciens émirs de Cordoue, Ferdinand de Valor. Le marquis de Mondéjar, gouverneur de Grenade, ne put venir à bout de l'insurrection. Don Juan d'Autriche employa la manière brutale (à contre-cœur, semble-t-il), en particulier le procédé des déportations massives dans l'intérieur. Pour finir, Don Juan eut recours à la trahison : le successeur de Ferdinand de Valor, Aben Aboo, fut tué par l'un des siens.

(6) Pierre Vilar, op. cit., p. 63.

(7) Ricardo de la Cierva, op. cit., p. 35.

(8) Pierre Vilar, op. cit., p. 72. Sur la paupérisation des classes bourgeoises à cette époque, cf. Bartolomé Bennassar, **L'homme espagnol, attitudes et mentalités du XVIème au XIXème siècles,** coll. Le temps et les hommes, éd. Hachette, Paris, 1975.

(9) Le mot **tercio** (étymologiquement : le tiers), qui désignait au XVIème siècle les unités tactiques de l'infanterie espagnole de l'importance d'un régiment (3.000 hommes, divisés en 3 bandes de 4 compagnies), s'applique aujourd'hui à des unités de la Légion étrangère, de la Garde civile, des **Requetés** (pendant la guerre civile). Employé sans autre indication, il désigne généralement la Légion étrangère. Une **bandera** de la Légion est une unité autonome de 600 hommes, disposant en propre de son artillerie et de ses services. Un **tabor** de **regulares** (tirailleurs) marocains était réglementairement à l'effectif de 225 hommes. La principale formation paramilitaire de la Phalange était la **centurie,** composée en principe, comme son nom l'indique, de cent hommes. Les **Requetés** étaient groupés en bataillons, qui formaient eux-mêmes des **tercios.**

(10) Le nombre des morts de la guerre civile n'a pas été établi avec certitude. Le chiffre d'un million de morts a d'abord été avancé (c'est le titre d'un roman de Gironella). Des calculs plus approfondis ont conclu, par la suite, à 600.000 victimes (cf. Hugh Thomas, **La guerre d'Espagne,** trad. fr., édit. Rogert Laffont, Paris 1961, p. 634) ou même moins (moins de 300.000). Les divergences sont dues aux différences de définition des bases de calculs : a) Tués au combat; b) Tués au combat, morts dans les hôpitaux, civils tués par les bombardements; c) Le chiffre ci-dessus, plus les victimes d'exécutions ordonnées par les organismes réguliers, ou d'exécutions sommaires, pendant et après les hostilités; d) Ce chiffre, plus les victimes d'épidémies, de malnutrition, etc... provoquées par l'état de guerre.

(11) Cf. dans la revue madrilène **Indice,** l'article de M. Fernández Figueroa, **L'Espagne de Franco,** n° du 15 février 1969.

L'Espagne intérieure.

(1) Cf. Fernando Díaz-Plaja, **Otra historia de España,** Plaza y Janés, S.A., édit. Barcelone 1973, p. 144.

(2) Les indications relatives à la capitale sont tirées en grande partie de l'étude intitulée **Madrid,** parue dans la série « Les grandes villes du monde », Notes et études documentaires n° 3854-3855 du 31 janvier 1972 (La Documentation Française).

(3) Fernando Claudin : **Dos conceptiones de la vía española al socialismo,** Horizonte español, Ruedo Ibérico, Paris 1966.

(4) Luís López Alvárez, **Croissance économique et originalité nationale,** in **l'Espagne à l'heure du développement,** revue **Tiers Monde,** oct.-dés. 1967.

(5) Parmi les quelques ouvrages écrits sur les Hurdes, celui qui a été le plus souvent consulté ici est le livre de J.A. Pérez Mateos, **Las Hurdes, clamor de piedras,** Escolicer, Madrid 1972.

(6) Cf. l'étude de Mme Marcelle Schveitzer sur **La musique populaire espagnole** dans le guide bleu **Espagne,** Hachette édit. 1954, p. LXXII.

L'Andalousie

(1) En Catalogne, les rabassaires étaient des cultivateurs titulaires d'un contrat de louage d'une vigne ; la durée du contrat était celle de la vie de la vigne (environ cinquante ans, c'est-à-dire, pratiquement, la durée de la vie utile du rabaissaire) ; la terre faisait retour au propriétaire lorsque la vigne était morte aux trois-quarts.

(2) Jean Sermet, **L'Espagne du Sud,** Ed. B. Arthaud, Paris-Grenoble, 1953.

(3) Revue **Historia 16,** n° 4, août 1976, p. 35, et revue **Razón y Fé,** décembre 1975.

(4) Jean Sermet, op. cit.

(5) Saint-Paulien, **J'ai vu vivre l'Espagne,** Arthème Fayard, Paris, 1958.

(6) Sur les **Pastoreros** de Grenade, cf. notamment la revue **Indice,** 15 mai - 1er juin 1975.

(7) Sur le nombre des Morisques expulsés d'Espagne, cf. : Jean Descola, **Histoire d'Espagne,** Les grandes études historiques, Fayard, Paris, 1959 ; W.C. Atkinson, **Histoire d'Espagne et du Portugal,** trad. de l'anglais, Petite bibliothèque Payot, Paris, 1965 ; Louis Bertrand, **Histoire d'Espagne,** Fayard, Paris, 1932 ; Bartolomé Bennassar, op. cit.

(8) Joseph Calmette, **Histoire d'Espagne,** Flammarion, Paris, 1947.

(9) Louis Bertrand, op. cit.

L'Espagne atlantique

(1) Cf. le quotidien madrilène **A.B.C.** 11-3-1976.

(2) Les quelques indications ethnologiques figurant dans ce chapitre sont tirées de l'ouvrage de Julio Caro Baroja, **Los pueblos de España,** 2 tomes, éd. Istmo, Madrid, 2ème édition 1976.

(3) Sur la chanson populaire en Espagne, en général, cf. la revue **Cuadernos para el diálogo** des 24-30 juillet 1976.

(4) Les chiffres relatifs aux pêches maritimes en Espagne sont extraits des brochures du Bureau espagnol d'information diplomatique consacrées à la flotte de pêche espagnole (sans date).

(5) Sur les Maragatos du León, les Agotes de Navarre, les Pasiegos de Santander, les Vaqueiros de alzada asturiens, cf. notamment Julio Caro Baroja, op. cit.

(6) Revue **Cuadernos para el diálogo,** 26 juillet - 1er août 1976.

(7) Julio Caro Baroja, op. cit.

(8) Maximiano Garcia Venero, **Historia del nacionalismo vasco,** Editoria nacional, Madrid, 1969.

(9) José María Azcona, **Zumalacárregui, fuentes históricas,** Instituto de estudios políticos, Madrid, 1946, p. 106.

(10) Cf. notamment le livre de Bota, **La pelote basque, son art, ses règles, ses secrets,** Solar, Aquitaine. Diffusion, Paris, 1974.

(11) Anecdote rapportée par Elisée Reclus dans l'Introduction au guide Joanne sur les Pyrénées, 1879, p. LXXII.

(12) Expression employée par **Le Monde,** 21-22 novembre 1976.

(13) Notice **Y a-t-il un irrédentisme basque ? ,** in Agence de presse internationale n° 468 du 16 novembre 1970 (Informations et documents. Le dossier contemporain).

(14) **Le Monde** des 21-22 novembre 1976, p. 20 ; bulletins périodiques de la Chambre de Commerce franco-espagnole, à Paris ; étude de M. Pierre Delfaud sur **Les relations économiques entre l'Aquitaine et le Nord-Ouest espagnol** (Institut d'économie régionale du Sud-Ouest, janvier 1976).

(15) Cf. l'article de Jean Parellada de Cardellac, **L'origine des Basques,** dans **Le Monde,** 13-6.76.

(16) Cf. Julio Caro Baroja, op. cit., tome I, p. 71.

(17) Sur les mots basques rappelant la civilisation de la pierre, cf. José Miguel de Barandiarán, **El hombre primitivo en el País vasco,** St Sébastien, 1934, p. 72. Sur l'usage d'autils agricoles en pierre, de nos jours, cf. Louis Charpentier, **Le mystère basque,** coll. Les énigmes de l'univers, Robert Laffont, édit., Paris, 1975, p. 22 (encore vers 1968, un paysan basque se servait d'une houe de pierre).

(18) La vieille méfiance des Biscayens à l'égard des prélats était ancienne. Lorsque l'Espagne était un royaume wisigoth, l'Eglise avait partie liée avec l'aristocratie gothe, que les Basques considéraient comme l'oppresseur centraliste. Par ailleurs, lorsque le pays basque fut déchiré par les luttes entre les factions des **oñacinos** et des **gamboinos,** le clergé avait pris position dans ce combat et les habitants avaient conservé un souvenir peu flatteur de leur comportement.

(19) Sur les origines du mot **requeté,** cf. Azcona, op. cit., p. 39 : selon cet auteur, au cours de la Première guerre carliste (1833-1840), la chanson de marche du troisième bataillon de Navarre avait pour refrain les mots suivants : **Vamos andando, tápate, que se te ve el... requeté** (Allons, marchons, et boutonne-toi, car on te voit le... **requeté**) ; le surnom de **requeté,** d'abord donné au 3ème bataillon navarrais, aurait été étendu par la suite à tous les volontaires carlistes.

(20) Cf. Juan Velarde Fuentes, **La francmasonería y el nacimiento del capitalismo, con especial referencia a España,** in revue **Indice,** n° 395-396 des 1er et 15 avril 1976, Madrid, pp. 2 à 10.

(21) Le sobriquet d'**ojalateros** (jeu de mots avec l'expression **hojalatero,** ferblantier) avait été donné pendant la première guerre carliste aux courtisans de Don Carlos qui avaient coutume de s'écrier : **Ojala !** (Plût à Dieu ! Dieu veuille que...!) en commentant les opérations militaires. (Traduction donnée par le dictionnaire Salva, édit. Garnier, Paris : « **Ojalatero** se dit, dans la vie politique, de celui qui se borne à désirer le triomphe de tel ou tel parti, au lieu d'y travailler »).

(22) Camarilla = coterie de courtisans. A cet égard, la cour de Don Carlos était un nœud de vipères, d'après le témoignage des Espagnols et des étrangers qui servirent la cause du prétendant.

(23) **Guiri** était le sobriquet fabriqué avec les initiales G.R.I. (Guardia Real Infanteria) figurant sur les coiffures des soldats de la Garde opposés aux carlistes.

(24) Déclaration de M. José Maria Zabala, secrétaire général du Parti carliste (revue **Cuadernos para el diálogo,** 22-28 mai 1976).

(25) Les **iskatolas** sont des écoles complémentaires enseignant aux jeunes enfants, non seulement à s'exprimer en basque, mais surtout à penser basque. Ce sont des écoles privées.

(26) Analyse publiée dans la revue **Cuadernos para el diálogo,** 1er au 7 mai 1976, et exprimant un point de vue particulier dont l'exactitude a été contestée par les intéressés.

(27) Sur les **iskatolas** en pays basque français, cf. la courte note parue dans **Le Monde de l'éducation,** septembre 1976, p. 19.

Les pays catalans - Les Canaries

(1) Cf. Maximiano Garcia Venero, **Historia del nacionalismo catalán,** coll. Tierra, historia y política, Editora nacional, Madrid, 1967, tome I, p. 56.

(2) Víctor Alba, **Cataluña de tamaño natural,** Editorial Planeta, Barcelona, 1975, p. 393.

(3) **Espagne 1976** (dossier), Les Temps Modernes, Paris, 1976.

(4) Ibid.

(5) Jordi Solé-Tura, **Catalanismo y revolución burguesa,** Editorial **Cuadernos para el diálogo,** S.A., Edicusa, Madrid, 1974 (livre de poche).

(6) **Espagne 1976,** op. cit.

(7) Sur le sens du mot rabassaire, cf. supra, note (1) du chapitre Andalousie.

(8) Milice nationaliste créée par le président de la Généralité de Catalogne, Companys, en 1934. A ne pas confondre avec deux autres milices catalanes : les **Mozos de Escuadra,** force de protection de la Généralité de Catalogne, et le **Somaten,** troupe de police levée en cas de troubles graves ou de guerre (cette institution remontait au Moyen Age, tandis que les deux autres étaient des créations récentes de la Généralité de Catalogne).

(9) Pierre Vilar, op. cit., p. 105.

(10) **Le Monde,** 3 avril 1976, p. 3.

(11) Julio Sanz Oller, **L'espoir demeure, les Commissions ouvrières de Barcelone,** édit. Federop, Lyon, 1975, notamment pp. 251-252 : « L'apolitisme fut néfaste (à l'anarchisme) et, quand les anarchistes s'en rendirent compte, pendant la guerre, il était bien tard pour empêcher le P.C. d'imposer sa politique antirévolutionnaire... L'inconnue anarchiste pèse toujours avec beaucoup de force, face à l'avenir espagnol ». Ces citations se retrouvent dans **Espagne 1976,** op. cit., p. 479.

(12) Ces curieuses réflexions figurent dans la collection L'univers pittoresque, éditée en 1847 chez Firmin Didot frères, tome 31, l'Europe, **Iles Baléares et Pityuses,** par Frédéric Lacroix.

(13) L'expression est du journaliste espagnol Manuel D. Benavides, dans son reportage **El último pirata del Mediterráneo,** 16ème édition, Barcelona, Impr. Industrial, 1954.

(14) Revue **Cuadernos para el diálogo,** 12-18 juin 1976.

La mutation politique et sociale.

(1) Sur les institutions du régime franquiste, cf. notamment : Jorge de Esteban et divers autres, **Desarrollo politico y Constitución española,** coll. Demos, Ed. Ariel, Barcelone, 1973 ; **La Constitution espagnole,** Service espagnol d'information, Documents politiques, Madrid, 1968 ; **La loi organique de l'Etat espagnol** (janvier 1967), fascicule n° 3400 du 12-6-1967 de **Notes et Etudes Documentaires** (La Documentation Française).

(2) Ricardo de la Cierva, op. cit., p. 490.

(3) Jorge Mota, **Hacia un socialismo europeo** (Falange o comunismo), édit. Bau, Barcelone, 1974.

(4) Revue **Indice,** Madrid, novembre 1969.

(5) L'expression est de Max Gallo, in **Histoire de l'Espagne franquiste,** Robert Laffont, édit., Paris, 1969, p. 436.

(6) Article de M. Alfred Fabre-Luce, **Au roi d'Espagne,** in **Le Figaro,** 20-5-1976.

(7) Chiffres tirés généralement de l'I.N.E. (Institut national espagnol de la statistique) et de la Chambre de commerce franco-espagnole.

(8) Cf. Jesús Ynfante, **La prodigiosa aventura de la Opus Dei, genesis y desarrollo de la Santa Mafia,** Ruedo Ibérico, Paris, 1970. Dans la bibliographie sommaire figurant dans les annexes, on trouvera l'indication de plusieurs autres ouvrages consacrés à l'Opus Dei.

(9) Sur le **bunker,** cf. notamment **Le Monde diplomatique,** juillet 1976 (article du professeur Aguilar), et la revue **Triunfo,** 22-3-1975.

(10) Lieutenant-général Manuel Díez-Alegría, **Ejército y sociedad,** Madrid, Alianza Editorial, 1972.

(11) Sur l'U.M.D., cf. le point de vue des membres de cette organisation dans **Espagne 1976** (dossier), ou. cit.. En sens inverse, M. León Herrera, ministre de l'Information à l'époque de l'affaire Busquets, a déclaré : « Il y a des interprétations qui prêteraient à rire si leurs conséquences n'étaient pas aussi graves » (**Le Monde,** 21-2-1976).

(12) Cf. notamment l'étude de M. David Solana, **Prensa y evolución política,** in revue **Razón y Fé,** Madrid, n° 940, mai 1976, pp. 463-474 (trad. fr. in **Problèmes politiques et sociaux,** n° 302 du 21-1-1977, La Documentation Française).

(13) Revue **Indice,** 15 mai - 1er juin 1975 : **El regionalismo y la justicia distributiva.**

(14) Ce parallèle devenu classique ne doit pas faire perdre de vue que les autonomismes galicien, canarien, andalou, asturien, aragonais, valencien, baléare, ont eux-mêmes des caractères originaux, et posent des problèmes aussi difficiles que les nationalismes catalan et basque (en particulier dans le cas des Canaries).

(15) Sur les rapports de la Phalange et des socialistes avant 1936, cf. notamment l'article de Cantarero del Castillo, **La Phalange et le socialisme,** in revue **S.P.** du 6 avril 1969.

(16) **Le Monde diplomatique,** février 1977, p. 1.

(17) **Le Monde,** 8-3-1977.

BIBLIOGRAPHIE SOMMAIRE

Seuls sont indiqués quelques ouvrages principaux, se rapportant plus particulièrement aux sujets développés dans le texte.

Histoire - Généralités

- ANES (Gonzalo) et PORTILLA (Gonzáles). **La cuestión agraria en la España contemporánea,** coll. Edicusa, Madrid, 1976.
- ATKINSON (W.C.). **Histoire d'Espagne et du Portugal,** trad. de l'anglais, Petite bibliothèque Payot, Paris, 1965.
- BACHOUD (Andrée), **La situación del campo español,** coll. Regards sur le monde hispanique, Masson et Cie, Paris, 1971.
- CALMETTE (Joseph). **Histoire de l'Espagne,** Paris, Flammarion, 1947.
- CARO BAROJA (Julio). **Los pueblos de España,** edit. Istmo, Madrid, 1976, 2 tomes.
- CARR (Raymond). **España 1808-1939,** Barcelone, edit. Ariel, 1966.
- CIERVA (Ricardo de la). **Historia básica de la España actual (1800-1974),** Editorial Planeta, Barcelona, 1974.
- CIERVA (Ricardo de la). **Cien libros básicos sobre la guerre de España,** Madrid, Publicaciones españolas, 1966.
- DESCOLA (Jean). **Histoire d'Espagne,** Les grandes études historiques, Paris, Fayard, 1959.
- DÍAZ-PLAJA (Fernando). **Otra historia de España,** Plaza y Janés, SA, edit., Barcelone, 1973.
- **ESPAGNE (L') au temps de Philippe II,** 6 articles par divers auteurs, coll. Ages d'or et réalités, Hachette, Paris, 1965.
- **ESPAGNE (L') à l'heure du développement,** par divers auteurs, Revue **Tiers Monde,** P.U.F., Paris, 1967.
- GARCÍA ESCUDERO (José Maria). **Historia política de las dos Españas,** Madrid, Editorial nacional, 1975, 4 vol.
- Guide vert Michelin **Espagne**
- Guide bleu Hachette **Espagne.**
- HAIM VIDAL SEPHIMA. **L'agonie des Judéo-Espagnols,** Entente, coll. « Minorités », Paris, 1977.
- NADAL (Jordi). **La población española (siglos XVI à XX),** Barcelone, edit. Ariel, 1973.
- THOMAS (Hugh). **La guerre d'Espagne,** trad de l'anglais, Robert Laffont, Paris, 1961.
- TUNON DE LARA (Manuel). **La España del siglo XIX (1808-1914),** Paris, Librairie espagnole, 1968.
- VILAR (Pierre). **Historia de España,** trad. espagnole, Paris, Librairie espagnole, 1963.

L'Espagne intérieure

- BENNASSAR (Bartolomé). **L'homme espagnol, attitudes et mentalités, du XVIème au XIXème siècles,** coll. Le temps et les hommes, Hachette, 1975.
- CASTRO (Américo). **España en su historia. Cristianos, Moros y Judíos,** Buenos Aires, 1948.
- DÍAZ-PLAJA (F.). **El Español y los siete pecados capitales,** Alianza Editorial, Madrid, 1970.
- DOCUMENTATION FRANÇAISE. **MADRID,** série «Les grandes villes du monde», Notes et études documentaires, numéros 3854-3855, du 31-1-72.
- FERNÁNDEZ CLEMENTE (Eloy). **Aragón contemporáneo,** Siglo XXI, edit., Madrid, 1975.
- Guide Adolphe Joanne **Les Pyrénées,** Hachette, 1879.
- PEREZ MATEOS (J.A.). **Las Hurdes, clamor de piedras,**

Escelicer, Madrid, 1972.
— YSART (Federico). **España y los Judíos en la Segunda Guerra Mundial,** Barcelone, édit. Dopesa, 1973.

L'Andalousie

— BERAUD-VILLARS (J.). **Les Touareg au pays du Cid** (les invasions almoravides en Espagne aux XIème et XIIème siècles), Paris, Plon, 1946.
— BERTRAND (Louis). **Histoire d'Espagne,** Paris, Fayard, 1932.
— CABALLERO BONALD (José Manuel). **Luces y sombras del flamenco,** Editorial Lumen, Barcelone, 1975.
— DÍAZ DEL MORAL (Juan). **Historia de las agitaciones campesinas andaluzas, Córdoba (Antecedentes para una reforma agraria).** Madrid, Alianza Editorial, 1973.
— DOZY (R.). **Histoire des Musulmans d'Espagne jusqu'à la conquête de l'Andalousie par les Almoravides,** Leyden, 1932.
— SERMET (Jean). **L'Espagne du sud,** édit. B. Arthaud, Paris, Grenoble, 1953.

L'Espagne atlantique

— AZCONA (José Maria). **Zumalacárregui, fuentes históricas,** Instituto de estudios politicos, Madrid, 1946.
— BOTA. **La pelote basque, son art, ses règles, ses secrets.** Solar, Aquitaine Diffusion, Paris, 1974.
— CHARPENTIER (Louis). **Le mystère basque.** Les énigmes de l'univers, Robert Laffont, Paris, 1975.
— ELÍAS DE TEJADA (G.), GAMBRA (Rafael) et PUY MUÑOZ (F.). **¿ Qué es el carlismo ?,** Escelicer, Madrid, 1971.
— GARCÍA VENERO (Maximiano). **Historia del nacionalismo vasco,** Editora nacional, Madrid, 1969.
— OLCINA (Evarist). **El Carlismo y las autonomías regionales,** Seminarios y ediciones S.A., Madrid, 1974.
— OYARZÚN (Román). **Historia del Carlismo,** 3ème édit., Madrid, Pueyo, 1965.
— PAYNE (Stanley G.). **El nacionalismo vasco. De sus orígenes a la E.T.A.,** Barcelone, édit. Posera, 1974.
— PIRALA (Antonio). **Historia de la guerra civil y de los partidos liberal y carlista,** Madrid, Mellado, 1853-1856, 4 tomes.
— SECO SERRANO (Carlos). **Tríptico carlista, estudios sobre la historia del Carlismo,** édit. Ariel, Barcelone, 1973.
— UGALDE (Martín de). **Síntesis de la historia del país vasco,** Seminarios y ediciones, Madrid, 1974.

Les pays catalans

— ABAD DE SANTILLÁN (Diego). **Historia del Movimiento Obrero Español,** Madrid, édit. ZYX, 1968.
— ALBA (Victor). **Cataluña de tamano natural,** Editorial Planeta S.A. Barcelone, 1975.
— ALBEROLA (O.) et GRANSAC (A.). **L'anarchisme espagnol. (Action révolutionnaire internationale 1961-1975),** Paris, Christian Bourgois, édit., 1975.
— ALVAREZ JUNCO (José). **La ideología política del anarquismo español (1868-1910),** édit. Siglo XXI de España, Madrid, 1976.
— BALEARES et Pithyuses, par Frédéric Lacroix, dans **l'Espagne, depuis l'expulsion des Maures jusqu'à l'année 1847,** par M. Joseph Lavallée, Coll. L'Univers pittoresque, Europe, tome 31, Firmin Didot frères, édit., Paris, 1847.
— BENAVIDES (Manuel D.). **El último pirata del Mediterráneo (reportaje),** 16ème édit., Barcelone, Impr. Industrial, 1934.
— CUCO (Alfonso). **El Valencialisme politic 1874-1936,** Valence, Impr. Cosmos, 1971.

— GARCÍA VENERO (Maximiano). **Historia del nacionalismo catalán,** 2 tomes, Editora nacional, Madrid, 1967.
— LORENZO (César M.). **Les anarchistes espagnols et le pouvoir 1968-1969,** Paris, Edit. du Seuil, 1969.
— **Movimiento libertario español (El), pasado, presente y futuro,** Paris, Ruedo Ibérico, 1974.
— PEIRATS (José). **La C.N.T. en la revolución española,** Paris, Ruedo Ibérico, 1971.
— PEIRATS (José). **Los Anarquistas en la crisis política española,** Barcelone, édit. Alfa, 1964.
— SANA (Heleno) **El Anarquismo, de Proudhon à Cohn-Bendit,** Índice editorial, Madrid, 2ème édit., 1976.
— SOLDEVILLA (Ferrán). **Síntesis de historia de Cataluña,** Barcelone, édit. Destino, 1973.
— SOLÉ-TURA (Jordi). **Catalanismo y revolución burguesa,** Editorial **Cuadernos para el diálogo** S.A., Edicusa, Madrid, 1974.
— TERMES (Josep). **Anarquismo y sindicalismo en España. La Primera Internacional (1964-1881),** Barcelone, édit Ariel, 1972.
— VICENT (Antonio). **Socialismo y anarquismo,** Madrid, Narcea S.A. de ediciones, 1972.

La mutation politique et sociale

— ALONSO (José Ramón). **Historia política del Ejército Español,** Madrid, Editora nacional, 1974.
— ALONSO BAQUER (Miguel). **El Ejército en la sociedad española,** Madrid, Edit. du Mouvement, 1971.
— ARTIGUES (Daniel). **El Opus Dei en España (1928-1962). Su evolución ideológica y política, de los orígenes al intento de dominio,** Paris, Ruedo Ibérico, 1974.
— BAILBY (Ed.). **L'Espagne vers la démocratie,** coll. L'air du temps, Gallimard, Paris, 1976.
— BLAYE (Ed. de). **Franco ou la monarchie sans roi,** Stock, Paris, 1974.
— BUSQUETS (Julio). **El militar de carrera en España. Estudio de sociología militar,** Barcelone, édit. Ariel, 1971.
— CARRILLO (Santiago). **Despues de Franco, ¿ Qué ?,** Paris, Edit. sociales, 1965.
— CHAO (Ramon). **Après Franco, l'Espagne,** Stock, Paris, 1975.
— CIERVA (Ricardo de la). **Francisco Franco, un siglo de España,** Madrid, Editora nacional, 1972-1973, 3 vol.
— CROZIER (Brian). **Franco, historia y biografia,** 2 vol., 2ème édit., traduit de l'anglais, Madrid, impr. Edit. Gráficas Torroba, 1967.
— DAHMS (Helmuth Gunther). **Franco,** Doncel, 1975.
— DESCOLA (Jean). **O Espagne,** Paris, Albin Michel, 1976.
— DÍEZ-ALEGRÍA (Manuel). **Ejército y sociedad,** Madrid, Alianza Editorial, 1972.
— DOMENECH (Jordi), TAPIA (Jean) et WIRTH (Rafael). **Fuerzas políticas en España,** édit. Euros, collection Presencias, 1976.
— ESTEBÁN (Jorge de) et divers. **Desarrollo político y constitución española,** collect. Demos, édit. Ariel, Barcelone, 1973.
— FARIAS GARCÍA (Pedro). **Breve historia constitucional de España (de la carta de Bayona a la Ley orgánica),** Murcie, public. de l'Université de Murcie, 1975.
— FERNANDEZ (Alberto E.). **La España de los maquis,** Mexico, édit. Era, 1971.
— FERNÁNDEZ CARVAJAL (Rodrigo). **La constitución española,** Madrid, Editorial nacional, 1969.
— GALLO (Max). **Histoire de l'Espagne franquiste,** Robert Laffont, Paris, 1969.
— GEORGEL (Jacques). **Le franquisme, histoire et bilan,** Paris, édit. du Seuil, 1970.

— GUILLEME-BRULON. Reportages sur l'Espagne dans **Le Figaro** de Paris.
— HERAUD (Guy). **L'Europe des ethnies,** 2ème édit., Presses d'Europe, Paris, 1963.
— HERMET (Guy). **L'Espagne de Franco,** Armand Colin, collect. U prisme 1975.
— JUTGLAR (Antoni). **La sociedad española contemporánea. Ensayo de aproximación a una problemática polémica,** Madrid-Barcelone, Guadiana de Publicaciones, 1973.
— MONCADA (Alberto). **El Opus Dei, una interpretación,** Madrid, Índice editorial, 1974.
— NIEDERGANG (Marcel). Reportages sur l'Espagne dans **Le Monde** de Paris.
— NOURRY (Philippe). **Francisco Franco, la conquête du pouvoir,** Denoël, Paris, 1975.
— PAYNE (Stanley G.), **Falange, historia del fascismo español,** Paris, Ruedo Ibérico, 1965.
— PINGLE (Jacques) : articles dans **La revue franco-espagnole,** Paris.
— ROJO LLUCH (Vicente). **El ejército como institución social,** Biblioteca Promoción del pueblo ZYX, Madrid, 1968.
— SAUNIER (J.). **L'Opus Dei,** Paris, Grasset, 1973.
— TABLE RONDE (LA), revue. **Analyse de l'Espagne,** n° 248-249, sept.-oct. 1968, S.E.P.A.L., Paris.
— TEMPS MODERNES (LES). **Espagne 1976,** dossier, Edit. Les Temps modernes, Paris, 1976.
— THIERRY (J. Jacques). **L'Opus Dei, mythe et réalité,** Paris, Hachette, 1973.
— TRYTHALL. **Franco,** Londres, Rupert Hart-Davis, 1970.
— VAILLANT (Yvon). **Sainte Maffia, le dossier de l'Opus Dei,** Paris, Mercure de France, 1971.
— VEYRAT (Miguel) et NAVAS-MIGUELDA (José Luis). **Falange, hoy,** Madrid, G. del Toro, édit., 1973.
— VILAR (Sergio). **Les oppositions à Franco,** trad. de l'espagnol, Dossiers des Lettres nouvelles, Denoël, Paris, 1970.
— YNFANTE (Jésús). **La prodigiosa aventura del Opus Dei, genesis y desarrollo de la Santa Mafia,** Paris, Ruedo Ibérico, 1970.
— ZAFRA VALVERDE (José). **Régimen politico de España,** Pampelune, édit. Université de Navarre, 1973.

INDEX

Abad de Santillan 240, 243, 382
abertzales 205 à 207, 348
absolutisme 42, 186, 187, 189
Agotes 166
agraire (réforme) 48, 100, 119, 120
agriculture 84, 85, 102, 112, 123, 154, 175, 176, 213, 252
agrumes et primeurs 250, 276
Aguirre (J.A. de) 199, 200
Álava 173, 175, 177, 198, 199
Abarracín 113
Alcalá Zamora 47
Alcañiz 111
Alcarría 76
Alcoy 253, 254
alféreces provisionales 335
Algérie 124
Alicante 253
Allemagne 54, 302
Alliance populaire (Alianza Popular) 333, 368, 372
Almirall (V.) 229
Almohades 23, 136
Almoravides 23, 136
Alphonse XII 43-44, 192
Alphonse XIII 44, 45-47
Alpujarras 137, 395
Amérique (découverte de l') 26 à 28
Amérique (colonies d') 28 à 31, 41, 225
amnisties 61, 305, 306
analphabétisme 105, 117
anarchisme 45-46, 48, 55, 118-119, 227, 233, 238, 244, 257, 378, 382
Andalousie 15, 115 à 142, 404
Andorre 267-268
anticentralisme V. régionalisme
anticléricalisme 47, 182, 216, 323, 397
Arabes V. Musulmans
Aragon 14, 107 à 114, 404
Aran (Val d') 266-267
Arana y Goiri (S.) 197
architecture 16, 88
Areilza (J.M. de) 303, 372
Arías Navarro (C.) 66, 295, 301 à 303, 308, 356
armée et forces armées 299, 336 à 341
artisanat 46, 53
Assemblée de Catalogne 247, 248
Asturies 14, 60, 161 à 168, 404
Asturies (révolte des) 49, 161, 162
Atlantide 270-277
autonomes (régions) 306, 357
autonomisme : (Aragon) 113; (Andalousie) 140 à 142; (Galice) 156 à 161; (Asturies) 355; (pays valenciens) 256 à 259; (Baléares) 265; (Canaries) 278-280; (Catalogne) : v. catalanisme.
Ávila 77
Aviles 163-164
Azaña (M.) 47, 48, 198, 347
Azul (division) 58, 336, 340

bable 167, 168
Badajoz 104
Badajoz (plan) 103
Baléares 259 à 265, 404
Barcelone 45, 56, 220 à 223, 233
barranca valencienne 252
bases américaines 62
basque (ethnie, populations) 404
basque (pays, provinces) V. Vasconie
Bidassoa 171-172
Baztán V. Bidassoa

Bilbao 177-179, 189, 190
Biscaye 176 à 179, 185, 306
Brigades internationales 54
Bunker 68, 302, 303, 304, 333 à 336

Cabanillas (P.) 66, 372
cabildos 376
Cabrera (R.) 191
Cáceres 104
cacíquisme 44, 117, 155
Cadix 125
Calatayud 111
califes 22, 135, 136
Calvo Serer 68, 331
Calvo Sotelo (J.) 49, 51, 52
Camacho (M.) 318
Cambó (Fr.) 45, 231
Canaries 269 à 280
cantonalisme 43, 256
capitaux (fuite des) 319
carlisme 55, 186 à 196, 382
Carlos (don) 42-43, 44, 187 à 194
Carrero Blanco (amiral L.) 64 à 66, 294
Carrillo (S.) 59, 305, 308, 380
Carthagène 253
caserío 165, 173
Castille 24, 25, 75 à 100
catalanisme 45, 228 à 238, 346, 352
Catalogne (ethnie et population) 216, 217, 404
Catalogne (langue) 217-218, 224
Catalogne (pays) 14, 45 à 47, 209 à 249, 306
cathédrales 16, 111, 140, 147, 222, 252, 261
caudillaje 293
centralisme V. autonomisme; — 348-349
Cervantès 36
chanson populaire 151
Charles-Quint 31-32
charnegos 219
châteaux 77
chef de l'État 284-285
chômage 49, 119 à 121, 315
cidre 164, 173
circonscriptions administratives 405 à 408
classes moyennes 312
clergé 47, 218, 324
Colomb (Christophe) 27 à 28, 80
comarcas 360
commerce 25, 38, 178, 225, 226, 277
Commissions ouvrières 317, 318
Commissions paysannes 319
C.E.E. 69, 297, 302
communications 11, 12, 13, 30-31
Communion traditionaliste V. carlisme
communisme V. P.C.E.
communistes (autres que le P.C.E.) 378, 381
Companys (L.) 232, 233
Compostelle V. Santiago
conciertos económicos 193, 196, 199, 356
Concordat 62, 326, 327
Confédération nationale des anciens combattants 336
C.N.T. V. syndicats
C.E.D.A. 49
conflits sociaux 197, 316, 318, 319
conquistadors 29, 101-102
Consell (Catalogne) 247-248
Conseil National 288
Conseil de Régence 287

Conseil du Royaume 286-287
consommation (société de) 99, 313
constitutions espagnoles 40, 43, 44, 47
constitution franquiste 62, 283 à 290
constructions navales 12, 125, 153, 163, 177, 253
contrebande 110, 111, 166
conversos 80, 81, 82, 136
Coordination démocratique 306, 308, 383
Cordoue (mosquée de) 140
Corogne (La) 143
corridas 176
Cortés 287-288, 309
cortijos 123
Costa del Azahar 250
Costa Blanca 250
Costa Brava 211-212
Costa Dorada 211-212
Costa de la Luz 125
Costa de la Muerta 144
Costa del Sol 126
covada 173
Covadonga 22, 166
cristinos 189
croissance démographique 17, 18
Cuba 43-44
culture populaire 150

déboisement 86, 87
dehesas 102, 104
délinquence 90, 99
démocratie chrétienne 369, 372, 373
démocratie organique 283 à 290
démocratisation 296 et sq.
démographie et population 17, 18, 80, 116, 120, 122, 221, 404, 409
densité de peuplement 18, 108, 112, 123, 170, 177, 252
déplacements de populations 23, 24, 37, 81, 82, 137, 138
désamortisations 117-118
dévaluation 314
dialectes et langues 106, 114, 144, 156, 157, 159, 160, 255
Díez Alegría (général) 338-339
discriminatoires (mesures) 22, 81, 136, 137, 139, 166, 199-200, 218, 233
dolmens 144, 167, 180
Durruti (B.) 46, 53, 241

Ebre (río) 14, 84, 85, 111, 112
Ebre (bataille de l') 56
écologie V. pollutions et nuisances
Eglise catholique 47, 323
Eglise et Etat 61, 323, 324 et sq. V. aussi national catholicisme
Elches 136
élections 306, 307
élevage 25, 84, 103, 165, 262
Eubata 203
émigration 99, 121-122, 154-155, 312
encomiendas 30
endogamie, exogamie 80, 135, 220
Enrique y Tarancón (Mgr V.) 323
escamots 398
Escrivá y Balaguer (Mgr J.M.) 328
Espartero (Général B.) 42-43, 189-190
Estát Catalá 46, 231, 232
Estramadure 100 à 107
estraperlo et straperlo 49, 60
E.T.A. 199 à 204, 306
Etats-Unis 60, 62, 63, 302, 305
eucalyptus 86, 205
Euzkadi 169
Euzkadi (Etat d') 56, 170, 198, 199, 200,

fallas valenciennes 254, 258
famille 97, 98
fascisme 290 à 293, 361, 367

femme 99, 150, 151, 166, 216, 315
Ferdinand VII 42, 184, 186, 187
Ferrer (Fr.) 46, 239
Ferrol (Le) 143
fêtes et jeux 165, 173-174, 204, 217, 254
flamenco 132
football 92
foros galiciens 155
fors catalans 224, 225
Fraga Iribinarne (M.) 63, 303, 368, 372
France 39 à 41, 42, 54, 190, 203-204
franc-maçonnerie 38, 47, 187
Franco Bahamonde (Fr.) 49, 52, 54, 55, 56, 58 à 68, 70, 80, 150, 284, 285, 290, 291, 292, 293, 294, 295, 296, 299, 325, 326, 338, 392
franquisme 290 à 293, 296
Front populaire 49, 199
fueros 26, 113, 182 à 185, 188, 190, 205, 255, 256, 324, 327, 356
Fuerza Nueva 334, 365

gaita 144, 165
Galice 14, 143 à 161
Galván (Tierno) 376
García Lorca 55
García Oliver 46, 53, 241
Garde civile 201, 337
Garde de Franco 336
Généralité de Catalogne 49, 224, 232, 247
Généralité du pays valencien 259
génération de 98 44-45
Gibraltar (campo de) 125
Gijón 163
Girón de Velasco (J.A.) 335, 336
González (F.) 305, 375, 377
gouvernement 285
Grande-Bretagne 54, 60, 190, 260, 262
Gredos (sierra de) 76
Grenade 23, 138
grèves 46, 114, 153, 162, 202, 204, 231, 316
Grimau (J.) 65
Guadalquivir (río) 15, 116
Guadarrama (sierra de) 76
Guanches 271 à 273
Guernica 56, 169
Guerre civile 50 à 57
Guerre hispano-américaine de 1898 44
Guerre d'Indépendance 39 à 41
Guipúzcoa 173, 177, 178, 183, 184, 193, 196, 197, 198, 199, 306

habitat 87 à 93, 150, 175
habitation 88 à 90, 150, 175, 252, 253, 261, 263
Hedilla (M.) 292, 365, 370
hidalgos 25, 26, 312
hiérarchie sociale 25, 37, 220
hórreos 150, 164
Huelva 125
huertas 250 à 253
Hurdes 104 à 107

Ibarruri (D.) 55, 56, 379
Ibiza 263
ikastolas 200, 203, 398
ilustrados 38-39
indépendance (esprit d') 108, 182, 346
Indiens d'Amérique 29, 30
industrialisation 89, 98, 123-126, 153, 253, 312
inflation 314
Inquisition 34, 81, 82
Institut National de l'Industrie (I.N.I.) 64, 163, 164
irrigation 84 à 86, 102, 111, 250, 262, 275
Isabelle II 43
Italie 54

J.O.N.S. 49, 54, 55, 365, 366
jota 108, 109
Juan (don), comte de Barcelone 60, 62, 296
Juan Carlos de Bourbon 63, 68, 295 à 301, 356
Juifs 22, 79 à 83, 323

laïcité 45, 46, 47, 48
Largo Caballero (Fr.) 47, 49
Las Casas (B.I.) 29
Las Palmas 269, 274-275
latifundios 25, 116 à 120, 154, 213
légitimité dynastique 63, 187, 188, 294
Lliga regionalista 45, 229, 230-231
Llivia 266
Llobregat (río) 85, 112
loi sur les associations politiques 63
lois fondamentales 62, 283
loi sur la liberté religieuse 63
loi organique de l'Etat 62, 355
loi sur la presse 63
López Bravo 332
López Rodó 331, 332, 333

Maciá (Fr.) 46, 231, 232
Madrid 87 à 93
Majorque 80, 260 à 262
Málaga 84
Mancha 75, 76
Mancomunidades 45, 47, 114, 231, 276, 354, 355, 356, 358, 362
Maragatos 77, 166
March (J.) 264
Marché commun européen V. C.E.E.
Marie-Christine 42-43, 187, 189, 190
Maroc 45, 46
masía 213
matiners 186, 189, 191
Mera (C.) 57, 242
Mérida 104
Meseta 13
Mesta 25, 213
Miaja (Général) 55
Miaja (gᵃˡ) 55
migrations intérieures 88, 219-220, 312
mines 83, 112, 124, 153, 162-164, 177, 253
minifundios 117, 154
Minorque 260, 262-263
Mola (Général) 51, 55, 193
Montejurra 215
Moutsény (F.) 53, 241, 243
Montserrat 210
Morella 78, 113
Morena (sierra) 14, 122-123
Morisques 136, 251
mortalité 17, 104
Mouvement national 62, 69, 335
mozárabe 134, 135, 136, 139
mudéjar 135, 136
muladi 135
muneira 151
Murcie 253
Musulmans 22, 23, 134 à 140, 323

natalité 17
national-catholicisme 61, 324
natiionalisme basque 196 à 206, 352, 357
Navarre 172, 175-176, 183, 184, 198, 205
Negrín (J.) 55, 233, 393
Nevada (sierra) 14, 126
niveau de vie 99, 104 à 107, 120, 127, 253
nucléaires (centrales) 153, 214, 253

opinion publique 341, 360
oppositions au franquisme 65, 70, 307
Opus Dei 64, 328 à 333

or des Indes 31
Ordres de chevalerie 25, 78, 147
outils traditionnels 150
Oviedo 164

pallazas 148
Palma 260, 261
Pampelune 176
parcs nationaux 274
partis politiques **363 à 385**
— partis à l'échelle nationale : 369-370 : extrême-droite, Phalange et droite ; 373-74 : démocratie chrétienne ; 374 : libéraux et sociaux-démocrates ; 377-378 : socialistes, communistes, trotskystes, anarchistes ;
— partis régionalistes : 114 (Aragon), 160-161 (Galice), 168 (Asturies), 194-196 (parti carliste), 207 (provinces basques), 245-246 (Catalogne), 257-258 (Valence), 265 (Baléares), 279 (Canaries).
Pasajes 161
Pasionaria (la) V. Ibarruri
Pasiegos 166
Pastoreros 131
patronat 316, 317
pazos 150
pêche 151-152
pèlerinages 111, 146 à 148, 167
pelote basque 174
Peñiscola 283-284
pétrochimie 84, 125, 253, 276
Phalange 49, 52, 55, 60, 62, 364, 368
Philippe II 31 à 34
Philippe V 37-38, 225
Piñar (B.) 66, 334
plans de développement 64, 69
Plate-forme démocratique 68
population active 99, 120, 315
Port-Mahon 260, 262, 263
Portugal 54, 60, 190
Prat de la Riba 229, 231, 354
préhistoire 167
presidios 83, 127, 139
presse espagnole 341 à 344
Primo de Riviera (Miguel) 46-47
Primo de Riviera (J.A.) 54
prix (hausse des) 411
produit national brut 314, 315
protectionnisme 226, 237
Protestants 323
provinces 18, 19, 405, 406, 408
Puertollano 84
pureté de sang 81, 82
Pyrénées 109, 110

rabassaires 230, 396
ramblas 222
reboisement V. déboisement
Reconquête 22, 23
référendum 62, 309
réforme politique 304, 308, 309
régions 18, 19, 345 à 362, 404, 405, 406, 407, 408
régionalisme 157 à 161, 345 à 362
religieux (sentiment) 16, 129 à 132, 187 à 188, 216, 410
remences 227
Renaixança catalane 228, 229
représentativité 286 à 290, 317 à 319
répression 57, 201, 242, 243, 347
République (Première) 43
République (Deuxième) 47 à 50, 84
Requetés 49, 189, 193-194, 395, 397
résistances et révoltes 31, 42, 43, 46, 64, 155, 204, 218, 233, 242, 248, 255
restauration monarchique de 1875 44
riás de Galice 151 et 152
Robles (Gil) 51, 305, 371, 372

Rois Catholiques 23 à 25, 79, 136
Romains 21
Roncevaux 172
Ruíz-Giménez (J.) 371

Sagonte 249, 254
Saint-Sébastien 175
Sainte-Thérèse d'Avila 35, 78
salaires 313, 314, 411
Sanjurjo (Général) 49, 51
Santander 14, 163-164, 167
Santiago 143, 145 à 148
Saragosse 108, 111
sardane 209
Segura (río) 85
Semaine Sainte 129
séparatisme 355 ; (canarien) 277 à 280
serenos 88
Serranía de Cuenca 76
Serrano Súñer 57, 60
sidérurgie et métallurgie 125, 163, 176 à 178, 253
Siècle d'Or 34 à 36
somatenes 231, 398
souveraineté nationale 305
statut d'autonomie de la Catalogne 1932: 48-49, 231-232, 354-355
Suarez (A.) 303 à 307, 308
succursalistes (partis) 205 à 207, 245
synagogues 83
syndicats 317 à 321; (basques) 207; (catalans) 246; (canariens) 280

Tage (río) 85
taifas 22, 256
technocrates 333
tercios 26, 36, 395
Teruel 113
textile (industrie) 215, 226
Tolède 78-79, 83, 85
Tolède (alcázar de) 55
tourisme 103-104, 126-127, 145, 167, 175, 196, 211-212, 261-263, 274-275, 314
transvasements 85, 112

Unamuno (M. de) 15, 75
Union Militaire Démocratique (U.M.D.) 339, 340
Union soviétique 54
unité nationale 23, 24
universités pyrénéennes 110, 183

Valence 251-252-253
valencien (pays) 249 à 259
Valle de los Caidos 68, 78
Vaqueiros 165
Vasconie 14, 169 à 208
Vatican 62, 326, 327
vêtements et parures 108, 150, 263
Vigo 143, 145
villages 76, 213
violence 66, 79, 201, 202, 203, 204, 231, 239, 240, 280, 305, 306
viticulture 154, 252, 262
voies ferrées 13

Wisigoths 22

Zaraúz 175
Zumalacárregui (T.) 42, 189

COLLECTION « TEXTES »

VOUS SEREZ COMME DES DIEUX
(une interprétation radicale de l'Ancien Testament)
Erich Fromm

LE DOGME DU CHRIST ET AUTRES ESSAIS
Erich Fromm

LA MISSION DE SIGMUND FREUD
(une analyse de sa personnalité et de son influence)
Erich Fromm

TRENTE ANS AVEC FREUD
(suivi des lettres inédites de Freud à Reik)
Theodor Reik

LA CREATION DE LA FEMME
(essai sur le mythe d'Eve)
Theodor Reik

ECRITS SUR LA COCAINE
Sigmund Freud
Textes réunis et présentés par Robert Byck
Notes d'Anna Freud

LA PENSEE POLITIQUE ET SOCIALE DE SIGMUND FREUD
Paul Roazen

à paraître :

FREUD, SES DISCIPLES, SES DISSIDENTS
(une analyse du mouvement freudien et de son évolution)
Paul Roazen

LA CONNAISSANCE OBJECTIVE
Karl R. Popper

MARXISME — UTOPIE ET ANTI-UTOPIE
Leszek Kolakowski

L'ESPRIT REVOLUTIONNAIRE
Leszek Kolakowski

COLLECTION « DIALECTIQUES »

dirigée par Danielle Kaisergruber

LE STATUT MARXISTE DE LA PHILOSOPHIE
Georges Labica

METAPHORE ET CONCEPT
Claudine Normand

LIRE JARRY
Michel Arrivé

LE CAHIER BLEU
V.I. Lénine
Le marxisme quant à l'Etat
Introduction et notes de G. Labica
Traduit du russe par B. Lafite

à paraître :

NICOLAS BOUKHARINE
Textes inédits
Traduits du Russe par Hélène Souviron
Biographie historique de Jean Elleinstein

LE MARXISME ITALIEN
André Tosel

LINGUISTIQUE ET LITTERATURE
Danielle Kaisergruber

ANTHROPOLOGIE ET MARXISME
Marc Abeles

L'HISTOIRE AUTRE
Régine Robin

COLLECTION « L'HUMANITE COMPLEXE »

Conseiller de collection : Robert Jaulin

LES JEUNES ET LE MOUVEMENT COMMUNAUTAIRE
Hélène Colin et Michel Paradelle
Préface du Docteur Gérard Mendel

LA DECIVILISATION
POLITIQUE ET PRATIQUE DE L'ETHNOCIDE
Robert Jaulin et divers

LE SLOGAN
Olivier Reboul

MUTATION TSIGANE
(La révolution bohémienne)
Jean-Pierre Liégeois

COLLECTION « CREUSETS »

Synthèses sémiologiques
Dirigée par André Helbo

SEMIOLOGIE DE LA REPRESENTATION
Théâtre, télévision, bande dessinée
Textes présentés par André Helbo avec la collaboration de Jean Alter,
René Berger, Pavel Campeanu, Régis Durand, Umberto Eco,
Pierre Fresnault-Deruelle, Solomon Marcus et Pierre Schaeffer

MICHEL BUTOR,
VERS UNE LITTERATURE DU SIGNE
(précédé d'un dialogue avec Michel Butor)
André Helbo

STRUCTURES ELEMENTAIRES DE LA SIGNIFICATION
sous la direction de Frédéric Nef
avec la collaboration de Jean-François Bordron, Per-Aage Brandt,
Georges Combet, Joseph Courtès, Alain de Libéra, A.J. Greimas et
Claude Zilberberg

ESSAIS DE LA SEMIOTIQUE DU SUJET
Charles Bouazis

RHETORIQUE DE LA POESIE
Lecture linéaire, lecture tabulaire
Groupe MU
Jacques Dubois, Francis Edeline, Jean-Marie Klinkenberg,
Philippe Minguet

HORS COLLECTION

TRAVAUX SUR LES SYSTEMES DE SIGNES
Y.M. Lotman, B.A. Ouspenski, et l'Université de Tartu

COLLECTION « PAYS ET POPULATIONS »

dirigée par Yves Suaudeau

L'AFGHANISTAN ET SES POPULATIONS
Jean-Charles Blanc

LA THAILANDE ET SES POPULATIONS
Michel Hoàng

L'ETHIOPIE ET SES POPULATIONS
Jacques Vanderlinden

ISRAEL ET SES POPULATIONS
D. Bensimon et E. Errera

à paraître :

LE TCHAD ET SES POPULATIONS
Jean Chapelle

Maquette : Michel Waxmann

Photo de couverture : Claude Sauvageot
Photos intérieures : Claude Sauvageot, Keystone,
Agence Gamma et André Dessens

Carte page 3 de couverture :

Copyright Institut Géographique National
Extrait de la carte éditée par l'I.G.N. Paris
Copyright I.G.N. - Autorisation N° 992538

Cartes intérieures : Nicole Everaerts

Achevé d'imprimer sur les presses de
l'Imprimerie Van Braekel à Mouscron (Belgique)
en juin 1977.